HEIDI REHN
Die Tochter des Zauberers –
Erika Mann und
ihre Flucht ins Leben

AF184955

atb aufbau taschenbuch

HEIDI REHN

DIE TOCHTER DES ZAUBERERS

*Erika Mann und
ihre Flucht ins Leben*

ROMAN

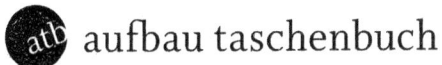 aufbau taschenbuch

ISBN 978-3-7466-3581-1

Aufbau Taschenbuch ist eine Marke
der Aufbau Verlag GmbH & Co. KG

1. Auflage 2020
© Aufbau Verlag GmbH & Co. KG, Berlin 2020
Gesetzt aus der Adobe Devanagari durch die LVD GmbH, Berlin
Druck und Binden CPI books GmbH, Leck, Germany
Printed in Germany

www.aufbau-verlag.de

»Es gibt nichts in meinem Leben,
was ich nicht bereitwillig erzählt hätte;
nichts, was ich aus irgendeinem Grund
verheimlichen müsste.«
Erika Mann

PROLOG

München, Anfang April 1933

Geschafft! Erika kann es kaum fassen. Tatsächlich hat sie unbemerkt von den draußen patrouillierenden SA-Wachen das rettende Dachgeschoss erreicht. Sie zittert am ganzen Leib. Es gelingt ihr gerade noch, die Tür hinter sich zu schließen. Erschöpft zwingt sie sich, tief durchzuatmen. Allmählich normalisiert sich ihr Herzschlag. Das dicke Manuskriptbündel wie ein Schutzschild vor die Brust gepresst, gleitet sie in Zeitlupe am Türblatt hinunter zu Boden. Bleibt dort mit angezogenen Knien reglos sitzen.

Tiefe Dunkelheit umfängt sie. Im restlichen Haus rührt sich nichts. Nicht einmal der Familienchauffeur, der blonde, blauäugige Hans, ist in seinem Zimmer. Auch sonst scheinen die früheren Hausangestellten alle ausgeflogen. Sie hat genau den richtigen Zeitpunkt erwischt, um herzukommen. Behutsam bettet sie das Papierbündel neben sich auf den Holzboden, legt Hut und Brille obenauf und fährt mit den Händen übers glühende Gesicht, lässt sie einen Moment darauf liegen. Was gäbe sie jetzt für eine Zigarette! Doch es wäre Wahnsinn, dem Verlangen nachzugeben. Der Rauch würde sie sofort verraten.

Sie ist noch immer erschüttert. Niemandem ist mehr zu trauen, am allerwenigsten denen, bei denen sie sich früher sicher gefühlt hat. Wie etwa ihrem Chauffeur. Vor gut drei Wochen, als sie nach der Machtergreifung mit ihrem Lieblingsbruder, dem ein Jahr jüngeren Klaus, nach München zurückgekehrt ist, hat Hans sie zwar gewarnt, es könne gefährlich sein, an der Isar zu bleiben, vor allem für sie, das »Fräulein Erika«. Inzwischen aber hat sich herausgestellt, warum er so gut informiert gewesen ist: weil er seit Jahren die gesamte Familie als heimlicher Parteigänger Hitlers für die Gestapo ausspioniert hat!

Als er sie mit dem Familien-Buick am Bahnhof abholte, hat er ihr trotzdem ins Ohr geraunt: »Achtung, Fräulein, sie sind hinter Ihnen her. Sie wissen schon, die vom Braunen Haus!« Wenigstens dieses eine Mal noch hat die Loyalität gegenüber seinen langjährigen Arbeitgebern über das Pflichtgefühl den neuen Machthabern gegenüber gesiegt.

Beim Gedanken, sich ab sofort nicht mehr in der vertrauten bayerischen Heimat, sondern in Feindesland zu befinden, wird ihr speiübel. Die Eltern haben letztens noch bezweifelt, ob es wirklich schon so schlimm sei, und wären am liebsten ins geliebte München zurückgekehrt. Mit Engelszungen haben Erika und Klaus in einem nervenzehrend langen Telefonat auf sie eingeredet, um sie im letzten Moment davon abzubringen. Allein die Tatsache, dass sie nun wie ein gemeiner Dieb mit Hut, dunkler Brille und langem Regenmantel getarnt mitten in der Nacht in ihr eigenes Zuhause einbrechen muss, um ihr rechtmäßiges Eigentum zu holen, spricht Bände, wie es neuerdings um Deutschland bestellt ist.

Wie aber soll es weitergehen? Wie will sie nicht nur das *Joseph*-Manuskript ihres Vaters, sondern auch die Freunde und Kollegen von der neu gegründeten Kabaretttruppe *Die Pfeffermühle* schnellstmöglich in Sicherheit bringen? Wo können sie künftig auftreten? Wie sich Gehör verschaffen? Wovon werden sie im Exil ihren Lebensunterhalt bestreiten?

Manchmal ist ihr das alles zu groß. Warum erwartet alle Welt, allen voran ihr Vater, sie solle alles für alle in Ordnung bringen? Natürlich hat sie das bislang gern getan, aber wird ihr das auch künftig gelingen? Verzweifelt schüttelt sie den Kopf.

Die Situation ist mehr als bedrohlich: In den Liedern und Texten ihres ersten, sehr erfolgreichen Kabarettprogramms Anfang des Jahres haben sie und ihre Mitstreiter sich mit ihrer Kritik an den Zuständen in Deutschland weit aus dem Fenster gelehnt. Dabei haben sie zwar weder Namen noch Begebenheiten konkret benannt, stattdessen mit Märchen, Anspielungen und Persiflagen jongliert. Trotzdem hat es nicht erst der Warnung von Chauffeur Hans bedurft, um ihr die daraus resultierende Gefahr drastisch vor Augen zu führen. Gleich nach dem Reichstagsbrand in Berlin Ende Februar sind einige ihrer Freunde verhaftet worden. In Hitlers Lieblingsstadt München hat es erstaunlicherweise zwar noch bis kurz nach den Wahlen Anfang März gedauert, bis die Nazis endgültig an die Macht gelangt sind. Dafür toben sie sich nun umso unerbittlicher aus. Seit einigen Tagen existiert in Dachau, nur wenige Kilometer nordwestlich von München, ein sogenanntes Konzentrationslager. Es kursieren Gerüchte, dass dort Regimegegner und solche, die in den Augen der NSDAP »missliebige Objekte« darstellen, brutal misshandelt werden.

Für Erika beweist das, wie sicher sich Hitler und seine Schergen ihrer Sache bereits sind. Dass es sich bei ihnen nicht bloß um einen bald vorübergehenden Spuk, sondern um einen langen, bösen Alptraum handelt. Umso wichtiger, lautstark Partei gegen sie zu ergreifen und potente Mitstreiter dafür zu gewinnen. Jetzt, da die Kritiker in Deutschland nicht nur mundtot gemacht werden, sondern gar um ihr Leben fürchten, muss das umso entschiedener in Europa und am besten sogar in den USA geschehen.

Panik erfasst sie. Die Vorstellung, welche Konsequenzen damit verbunden sind, lässt sie schaudern. Ihre Eltern und die jüngeren Geschwister befinden sich zwar bereits in der rettenden Schweiz. Als Literaturnobelpreisträger wird ihr Vater auch dort ungehindert schreiben und veröffentlichen können. Seine Stimme ist zu wichtig, um überhört zu werden oder gar vollends zu verstummen. Deshalb muss sie ihn dazu bringen, sich explizit für den Kampf gegen Hitler einzusetzen. Eine schwierige Aufgabe. In puncto Politik ist er ein unmündiges Kind. Sie muss ihn buchstäblich an die Hand nehmen, damit er die richtige Position bezieht.

Je länger sie ins Finstere starrt, desto mehr lichtet sich die Schwärze um sie her. Durch einen Spalt zwischen den Fenstervorhängen fällt ein Streifen Mondlicht, die Umrisse der Möbelstücke zeichnen sich ab. Bett, Tisch, Kommode – das alles nicht nur vor sich zu sehen, sondern auch berühren zu können, ist unwirklich wie ein Traum und dennoch wahr. Rührung überkommt sie. Kaum drei Wochen nachdem sie gemeint hat, ihre Heimat für immer hinter sich lassen zu müssen, sitzt sie tatsächlich noch einmal in ihrem Zimmer. Und kann sich einbilden, es wäre nichts geschehen. Alles wäre wie früher. Gleich käme Klaus von nebenan herüber, und sie würden es sich im Bett unter der Decke gemütlich machen, um Schulter an Schulter in den Werken seiner großen Vorbilder Jean Cocteau oder André Gide zu lesen.

Unbändige Sehnsucht erfasst sie. Über zwanzig Jahre ist die Villa in der Poschinger Straße ihr Zuhause gewesen. Rettender Anker in den wilden Jahren ihrer Jugend, Zufluchtsort nach all den Stürmen, die ihr Leben bisher heimgesucht haben, seien es die ausbleibenden Erfolge auf Reinhardts Theaterbühne in Berlin nach dem Abitur, die krude Episode ihrer kurzen Ehe mit dem ehrgeizigen Hamburger Bühnenkollegen Gustaf Gründgens, der sich längst den neuen Machthabern an den Hals geworfen hat, oder die bittere Zeit nach dem Selbstmord ihres Kindheitsfreundes Ricki Hallgarten, den zu retten sie sich vergebens gewünscht hat. Tränen schießen ihr in die Augen. Um nicht laut aufzuschluchzen, beißt sie die Lippen aufeinander, schluckt einige Male heftig und wischt sich mit dem Handrücken das nasse Gesicht.

Von Neuem wandern ihre Augen durch das dämmrige Zimmer. Was hat sie hier oben unterm Dach in der von ihr heiß geliebten »Poschi« nicht schon alles erlebt! Und was alles mit Klaus und den anderen Freunden aus der berüchtigten Herzogpark-Bande in ihrer verrückten Backfischzeit ausgeheckt, während die vier jüngeren Geschwister wie die Eltern ein Stockwerk tiefer ahnungslos geschlafen haben. Die Erinnerungen an die unerhörten Telefonstreiche bei verdienten Mitbürgern oder die kühnen Diebestouren durch Münchner Feinkostläden bringen sie abermals zum Weinen.

Was ist ihr geblieben? Jetzt hat sie, den schwarzen Herrenhut tief ins Gesicht gezogen, die dunkle Brille schützend vor den Augen, den Mantelkragen hochgeschlagen, bei anbrechender Dunkelheit einen günstigen Moment abpassen müssen, um unbemerkt von den Nazi-Wachen das Gartentor aufzusperren und sich zwischen Büschen und Sträuchern quer über die Wiese ans Haus heranzupirschen, klopfenden Herzens die Stufen zur Tür hinaufzusprinten und ins Elternhaus einzudringen.

Wie gut, dass sie jede einzelne knarrende Stelle im Parkett

kennt, von jeder Stolperfalle auf der Treppe weiß und sich in sämtlichen Räumen blind zurechtfindet. Selbst im eigentlich verbotenen, hochheiligen Arbeitszimmer ihres Vaters. Auf Anhieb ist ihr das Husarenstück gelungen, die wertvollen Seiten seines *Joseph*-Manuskripts mit einem einzigen gezielten Griff in die richtige Schublade an sich zu bringen.

Jetzt sitzt sie ungeduldig wartend da und will erst einige Stunden verstreichen lassen, bevor sie sich wieder aus dem Haus stiehlt. Eins aber steht fest: Die Poschi mag zwar verloren sein, die Kraft wird sie sich aber nicht nehmen lassen, die sie aus diesem Ort und dieser kurzzeitigen Rückkehr schöpft. Wenn sie es schafft, unbehelligt mit dem Manuskript zu entkommen, wird sie in den nächsten Jahren auch die weiteren Herausforderungen des Exils bewältigen.

Irgendwann, als der Mond am Himmel hinter dichten Wolken verschwunden und völlige Dunkelheit eingekehrt ist, scheint es ihr sicher genug, das Haus zu verlassen. Dieses Mal endgültig, wie ihr im selben Moment bewusst wird. Schweren Herzens verzichtet sie darauf, einen Abschiedsrundgang durch die vermeintlich unberührten Räume zu unternehmen, sich aus dem Vorratskeller die ein oder andere Lieblingsleckerei der fleißigen Köchin als Wegzehrung zu stibitzen oder sonst ein Andenken einzustecken. Stattdessen schlägt sie das Manuskriptbündel notdürftig in Zeitungspapier ein und schleicht so verstohlen, wie sie vor Stunden eingedrungen ist, hinaus.

Erst als sie nach einigen Minuten Laufens durch die stockfinstere Straße den Herkomerplatz erreicht, wagt sie aufzuatmen. Suchend sieht sie sich nach einem Taxi um. Die Tram fährt um diese Stunde nicht mehr.

»Da können S' lang warten, Fräulein!«, ruft ihr ein mittelalter Mann mit Tirolerhut, Trachtenjanker und Rauhaardackel zu und erschreckt sie damit fast zu Tode. Sobald sie begreift, dass er ihr tatsächlich nur helfen will, kann sie ihn einigermaßen unschuldig ansehen.

»Unten in der Stadt ham s' einen gewaltigen Aufmarsch. Irgendein riesiges Fest von den Braunen«, erklärt er. »Sie wissen schon: so was mit mächtig viel Fackeln und Uniformen und Fahnen, wie sie's jetzt allweil gern veranstalten, seit der Führer uns zeigt, wo's langgeht mit uns in München und Deutschland und demnächst wohl auch dem Rest der Welt. Bis in die Früh wird kein Taxi hier herausfahren. Gehen S' besser gleich vor zum Max-Weber-Platz. Mit ein bisserl Glück werden S' da vielleicht noch eins finden.«

Das »bisserl Glück« hat sie tatsächlich, allerdings schon in Höhe der Villa des vor knapp fünf Jahren verstorbenen Jugendstil-Malerfürsten Franz von Stuck und damit nur wenige Hundert Meter von Hitlers Wohnung am Prinzregentenplatz entfernt. Erleichtert sinkt sie in das Lederpolster im Fond des dunklen Mercedes.

Der Taxichauffeur scheint sich nicht zu wundern, warum sie mitten in der Nacht zum Biergarten von St. Emmeram gebracht werden will. In Höhe des beliebten Ausflugsziels am nördlichen Ende des Herzogparks hat sie ihren »Humpel-Ford«, das beim Fahren oft stotternde, nicht eben komfortable, aber sehr zuverlässige Auto, abgestellt. Es ist ihr zu riskant gewesen, mit dem im Viertel wohlbekannten Wagen zu nah ans Haus heranzufahren.

Mehr als nur ein bisserl Glück hat sie auch auf der Fahrt von München quer durchs Allgäu bis zum Bodensee. Um diese ungewöhnliche Tageszeit sind die Straßen gähnend leer. Ihre Rallye-erfahrung hilft ihr, der aufsteigenden Müdigkeit zu trotzen und ohne längere Pause rasant gen Westen zu brausen. In den frühen Morgenstunden erreicht sie die Grenze zu Österreich, eine knappe Stunde später die zur Schweiz.

Beim Anblick der Zöllner in ihren strengen, dunklen Uniformen wird ihr allerdings erneut bang. Das dicke *Joseph*-Manuskript ihres Vaters weiß sie zwar sicher zwischen den öligen Werkzeugen unter dem Sitz verborgen, dennoch fürchtet sie den Moment, in dem man Genaueres von ihr wissen will, was sie als junge Frau gegen sieben Uhr morgens mutterseelenallein auf der Straße verloren hat.

Einmal mehr in ihrem Leben rettet sie ihre Kühnheit. Und ihr schauspielerisches Talent. In breitem Bairisch antwortet sie, eine Tour in die Berge geplant zu haben. Dank der burschikosen Kleidung wie auch der Selbstverständlichkeit, mit der sie das sagt und dabei dem Grenzbeamten direkt in die hellgrauen Augen sieht, hebt sich der Schlagbaum tatsächlich ohne weitere Kontrolle, und der Zöllner tippt sich grüßend an die Stirn.

Am liebsten würde sie laut jubeln. Vor Freude. Vor Stolz. Vor Unglauben. Das schier Unmögliche ist ihr gelungen: Sie hat das kostbare *Joseph*-Manuskript ihres Vaters aus den Fängen der Nazis gerettet und ist aus dem tiefbraunen München mit den blutroten Hakenkreuzfahnen in die rettende Schweiz zurückgelangt!

»Mein Wotan-Kind!« wird er gerührt sagen, wenn sie es ihm ins Hotel nach Arosa bringt, und ihr anerkennend auf die Schulter klopfen, bevor er sich überglücklich mit den Seiten in sein provisorisches Arbeitszimmer zurückzieht. In aller Ruhe wird er es durchgehen, Wiedersehen mit seinen umfangreichen

Notizen und Materialien feiern, an der ein oder anderen unge-lenken Formulierung feilen und die Vollständigkeit des Ganzen prüfen. Unterdessen wird sie mit Mutter Katia, den beiden jüngsten Geschwistern sowie hoffentlich auch der geliebten Therese im schönsten Frühlingssonnenschein auf der Terrasse frühstücken.

Schon malt sie sich aus, wie fasziniert die fünfzehnjährige Elisabeth und der vierzehnjährige Michael an ihren Lippen hängen, wenn sie ihnen den Einbruch in der Poschi en détail schildert. Ihre Mutter aber wird über ihre Fabulierlust missbilligend den Kopf schütteln und Therese amüsiert schmunzeln. Insgeheim wird sie daraus schon eine lebhafte Szene für das nächste Programm der *Pfeffermühle* entwerfen.

Nein, unterbricht sie jäh ihre Gedanken. Bei aller Gefährlichkeit des gerade Überstandenen ist die Geschichte viel zu harmlos fürs Kabarett. Sie eignet sich mehr als launige Plauderei auf einer Party oder als beiläufig eingeflochtene Anekdote für ein Zeitungsinterview. Für die *Pfeffermühle* brauchen sie mehr Salz in der Suppe, mehr Biss in den Texten, mehr politische Direktheit, um die gigantische Gefahr, die nach Hitlers Machtergreifung für alle Welt am Horizont heraufzieht, darzustellen. Mit ihren Liedern, Satiren und Märchen allein haben sie es nicht geschafft, den Leuten die Augen zu öffnen und Hitlers wachsenden Einfluss zu verhindern. Zu viele haben sich dennoch von seiner vermeintlichen Harmlosigkeit blenden und über seine wahren Absichten täuschen lassen, Deutschland letztlich für einen neuen Krieg zu rüsten. Künftig müssen sie zu drastischeren Mitteln greifen, um das Publikum zu überzeugen, sich Hitler aktiv entgegenzustellen.

Sie steht an einem Wendepunkt. Mit ihrer Flucht aus München ist endgültig ein Lebensabschnitt vorbei. Doch das Ende des einen ist immer auch der Anfang für etwas anderes, Neues, womöglich Besseres. Die nächsten Monate und vielleicht Jahre werden zeigen, wohin es sie führt, bis die Barbarei besiegt ist. Dass das eines Tages gelingen wird, daran will sie nun, da ihr die für unmöglich gehaltene Fahrt nach München wie auch die Rückkehr in die rettende Schweiz gelungen sind, erst recht glauben. Sie, die Tochter des Zauberers und sein Wotan-Kind, hat damit bewiesen, was möglich ist, wenn man es nur will. Man darf sich nur nie davon abbringen lassen, sich für seine Ziele einzusetzen. Sie jedenfalls weiß nun, dass sie es schaffen wird. Und wird auch ihren Vater davon überzeugen, es zu probieren. Und noch so manch anderen mehr. Wenn es sein muss, die ganze Welt dies- und jenseits des Großen Teichs.

KAPITEL 1

New York, Ende September 1936

Erika konnte sich kaum sattsehen an dem, was hinter dem Seitenfenster des Taxis an ihr vorbeirauschte. Nach neun Jahren waren Klaus und sie wieder in New York! Im Unterschied zu damals, als sie aus einer plötzlichen Laune heraus zu einer Weltreise gestartet waren, verbanden sie mit ihrem jetzigen Aufenthalt konkrete Pläne, um sich im »Land der tausend Möglichkeiten«, wie sie die Staaten unter sich nannten, eine Zukunft aufzubauen, im Idealfall sogar auf Dauer einzurichten.

Neugierig versuchte sie, alles, was da gerade an ihr vorbeizog, in sich aufzusaugen. Auf den ersten Blick hatte sich verblüffend wenig Neues getan – und zugleich so viel: Die Häuser waren noch mehr in die Höhe geschossen, die Menschenmassen auf den Trottoirs wie der Autoverkehr in den Straßen hatten sich vervielfacht. Ebenso der Lärm, den sie erzeugten. Die Straßenschluchten waren so eng, dass die Sonnenstrahlen kaum bis nach unten fielen und der blaue Himmel nur eine Ahnung in weit entfernten Sphären blieb. Die für Ende September selbst für New York noch erstaunliche Hitze drang durch sämtliche Poren. Erika lockerte den nächsten Knopf an ihrer Bluse, wischte sich mit der Hand über den schweißnassen Nacken.

»Wow, sieh nur, das Empire State Building!« Aufgeregt wies Klaus mit dem Finger auf einen gigantischen Gebäudekomplex, dessen oberste Etagen buchstäblich an den hohen Wolken kratzten.

»Was ein Koloss! Vor neun Jahren hat es den noch nicht gegeben. Da muss ich unbedingt rauf.« Er verrenkte den Kopf, um die Spitze mit dem Blick erfassen zu können. Vergebens!

Noch ehe Erika das Empire State Building ebenfalls in seinen gigantischen Ausmaßen bewundern konnte, waren sie schon daran vorbei. Nur um zwei Blocks weiter in einer wild hupenden Automasse festzustecken. Der dunkelhäutige Taxifahrer fluchte.

»Natürlich musst du da rauf«, erklärte sie und lehnte sich an das klebrige Lederpolster des Rücksitzes. »Schon allein, um dir einen Überblick zu verschaffen, was sich hier alles verändert hat.«

Ein Anflug von Wehmut erfasste sie. Nicht nur New York mit den vielen neuen Wolkenkratzern, die der Stadt ein komplett anderes Aussehen gaben, auch Klaus und sie sowie vor allem ihr Leben hatten sich in den letzten neun Jahren fundamental verändert. Und genau deswegen waren sie jetzt wieder hier.

Seit ihrer Flucht aus Deutschland vor dreieinhalb Jahren fühlten sie sich ihrer Wurzeln beraubt. Nicht mehr nur in Hitlerdeutschland, sondern auch im restlichen Europa besaßen sie – wie so viele andere Künstler – keine Perspektive mehr. Mit ihrem politischen Kabarett *Die Pfeffermühle* wollte Erika den Amerikanern auf unterhaltsame Art die Augen vor der Gefahr für den Weltfrieden durch Hitler öffnen und sie für den gemeinsamen Kampf gegen sein Unrechtsregime gewinnen.

Klaus und sie bildeten die Vorhut des Ensembles. Der Rest, allen voran Erikas Herzensdame Therese, würde, wenn alles nach Plan verlief, in wenigen Wochen ebenfalls in die Staaten übersetzen, um hier eine sichere Zuflucht vor der Verfolgung durch die Nazis zu finden. Bis dahin musste Erika die nötigen Formalitäten mit den Behörden geklärt, Geld für Hotel und Unterhalt der ganzen Truppe besorgt sowie Probe- und Auftrittsmöglichkeiten arrangiert haben.

Ihr Vater hatte sie mit reichlich Empfehlungsschreiben ausgestattet. Sein internationales Renommee bescherte ihm Kontakte bis in die höchsten Kreise. Was ihr nun sogar eine Einladung ins Weiße Haus eingebracht hatte.

»Was hältst du davon, übermorgen mit nach Washington zu kommen?«, schlug sie Klaus vor.

»Was soll ich da?« Verwundert wandte er sich zu ihr um. »Mr. President nebst Gattin wohlerzogen Händchen geben? Das würde nur in einer Katastrophe enden. Mit deinem Talent, als *daughter of the famous German writer Thomas Mann* einflussreiche Leute und Millionäre um den Finger zu wickeln, kann ich leider nicht mithalten. Das lasse ich besser gleich bleiben, sonst verderbe ich dir nur die Chance, die Roosevelts und ihre Freunde für deine Mission zu gewinnen.«

»Feigling!« Sie hätte es sich denken können. Das lästige Klinkenputzen blieb mal wieder an ihr allein hängen. Zwar war auch er auf das Wohlwollen anderer angewiesen, wollte aber, wie so oft, am liebsten gar nichts dafür tun. Wie sollte das nur funktionieren?

Natürlich musste sie sich auch um die Visa kümmern. Sie besaßen bislang nur vorläufige. Dauerhafte wären ideal, am besten sogar gleich für die gesamte *Pfeffermühlen*-Truppe, damit sich der ganze Aufwand überhaupt lohnte. Dafür benötigte sie einflussreiche Fürsprecher, die sie erst einmal von ihnen allen und ihrer Mission überzeugen musste.

Endlich ging die Fahrt durch die engen Straßenschluchten weiter. Es wurde gehupt, geflucht, gebremst und wieder angefahren. Erika schenkte dem weniger Beachtung, ging lieber im Kopf ihre Liste durch. Immerhin hatte sie vor der Abreise aus Europa mit ihrem britischen Ehemann, dem Schriftsteller Wystan Hugh Auden, fleißig an der Übersetzung eines Großteils der deutschen *Pfeffermühlen*-Texte gefeilt. Bei der Erinnerung an die vielen Stunden, in denen sie während ihres London-Aufenthalts um die besten Worte für Erich Mühsams Gedicht *Lampenputzer* oder Erikas Song *Kälte* gerungen hatten, musste sie lächeln. Unerbittlich hatte Wysti darum gekämpft, ihr den störenden deutschen Akzent auszutreiben. Dank seiner Ausdauer sprach sie inzwischen nahezu fließend und sicherlich weitaus weniger deutsch Englisch als die meisten anderen Exilanten.

»Sage noch einer, wir hätten nur geheiratet, damit ich einen britischen Pass bekomme. So, wie du dich für mich ins Zeug legst, muss mehr dahinterstecken«, hatte sie ihn geneckt.

Dabei war das tatsächlich zunächst der einzige Grund gewesen. Vor der Trauung waren sie sich nicht einmal persönlich begegnet. Sobald sie jetzt an die vertraute Arbeit mit ihm dachte, wurde ihr warm ums Herz. In den letzten Monaten hatten sie sich längst nicht mehr nur aus Not aneinander gebunden, sondern waren enge Freunde geworden und freuten sich daran, denselben Humor miteinander zu teilen.

»Ich werde mir größte Mühe geben, dich als Mrs. Auden in Amerika nicht zu blamieren, weder mit meinem Akzent noch mit meinem Benehmen«, hatte sie ihm beim Abschied am Hafenpier augenzwinkernd versprochen, woraufhin er ihr ebenso amüsiert versichert hatte: »Solange du am wundervollen britischen Englisch festhältst und es ansonsten weder in der Kunst noch in der Liebe zu doll treibst, werde ich mir wirklich keine Sorgen machen.«

Nun also waren Klaus und sie in den Staaten. Bei der Suche nach der passenden Unterkunft hatten sie sich einvernehmlich für das *Bedford* in Murray Hill unweit des Grand Central Terminal entschieden. Das *Astor*, wo sie bei ihrem ersten Besuch abgestiegen waren, war für einen längeren Aufenthalt unerschwinglich geworden. Schon damals hatten sie im *Bedford* gelegentlich geluncht, Freunde getroffen und es schätzen gelernt. Inzwischen war es zu *dem* Treffpunkt der deutschen Exilliteraten und Künstler avanciert. Der ebenfalls aus Deutschland stammende Hotelmanager Anton Nägel tat alles, um den unfreiwillig heimatlos Gewordenen in der Fremde ein behagliches Zuhause einzurichten. Erika konnte es kaum mehr erwarten, dort nach den rastlosen letzten Wochen in Europa wieder zur Ruhe zu kommen. Trotz der vielen anstehenden Aufgaben und Verpflichtungen.

Endlich erreichten sie ihr Ziel. Auf den ersten Blick sah das *Bedford* noch genauso aus wie vor neun Jahren. War die Zeit stehengeblieben? Wie schön wäre es, zu glauben, sie hätte all das, was seither geschehen war, nur geträumt und erwachte jetzt in ihrem vertrauten Bett im geliebten Münchner Elternhaus.

Unter dem roten Baldachin vor dem Eingang blieb Erika einige Sekunden stehen. Ihre Augen wanderten über den schmalen Klinkerbau, dessen klar strukturierte Fassade typisch für diesen Teil von Manhattan war. Je weiter sie den Kopf in den Nacken legte, um die siebzehn Stockwerke nach oben zu blicken, desto blümeranter wurde ihr.

Die einwöchige Überfahrt mit dem Schiff forderte ihren Tribut. Obwohl der niederländische Dampfer *Statendam* äußerst luxuriös war, die Liegestühle an Deck und erst recht die Betten in den geräumigen First-Class-Kabinen allen denkbaren Komfort geboten hatten, hatte ihr die stetig auf und ab wogende See dennoch zu schaffen gemacht. Ihre Knie fühlten sich immer noch an, als seien sie weich wie Pudding, und sie hatte das Gefühl, unablässig Karussell zu fahren. Umso schöner, dass sie sich gleich in einem der Hotelzimmer unter die Dusche stellen und die salzige Meeresluft von der Haut brausen konnte. Vielleicht konnte sie sich damit auch für einen kurzen Moment die Erinnerung an das stetig finsterer werdende Europa von der Seele waschen. Nach den Erlebnissen der vergangenen Monate schien ihr das dringender denn je.

»Kommst du?« Klaus war schon vorgegangen und blickte nun ungeduldig zu ihr herüber. Die Zipfel seines offenen, hellen Staubmantels umflatterten seine Beine. Sein Gesicht war kaum zu erkennen, weil er den Filzhut tief in die Stirn gezogen hatte, um seine empfindlichen Augen vor dem grellen Sonnenlicht zu schützen. Die abgegriffene Reisetasche mit den Manuskripten und Notizbüchern hielt er mit einer Hand so fest vor der Brust umklammert, als fürchtete er, jemand könnte sie ihm entreißen. Mit der anderen führte er hektisch die halb gerauchte Zigarette zum Mund.

Sie seufzte, bückte sich nach ihrem schmalen Handköfferchen und folgte ihm durch die Schwingtür nach drinnen.

KAPITEL 2

Auch im Innern des *Bedford* sah auf den ersten Blick alles genauso aus wie vor Jahren: der weiße Marmorboden mit der von schwarzen Fliesen durchbrochenen Rosette exakt unter dem viel zu imposanten Kristallleuchter, die rotbraune Wandvertäfelung und am Ende der lang gestreckten Lobby der brusthohe Empfangstresen, hinter dem ein geschäftiger Portier mittleren Alters thronte und die dunkelhäutigen Pagen in den goldbetressten Uniformen und die mit weißen Schürzen versehenen, ebenfalls dunkelhäutigen Zimmermädchen bei ihrem dienstbeflissenen Gebaren streng im Blick behielt.

Noch ehe sie die Rezeption erreichten, schallten bereits fröhliche Willkommensrufe durch die Lobby. Neugierig drehten sie sich um. An einen großen runden Tisch saß eine bunt gemischte Gruppe bestens gelaunter Menschen, Männer wie Frauen, Junge und Alte, gut angezogene wie leicht abgerissene Gestalten. Jäh sprangen sie aus den Lederfauteuils und eilten auf sie zu, um sie mit Umarmungen und Schulterklopfen herzlich zu begrüßen. Überrascht ließ Erika es geschehen, während Klaus, wie so oft, Distanz wahrte.

Die meisten von ihnen kannte sie bislang lediglich vom Hörensagen oder durch Briefe. Umso spannender fand sie es, ihnen nun persönlich zu begegnen. Beinah die gesamte deutsche Kultur-Bohème schien hier versammelt.

Etwas steif, aber dennoch sichtlich erfreut stellte sich ihr als Erster Prinz Hubertus Friedrich von Löwenstein vor, der im *Bedford* die *American Guild for German Cultural Freedom* als Anlaufstelle für deutsche Exilanten wie für die Vermittlung deutscher Kultur in Amerika gegründet hatte, wie er ihr hastig erklärte. Das schüttere, seidige Haar und die rosige Gesichtshaut schienen der Inbegriff seiner blaublütigen Abkunft, die er in jeder Geste bewusst oder unbewusst betonte. Weitaus lockerer dagegen gab sich der Journalist Rolf Nürnberg. Sein jugendlich-albernes Kichern und das auffällige Händereiben, mit dem er jede Bemerkung abschloss, waren Erika schon von früheren Begegnungen in Berlin vertraut. Verblüfft stellte sie fest, dass er mehr als ein Dutzend Jahre später zwar deutlich an Haaren, aber nichts von diesen Eigenheiten eingebüßt hatte. Sobald er Klaus flüchtig umarmt hatte, hörte er gar nicht mehr auf damit. Zu groß war seine Freude, den einstigen Kollegen vom *Zwölf-Uhr-Blatt* endlich wiederzusehen.

Den umtriebigen Drehbuchautor Billy Wilder traf Erika dagegen zum ersten Mal, dennoch hätte sie ihn auf Anhieb erkannt. Sein wacher Blick wie auch der spöttische Zug um den Mund passten hervorragend zu den amüsanten Feuilletontexten, die sie von ihm gelesen hatte. Unschwer zu erraten, dass der etwas größere Mann mit der breiten Stirn und dem schütteren dunklen Haar neben ihm der Journalist Curt Riess sein musste. Er galt als enger Freund von Wilder und Nürnberg, was sie angesichts der Penetranz, mit der er sich nach vorn drängte, sowie seinem angestrengten Bemühen um lustige Bemerkungen etwas befremdete. Wahrscheinlich war sie gerade schlichtweg zu müde von der langen Reise, um ihn fair einzuschätzen. Klaus jedenfalls verwickelte er verblüffend schnell in ein angeregtes

Gespräch. Sie schnappte die Namen Jean Cocteau und *Paris Soir* auf. Damit hätte Riess Klaus' Aufmerksamkeit gewiss die nächsten Stunden für sich gewonnen, wäre nicht die zierliche ältere Dame energisch dazwischengegangen, die sich als seine amerikanische Agentin Sarah Brandes-Bralans entpuppte. Sie hatte ihm bereits erste Vortragstermine in Clubs, Schulen und Gemeinden sowie Aufträge für Zeitungsartikel an Land gezogen, wie sie triumphierend mitten in Curt Riess' Geplapper hinein verkündete. Am liebsten hätte sie Klaus wohl auch sofort an die Schreibmaschine gesetzt, damit er mit dem von ihr vorgeschlagenen Essay unter dem vielversprechenden Titel *My father and his work* begänne, in dem er die schriftstellerische Tätigkeit seines berühmten Vaters aus Sohnessicht beleuchten sollte.

»Den werden sie uns aus den Händen reißen, vertrauen Sie mir! Ganz New York wartet auf Ihren Bericht. Dafür kann ich eine hübsche Summe herausschlagen«, versprach sie.

»Vergessen Sie es!«, schaltete sich Emil Ludwig ein. »Solange Erika in der Nähe ist, um Geld aufzutreiben, können Sie Klaus nur schwer mit einem dicken Scheck überzeugen.«

»Müssen Sie gleich aus dem Nähkästchen plaudern?«, protestierte Erika lachend. »Nur weil Sie wissen, wie die Aufgaben bei uns in der Familie verteilt sind, sollten Sie das nicht jedem gleich direkt auf die Nase binden.«

»Wetten, spätestens morgen früh weiß sowieso jeder in New York Bescheid? Die Mann-Geschwister sind immer eine Sensation«, konterte er und schüttelte ihr erfreut die Hand. »Wie schön, dass Sie endlich hier sind. Sie wurden bereits sehnsüchtig erwartet.«

»Das zu hören tut wirklich gut. Allerdings muss ich gestehen, mit Ihnen hier am wenigsten gerechnet zu haben.«

»Obwohl ich seit einigen Jahren einen Schweizer Pass besitze, heißt das nicht, dass ich mich in Ascona noch wirklich sicher fühle. Sie haben es ja am eigenen Leib erfahren, als man Ihre Auftritte in Zürich gestört hat: Die Arme der Nazis reichen leider längst bis zu den Eidgenossen.«

»Aber zum Glück immer noch nicht bis über den Großen Teich!«, ließ sich eine muntere Stimme hinter ihr vernehmen. Vicki Baum! Von Neuem komplett überrascht fuhr Erika herum. Da stand tatsächlich die längst auch in Amerika für ihren legendären Roman *Menschen im Hotel* gefeierte Schriftstellerin.

»Kinder, was sagt ihr? Der Coup ist mir gelungen«, triumphierte sie. »Schon dafür hat es sich gelohnt, extra aus Hollywood herzufliegen, um unsere berühmten Mann-Geschwister persönlich in den Staaten zu begrüßen. Erika, Sie schauen gerade mindestens so groß wie die Autos, die Sie sonst so gern fahren, wie es heißt.«

»Das kommt nur daher, dass ich hier im *Bedford* nicht mit Ihnen gerechnet habe«, gab Erika freimütig zu.

»Bin ich schon so als Luxuslady verschrien, dass Sie mir nicht mehr zutrauen, auf einen Drink bei lieben Freunden vorbeizuschauen?«

Vicki tat beleidigt, lächelte aber weiter. Fasziniert musterte Erika sie und fand, sie wirkte mit dem frisch toupierten, blondierten Haar und ihrer Art, sich zu bewegen und zu sprechen, längst mehr wie eine waschechte Amerikanerin denn wie eine Europäerin.

»Allerdings haben Sie recht. Im *St. Moritz* fühle ich mich durchaus wohler. Die Matratzen sind einfach besser. Kommen Sie mal in mein Alter, Erika, dann verstehen Sie, was ich meine.«

Mit einem übertriebenen Seufzen stemmte sie die Hände in

die Lendenwirbel. Sie war zwar knapp zwanzig Jahre älter, dank ihres Boxtrainings, mit dem sie schon in ihren Berliner Jahren begonnen hatte, jedoch mindestens so gut in Form wie Erika, die seit frühester Jugend ebenfalls regelmäßig Sport trieb.

»Spaß beiseite.« Sie hakte sich bei Erika ein, um sie in eine ruhigere Ecke zu ziehen. »Ich bin hier, um mein Möglichstes dazu beizutragen, damit Ihre *Pfeffermühle* in den Staaten ein bombastischer Erfolg wird. Haben Sie eigentlich schon die Texte übersetzt? Ich helfe Ihnen gern.«

»Das ist sehr großzügig, aber vor meiner Abreise aus Europa habe ich bereits mit meinem britischen Ehemann …«

»Sorry, ich vergaß«, unterbrach Vicki sie mit einem entschuldigenden Lächeln. »Mittlerweile sind Sie ja nicht nur britische Staatsbürgerin, sondern noch dazu mit einem ausgezeichneten Lyriker verheiratet. Denken Sie eigentlich schon darüber nach, künftig auf Englisch zu schreiben?«

»Darüber haben Klaus und ich bereits diskutiert. Wie es aussieht, werden wir wohl lange in Amerika bleiben. Da scheint es sinnvoll, die Sprache zu wechseln. In der Übersetzung geht leider doch immer einiges an Witz und Direktheit verloren. Allerdings sehen das nicht alle aus dem Ensemble so.«

»Verstehe.« Vicki wurde nachdenklich. »Für Schauspieler ist es natürlich schwieriger. Schon der geringste Akzent kann bei ihnen zum entscheidenden Makel werden.«

»Genau deshalb hadert Therese damit, hierherzukommen. Leider.«

Erika biss sich auf die Lippen. Gewaltige Sehnsucht nach der Geliebten erfasste sie. Seltsamerweise sogar nach der Sturheit und Bockigkeit, mit der sie sich lange dem Entschluss widersetzt hatte, das deutschsprachige Europa zu verlassen, um in Amerika den Neubeginn zu wagen. Daran konnte man sich reiben, darüber ärgern, wütend die Haare raufen und sich hinterher umso leidenschaftlicher miteinander versöhnen.

»Ich freue mich jedenfalls, dass Sie und Ihr Bruder es nach New York geschafft haben«, bekannte Vicki, die ihre Traurigkeit zu spüren schien. »Das lässt hoffen, dass Ihre Familie, vor allem natürlich Ihre Eltern, bald Ihrem Beispiel folgt. Sie alle gehören hierher. Gerade jetzt, da sich Ihr Vater endlich öffentlich gegen das NS-Regime ausgesprochen hat. Damit setzt er für die vielen Kollegen, die in den letzten Jahren hier gestrandet sind, ein wichtiges Zeichen der Solidarität.«

In einer nonchalanten Bewegung führte sie ihre lange Zigarettenspitze zum Mund. Allein für diese Geste wollte Erika sie küssen. Darin steckte genau jene Weltläufigkeit, für die sie Vicki bewunderte.

Ihr Blick glitt über Vickis jugendliche Gestalt. Die hohen Temperaturen schienen ihr nichts auszumachen. Kein Schweißtropfen perlte an Schläfe oder Oberlippe, weder Rouge noch Make-up oder Wimperntusche hatte gelitten. Auch die Frisur saß perfekt. Das maßgeschneiderte Nachmittagskostüm wie der breitkrempige Hut und der salopp um den Hals geschlungene Seidenschal unterstrichen ihre Jugendlichkeit und Eleganz nur noch. Kein Zweifel: Mit jeder einzelnen Faser strahlte sie den Erfolg aus, der vor einigen Jahren mit der amerikanischen Verfilmung ihres Bestsellers *Menschen im Hotel* begonnen hatte und seither mit vielen weiteren Triumphen untermauert worden war.

»Oh, ich glaube, ich habe Sie lange genug in Beschlag genommen. Da werden einige schon ungeduldig.«

Verschmitzt wies Vicki auf den inzwischen noch größer gewordenen Kreis Kollegen, die aus einigen Schritten Entfernung immer öfter zu ihnen herübersahen.

»Gehen Sie lieber hin, sonst wird es in den nächsten Monaten im *Bedford* sehr ungemütlich für Sie, weil sich einige zu Unrecht vernachlässigt fühlen. Wir sehen uns später.«

Mit zwei flüchtigen Wangenküssen verabschiedete sie sich.

Die nächste halbe Stunde verbrachte Erika mit Händeschütteln und dem Austausch vager Zustandsbekundungen wie »gerade noch rechtzeitig die Koffer gepackt«, »inzwischen gut eingelebt«, »in Paris sind alle wohlauf« oder »Amsterdam quillt über vor deutschen Exilanten« und »Prag ist leider auch keine dauerhafte Alternative mehr«. Kaum konnte sie die vielen Fragen, Neuigkeiten und Willkommensgrüße den einzelnen Gesichtern zuordnen. Ebenso wenig gelang es ihr, aus den strahlenden Mienen die wahre Lage der Einzelnen abzulesen. Ob sie alle Anlass zur Fröhlichkeit hatten, wagte sie zu bezweifeln. Darüber würde in den nächsten Tagen ausführlicher zu reden sein.

Statt unter der ersehnten Dusche oben in einem der Zimmer landete sie unten in der Lobby in einem der ausladenden Sessel um den großen runden Tisch. Das kitschige Gemälde einer erschreckend leeren, sehr weiten texanischen Landschaft in warmen Gelb-, erdigen Ocker- und glühenden Orangerottönen verströmte seltsamerweise eine heimelige Atmosphäre. Matt lehnte sie sich in dem knarzenden Leder zurück, schlug die Beine übereinander.

Irgendjemand reichte ihr eine Zigarette und ein Glas Whiskey. Allein das Klirren der Eiswürfel erschien ihr wie wohltuende Musik. Als sie sich zum aufblitzenden Feuerzeug beugte, bemerkte sie die nahezu schwarzen Augen, mit denen der Jemand sie über die Flamme hinweg betrachtete. Sie sprühten vor Leidenschaft. Erika schluckte. Das Nächste, was ihr auffiel, war der überraschend kleine, eigentlich fast schon weiblich wirkende Mund in einem auf Anhieb sympathischen Gesicht.

Der Unbekannte registrierte ihren Blick und verzog die Lippen zu einem einnehmenden Lächeln. Tief in ihrem Innern wurde ihr angenehm warm. Auf einmal fühlte sie sich wirklich angekommen.

»Gestatten, dass ich mich vorstelle, auch wenn ich nicht weiß, ob Ihnen mein Name etwas sagt. Ich bin Martin Gumpert, Arzt und Schriftsteller aus Berlin, seit April in New York und in wenigen Wochen hoffentlich mit eigener Praxis an der Park Avenue.«

Natürlich sagte ihr der Name etwas! Erfreut nickte sie. Ihr Vater hatte ihn und seine Biographie über den Homöopathen Hahnemann einige Male anerkennend erwähnt. Vor anderthalb Jahren waren sie sich wohl in Italien und kurz darauf in Küsnacht persönlich begegnet. Welch Zufall, Gumpert nun in New York gegenüberzusitzen. Nein, eigentlich war es kein Zufall. Im *Bedford* landeten früher oder später alle gewaltsam aus der Heimat Vertriebenen. Zumindest die deutschsprachigen, die etwas zu sagen hatten.

»Gratuliere! Das mit der Praxis in der Park Avenue klingt, als hätten Sie es geschafft. Und das in so kurzer Zeit.« Erika streckte Gumpert die Hand entgegen.

Als er nicht einschlug, neigte sie sich vor, um die Zigarette in dem schweren Bleikristallaschenbecher auf dem kniehohen Beistelltisch auszudrücken. Dabei traf sie ein unerwartet trauriger Blick, bevor er ihr eine neue Zigarette reichte und sich selbst eine weitere anzündete.

»Das klingt einfach nur besser, als es in Wahrheit ist«, erwiderte er und rutschte auf die Sesselkante vor, blieb, die Unterarme lässig auf die Knie gestützt, nah neben ihr sitzen und rauchte schweigend.

Was für eine Stimme! Überhaupt dieses Auftreten! Weder machte er viel Wesen um seine unleugbaren Erfolge, noch missbrauchte er die Zurückhaltung als Attitüde, um sich besonders hervorzutun. Erika war hingerissen. Nur zu gern sank sie tiefer in den Sessel und lauschte ihm, wie er in wenigen Worten die markantesten Stationen seines Lebens zusammenfasste. Erst auf ihr explizites Nachfragen räumte er ein, welch entscheidende Arbeit er im Bereich der Dermatologie und Geschlechtskrankheiten geleistet und welch wegweisende Publikation er nach der Hahnemann-Biographie über fünf weitere bedeutende medizinische Forscher veröffentlicht hatte. Auch für diese Erfolge wollte er nicht beglückwünscht werden.

»Derzeit sitze ich an einem Roman über Henry Dunant, den Schweizer Gründer des Roten Kreuzes«, beendete er seinen Bericht. »Daneben verfasse ich gelegentlich Lyrik und hoffe, bald irgendwie genug Geld beisammenzuhaben, um meine neunjährige Tochter aus Europa zu mir zu holen.«

»Sie haben eine Tochter?«, echote Erika und ertappte sich dabei, wie sie seine rechte Hand nach einem Ehering absuchte. Kaum merklich zuckte sie zusammen, als sie den tatsächlich entdeckte. Lag ihr nach einer knappen halben Stunde schon derart viel an ihm? Das war doch sonst nicht ihre Art! Erst recht nicht in Bezug auf Männer.

»Sie heißt Nina und lebt bei ihrer Großmutter in Berlin.« Aus seiner Stimme klang Vaterstolz. »Seit dem Tod meiner Frau vor drei Jahren kümmert sich meine Schwiegermutter um sie. Sobald meine Existenz in New York annähernd gesichert ist, hole ich Nina zu mir. Ich hoffe sehr, dass mir das bald möglich ist.«

Ziellos blickte er in das von dichten Rauchschwaden durchwaberte Foyer, rauchte weiter, trank, schwieg von Neuem.

Aufmerksam betrachtete Erika sein Profil. Es war von sanften Linien um Mund und Augen, buschigen Augenbrauen sowie schütterem, straff nach hinten frisiertem Haar beherrscht. Anzug, Hemd und Krawatte saßen trotz Hitze einwandfrei, ebenso zeugten die akribisch polierten Schuhe und die gepflegten Hände davon, wie viel Wert er auf seine äußere Erscheinung legte, ohne eitel zu erscheinen. Welch Juwel von Mensch saß da vor ihr? Und welch Glück, ihn gleich am Tag ihrer Ankunft im Trubel der deutschen Insel im *Bedford Hotel* aufgelesen zu haben.

KAPITEL 3

Viel Zeit, die Begegnung mit Gumpert zu vertiefen, blieb Erika nicht. Gleich am ersten Abend nach ihrer Ankunft waren Klaus und sie zu einem Abendessen im *Waldorf-Astoria* eingeladen, das der amerikanische Verleger ihres Vaters, Alfred A. Knopf, und seine Frau Blanche für sie ausrichteten. Davon erhoffte Erika sich lohnende Kontakte zu potenziellen Geldgebern für den Neubeginn der *Pfeffermühle,* Klaus liebäugelte mit einem Buchvertrag für seinen neuen Roman bei Knopf, was er natürlich nie offen zugeben würde. Vicki Baum, die ebenfalls dabei sein würde, hatte bereits zugesichert, ihnen tatkräftig zur Seite zu stehen.

»Zu dritt werden wir die Geldbörsen schon öffnen«, hatte sie zuversichtlich erklärt, bevor sie sich aus dem *Bedford* verabschiedet hatte, um sich für den Abend frisch zu machen.

»Lassen Sie die Perlenkette aber lieber im Hotelsafe«, hatte sie Erika noch zugeflüstert. »Natürlich kleidet eine Nerzstola Sie hervorragend. Dennoch sollten Sie sich bei dem Dinner der Knopfs bescheiden geben. Etwas Schlichtes, Unaufdringliches und vor allem möglichst wenig Schmuck wären ideal. Am besten nur ein prägnantes Stück aus der Schatulle Ihrer Mutter oder Großmutter, zu dem Sie eine rührende Geschichte erzählen können. Das lieben die Damen hier. Und was die Damen lieben, ebnet bei deren Ehemännern umso leichter den Zugang zu den Scheckbüchern.«

Erika bewunderte ihren Pragmatismus.

»Unter einer europäischen Intellektuellen stellen sich die Yankees von der Upper East Side nun einmal lieber eine zurückhaltend gekleidete Maus denn eine elegante Dame wie Sie vor«, hatte Vicki hinzugefügt. »Gerade, wenn sie davon ausgehen, dass Sie und Ihr Bruder im letzten Moment Hitlers brutalen Schergen entronnen sind. Ihre betörende Klugheit und Ihr Charme kommen ohnehin besser zum Ausdruck, wenn keine Äußerlichkeiten davon ablenken.«

»Eins zu null für dich. Das ist wohl exakt die richtige Mischung aus Sack und Asche und Upper-East-Side-Eleganz, die die Herrschaften im *Waldorf-Astoria* erwarten«, begrüßte Klaus sie, als sie ihm auf dem Flur im siebten Stock des *Bedford* entgegenschlenderte.

»Schick, charmant, elegant! Therese würde sich auf der Stelle noch einmal in dich verlieben.«

»Nicht nur sie«, gab sie keck zurück. Die Clutch in der einen und das Cape in der anderen Hand drehte sie sich mit ausgestreckten Armen einmal um die eigene Achse.

Sie wusste, wie gut sie aussah. Statt einer Dusche hatte sie sich ein ausgiebiges Bad gegönnt, um zu etwas Ruhe zu finden. Zum Glück waren die sanitären Einrichtungen im *Bedford,* anders als die Zimmer selbst, erstaunlich großzügig bemessen. Im Bad fehlte es an nichts. Das Zimmermädchen hatte die Koffer bereits ausgepackt, als sie aus der Lobby nach oben gekommen war, und sogar daran gedacht, ihre geliebte Rosenessenz auf dem Wannenrand bereitzustellen.

Sanft umspült von dem duftenden, angenehm warmen Wasser in der Wanne hatte Erika sich eine Weile ganz der Träumerei hingegeben und das Gespräch mit Gumpert Revue passieren lassen. Der leidenschaftliche Ausdruck seiner Augen, der so gar nicht zu seiner sonstigen Zurückhaltung passte, hatte sie nicht losgelassen. Zugleich hatte sie sich plötzlich wieder sehr nach Therese, ihrem wunderbar grantelnden Münchnerisch und vor allem ihrem unendlich weichen, warmen Körper gesehnt.

»Bei deinem Anblick werden die Herrschaften freudig für den guten Zweck spenden«, spottete Klaus jetzt. »Wo hast du nur dieses wunderschöne tannengrüne Kleid her? Es passt hervorragend zu deinen rehbraunen Augen und dem brünetten Haar. Ich wusste gar nicht, dass du überhaupt so etwas Fesches, Weibliches besitzt. Hast du dich vor unserer Abreise etwa doch noch heimlich in Paris eingekleidet?«

In dem bodentiefen Spiegel neben der Aufzugtür erhaschte sie einen flüchtigen Blick auf sich. Ganz bewusst hatte sie sich für das auf Figur geschnittene, ärmellose Kleid mit dem weit schwingenden Tellerrock entschieden, das auf jedes überflüssige Detail verzichtete und genau damit die gewünschte Wirkung erzielte. Dreißig Jahre war sie inzwischen alt. Das Haar trug sie seit Langem männlich kurz, frisierte es bis auf eine kecke Locke am linken Ohr streng nach hinten, um sich einen androgynen Touch zu geben. Die Lippen dezent geschminkt, die Augenbrauen zu akkuraten feinen Bogen gezupft, besaß ihr Antlitz etwas Aristokratisches. Die Nase war einen Tick zu lang, das Erbe der Manns, aber zum Glück schmal, das Erbe der Pringsheims, so dass sie als charaktervoll durchging, was bestens mit ihrem prägnanten Kinn harmonierte. Der Hals und das leicht gebräunte Dekolleté kamen dank des vorteilhaften Ausschnitts ebenfalls gut zur Geltung. Der frische Teint und die schmale Taille ließen erkennen, wie gern sie sich an der frischen Luft bewegte.

Ihre Augen streiften über ihren Bruder. Zum Glück hatte sie ihn während der einwöchigen Schiffspassage dazu überreden können, viel Zeit neben ihr an Deck in den Liegestühlen zu verbringen. Das hatte ihm ebenfalls eine gesunde Gesichtsfarbe beschert und die chronische Entzündung in den Augen gelindert. Längst ähnelten sie einander zwar nicht mehr wie Zwillinge, als die sie sich vor neun Jahren noch in den Staaten ausgegeben hatten. Dennoch ließ sich ihre verwandtschaftliche Beziehung nicht leugnen.

»Jetzt bin ich auf die Geschichte gespannt, die du nachher zu dieser Brosche auspackst.« Mit der Zigarette zwischen den Fingern, die Augen zusammengekniffen, deutete er auf ihre linke Brust. Dort hatte sie als einziges Schmuckstück einen silbern gefassten, ovalen Lapislazuli festgesteckt.

»Um geschichtsträchtigen Familienschmuck handelt es sich wohl kaum«, bemerkte er. »Dazu ist das blaue Stück viel zu modern. Außerdem habe ich weder an Mama noch an Großmama je etwas in der Art gesehen.«

»Kannst du auch nicht. Die hat Wysti mir kurz vor unserer Abreise geschenkt. Eine Art Talisman, damit ich hier für die Zukunft der *Pfeffermühle* einen soliden Grundstein legen kann. Passt doch bestens. Eine entsprechende Geschichte wird mir dazu schon einfallen. Du kennst mich.«

»Ich bin gespannt, Schwesterherz«, entgegnete er und drückte ihr einen Kuss auf die Wange. Sie konnte das prägnante Aftershave riechen, das sie so an ihm mochte.

»Und ich bin gespannt, was die feinen New Yorker Damen zu dir sagen werden. Du duftest vielversprechend. Da kann frau leicht schwach werden.«

Als sie in der engen Aufzugkabine standen und der Liftboy die Türen geschlossen hatte, glitt ihr Blick weiter über Klaus' schlanke, hoch aufgeschossene Gestalt. Der dunkle Anzug saß tadellos, Krawatte und Hemd waren exakt darauf abgestimmt. Selbst an das passende Einstecktuch hatte er gedacht. Sie strich ihm das dunkle Haar aus der hohen Stirn, fuhr zärtlich mit den Fingern die Ränder der Geheimratsecken nach, die sich immer deutlicher auf seinem Kopf vorarbeiteten. Kein Zweifel: Spurlos waren die letzten Jahre nicht an ihm vorübergegangen. Sie sollte besser auf ihn aufpassen. Er selbst tat das viel zu wenig.

»Denk nachher bitte auch an die arme Sarah. Händeringend versucht sie, ihren Job als Agentin zu machen und dir eine gut honorierte Vortragstournee für den Winter zusammenzustellen. Sie wird es dir danken, wenn du die ein oder andere finanzkräftige Dame umschmeichelst, damit sie dich in ihren Club einlädt. Und sei bitte etwas zurückhaltender bei deinen Flirts mit jungen Herren. Ich fürchte, hier in Amerika ist man trotz aller sonstigen Freiheiten immer noch prüder als bei uns in Europa – oder vielmehr, als man bei uns in Europa früher einmal gewesen ist, bevor Hitler kam.«

»Tut mir leid, dass ich anders bin. Es kann halt nicht jeder so erfolgreich wie du mit beiderlei Geschlechtern turteln. Und gleichzeitig die Scheckhefte öffnen.«

Verärgert drückte er die Zigarette in dem winzigen Metallaschenbecher an der Liftwand aus und schob beide Hände in die Hosentaschen.

»Warum musst du immer gleich bissig werden? Gönn mir

doch einfach das Vergnügen«, beeilte sie sich, ihm munter zu kontern. Dabei war ihr auf einmal gar nicht mehr nach Scherzen zumute. Seine Worte verletzten sie. In seiner Eifersucht war er oft unberechenbar.

Ob es ihnen gefiel oder nicht: Das Exil forderte seinen Tribut. Es stellte nicht nur ihre Art zu leben komplett auf den Kopf, sondern verlangte auch eine gewisse Anpassung ihres Verhaltens, um überhaupt über die Runden zu kommen. Dahinter mussten persönliche Belange und Bedürfnisse öfter, als ihnen lieb war, zurücktreten.

»Du weißt doch, dass du für alle Ewigkeit mein einziger Herzenskönig bleibst, ganz egal, mit wem ich meine Tage oder gar Nächte verbringe«, setzte sie nach und zwickte ihn zärtlich in die Wange. »Das war so, das ist so, und das bleibt so. Für immer und alle Zeit und in Ewigkeit.«

Jetzt war sie es, die ihm einen langen Kuss auf den Mund presste.

Ganz selbstverständlich hängte sie sich bei ihm ein und schmiegte sich beim Verlassen des Lifts im Erdgeschoss eng an seine Seite.

KAPITEL 4

Schon in der opulenten Empfangshalle des traditionsreichen *Waldorf-Astoria* wurde Erika bewusst, dass sie sich ab sofort in einer anderen Welt befanden. Die siebenundvierzig Stockwerke des mit rosa Marmor und silbergrauem Kalkstein verkleideten Gebäudes mit den beiden markanten Türmen strahlten eine trutzige Erhabenheit aus, die sich im Innern in einer verschwenderischen Ausstattung mit edelsten Hölzern, weiterem Marmor, viel Bronze und reichlich Nickel selbstbewusst fortsetzte. Passenderweise zeigte ein gigantischer Wandteppich mit dem *Rad des Lebens* das wechselvolle Auf und Ab der Fortuna.

Das Dinner, zu dem das Verlegerehepaar Knopf zu Ehren der Mann-Geschwister eingeladen hatte, fand in einer der *English Suites* statt, die dank ihrer Lage in den obersten Etagen einen grandiosen Ausblick über die Park Avenue boten. Die Gäste verteilten sich auf mehrere, im gediegenen Stil eingerichtete Salons, die durch weit offen stehende Flügeltüren verbunden waren. Im größten, am Ende der langen Zimmerflucht, war für ein festliches Essen gedeckt. Helle wie dunkle, laute wie leise Stimmen sorgten in den hohen Räumen für einen dicht gewebten Geräuschteppich. Schon der erste Blick auf die Gesellschaft ließ erahnen, dass hier ganz andere Unterhaltungen geführt wurden als am Nachmittag mit den Freunden und Kollegen in der Lobby des *Bedford*.

Bereits beim Ablegen des Mantels in der Garderobe verdrehte Klaus die Augen.

»Noch luxuriöser wäre es wohl kaum gegangen«, raunte er Erika zu, während er ihr das Cape abnahm, um es der Garderobiere zu geben. Nervös zündete er sich die nächste Zigarette an.

»Dient alles dem guten Zweck, Brüderchen«, erwiderte sie und stibitzte ihm die Zigarette für einen tiefen Zug. Genüsslich formte sie beim Ausatmen kleine Kringel, während sie mit einem letzten kritischen Blick in den Spiegel den Sitz von Frisur und Kleid prüfte und sich dann unternehmungslustig die Lederclutch unter den Arm klemmte.

»Dass du bei diesen Superreichen in deinem Element bist, war zu erwarten«, brummte er.

»Wieso genießt du das hier nicht einfach? Nach der unbequemen Schiffspassage haben wir uns durchaus ein wenig Luxus verdient. Wetten, dass du binnen fünf Minuten von mindestens einem Dutzend begeisterter Damen umringt sein wirst, die es kaum abwarten können, deine Bekanntschaft zu machen? Auf einen so attraktiven Schriftsteller wie dich haben die alle nur gewartet. Tu einfach so, als fändest du sie auch interessant. Das wird bestimmt ein großer Spaß für dich. Und wenn du lachst, bist du noch mal so attraktiv.«

Aufmunternd klopfte sie ihm auf die Schulter, steckte ihm die halb gerauchte Zigarette zwischen die Lippen und hakte sich bei ihm ein, um mit ihm zum Salon hinüberzugehen.

»Welch große Freude, Sie hier zu haben!« Mit weit ausgebreiteten Armen kam ihnen die Verlegergattin Blanche Knopf entgegen und drückte erst Erika, dann Klaus mütterlich an ihre Brust, dabei war sie kaum mehr als zehn Jahre älter als sie.

Auf Anhieb war Erika die Frau mit den streng nach hinten

pomadisierten, kurzen Haaren sympathisch. Die zu hohen schmalen Bogen gezupften Augenbrauen verliehen ihr einen wachen, aufgeweckten Zug. Auf übertriebene Zurschaustellung weiblicher Reize legte sie offenkundig keinen Wert. Das bedeutete jedoch keinesfalls den Verzicht auf eine gewisse Eleganz, wie das schlichte und dafür umso erlesenere schwarze Chanel-Kleid und die schmale Perlenkette bewiesen.

Auch ihr Ehemann Alfred wirkte unkompliziert. Sein dicker Schnauzer wippte bei jeder Silbe, die dunklen runden Augen unter den buschigen Brauen sprühten vor Lebensfreude. Dass er die fünfzig bereits überschritten hatte, war ihm kaum anzumerken. Seinem Auftreten wohnte eine unbekümmerte Jugendlichkeit inne. Durch geschickte Fragen ließen er und Blanche sich von Erika und Klaus bei einem ersten Glas Champagner auf den aktuellen Stand der Entwicklungen in Europa bringen, bevor sie sie den anderen Gästen vorstellten.

Die entsprachen auch aus der Nähe überwiegend den Upper-East-Side-Yankees, die Vicki als Dinnergäste prophezeit hatte. Es glitzerte, funkelte und brillierte an den Damenhälsen, dass einem die Sinne schwirrten. Dazu wurden Roben aus den besten Modehäusern getragen. Die Herren präsentierten dicke Siegelringe an den Fingern, zwischen denen sie ebenso dicke Zigarren vor ihre dicken Bäuche hielten.

Bereits in den ersten Sätzen machten sie keinen Hehl daraus, wie wenig das Geschehen in Hitlerdeutschland sie eigentlich berührte. Selbst die, die im Großen Krieg »drüben« gewesen waren und sich voller Überzeugung in den Kampf für die Demokratie gestürzt hatten, schienen dem unaufhaltsamen Vormarsch des Faschismus keine größere Beachtung zu schenken.

Worauf diese Leute dagegen regelrecht brannten, war, die

beiden ältesten Kinder des berühmten deutschsprachigen Literaturnobelpreisträgers Thomas Mann aus nächster Nähe zu erleben. Sie feierten sie wie Sieger eines sportlichen Wettkampfs, weil sie sich als Erste und bislang Einzige aus der berühmten Familie ins sichere Amerika hatten retten können. Ob sie alle die *Buddenbrooks*, den *Zauberberg* oder überhaupt je ein Buch des Zauberers gelesen hatten oder auch nur ansatzweise ahnten, was er schrieb, bezweifelte Erika. Wenigstens verbanden sie etwas mit seinem Namen. Das allein zählte in diesen Kreisen, wie sie rasch begriff.

Die Ignoranz gegenüber den politischen Vorgängen in Europa erschütterte sie allerdings zutiefst. Sie musste an sich halten, nicht bei der erstbesten Gelegenheit ihrer Empörung Luft zu machen. Stattdessen biss sie die Lippen fest aufeinander, während sie scheinbar wohlerzogen-interessiert einem glatzköpfigen Herrn mit Doppelkinn und seiner dürren Frau zuhörte. In höchsten Tönen lobten die ihre jüngst unternommene, angeblich beeindruckend kultivierte Italienreise, als existierten dort weder der Duce noch seine Schwarzhemden, von deren »Marsch auf Rom« sich Hitler schon 1923 bei seinem Putschversuch in München hatte inspirieren lassen.

Würde sich die Lady mit dem Brillantcollier um ihren faltigen Schwanenhals je eine Vorstellung der *Pfeffermühle* ansehen?, fragte Erika sich im Stillen. Würde sie, falls ja, den Sinn von Thereses vielschichtiger *Germania*-Persiflage begreifen oder gar die zartbitteren Nuancen in Sybille Schloss' *Children's Song* heraushören? Ganz zu schweigen von Erikas bösen Anspielungen in der Pierrot-Moderation oder beim Auftritt als burschikose Skilehrerin? Ganz sicher nicht. Den wohlbeleibten New Yorker Gentleman würden dagegen sicherlich die geniale Musik ihres

Komponisten Magnus Henning wie auch Lotte Goslars verführerische Ausdruckstänze zu wahren Begeisterungsstürmen hinreißen. Die verstand man auch ohne Worte.

Vielleicht mussten sie genau da beginnen. Wer der Tänze und der Musik wegen in die *Pfeffermühle* kam, würde das ein oder andere mehr aus den Nummern mitnehmen und zumindest ansatzweise verstehen, dass im fernen Europa etwas Ungeheures vor sich ging, vor dem man nicht länger die Augen verschließen durfte, wollte man weltweite Konsequenzen verhindern.

Unruhe erfasste Erika. Es blieb wenig Zeit. Unaufhaltsam tickte die Uhr, die den nahenden Krieg ankündigte. Höchste Eisenbahn, die Amerikaner wachzurütteln. Und wenn man sie nur mit einer vermeintlich amüsanten *show* erreichte, dann sollte das eben so sein. Unterm Strich war es allemal besser, als es gar nicht erst zu versuchen.

Aufmerksam verfolgte sie weiter die Schilderungen des älteren Paares, das sich inzwischen über das »ach so geschichtsträchtige Florenz« sowie das »zauberhafte Venedig« entzückte, um den richtigen Moment abzupassen, in die Schwärmerei der beiden einzusteigen. In den schillerndsten Worten malte sie ihnen aus, wie sie selbst vor nicht allzu langer Zeit als tollkühne Fahrerin in ihrem über alles geliebten Ford die Amalfi-Küste entlanggebrettert war, die besondere Stimmung Italiens in sich aufgesaugt und den farbenprächtigen Sonnenuntergang vor Capri genossen hatte. Das alte Europa, seine Kunst und Kultur, das waren die Schlagworte, die man hier hören wollte. Und die sie nur zu gerne lieferte.

»Dieses Erbe zu erhalten, dafür müssen wir zusammen einstehen.« Zur Bekräftigung hob sie ihr Glas und suchte den Blick der beiden. »Dafür können Sie übrigens auch oder gerade hier in den Staaten eine Menge tun.«

Zufrieden registrierte sie, wie das Paar fasziniert aufhorchte, um sich en détail erklären zu lassen, wie ihr Beitrag dazu aussehen konnte.

Nach dem Gespräch schlenderte sie zu Klaus, der die Neugier seiner Person und der Mann-Familie gegenüber mit zunehmender Einsilbigkeit quittierte, immer hektischer rauchte und trank, statt sich an der Unterhaltung zu beteiligen. Erika ahnte, was in ihm vorging. Nichts hasste er mehr, als auf die Rolle des Sohnes reduziert zu werden. Alles, was er in den letzten Jahren geschrieben und veröffentlicht hatte – und das war eine sehr stattliche Zahl an Romanen, Novellen und flammenden Artikeln gegen Hitler und den in Europa grassierenden Faschismus –, stand im Schatten des übermächtigen Vaters.

Blanche schien das ebenfalls zu spüren und nahm ihn unter ihre Fittiche. Geschickt lotste sie ihn zu einem Kreis gut aussehender Damen und einiger weniger, nicht minder attraktiver Herren etwa in seinem Alter, die eher danach aussahen, ihre Freizeit auf dem Golf- oder Tennisplatz zu verbringen statt lesend in einer Bibliothek. Dennoch wirkten sie sehr darauf erpicht, einen waschechten europäischen Schriftsteller kennenzulernen und von ihm etwas aus erster Hand über die Lage der Intellektuellen in der Alten Welt zu erfahren. Schon bald erzählte ihr Bruder ihnen mit leuchtenden Augen und weit ausholenden Gesten von der Pariser Szene, beschrieb die Atmosphäre in Amsterdam und Prag, während sie ihm buchstäblich an den Lippen hingen. Zweifelsohne war er endlich in seinem Element. Blanches Mission war geglückt. Jetzt konnte Erika sich ganz auf die Rolle als älteste Tochter von Thomas Mann konzentrieren.

Im Gegensatz zu Klaus hatte sie keinerlei Probleme damit, ständig auf den berühmten Vater angesprochen zu werden.

Außerdem liebte sie es, mit Identitäten zu spielen. Deswegen war sie einst Schauspielerin geworden und konnte nun den New Yorker Society-Damen und ihren geldigen Gatten eine Kostprobe ihres Könnens geben.

»In seiner hehren Überzeugung von der Kunst als Geisteskraft hat mein Vater viel zu lange daran festgehalten, dass seine Bücher in Nazideutschland gedruckt werden müssen, damit sie weiter seine Leser erreichen und vielleicht sogar eine Wende zum Besseren bewirken«, erklärte sie mit echtem Bedauern. »Was für ein wunderbarer Beweis für seinen unerschütterlichen Glauben an die Macht der Kunst! Klaus und mich hat es unendlich viel Mühe gekostet, ihm die Augen über die inzwischen in Deutschland herrschende Barbarei zu öffnen. Es fällt ihm einfach schwer, das zu akzeptieren, nachdem unsere Nation so große Geister wie Goethe, Schiller, Schopenhauer oder Nietzsche hervorgebracht hat.«

Sie senkte den Blick, spielte gedankenverloren mit der Lapislazuli-Brosche und registrierte voll Genugtuung, wie ihre eigene Enttäuschung über das Verhalten ihres Vaters auch ihre Zuhörer erfasste. Gebannt warteten sie, was sie ihnen noch über den Nobelpreisträger verriet, der ähnlich wie sie nicht so recht glauben wollte, was in Deutschland und letztlich ganz Europa vor sich ging. In leidlich fließendem Englisch und ohne nennenswerten Akzent, wofür sie anerkennenden Beifall fand, setzte sie nach einer längeren Pause schließlich nach:

»Es war ein unschätzbares Glück für meine Eltern, allen voran natürlich meinen Vater, nach dem jäh erzwungenen Weggang aus der Heimat in der Schweiz eine Zuflucht zu finden. Sie können sich gar nicht vorstellen, wie sehr er auf geordnete Verhältnisse angewiesen ist, um sich seiner Arbeit widmen zu können. Sein Tagesablauf ist strikt geregelt. Dafür sorgt unsere Mutter. Bis mittags muss im ganzen Haus absolute Ruhe herrschen. Glauben Sie mir, als Kinder ist es uns alles andere als leichtgefallen, das zu befolgen!«

Mittlerweile war die Gruppe der Zuhörer größer geworden. Erika sah in amüsierte Gesichter. Einige nickten, als erinnerten sie sich an vergleichbare Erlebnisse aus der eigenen Kindheit. Das rückte ihnen den verehrten Literaturnobelpreisträger sympathisch nah ans eigene Leben heran.

»Natürlich haben wir uns stets brav daran gehalten«, versicherte Erika ihnen augenzwinkernd. »Zur Belohnung hat mein Vater uns abends aus seinen Manuskripten vorgelesen. An diesem Brauch hat sich auch im Schweizer Exil nichts geändert. Zum Glück haben wir inzwischen den großen Schreibtisch wie auch sämtliche Figuren, Dosen, Uhren und sonstige Sächelchen, die er beim Schreiben um sich haben muss, und die Gemälde aus seinem Münchner Arbeitszimmer dorthin retten können. Nur das Haus, die von uns allen innig geliebte Poschi, ist wohl für immer an die Nazis verloren.«

Wieder übermannte sie die Trauer über den Verlust. Einen Moment lang sah sie sich außerstande weiterzusprechen. Was gäbe sie jetzt dafür, noch einmal kurz in die vertraute Umgebung ihrer Kindheit abzutauchen, noch einmal jene unbeschwerten Zeiten im Herzogpark zu erleben, in denen Klaus und sie mit ihren Freunden die ganze Umgebung auf Trab gehalten hatten. Nichts war ihnen heilig gewesen. Nicht einmal vor Ladendiebstählen und frechen Lügen waren sie zurückgeschreckt. Aber auch Theater hatten sie gespielt und dafür von ihren berühmten Vätern aufrichtige Kritiken erhalten.

Die Tränen in den Augen waren echt, als Erika mit rauer

Stimme hinzufügte: »Ich hatte Glück. Wenige Wochen nachdem wir schon in die Schweiz geflüchtet waren, konnte ich noch einmal nach München zurück. In einer Nacht-und-Nebel-Aktion habe ich das *Joseph*-Manuskript meines Vaters gerettet. Wie ein Dieb bin ich dafür in unser Haus eingebrochen. Stellen Sie sich vor: ins eigene Haus!«

Betroffen hielten ihre Zuhörer die Luft an.

»Seither weiß ich, dass ich nie wieder in meinem Leben dorthin zurückkehren werde.«

»Ausgezeichnet machen Sie das!« Vicki Baum passte Erika genau in dem Moment ab, als Blanche mithilfe eines hell klingenden Glöckchens zu Tisch bat. Die lange Zigarettenspitze in der linken Hand, zog sie Erika mit der rechten ein Stück beiseite.

»Mir scheint, Sie haben längst die Herzen der wichtigsten Herrschaften in Manhattan gewonnen. Doch bevor Sie gleich beim Dinner ganz der Foie gras verfallen, muss ich Sie unbedingt noch mit Maurice Wertheim zusammenbringen. Gewiss haben Sie schon von ihm gehört. Er ist Bankier. Ihm gehören einige der wichtigsten Firmen in den Staaten, und seit Neuestem ist er Verleger der liberalen Zeitschrift *The Nation*. Maurice ist allerdings nicht nur unermesslich reich, sondern auch unermesslich klug und einfühlsam. Am liebsten gibt er sein Geld für Kunst, Bildung sowie den Erhalt der Natur aus. Ein echter Philanthrop. Ständig macht er sich Gedanken, was am sinnvollsten wäre, um die Menschheit intellektuell voranzubringen. Er brennt regelrecht darauf, Ihre Bekanntschaft zu machen. Außerdem ist er ein Kavalier, wie er im Buche steht, und sieht obendrein auch als Fünfzigjähriger noch unverschämt gut aus. Gerade ist er übrigens zum dritten Mal geschieden worden. Was wollen Sie mehr? Vor allem in Ihrer derzeitigen Situation?«

Übermütig blies sie den Zigarettenrauch in die Luft und strahlte über das ganze Gesicht, als sie Erika zu einem der runden Tische in der Mitte des letzten Salons führte.

Sobald Wertheim sie beide bemerkte, breitete sich ein Lächeln auf seinem Gesicht aus.

»Herzlich willkommen in New York«, begrüßte er Erika und gab ihr einen galanten Handkuss.

Der Duft seines Aftershaves war ebenso atemberaubend wie seine Manieren. Amüsiert registrierte Erika die geschmackvollen goldenen Manschettenknöpfe wie auch die edle Uhr am Handgelenk und den dezent gefassten Brillantring am rechten kleinen Finger. So gern er sein Geld also für Schöngeistiges verschwendete, so gern steckte er es offenbar auch in schöne Dinge für sich selbst. Auch das war ihr sympathisch. Sie liebte es ebenfalls, sich hin und wieder mit ein wenig Luxus über die Mühsal des Intellektuellenalltags hinwegzutrösten.

»Ihnen bleibt jetzt leider keine Wahl, als neben mir Platz zu nehmen und mir zumindest für die Dauer des Essens Rede und Antwort zu stehen«, fuhr Wertheim fort. »Ich habe Vicki nämlich bestochen, dafür zu sorgen, dass Sie heute Abend meine Tischdame sind. Ein nicht eben günstiges Vergnügen. Vicki ist sich Ihres Preises durchaus bewusst. Sicherlich wissen Sie schon, dass sich bei uns in den Staaten mit Geld alles regeln lässt?«

Sein Humor, aber auch das amüsierte Blitzen in seinen Augen gefielen ihr gleichermaßen.

»Wollen wir hoffen, ich enttäusche Sie jetzt nicht«, erwiderte sie mit einem koketten Augenaufschlag. »Nicht, dass Sie am

Ende von Vicki Ihr Geld zurückverlangen. Dann hätte ich mir auf einen Schlag zwei neue Feinde gemacht.«

Maurice brach in schallendes Lachen aus. »Wie ich sehe, sind Sie schon bestens mit den hiesigen Gepflogenheiten vertraut.«

Im Handumdrehen waren sie mitten im Gespräch und lästerten bereits beim Servieren des Amuse-Gueule einvernehmlich über die Unterschiede zwischen den »alten« Kulturnationen in Europa und dem angeblich so geschichtslosen Amerika. »So weit kann es mit der hehren europäischen Kultur nicht her sein, sonst müssten ihre größten Geister derzeit nicht in Scharen zu uns Barbaren in die Neue Welt flüchten«, stellte Maurice fest, als die Ententerrine vor ihm platziert wurde.

»Hat denn überhaupt je eine Überlegenheit der europäischen Kultur existiert? Wer das laute Knallen schwerer Schaftstiefel auf Steinböden und das heisere Brüllen dumpfer Parolen vor verblendeten Massen für Kultur hält, scheint selbst nie über das Niveau von steinzeitlichen Höhlenbewohnern hinausgekommen zu sein.«

»Urteilen Sie bitte nicht zu vorschnell über das geistige Niveau der Höhlenmenschen«, warnte er schmunzelnd.

»Sie haben recht. Das hieße, den Jägern und Sammlern allzu leichtfertig Primitivität zu unterstellen. Dabei verdanken wir ihnen die ersten Impulse für die Entwicklung unserer Zivilisation.«

»Ich bin schon sehr gespannt, wie Ihre *Pepper Mill* bei uns in den Staaten ankommt. Solange man über das Geschehen noch Witze reißen und lachen kann, ist das immer ein gutes Zeichen.«

»In Wahrheit bleibt einem das Lachen längst im Hals stecken«, entgegnete sie. »Doch anders erreicht man wohl gar keine Aufmerksamkeit mehr für die Vorgänge in Europa.«

»Wie nennen Sie das noch so treffend? ›Galgenhumor‹?«

Er bemühte sich um die richtige Aussprache des deutschen Begriffs, was ihm gründlich misslang.

Woher er ihn kannte? Deutsch sprach er angeblich gar nicht, trotz einiger längerer Aufenthalte in Berlin und Wien, die allerdings viele Jahre zurücklagen, wie er einräumte. »Als die Goldenen Zwanziger wirklich noch Gold wert waren …«

»Die Bezeichnung *roaring twenties* hat mir persönlich immer schon besser gefallen, um die verrückten Zeiten zu beschreiben. Sie waren wohl doch eher recht stürmisch, wenn nicht gar kopflos wild, als wirklich golden.«

»Greifen Sie das auch in Ihrem Kabarett auf? Marlene Dietrich hat mir unlängst von Ihrem aktuellen Programm erzählt. Im Sommer hatte sie wohl das Vergnügen, Sie und Ihr Ensemble bei einer privaten Vorführung auf Schloss Leopoldskron zu erleben. Es muss phantastisch gewesen sein.«

Er hob das Weißweinglas und prostete ihr zu. Die anderen Herrschaften am Tisch, die sich währenddessen mit Vicki unterhalten hatten, griffen ebenfalls zu ihren Gläsern, um anzustoßen.

»Es war vor allem eine ungeplant romantische Aufführung bei echtem Kerzenlicht«, erwiderte Erika und tupfte sich die Mundwinkel mit der steifen Damastserviette ab, bevor sie das Glas an die Lippen setzte. »Man hat Schlossbesitzer Max Reinhardt nämlich kurzerhand den Strom abgedreht, weil er die Rechnung nicht bezahlen konnte. Übrigens auch eine Form der Zensur.«

»Das zeigt nur, wie dringend du auch ihm unter die Arme greifen solltest, Maurice«, schaltete Vicki sich von der gegenüberliegenden Tischseite aus ein. »Dein Geld ist wohl auch in Österreich dringend vonnöten.«

»Auf Österreich will ich gar nicht mehr groß setzen«, sagte er überraschend ernst. »Ich fürchte, die Tage sind gezählt, bis Hitler sich auch seine frühere Heimat einverleibt.«

»Da haben Sie wohl recht. Deshalb halte ich es für umso wichtiger, gerade hier in den Staaten über ihn und seine Pläne aufzuklären. Amerika ist wohl das einzige Land, das ihm noch die Stirn bieten kann.«

»Und das geht eben am besten auf die unterhaltsame Art, wie Erika sie mit ihrer *Pepper Mill* bietet«, ergänzte Vicki und zwinkerte Erika zu. »Unbedingt müssen wir dafür sorgen, dass sie möglichst schnell geeignete Räumlichkeiten für die Aufführungen ihres Kabaretts findet. Wann trifft noch einmal der Rest Ihres Ensembles ein?«

»Sobald ich die nötigen Formalitäten geregelt, eine geeignete Bühne und vor allem spendable Geldgeber gefunden habe. In der Schweiz und in Holland waren unsere Vorstellungen übrigens immer restlos ausverkauft. Es dürfte also ein gutes Geschäft werden, in uns zu investieren«, antwortete Erika und war erstaunt, wie schnell Maurice sich bereit erklärte, als Erster auf die Liste der Sponsoren gesetzt zu werden.

»Wenn Sie Ende der Woche von Ihrem Besuch bei den Roosevelts in Washington zurück sind, können wir uns bestimmt schon die ersten Bühnen ansehen«, versprach er beim Dessert, einer warmen Schokoladentarte mit flüssigem Kern und Vanilleeis.

»Woher wissen Sie von meiner Einladung ins Weiße Haus?« Erika schob mit zitternden Fingern den Teller von sich, ohne vom Nachtisch gekostet zu haben. Die Lust auf Süßes war ihr plötzlich vergangen. Jäh fühlte sie sich an die finsteren Machenschaften der Gestapo und des Sicherheitsdienstes erinnert, deren Arme bis in die angeblich neutrale Schweiz reichten und die dort jeden ihrer Schritte überwacht und brühwarm nach Deutschland gemeldet hatten. Sollte das auch für die USA gelten?

»Vom Präsidenten und seiner Gattin wird nicht jeder eingeladen, erst recht nicht jeder Emigrant«, stellte Maurice süffisant schmunzelnd fest. »Davon abgesehen: So groß Amerika auch scheinen mag, so klein ist es doch, wenn es um den Tratsch in bestimmten Kreisen geht. Das dürfen Sie durchaus als gut gemeinte Warnung verstehen. Sie werden hier keinen Schritt tun, ohne dass irgendwer darüber Bescheid weiß und jemand anderem davon erzählt oder gar Buch darüber führt.«

Die Leichtigkeit, mit der er das sagte, stand im krassen Gegensatz zu dem, worauf er anspielte. Erika wurde noch unbehaglicher. Offenkundig hatte sie sich tatsächlich falsche Hoffnungen gemacht, in Amerika würde alles besser.

»Keine Sorge, so schlimm wie in Deutschland geht es hier trotzdem nicht zu«, beeilte er sich, sie zu beruhigen, nachdem ihm ihr Entsetzen bewusst geworden war. »New York ist ein riesiges Dorf. Jeder beäugt hier jeden und registriert vor allem, wo wer eingeladen ist und mit wem er Umgang pflegt, um sich mit dem Wissen wichtig zu machen. Letztlich dient das vor allem dem gesellschaftlichen Klatsch, der Lieblingsbeschäftigung der oberen Zehntausend. Aber verlassen Sie sich bitte darauf: Ich werde mein Möglichstes tun, damit Sie sich dennoch unbesorgt bei uns wohlfühlen können.«

Mit einem goldenen Zippo gab er ihr Feuer für die Zigarette zum Kaffee, bevor er sich selbst eine Zigarre anzündete und genüsslich mit übergeschlagenen Beinen auf dem Stuhl zurücklehnte, um in aller Ruhe zu rauchen.

»Sie sind mir viel zu wichtig, um Sie unnötigen Schwierigkeiten auszusetzen«, fügte er nach einer längeren Pause hinzu und griff zum Cognacschwenker.

Beim Anstoßen trafen sich ihre Blicke. Erika meinte, in seinen Augen mehr zu erkennen als rein freundschaftliche Fürsorge.

Zum zweiten Mal innerhalb weniger Stunden fühlte sie sich seltsam berührt von der Begegnung mit einem Mann. Dabei waren Martin und Maurice zwei vollkommen unterschiedliche Typen. Und sie seit Jahren glücklich mit Therese.

Was geschah gerade mit ihr? Sollte sie nicht ganz anderes im Kopf haben? Erleichtert registrierte sie, dass Blanche auf sie zukam. »Darf ich Ihnen noch weitere sehr interessante Herrschaften vorstellen? Sie sind eigens aus Long Island gekommen, um Ihre Bekanntschaft zu machen.«

Erika stimmte freudig zu. Es tat gut, für eine Weile wieder auf etwas mehr Distanz zu Maurice zu gehen.

Als sie mit Klaus gegen Mitternacht das *Waldorf-Astoria* verließ, stand vor dem Entree bereits ein Wagen bereit, um sie ins *Bedford* zurückzufahren. Maurices Cadillac, wie sich herausstellte.

»Den können Sie die nächste Zeit benutzen, wann immer Sie ihn benötigen. Ein Anruf in meinem Büro genügt. Hier ist die Nummer«, erklärte er und überreichte ihr seine Karte.

»Gratuliere! Mit dem hast du einen besonders dicken Fisch an der Angel.« Klaus ließ sich in das weiche Leder der Rückbank fallen. »Den solltest du dir nicht nur für die *Pfeffermühle* warmhalten. Mit dem sind alle unsere Sorgen auf einen Schlag erledigt. Charmant und klug ist er obendrein, attraktiv sowieso. Respekt, Schwesterherz! Damit bist du auf bestem Wege, deine eigenen Rekorde zu brechen. Gleich zwei vielversprechende Männer an einem Tag – das ist selbst für dich eine Leistung.«

»Da spricht wohl wieder mal der blanke Neid aus dir«, entgegnete sie harsch. Wenigstens hatte er in dem Zusammenhang nicht auch noch Therese erwähnt. Wenn sie doch nur selbst wüsste, was sie wollte!

Sie wandte die Augen aus dem Seitenfenster, um sich von dem Anblick des taghell erleuchteten Manhattan davontragen zu lassen. Doch statt zu trösten, machte es sie traurig.

Ähnlich quirlig, wie New York sich vor den Scheiben des leise durch die Nacht gleitenden Cadillac austobte, hatte sich auch Berlin einmal in jenen Goldenen Zwanzigern gegeben, auf die Maurice vorhin angespielt hatte. Für einen Moment schloss sie die Augen und sehnte sich in jene Nächte zurück, in denen sie sich den Verlockungen der Stadt an der Spree hingegeben hatte, mit und ohne Klaus an ihrer Seite, mit und ohne Geld in der Tasche, ungestüm und stets offen für alle Gelegenheiten. Hatte sich seither nichts verändert? Oder im Gegensatz, viel zu viel?

»Neid? Nicht die Spur! Da kann ich dich beruhigen«, meldete Klaus sich nach einer längeren Pause mitten in ihre Gedanken hinein, bevor er sich jäh vorbeugte und den Chauffeur an der nächsten Ecke zu halten bat.

»Den restlichen Weg wirst du wohl gut allein schaffen. Der Herr vorn am Steuer passt in Wertheims Auftrag gewiss gut auf dich auf.«

Mit einem flüchtigen Kuss wollte er sich von ihr verabschieden. Blitzschnell umfasste sie sein Gesicht mit beiden Händen und hielt es fest. Den fiebrigen Ausdruck darauf kannte sie nur zu gut. Wenn er den Zustand erreicht hatte, machte es keinen Sinn mehr, ihn aufzuhalten. Kopflos würde er sich in den Rausch stürzen, die Sinne mit Kokain oder Stärkerem betäuben, die Lust mit dem nächstbesten Stricher stillen, der ihm über den Weg lief. Anders würde er keine Ruhe finden. Nicht nach diesem Dinner. Und nicht in dieser Nacht. Und auch nicht in den nächsten. Nur so schaffte er es, das sich selbst auferlegte Pensum zu schreiben. Denn schreiben musste er. Sonst verlor er sich am Ende ganz.

»Pass selbst gut auf dich auf«, sagte sie leise, dann drehte sie sich hastig zur Seite, damit er ihre Tränen nicht sah. Tränen aus Angst um ihn. Und aus Scham vor sich selbst, weil sie wieder einmal nicht auf ihn aufpassen konnte. Dabei war sie doch seine große Schwester, die genau das zu tun versprochen hatte. Sich und ihm.

Bis Erika wenige Blocks weiter vor dem *Bedford* ankam, hatte sie sich zum Glück wieder im Griff. Erstaunt, sie mit einem solch mondänen Wagen vorfahren zu sehen, öffnete ein Hoteldiener ihr unterwürfig die Tür.

Noch immer war es drückend warm. In München hätte man die Nacht als sommerlich bezeichnet. Kurz warf Erika einen Blick nach oben in den Sternenhimmel. Kaum vorstellbar, dass der sich auch über die längst dem braunen Terror erlegene Heimat spannte. Seufzend legte Erika sich das Cape über die Schultern und stöckelte auf den hohen Schuhen zum Eingang.

Im Foyer brannte bereits die sparsame Nachtbeleuchtung. Eine gespenstische Stille lag über den tiefen Ledersesseln, in denen am Nachmittag noch die wild durcheinanderdiskutierenden Kollegen gesessen hatten. Einsam thronte der Portier hinter dem Empfangstresen, ganz versunken in eine offenbar sehr spannende Lektüre.

So leise wie möglich schlich Erika in ihren Pumps über den

Marmor, dennoch meinte sie, die hohen Absätze hallten laut wie Hammerschläge auf dem Steinboden. Ihr Ziel war die Bar. Zum Glück war sie noch offen, wie das von dort in die Lobby fallende Licht verriet. Gedämpfte Grammophonmusik wehte ihr entgegen. Nur mit einem Drink würde sie nach der verwirrenden Begegnung mit Maurice und mit dem Wissen, was Klaus gerade in den dunkelsten Spelunken rund um den Times Square und die Zweiundvierzigste Straße trieb, ein wenig Schlaf finden.

An der Bar saß jemand mit dem Rücken zum Eingang auf einem der Hocker, die Arme auf den Tresen gestützt, der Kopf war zwischen die Schultern gesunken. Die Silhouette kam ihr bekannt vor. Ein Wink des Schicksals, stellte sie erfreut fest. Eine ordentliche Portion Bescheidenheit konnte sie jetzt gut vertragen.

»Haben Sie auf mich gewartet?«, entschlüpfte ihr, sobald sie ihn erreichte. Um ihre Verlegenheit zu überspielen, orderte sie sofort einen Whiskey.

»Sollte ich?«, erwiderte Martin mit einem amüsierten Schmunzeln um den kleinen Mund.

»Lassen Sie mir bitte die Illusion. Es wäre zu schön, falls ja«, gestand sie und sank auf den Hocker neben ihm.

KAPITEL 5

Aus einem letzten Whiskey an der Bar waren vor dem Zubettgehen letztlich drei oder vier sowie eine ganze Packung Zigaretten geworden, die sie einvernehmlich mit Martin geraucht hatte. Trotz des schweren Kopfes bereute Erika am nächsten Morgen nichts davon. Dabei hatten sie weniger miteinander geredet, als mehr Schulter an Schulter nebeneinander geschwiegen. Mit wem sie so beredt schweigen konnte, mit dem hatte sie sich noch eine Menge zu sagen, fand sie und schlüpfte nach viel zu wenigen Stunden Schlaf überraschend unternehmungslustig in Rock und Bluse, um in der Lobby einen ersten Kaffee zu trinken.

Zu ihrem Erstaunen lächelten ihr vom runden Tisch schon Billy Wilder und Curt Riess entgegen. Martin wäre ihr zwar weitaus lieber gewesen, dennoch setzte sie sich zu den beiden.

»Wie gefällt Ihnen nach der ersten Nacht Ihr neues Zuhause? Bleiben Sie im *Bedford,* oder packen Sie lieber wieder die Koffer, weil die Wände zwischen den Zimmern so dünn sind, dass man das Schnarchen des gesamten Stockwerks in Orchesterstärke ertragen muss?«, erkundigte sich Curt.

»Wahrscheinlich sind es eher die anderen Gäste mit den lästigen Fragen gleich am frühen Morgen, die Ihnen den Aufenthalt schnell verleiden«, sagte Billy mit einem süffisanten Seitenblick auf seinen Freund.

»Warten wir ab, wie der Kaffee schmeckt, dann treffe ich meine Entscheidung«, versprach sie und nickte dem Kellner dankbar zu, der genau im richtigen Moment die dampfende Tasse vor ihr abstellte.

»Der Kaffee ist kein Kriterium. Der ist in ganz New York so dünn, dass man ihn besser zum Zähneputzen verwendet«, warnte Billy. »Aber letztlich gewöhnt man sich an alles.«

»Weil man muss. Nach allem, was man hinter sich hat, bis man endlich hier gelandet ist, spielt es sowieso keine Rolle mehr.« Vielsagend seufzte Curt.

»Achtung!« Billy schürzte amüsiert die Lippen. »Jetzt wird er theatralisch.«

»Leider ist das ganz und gar nicht lustig. Schauen Sie uns an. Noch sind die Schuhsohlen nicht durchgelaufen, unsere Socken höchstens einmal gestopft, der Hemdkragen einigermaßen akzeptabel und die Anzüge nicht allzu fadenscheinig. Was aber wird aus uns, wenn wir hier auf Jahre bleiben müssen? Zwar hat Billy einige gut bezahlte Aufträge in Hollywood ergattert, unser lieber Freund Rolf Nürnberg hält sich mit Ersparnissen seines Vaters über Wasser, und ich darf derzeit für französische Zeitungen schreiben. Aber letzten Endes sind das doch keine langfristigen Perspektiven!«

»Unterm Strich ist es weitaus besser als die Lage der meisten anderen Emigranten«, gab Erika zu bedenken. Curts Selbstmitleid ärgerte sie. »Nicht von ungefähr hat unser Freund, Prinz Hubertus zu Löwenstein, mit der Guild eine Art Hilfsfonds gegründet, um denen beizustehen, die wirklich völlig abgerissen hier ankommen. Davon abgesehen gibt es genug Beispiele von Leuten, die sich mit eigener Hände Arbeit über die Runden bringen, wie zum Beispiel Martin Gumpert.«

»Ein Hoch auf ehrenwerte Geister wie den Prinzen und flei-
ßige Arbeiter wie Gumpert!« Aus Curts Mund klang das eher
missmutig denn wirklich beeindruckt.

»Und auf die Väter, die vorausschauend genug waren, vor
Jahren schon Konten im Ausland zu eröffnen, um im Falle eines
Falles für sich und ihre Familien ausgesorgt zu haben«, konnte
Billy sich nicht verkneifen hinzuzufügen. »Das passt eigentlich
bestens zu der Landschulheimatmosphäre, die hier im *Bedford*
ohnehin tagtäglich herrscht.«

Er wies mit der Hand zum Empfangstresen, wo sich eine aufgebracht durcheinanderplappernde Gruppe um den Hotelmanager sowie einen Stadtplan drängte.

»Nur dass die Gäste eben doch keine unmündigen Internats-
zöglinge sind, sondern vor nicht allzu langer Zeit in ihrer früheren Heimat noch hoch geachtete Schriftsteller.«

Der Vergleich gefiel ihr trotz Billys darin verpackter Stichelei.
Das Hotel hatte wirklich etwas von einem Internat.

»Umso erschreckender, wie ahnungslos, wenn nicht gar le-
bensfremd, so mancher unserer Kollegen hier gestrandet ist.«
Billys Miene wurde wieder ernst.

»Kein Wunder!« Zustimmend nickte Erika. »Die meisten hat
es eiskalt erwischt. Viel zu lange sind sie überzeugt gewesen, Hitler würde es nicht schaffen oder nur eine Eintagsfliege bleiben.
Quasi über Nacht mussten sie aus Deutschland weg und waren
froh, überhaupt irgendwohin zu können. Deshalb besitzt kaum
einer von ihnen eine konkrete Vorstellung, was im Exil auf ihn
zukommt oder wie es überhaupt auf Dauer mit dem Geldverdie-
nen und Arbeiten weitergeht.«

»Ein Hoch auf unser *Bedford*!« Vergnügt hob Billy von
Neuem die Kaffeetasse. »Dank dem guten Nägel ist es ein le-

benswichtiger Anlaufpunkt für uns Emigranten geworden. Wo, wenn nicht hier, erfährt man, wer in New York ist, wer wem wie hilft oder selbst Hilfe benötigt, und entgeht damit der Gefahr, in dem riesigen Moloch namens New York sang- und klanglos unterzugehen.«

»Als ob du das je ernsthaft befürchten müsstest«, spottete Curt.

»Wenn ich Sie alle hier so selbstverständlich Deutsch sprechen höre, frage ich mich nur, ab wann der Portier und das restliche Personal ebenfalls Deutsch zu reden beginnen«, stellte Erika nach einer kurzen Pause nachdenklich fest. »So oft, wie die hier Deutsch zu hören bekommen, müssten sie es längst selbst im Schlaf beherrschen.«

»Vielleicht tun sie das sogar, lassen sich aber aus pädagogischen Gründen nichts anmerken«, mischte sich unerwartet Martins wohlklingende Stimme in die Unterhaltung ein.

Sobald sie ihn entdeckte, machte Erikas Herz einen freudigen Sprung, ihre Wangen glühten.

»Das sture Festhalten des Hotelpersonals am Englischen erleichtert uns Emigranten die Gewöhnung an die Sprache«, fuhr er in seiner ruhigen Art fort, nachdem er auf ihre Einladung im Sessel gegenüber Platz genommen und ebenfalls einen Kaffee geordert hatte. »Schließlich müssen wir uns außerhalb der Lobby auf Englisch verständigen, einerlei, wie schwer es uns über die Lippen geht. Aus eigener Erfahrung kann ich nur sagen, dass das am besten funktioniert, wenn man ständig zum Englischsprechen gezwungen wird. Innerhalb weniger Wochen musste ich mir umfangreichste Sprachkenntnisse aneignen, sonst hätte ich die Sprachprüfung nicht geschafft. Und ohne die keine Zulassung als Arzt erhalten. Inzwischen träume ich schon auf Englisch und verfasse sogar meine Lyrik in der mir eigentlich fremden Sprache.«

Kaum sagte er das, wurde ihr bewusst, wie selbstverständlich sie beide bereits ebenfalls Englisch miteinander redeten.

»Am besten sprechen, lesen und phantasieren Sie ab sofort nur noch so«, beschwor er sie. »Das Deutsche kann uns ohnehin keine Heimat mehr sein. Es ist nicht mehr unsere Sprache, sondern die Sprache von Hitler und damit die Sprache der Mörder.«

Wie zum Trost lächelte er ihr ermutigend zu.

Martin, begriff sie, war ihr ein guter Stern, um ihr die Orientierung in Amerika zu erleichtern. Sein Beispiel zeigte, dass es zu schaffen war, hier mehr als nur sicher anzukommen. Man musste es nur wirklich wollen und bereit sein, unter das Vergangene einen dicken Schlussstrich zu ziehen, um sich für Neues frei zu machen.

KAPITEL 6

In den nächsten Tagen hatte Erika keine Gelegenheit, sich noch einmal intensiver mit Martin zu unterhalten. Die Reise nach Washington stand an.

»Was für ein gewaltiger Unterschied zu damals«, meinte Klaus, als er sie zur Pennsylvania Station begleitete. Trotz der frühen Morgenstunde – seine Rückkehr ins Hotel nach einer weiteren nächtlichen Tour mochte noch nicht lange her sein – war er bester Laune. Allerdings sparte sie sich wohlweislich den prüfenden Blick in seine Augen. Sie wollte sich nicht selbst die Stummung verderben, weil seine Pupillen verrieten, dass er seiner Fitness mit entsprechenden Mitteln nachgeholfen hatte.

»Weißt du noch? Damals mussten wir den Verlegern und Agenten noch hinterherrennen«, fuhr er fort und nahm ihr den kleinen Koffer aus der Hand. »Jetzt richten die Knopfs gleich an unserem ersten Abend ein großes Fest im *Waldorf-Astoria* für uns aus, und du wirst dich demnächst vom Präsidentenpaar und seinen engsten Vertrauten regelrecht loseisen müssen, um pünktlich zur nächsten Verabredung hierher zurückzukehren.«

»Hoffen wir, dass das noch lange so bleibt.«

Wenn sie ehrlich war, schmeichelte es ihr, die Erste in der Familie zu sein, die den Roosevelts persönlich gegenübertrat. Noch vor ihrem Vater!

Nervös hielt sie Ausschau nach den Tafeln mit den Abfahrtszeiten und Gleisen. Wie alles in New York war auch der Bahnhof um ein Vielfaches größer und verwirrender als die vertrauten in Europa. Die gigantische Halle hatte etwas von einer überdimensionalen Kathedrale, mit imposanten Glasfenstern an der Stirn und nicht weniger imposanten Granitsäulen an der Längsseite sowie einer gewaltigen Gewölbedecke. Natürlich wurde sie von einem riesigen Ansturm Menschen überschwemmt. Trotz der frühen Stunde und des gewiss sehr anstrengenden Arbeitstages, der vor ihnen lag, strahlten sie eine beneidenswerte Gelassenheit aus. Davon ließ Erika sich nur zu gern anstecken.

Klaus kaufte ihr eine Zeitung sowie eine Packung Zigaretten und drückte den jeweiligen Burschen viel zu viel Trinkgeld in die Hände.

»Danke.« Sie verstaute die Zigaretten in ihrer Handtasche und klemmte die Zeitung unter den Arm. »Amerika steckt mitten im Wahlkampf. Auch wenn die Prognosen für Roosevelt einen klaren Sieg vorhersagen, ist noch nichts endgültig entschieden. Umso erstaunlicher, dass mich die Roosevelts unter diesen Umständen überhaupt sehen wollen.«

»Dich will man eigentlich immer sehen, liebste Eri«, entgegnete er und umarmte sie.

»Ich werde jede Gelegenheit nutzen, um mich für unsere Sache einzusetzen.«

Das gelang ihr. In Washington absolvierte sie ein Programm, als stünden nur diese beiden Tage zur Verfügung, um ihr Anliegen in den Staaten vorzustellen. Schlaf gönnte sie sich so wenig wie möglich, Essen und Trinken praktisch nur im Zusammenhang mit weiterführenden Gesprächen. Zum Glück war das

Klima weniger feuchtschwül als in New York und damit weniger ermüdend. Nahezu im Stundentakt hastete sie von Verabredung zu Verabredung und freute sich über das immense Interesse, auf das sie überall stieß.

Die meisten, mit denen sie in Washington sprach, einerlei ob Politiker, Journalisten, Unternehmer, Vertreter von Kunst und Kultur oder Damen der Gesellschaft, zeigten sich überraschend gut informiert über den aktuellen Stand der Entwicklung auf dem europäischen Kontinent. Darin unterschieden sich Washingtoner von der New Yorker Upper-East-Side-Society. So verwandelten sich die oft zunächst harmlos als Small Talk über das Wetter oder als Austausch von Komplimenten begonnenen Unterhaltungen zu ihrer großen Freude erstaunlich rasch in handfeste Diskurse über das politische Geschehen und die Frage, was man von den Staaten aus überhaupt tun konnte und am besten natürlich auch tun sollte, um die Situation in Europa nicht völlig eskalieren zu lassen.

Das Aufregendste war jedoch, dass die Initiative zu der Reise von den Roosevelts ausgegangen war und sie Erika trotz der bevorstehenden Wahl direkt im Weißen Haus beherbergten. Die Präsidentengattin kümmerte sich sogar höchstpersönlich um sie und brachte sie selbst mit den einflussreichsten und interessantesten Gesprächspartnern zusammen. Ohnehin engagierte sie sich seit Langem in Komitees und Hilfsfonds zugunsten der europäischen Emigranten. Unermüdlich rief sie zu Massendemonstrationen und Protestveranstaltungen gegen Hitler, Mussolini und die Entwicklungen in Europa auf.

Bei einigen ihrer Termine durfte Erika sie begleiten und war überrascht, wie betroffen etwa die Kongressabgeordneten im pompösen Lesesaal des *Thomas Jefferson Building* auf ihre Schilderungen der Gefahr in Europa reagierten.

»Die Menschen hier wollen direkt von Ihnen hören, was Ihnen und Ihrer Familie widerfahren ist«, ermutigte Eleanor sie, als sie auf der Rückfahrt von einer Einladung zum Tee im engsten Kreis beim Verleger der *Washington Post* und seiner Gattin im Fond des Wagens nebeneinandersaßen und die jüngsten Erlebnisse Revue passieren ließen. »Nach den abstrakten Nachrichten in den Radios und Zeitungen wollen sie Gesichter von Menschen wie Ihnen sehen, die die Fakten mit Leben und die unglaublichen Geschichten mit Schicksal füllen. Damit können sie einfach mehr anfangen als mit all den nüchternen Berichten, mit denen sie Tag für Tag konfrontiert werden.«

Das war natürlich genau in Erikas Sinn. Erlebt und erlitten hatte sie in den letzten Jahren mehr als genug, wovon sie als Betroffene anschaulich berichten konnte. Sofort flogen ihre Gedanken zu den Großeltern Pringsheim. Ob sie es je aus Deutschland herausschafften? Wieder spürte sie die Angst, selbst in der vermeintlich sicheren Schweiz von Nazi-Agenten aufgegriffen und nach Deutschland ins KZ verschleppt zu werden. Oder die Erleichterung und Scham, damals in ihrem ersten Exilsommer im südfranzösischen Sanary-sur-Mer, wo im Café im Hafen mehr deutsche Geistesgrößen auf engstem Raum zu Bittstellern degradiert zusammengedrängt gesessen hatten als irgendwo sonst auf der Welt.

Mit jedem Auftritt fühlte Erika sich sicherer in ihrem Englisch. Stolz nahm sie dafür von allen Seiten Lob entgegen.

Am glücklichsten war sie jedoch, zu erleben, auf welch große Begeisterung ihre Pläne mit der *Pfeffermühle* stießen. An Erikas letztem Tag hatte die Präsidentengattin ihr zu Ehren die Ehefrauen der demokratischen Minister zum Lunch ins Weiße Haus gebeten. Bei einem sommerlich-leichten Menü auf der von weißen Säulen flankierten Veranda diskutierten sie ausführlich die letzten Wahlkampfwochen, bevor sich das Augenmerk auf Eleanors geschickten Wink hin ganz auf Erika richtete. In wenigen Sätzen umriss sie ihr jüngstes Kabarettprogramm mit dem Titel »Lauter Märchen«, in dem sie die populärsten Überlieferungen wie *Hans im Glück*, *Die Meerjungfrau* oder das *Schlaraffenland* auf die aktuellen politischen Ereignisse umgedichtet hatten und Lotte Goslar die Texte mit ihren ausdrucksstarken Tänzen untermalte.

Spontan sprang sie auf und rezitierte das von Klaus umgedichtete Lied *Loreley*, das nun von der unglücklichen Liebe einer »Arierin« zu einem Juden handelte, die mittlerweile in Deutschland verboten war: »Ich weiß nicht, was soll es bedeuten/Since love has come to me,/(…)//Because the young man I am meeting/Is old Mr. Levy's son Jake.//›But you are an Aryan German‹/Exclaims all the village vermin,/Ah, how much I hate those venomous/People whispering: ›Jews are enemies,/Jews are enemies,/Jews are enemies.‹«

»Phantastisch!« Laut klatschte Eleanor Beifall, die anderen Damen am Tisch stimmten ein. Beglückt verbeugte Erika sich.

»Damit bringen Sie es genau auf den Punkt«, gratulierte Eleanor. »So bitter die Wahrheit ist, wird sie derart verpackt bestens beim Publikum ankommen. Showbusiness funktioniert bei uns immer. Ihre Mischung aus frechen Liedern, kurzen Spielszenen, ausdrucksstarken Tänzen und swingender Musik ist hervorragend. Das mögen die Leute. So kann es wirklich ein sensationeller Erfolg werden.«

Die übrigen Damen am Tisch pflichteten ihr bei. Zum Dessert aus Mandelparfait und Obstsalat unterbreiteten sie ihr sogar einige äußerst kreative Vorschläge, was die *Pepper Mill* unbedingt noch an typischen amerikanischen Showelementen und Märchen aufgreifen sollte, um nicht zu europäisch zu wirken.

»Am liebsten würde ich Sie alle als meine persönlichen Bera-
terinnen engagieren«, bedankte Erika sich amüsiert beim Kaffee für die Unterstützung. »Dann dürfte wohl nichts mehr schiefgehen.«

»Das ehrt uns«, erwiderte Eleanor. »Einer so großartigen
Schauspielerin und klugen Autorin wie Ihnen werden wir aber
nie und nimmer das Wasser reichen können. Ich hoffe sehr,
dass Sie mit Ihrem Kabarett die Bühnen in unserem Land erobern. Die Uhr tickt. Wenn Amerika jetzt nicht aufwacht, um
sich gegen Hitler zu stellen, werden wir uns eines Tages verwundert die Augen reiben, weil wir unsere Chance verpasst
haben. Danke, Erika, dass Sie uns die Augen geöffnet haben.
Unsere Herzen haben Sie in jedem Fall schon gewonnen. Wir
stehen voll und ganz hinter Ihnen!«

Eleanors Worte rührten Erika. Am liebsten hätte sie sie stürmisch umarmt. Im letzten Moment hielt sie sich jedoch zurück.
Das wäre wohl doch eine zu vertrauliche Geste im Umgang mit
der Präsidentengattin.

»Sie tun so viel für uns Emigranten«, sagte sie stattdessen
und kam sich unbeholfen und steif vor. »Damit schenken Sie
vielen von uns neue Hoffnung. Wer, wenn nicht ein starkes,
aufgeschlossenes Amerika, kann Hitler letztlich noch die Stirn
bieten und den Spuk in Europa beenden, bevor er endgültig
durchdreht und einen neuen Krieg vom Zaun bricht?«

Auf der vierstündigen Rückfahrt rekapitulierte sie im Zug die
letzten beiden Tage in der amerikanischen Hauptstadt. Sie waren ein voller Erfolg gewesen, nicht nur, was die ein oder andere
Zusage finanzieller Hilfe für die *Pfeffermühle* betraf. Die Aufgeschlossenheit, mit der man ihr überall begegnet war und sich

für ihre Belange interessiert hatte, war das Allerwichtigste. Und die Tatsache, dass Eleanor Roosevelt sich so energisch für sie einsetzen wollte. Mit ihrem Beistand würde die *Pepper Mill* gewiss einschlagen. Zweifellos befand sie sich mit ihren Plänen für das Programm auf dem richtigen Weg.

Zu ihrer Verwunderung reagierte Klaus auf ihren Bericht von dem Kurztrip in die Hauptstadt weitaus weniger enthusiastisch. Er wartete an der Penn Station auf sie, wie immer die angerauchte Zigarette in der einen und eine Mappe mit Manuskripten in der anderen Hand sowie den Hut gegen die gleißende Helligkeit tief ins Gesicht gezogen. Seine Augen waren gerötet, das Gesicht blass. Vermutlich war er die letzten beiden Tage wenig an die frische Luft gekommen, hatte die meiste Zeit schreibend und rauchend oder rauchend und schreibend im stickigen Hotelzimmer verbracht, hatte das *Bedford* höchstens spätabends zu dubiosen Ablenkungen in weniger gut beleumundeten Gegenden verlassen. Umso höher rechnete sie ihm an, dass er seine Arbeit unterbrochen hatte, um sie abzuholen.

»Wollen wir hoffen, die verehrte Mrs. President liegt mit ihrer Einschätzung richtig«, war alles, was er sagte, als sie sich abermals durch das Gedränge in der Halle kämpften.

»Alter Miesepeter. Du hörst dich schon wie Therese an, wenn sie mal wieder ihre pessimistischen fünf Minuten hat und das Projekt *Pepper Mill* in Amerika grundsätzlich infrage stellt«, spottete sie.

»Ich finde, sie hat recht. Das Showgeschäft hier ist verdammt hart und die Konkurrenz riesig.«

Endlich standen sie im Freien. Die drückende Schwüle in den engen Straßen erschien Erika wie eine undurchdringliche Wand. Der Himmel oder vielmehr der winzige Ausschnitt, der zwischen den Wolkenkratzern auszumachen war, zog sich zu. Wind kam auf und ließ auf Regen hoffen. Im ständigen Hupen und Brausen der Autos ging das Gewittergrollen unter.

»Immer ihr mit euren ewigen Bedenken und Befürchtungen! Den ersten Test in Washington habe ich bestens bestanden. Und wenn sogar die Frau des Präsidenten sagt, die *Pepper Mill* hätte Chancen …«

»Das waren alles politisch sehr Interessierte, Europa gegenüber äußerst Aufgeschlossene, die du in Washington getroffen hast. Nicht die breite Masse. Die, die Geld bringt.«

»Danke für den Hinweis. Trotzdem ist mir bewusst, worauf ich mich einlasse. Mach dir also keine Sorgen. Wir werden das schaffen.«

Unvermittelt drehte sie sich zu ihm, umfasste mit beiden Händen sein Kinn und verpasste ihm einen dicken Kuss auf den Mund. »Ich will, dass du an mich glaubst!«

Zunächst war er überrumpelt, dann schlang er seinerseits die Arme um ihre Taille, hielt sie fest und sah ihr tief in die Augen.

»Ich weiß, was du kannst, Eri, und ich weiß, was du willst. Umso mehr wünsche ich dir, dass dir alles so gelingt, wie du es dir vorstellst. Denn leider gibt es noch genug Unwägbarkeiten, die man weder beeinflussen noch voraussagen kann.«

»Sieh bitte nicht immer gleich alles so schwarz. Es wird schon schiefgehen. Bislang läuft es hier in New York doch wirklich bestens für uns. Oder hab ich das falsch im Kopf, dass du gestern Abend am Telefon eine Party erwähnt hast, die deine wundervolle Agentin für uns heute im *Plaza* schmeißt? Himmel, was ziehe ich nur an?«

Übermütig riss sie beide Arme nach oben und drehte sich schwungvoll aus seiner Umarmung.

»Stimmt, da war noch was.« Klaus kratzte sich am Hinterkopf und tat, als müsste er sehr angestrengt nachdenken. »Ich glaube, Sarah hat sogar den Vizepräsidenten von der Columbia Concert Corporation höchstpersönlich aufgetrieben, um ihm die *Pepper Mill* und ihre charmante Conférencière schmackhaft zu machen. Wenn ich Glück habe, fällt sogar noch ein kleiner Vortrag in einem winzigen Saal für schwerhörige alte Damen für mich dabei ab.«

»Schauen wir mal, was sich machen lässt. Der Vorteil der schwerhörigen alten Damen ist, dass sie nicht so sehr deinen grauenhaften Akzent bemerken. Oder warst du brav und hast an deiner Aussprache gefeilt?«

»Natürlich bin ich immer brav, wenn du nicht da bist. Grundsätzlich tue ich nur, was die große Eri sagt.«

Er verdrehte die Augen. Bevor sie etwas nachsetzen konnte, hob er den Arm, um ein Taxi heranzuwinken.

»Zumindest in dem Punkt bist du schon richtig hier angekommen«, lästerte sie.

»Warum?« Irritiert sah er sie an.

»Weil du selbst das kürzeste Stück mit dem Wagen fahren willst. Die wenigen Blocks bis zum *Bedford* schaffen wir doch mühelos zu Fuß.«

»Du immer mit deinem Bewegungsdrang! Aber ich fürchte, du musst dir doch andere Trainingsgelegenheiten suchen.«

Grinsend wies er auf einen Cadillac, der ihnen im Schritttempo am Straßenrand gefolgt war und nun ebenfalls anhielt. Noch ehe der weiß behandschuhte Chauffeur heraussprang und seine Schirmmütze zur Begrüßung lüftete, wusste Erika, dass es sich um Maurice Wertheims Wagen handelte. Woher hatte er von ihrer exakten Ankunftszeit an der Pennsylvania Station gewusst?

KAPITEL 7

Erikas Skrupel, Maurices Cadillac am Abend auch zur Fahrt zu Sarahs Dinnerparty im *Plaza* zu nutzen, hielten nicht lange an. Ein Blick auf die nass glänzende Straße vor dem *Bedford* genügte, um sie zu überzeugen, nicht nur ihrer nagelneuen Pumps wegen den Luxus eines eigenen Chauffeurs auszukosten. Gerade noch rechtzeitig waren Klaus und sie vorhin vor dem heftigen Gewitter vom Bahnhof ins Hotel zurückgelangt.

»Wie gut, dass wir nicht zu Fuß gegangen sind«, hatte Klaus triumphiert. »Da hätte ich dein Fluchen über die zerstörte Frisur und die verdorbenen nassen Schuhe hören mögen.«

»Du bist eben immer einen Tick vorausschauender als ich.«

Sie wusste, wie wichtig ihm solche kleinen Siege waren, wenn er zu wenig geschlafen und zu viel gearbeitet hatte.

Mittlerweile hatten Donner und Blitz sich zwar verzogen, der Regen aber war geblieben und sorgte für eine angenehme Abkühlung. Die nah am Bordstein vorbeibrausenden Autos ließen das Wasser kniehoch aus den Pfützen spritzen.

»Wenn wir uns mit mehreren in den Wagen quetschen, wird es noch lustiger«, verkündete Klaus und winkte Rolf Nürnberg und Curt Riess sowie Billy Wilder heran. Die drei trugen ebenfalls Smoking, wobei der wenig attraktive Rolf als Einziger einen wirklich passenden erwischt hatte. Billys Jacke war zu weit

71

und die Hosen von Curt einen Fingerbreit zu kurz. Ihr selbstbewusstes Auftreten machte diese kleinen Mängel allerdings locker wett.

Fast das ganze *Bedford* befand sich in Aufbruchstimmung. Wie sich herausstellte, hatte Klaus' Agentin Sarah fast alle zu der Dinnerparty eingeladen, und die meisten erhofften sich dort wichtige Kontakte zu neuen Auftraggebern oder Finanziers. Nur Martin Gumpert machte keinerlei Anstalten, sich der Truppe anzuschließen. Erika beobachtete, wie er sich stattdessen vom Portier einen Regenschirm borgte.

»Sie wollen doch wohl nicht zur Untergrundbahn laufen?«, fragte sie ihn. »Ohne Widerrede fahren Sie bei uns mit. Der Cadillac hat hinten sogar zwei Bänke. Sie müssen also nicht befürchten, einem von uns zu nah auf die Pelle zu rücken.«

»Ertappt«, erwiderte er und drückte dem nächstbesten Pagen den Schirm in die Hand. »Als Hautarzt habe ich natürlich sofort Angst, ich würde mir bei Ihnen im Wagen die Krätze holen. Sie wissen ja, wie verbreitet die bei jüdischen Schädlingen wie uns ist.«

»Sie haben schlichtweg zu lang im Deutschen Reich ausgehalten«, stieg der ebenfalls ursprünglich aus Berlin stammende Curt in die Plänkelei bitter lächelnd ein.

»Kinder, hört lieber auf damit!«, ging Billy dazwischen. Seine wachen Augen hinter den dicken Brillengläsern blitzten übermütig. »Wer weiß, wer vom Personal inzwischen schon längst Deutsch versteht, so selbstverständlich wie wir es hier sprechen. Am Ende taucht noch ein FBI-Agent auf und verhaftet ausgerechnet uns wegen illegaler Verbreitung von Nazipropaganda.«

»Da sitzen wir wohl zwischen allen Stühlen. Sonst unterstellen sie uns, wir deutschen Emigranten wären durch die Bank Kommunisten«, stellte Rolf lakonisch fest.

»Schluss mit der Politik! Kommunismus hin oder her, seit heute Mittag habe ich keinen Schampus mehr getrunken. Allmählich kündigen sich die ersten Entzugserscheinungen an. Steigt also endlich ein, damit wir loskönnen.«

Zu Erikas Freude folgte Martin sogleich ihrem Vorschlag, so dass sie nebeneinandersaßen. Auch wenn sie aufgrund des geräumigen Wageninneren keinen Körperkontakt hatten, genoss sie dennoch das angenehme Gefühl, ihn sehr nah bei sich zu wissen.

Nach ihrer Ankunft im *Plaza* verlor sie Martin zu ihrem Bedauern jedoch beinahe sofort aus den Augen. Unter Sarahs Anführung umringte sie gleich eine munter plappernde Schar, von denen sie einige bereits seit Langem kannte, anderen neu vorgestellt wurde. Es handelte sich vorrangig um Schriftsteller, Schauspieler, Sänger und bildende Künstler, sozusagen die Crème de la Crème der New Yorker Bohème, sowie weitere deutsche Emigranten, wie der ebenfalls frisch in New York eingetroffene Dramatiker Ernst Toller und seine blutjunge, für ihre Schönheit wie ihr Bühnentalent viel bewunderte Frau, Christiane Grautoff, der Komponist Kurt Weill und seine Ex- und demnächst wieder Ehefrau, die Sängerin und Schauspielerin Lotte Lenya.

»Sie sehen blendend aus. Wie geht es Therese, wann kommt sie her? Wie gut, dass wenigstens Klaus bei Ihnen ist. Als Bruder zwar kein Ersatz für Ihre Geliebte, aber immerhin ein enger Vertrauter, der Ihnen eine starke Schulter zum Anlehnen bietet.«

Lotte schenkte ihr ein herzliches Lächeln. Ihre Einfühlsamkeit berührte Erika. Nicht zum ersten Mal fiel ihr auf, wie selbstverständlich man im Exil zusammenrückte. In Deutschland hätte sie sich mit Lotte auf den Austausch von Glückwünschen für die jüngsten Erfolge beschränkt und sich dann dem Nächsten zugewandt. Wenigstens eine gute Seite, die das Emigrantendasein mit sich brachte.

»Therese ist hoffentlich bald hier«, erwiderte sie. »Wie ich höre, haben Sie ein festes Engagement am Theater in Aussicht? Gratuliere! Das ist großartig.«

»Es war ein langer Weg«, räumte Lotte ein. »Bestimmt haben Sie gehört, dass ich anfangs wie ein absoluter *nobody* durch die Nachtclubs Manhattans getingelt bin. Nicht eben nur gute Adressen und am allerwenigsten das, was ich mir für mein neues Leben in Amerika vorgestellt habe. Aber um hier Fuß zu fassen, darf man sich zu nichts zu schade sein. Hauptsache, man kann überhaupt im erlernten Beruf arbeiten und muss sich nicht als Zimmermädchen im Hotel oder als Tellerwäscher in der Spülküche verdingen.«

»Sei nicht so bescheiden«, stupste Weill sie an. »Erzähl Erika lieber von deiner Tournee, die dich demnächst quer durch die Staaten führen wird.«

»Eine eigene Tournee? Durch ganz Amerika? Das wird ja immer besser!« Erika hob das Glas, um mit ihr und Weill auf den Erfolg anzustoßen.

»Wie Sie hören, müssen wir uns alle reichlich anstrengen, um mit Lotte mitzuhalten, sonst hat sie es bald nicht mehr nötig, sich mit uns abzugeben«, scherzte Weill. »Dabei habe ich einmal allen Ernstes gehofft, es mit meiner Musik hier leichter zu haben als sie. Am Broadway brauchen sie schließlich ständig neue Musicals und damit auch viele Komponisten.«

»Wir haben uns das alle viel zu einfach vorgestellt«, bekannte

Erika. »Den roten Teppich rollt uns hier niemand freiwillig aus. Dazu sind wir einfach zu viele, die plötzlich vor der Tür stehen und von hoch dotierten Engagements träumen. Also krempeln wir besser die Ärmel auf und zeigen, was wir können. Dann werden die Amerikaner schon auf den Geschmack kommen.«

Unvermittelt tauchte Klaus neben ihr auf und riss sie aufgeregt mit sich. »Du musst Thomas Wolfe kennenlernen.«

Mit strahlenden Augen stellte er sie auch schon dem gefeierten Autor des Romans *Schau heimwärts, Engel* vor.

»Freut mich.« Überraschend steif schüttelten sie einander die Hände. Auf den ersten Blick konnte sie Klaus' Begeisterung nicht teilen. Wolfe war einige Jahre älter als sie und von hünenhafter Statur. Am auffälligsten fand sie den besitzergreifenden Blick aus seinen dunklen Augen. Und seinen Alkoholkonsum. Wie Wasser kippte er die Drinks hinunter. Dennoch wirkte er nicht betrunken. Im Gegenteil verwickelte er sie im Handumdrehen in ein hellsichtiges Gespräch über Hitlers Inszenierung der Olympischen Spiele, die er im August besucht hatte und die ihn offenbar stark beschäftigten. Damit war das Eis gebrochen.

»Hitler versteht es, die Massen zu dirigieren. Das scheint mir die größte Gefahr. Selbst die kritischen Besucher aus dem Ausland haben sich von dem vermeintlich harmlosen Berliner Alltag blenden lassen. Nirgends war ein Hinweis auf die Ausgrenzung der Juden zu finden. Sogar Jazz wurde in den Bars gespielt. Wenn wir nicht aufpassen, hat er uns bald alle um den Finger gewickelt und zieht so fest an der Schnur, dass wir gar nicht anders können, als wie seine wehrlosen Marionetten auf der von ihm beherrschten Weltbühne zu agieren.«

»Dabei sehen Sie gar nicht so aus, als wären Sie eine leicht zu dirigierende Figur«, entgegnete Erika, zunehmend amüsiert über sein Gebaren. »Allerdings treffen Sie es exakt auf den Punkt. Diese Direktheit hat mir auch an Ihrem Roman gefallen. Einfach grandios, wie Sie die vielen Facetten häuslichen Glücks und Unglücks oder die schmale Gratwanderung zwischen Liebe und Hass schildern. Ihr Einblick ins Leben in der amerikanischen Provinz ist entlarvend. Klaus und ich haben das Buch geradezu verschlungen. Für uns ist das alles völlig neu gewesen.«

»Deshalb habe ich es geschrieben«, erklärte er und fügte in höchster Überzeugung hinzu: »Und deshalb ist es auch so gut.«

»Endlich mal ein Autor, der sein eigenes Können zu schätzen weiß.« Überrumpelt von so viel Selbstvertrauen prostete sie ihm zu.

»Lass dich nur nicht von unserem literarischen Riesen kleinmachen«, spottete eine ihr vertraute Stimme vergnügt. Im nächsten Moment fiel ihr auch schon Dorothy Thompson um den Hals und herzte sie überschwänglich, bevor sie sie ihrem Ehemann, dem Literaturnobelpreisträger Sinclair Lewis, vorstellte. »Wie schön, dass Klaus und du es endlich über den rettenden Großen Teich geschafft habt«, flötete sie. »Nach eurem frühen Ausbruch aus Hitlers Reich habt ihr ja eine aufreibende Odyssee hinter euch. Sosehr ich es bedauere, dass ich Deutschland ebenfalls schon gleich nach der Machtergreifung verlassen musste und dadurch nicht mehr aus erster Hand für die Zeitungen über die Ereignisse berichten kann, bereue ich doch keine einzige Zeile. Niemand darf verschweigen, was dort passiert.«

»Eins darfst du nicht vergessen, *darling*: Als amerikanische Staatsbürgerin konntest du nach deinem Rauswurf problemlos hierher zurückkehren. Das bleibt den deutschen Kritikern leider verwehrt«, mahnte Sinclair.

»Sich davon einschüchtern zu lassen wäre sehr fatal«, erklärte

Erika. »Trotz allem muss man klar benennen, was geschieht, und sich seiner Verantwortung gegenüber der Welt bewusst sein, gerade wenn man wie wir die Möglichkeit hat, sich auch im Ausland zu äußern.«

»Deine Haltung ist bewundernswert.« Anerkennend nickte Dorothy. »Für deine Landsleute ist dein Weggang ein herber Verlust. Habe ich es nicht schon lange prophezeit? Früher oder später wird es erschreckend leer sein in Deutschland. Zum einen, weil die besten Köpfe das Land verlassen, zum anderen, weil es nur die Hohlköpfe auf Dauer freiwillig in dem braunen Sumpf aushalten.«

»Das fasse ich als Kompliment auf, dass du uns genug Hirn im Kopf unterstellst, um gerade noch rechtzeitig den Absprung geschafft zu haben«, erwiderte Erika, erleichtert, mit Dorothy schnell den vertrauten sarkastischen Ton wiedergefunden zu haben, der ihre Freundschaft bislang stets bestimmt hatte.

»Ich bin sicher, du wirst uns schon bald beweisen, über wie viel Hirn ihr tatsächlich noch verfügt.« Dorothy zwinkerte ihr verschwörerisch zu.

»New York bietet genug Chancen dafür«, betonte Sinclair.

»Lass uns in eine ruhigere Ecke gehen und allein miteinander reden«, schlug Erika vor, als er für eine Sekunde von jemand anderem beiseitegezogen wurde. »Hier langweilt uns sonst gleich nur wieder jemand mit der belanglosen Frage nach dem Wetter oder unserem Schneider.«

»Eine hervorragende Idee! Aber völlig trocken sollten wir das nicht tun«, ging Dorothy gleich darauf ein und schnappte sich vom nächstbesten Tablett zwei Gläser Champagner und organisierte noch einen Teller Sandwiches, bevor sie Erika folgte.

Etwas Privatheit zu finden, war jedoch gar nicht so einfach.

In einem der Salons spielte eine dreiköpfige Jazzband, in einem anderen klimperte ein einsamer Pianist selbstvergessen auf einem Flügel. Dazwischen drängten sich viel zu viele Menschen, allesamt fröhlich plaudernd, hell lachend und hemmungslos trinkend, als wäre das das Einzige, was noch zählte.

»Wann geht es also mit deiner *Pepper Mill* in Amerika endlich los?«, überfiel Dorothy Erika nach einem herzhaften Biss in ein Sandwich. »Ich kann es kaum mehr erwarten, euch wieder auf der Bühne zu sehen. In den letzten Monaten hat Hitler der Welt kräftig Sand in die Augen gestreut. Schon hört man die Ersten sagen, es sei doch alles gar nicht so schlimm mit ihm. Du und deine Freunde werdet dringend gebraucht, das klarzustellen! Natürlich werde ich in meiner Kolumne bei der *Herald Tribune* ausführlich über eure Auftritte berichten.«

»Das wäre großartig«, erwiderte Erika. »Am liebsten würde ich schon ab November auftreten.«

Hungrig biss sie ebenfalls in eines der dreieckigen Brote. Sie liebte die amerikanische Art, sie in mehreren Schichten mit Lachs, Huhn, Gurken und Mayonnaise zu belegen.

»Das scheint mir zu optimistisch«, erwiderte Dorothy. Nachdenklich strich sie sich das kinnlange, dunkle Haar aus dem Gesicht. Dabei fielen Erika die sorgfältig manikürten Hände auf. Die amerikanischen intellektuellen Frauen legten weitaus mehr Wert auf ihre äußere Erscheinung als die deutschen, stellte sie fest. Das war ganz nach ihrem Geschmack. Therese neckte sie oft mit ihrer Eitelkeit.

»Wird Therese hier eigentlich auch als Marktweib auftreten?«, riss Dorothy sie aus ihren Gedanken. »In der Rolle ist sie einfach hinreißend! Ein echter Charakter. So etwas gibt es selten. Habt ihr schon ein passendes Theater für eure Auftritte?

Unbedingt muss es in Broadwaynähe liegen. Alles andere macht keinen Sinn.«

»Ich habe noch gar nicht angefangen zu suchen. Seit vier Tagen bin ich erst hier. Davon war ich die letzten beiden in Washington.« Erika nahm einen großen Schluck Champagner. Er hatte exakt die richtige Temperatur für einen gewittrigen Spätsommertag und erfrischte wunderbar.

»Die anderen werden sich erst auf den Weg machen können, sobald ich eine größere Summe Geld aufgetrieben habe«, setzte sie nach. »Anders sind die Schiffspassagen und die ersten Wochen hier nicht zu bezahlen. Das Leben in New York ist verdammt teuer.«

»Dafür gibt es hier auch viele verdammt reiche Leute. Wie man hört, hat Maurice Wertheim schon zugesagt, dich zu unterstützen. Das ist phantastisch! War aber auch zu erwarten bei einer so attraktiven Frau wie dir. Er liebt Schönheit und Intelligenz. Pass also gut auf dich auf!«

Scherzhaft boxte sie ihr in die Seite.

Den Rest des Abends verbrachte Erika damit, unzähligen weiteren Vertretern der New Yorker Kulturszene das Konzept der *Pfeffermühle* vorzustellen.

Neben Autoren- und Schauspielerkollegen befand sich darunter auch der von Klaus ehrfurchtsvoll angekündigte einflussreiche Vizepräsident der Columbia Concert Corporation, Francis C. Coppicus.

»Nach unserem viel beachteten Anfang in München sind wir in den letzten drei Jahren in der Schweiz, den Niederlanden, Belgien, Luxemburg und sogar der Tschechoslowakei aufgetreten«, schwärmte sie ihm getreu nach Thomas Wolfes Beispiel, auf falsche Bescheidenheit zu verzichten, selbstbewusst vor. »Genau eintausend Vorstellungen sind es bislang gewesen. Alle übrigens komplett ausverkauft.«

Bei ihrer letzten Bemerkung, die sie betont beiläufig eingestreut hatte, wurde der schwergewichtige Glatzkopf mit dem opulenten Stiernacken hellhörig. Es sah so aus, als würde er am liebsten sofort ein Vertragsformular aus der Tasche ziehen, um als Erster in den Staaten die Zusammenarbeit mit der *Pepper Mill* zu besiegeln. Erika triumphierte. Im letzten Moment lenkte ihn dann jedoch zu ihrem Verdruss eine andere Dame mit überflüssigem Tratsch über ein angeblich überschätztes Broadwaysternchen davon ab.

»Den Fisch haben Sie trotzdem an der Angel«, raunte Maurice Wertheim Erika tröstend ins Ohr. Wie aus dem Nichts stand er plötzlich dicht neben ihr.

»Hoffentlich zappelt er nicht zu lang an meinem Haken, sonst wird mein Arm lahm. Einen so dicken Fang bin ich hungerleidende Emigrantin nämlich gar nicht mehr gewohnt«, ging sie amüsiert darauf ein.

»Dann sollten wir schleunigst dafür sorgen, dass Sie zu Kräften kommen, um es erfolgreich mit ihm aufzunehmen.« Maurices Augen blitzten vor Vergnügen. »Jede Wette, spätestens übermorgen erhalten Sie einen Anruf von seiner Sekretärin, die einen Termin mit Ihnen zwecks Vertragsverhandlungen vereinbaren will. Vorher aber sollten Sie sich unbedingt noch mit Fannie Hurst unterhalten. Sie ist nicht nur eine unserer besten und witzigsten Schriftstellerinnen, sondern auch eine der kämpferischsten Frauenrechtlerinnen. Die *Pepper Mill* wird ihr gefallen. In Eleanor Roosevelt haben Sie übrigens schon eine gemeinsame Freundin. Ich bin sicher, es wird nicht die letzte sein.

Niemand kann Ihnen und Ihrem Charme widerstehen. Bald liegt Ihnen die ganze Ostküste zu Füßen.«

»Ich fürchte, Sie übertreiben maßlos.«

»Bei einer Frau wie Ihnen ist jede Übertreibung gerechtfertigt. Maßlos kann nur die Schwärmerei für Sie sein. Jetzt aber zu Fannie, damit Sie die nächste Eroberung machen.«

Galant führte er sie am Arm in einen angrenzenden Raum. Nur zu gern ließ sie sich dort Fannie vorstellen. Gleich nach den ersten Sätzen wusste die wiederum weitere Kolleginnen und Kollegen, mit denen sie sie zusammenbringen musste, um ihnen von ihrem Kabarett zu erzählen. Aufmunternd prostete Maurice ihr aus der Ferne zu.

»Es klingt so wunderbar verrückt. So etwas wie Sie hat hier noch niemand gewagt.« Fannie war auf Anhieb begeistert.

»Verrückt zu sein scheint mir die beste Voraussetzung, um Zeiten wie diese überhaupt durchzustehen«, erwiderte Erika. »Mit nüchternem Verstand sind die auf Dauer leider nicht mehr zu ertragen.«

»Wahrscheinlich ist es geschickt, wenn wir noch zwei, drei New Yorker Künstler zu unserer ›kleinen Theatersache‹ dazunehmen«, sinnierte Erika, als sie lange nach Mitternacht erschöpft auf einem der Clubsessel Platz genommen hatte.

Dorothy, Maurice, Martin und sie gehörten mit der Gastgeberin Sarah zu den letzten Gästen, die sich auf einen abschließenden Drink in der weitläufigen Empfangshalle des *Plaza* zusammengefunden hatten. Klaus war zu Sarahs Enttäuschung längst mit Rolf Nürnberg, Curt Riess und Billy Wilder zu einem angesagten Jazzclub in Harlem aufgebrochen.

Erika erleichterte es, zu sehen, wie gut Maurice und Martin

sich offenbar verstanden. Sie hatte schon befürchtet, die beiden würden sich wenig zu sagen haben. Dafür aber war Maurice kulturell zu versiert und neuen Impulsen gegenüber stets aufgeschlossen, und Martin erwies sich trotz seiner ruhigen Art als weitaus eloquenter und offener für die verschiedensten Anregungen als vermutet.

»Eine hervorragende Idee!«, griff Sarah den Vorschlag auf. »Künstler, die hier bereits einen Namen haben, helfen ganz sicher, das Programm an amerikanische Erwartungen anzupassen. Außerdem ziehen sie auch ihr Stammpublikum an.«

»In den nächsten Tagen begleite ich Sie liebend gern an den Broadway«, schaltete Maurice sich ein. »Wir sollten uns vor allem auf die Künstler in den Theatern und weniger in den Shows konzentrieren. Die passen am ehesten zu Ihnen.«

»Sollten Sie das nicht erst mit Therese besprechen? Auch die anderen aus dem Ensemble wollen sicher bei einer solch weitreichenden Entscheidung gefragt werden«, gab Martin zu bedenken.

»Zunächst werden wir uns wie geplant um geeignete Räumlichkeiten kümmern, danach kann ich mit Therese und den anderen überlegen, ob und was wir noch ändern sollten, um unsere Erfolgsaussichten zu erhöhen.«

»Das ist wohl die beste Lösung«, pflichtete Maurice bei, und Sarah nickte bestätigend.

Vor dem *Plaza* verabschiedeten sie sich voneinander. Wie inzwischen gewohnt, wartete der Fahrer mit dem Cadillac bereits auf Erika. Natürlich lud sie Martin wieder ein, mit ins Hotel zu fahren. Während der Fahrt versanken sie beide ganz in ihre Gedanken. Hinter den Fensterscheiben zogen die bunt erleuchteten Straßen vorbei. Vor den Bars, Clubs und Theatern tummelten sich die Nachtschwärmer. Lediglich das *Bedford* lag wieder in tiefer Ruhe.

»Versprechen Sie mir eins, Erika«, bat Martin, als sie im leeren Vestibül voneinander Abschied nahmen. Er fasste sie an den Händen, hielt sie einen Moment lang fest. Seine Haut fühlte sich wunderbar warm und weich an.

»Was?« Irritiert studierte sie seinen Blick.

»Verlieren Sie sich nicht selbst aus den Augen. Sie können die Welt nur retten, wenn Sie auf sich selbst Rücksicht nehmen. Denken Sie mehr an sich, und retten Sie sich immer zuerst selbst, sonst retten Sie am Ende niemanden. Und das wäre schlimm.«

Sanft küsste er ihr die Hände. Dann drehte er sich ohne ein weiteres Wort um und ging zum Aufzug.

Verblüfft sah sie ihm nach. Das hatte noch nie jemand zu ihr gesagt. Erst als sich die Lifttür schon lange hinter ihm geschlossen hatte, fühlte sie sich imstande, sich zu rühren.

Wieder einmal war sie völlig betäubt davon, was Martin in ihr auslöste. Und das, kurz nachdem auch Maurice sie von Neuem gründlich durcheinandergebracht hatte. Was ging da mit ihr vor? Wie kam es, dass gleich zwei Männer auf einmal sie derart heftig in ihren Grundfesten erschütterten?

Es gab nur einen Menschen, der ihr in diesem Gemütszustand helfen konnte. Wie in Trance ging sie zum Empfangstresen und meldete beim Nachtportier ein Überseegespräch in die Schweiz an.

Nach einer gefühlten Ewigkeit in der stickigen, engen Telefonkabine registrierte sie das Läuten. Dann hielt sie plötzlich inne. War sie wahnsinnig? Sie konnte doch nicht ausgerechnet der Geliebten von ihrem Gefühlschaos erzählen und sie um Rat bitten, wie sie sich am besten verhalten sollte! Tränen rannen ihr die Wangen hinunter. Nur mühsam konnte sie das Aufschluchzen unterdrücken. Dann räusperte sie sich energisch, nahm den Hörer von der Gabel und rief: »Giehsele, mein Giehsele, bist du das?«

»Eri?«, ertönte es ungläubig von jenseits des Atlantiks. »Was ist los? Ist was mit Klaus? Warum rufst du in aller Herrgottsfrühe an? Muss ich mir Sorgen machen?«

Das klang so weit entfernt, als säße Therese am Nordpol und Erika versuchte, vom Südpol aus mit ihr zu reden.

»Nein, nein«, versicherte sie hastig. »Hier ist alles in bester Ordnung. Mach dir um uns keine Sorgen. Ich wollte nur einmal wieder deine Stimme hören.«

Sie war froh, dass die Verbindung schnell wieder abbrach, und hängte den Hörer ein.

»Ist etwas passiert?«

Ausgerechnet in dem Moment, als sie die Kabine mit dick verweinten Augen verließ, kehrten Klaus, Rolf, Curt und Billy von ihrer nächtlichen Tour zurück. Entsetzt starrten sie sie an. Wahrscheinlich war ihr Kajal zerlaufen und zeichnete kryptische schwarze Muster auf ihre Wangen. Bei der Vorstellung, wie clownesk sie aussehen musste, lächelte sie gegen ihren Willen. Rasch wischte sie mit beiden Handrücken über ihr verunstaltetes Gesicht.

»Therese, oder?«

Klaus konnte mal wieder Gedanken lesen. Er kannte sie einfach zu gut. Ohne weitere Erklärung nahm er sie in den Arm und wiegte sie tröstend wie eine Mutter ihr Kind.

»Alles wird gut«, flüsterte er ihr ins Ohr und hauchte ihr einen Kuss aufs Haar. Sie nickte.

Bevor sie ihren Kopf ganz in seiner Halsbeuge vergrub, beobachtete sie über seine Schulter hinweg, wie Rolf, Curt und Billy auf leisen Sohlen davonschlichen.

»Jeder sollte einen solchen Eissi haben wie ich«, wisperte sie dem Bruder leise ins Ohr. Dabei wählte sie mit Absicht den vertrauten Kosenamen, weil der für sie seit frühester Kindheit alles beinhaltete, was Klaus ihr bedeutete, und schmiegte sich eng an seine Brust. »Dann wird alles gut, mein einziger, wahrer Herzenskönig.«

KAPITEL 8

Eine der besten Möglichkeiten, eine Stadt, ihre Bewohner und deren kulturelle Interessen kennenzulernen, war, sich auf die Suche nach geeigneten Theater- und Veranstaltungsräumen zu begeben, stellte Erika in den nächsten Tagen fest. Außerdem lenkte es sie für eine Weile erfolgreich von ihrem neu entfachten Gefühlschaos ab.

Therese liebte und betete sie seit Jahren an, doch die befand sich derzeit unerreichbar auf der anderen Seite des Atlantiks. Fast war es, als kühlte sich mit jedem Kilometer, der sich zwischen ihnen auftat, die Glut ihrer Leidenschaft für den Bruchteil eines Grades ab. Das irritierte Erika. Nie zuvor hatte sie sich einem Menschen derart bedingungslos ausgeliefert wie ihr. Umso empfänglicher wurde sie zu ihrem Erstaunen für Maurices Werben. Einem Mann dieses Formats war sie bislang noch nicht begegnet. In allem war er Kosmopolit, im Denken, Auftreten, Agieren. Seine Bewunderung schmeichelte ihr. Nichtsdestotrotz verzehrte sie sich zugleich nach den klugen Unterhaltungen mit Martin, war völlig gebannt von der Ruhe, mit der er allem und jedem begegnete. Damit strahlte er eine Wärme aus, die ihr trotz des aufgeheizten Spätsommers in New York als sehr angenehm erschien.

In der Hoffnung, sich klarer über ihre Bedürfnisse zu werden,

stürzte sie sich entschlossen in die Besichtigung geeigneter Auf-
trittsorte für die *Pepper Mill*. So konnte sie Martin für eine Weile
ausweichen. Und auch vor Therese diente ihr das als willkom-
mene Ausrede, viel seltener als ursprünglich geplant und wenn,
dann nur kurz und knapp, in die Schweiz zu schreiben. Nur
Maurice traf sie weiter jeden Tag, denn er organisierte ihr die
Termine und begleitete sie.

Zu Recht hatte Dorothy Thompson ihr geraten, sich bei der
Suche auf das Theaterviertel beidseits des Broadways zwischen
der vierzigsten und sechzigsten Straße zu konzentrieren. Dort
gab es ein aufgeschlossenes Publikum sowie das passende Umfeld an weiteren Vergnügungsstätten. Neugierig sah Erika sich
zunächst alles an, was ihr offeriert wurde.

»Unglaublich, wie viele Bühnen in dem kleinen Viertel vorhanden sind. Und was hier alles unter dem Begriff Theater fir-
miert!«

Überwältigt von den Eindrücken sank sie neben Maurice in
den Wagen. Gerade hatten sie am frühen Morgen eine Bühne im
Souterrain mit Platz für höchstens fünfzig Zuschauer besucht.
Auf dem winzigen, aus groben Brettern gezimmerten Podium
direkt vor den Waschräumen brachte man wohl nur mit viel Ge-
schick überhaupt noch ein altes, verstimmtes Klavier unter.
Tanzeinlagen waren dort unmöglich. Schon das Nächste auf ihrer Liste, das sie gegen Mittag erreichten, warb dagegen nicht
nur mit mehr als zweitausend Plätzen, sondern verfügte zudem
über einen komfortablen Orchestergraben sowie eine ausgeklü-
gelte Akustik. Auch die Beleuchtung befand sich auf dem mo-
dernsten Stand der Technik, und die weitläufige Bühne war mit
allen denkbaren Raffinessen wie etwa Dreh- und Hubmechanik
ausgestattet.

Letztlich fand sich von der notdürftig umfunktionierten Lagerhalle mit unverputzten Wänden, rauen Böden, nackten Glühbirnen und schlichten Bierbänken bis hin zum verschwenderisch überladenen Art-déco-Gebäude mit reichlich Gold, Stuck, Marmor, Samt und Kristalllüstern sowie edelsten Waschräumen alles nur Vorstellbare. Ein Theater war nur über eine abenteuerliche Hintertreppe zu erreichen, die sich als wahre Mutprobe fürs Publikum entpuppte, ein anderes verfügte über ein pompöses Foyer mit livriertem Personal und dicken roten Teppichen, die auch für Staatsempfänge taugten. Die einen sorgten mit ihrem ausgefallenen Programm weit über Manhattan hinaus für Furore, die anderen konzentrierten sich bescheiden, aber zuverlässig auf ihr Stammpublikum.

»Selbst als gebürtiger New Yorker bin ich verblüfft, was es hier so alles gibt«, räumte Maurice ein. »Welche Hybris hat mich bislang glauben lassen, hier auch nur annähernd Bescheid zu wissen? Ich werde wohl mehr als ein Leben benötigen, um sämtliche Theater am Hudson kennenzulernen.«

»Das sind schlechte Aussichten für die *Pfeffermühle*.« Die anfängliche Euphorie über das exorbitante Angebot war bei Erika schon nach den ersten Tagen verflogen. Stattdessen überkam sie zunehmende Verzweiflung, weil sie sich immer ratloser fühlte. Obwohl sie wusste, wie sehr Maurice das Rauchen im Wagen zuwider war, brauchte sie jetzt unbedingt eine Zigarette. Zum Glück ließ er sie gewähren.

»Mir kommt es so vor, als würden wir die berühmte Nadel im Heuhaufen suchen«, fuhr sie nach den ersten hektischen Zügen fort, während sie zur gefühlt hundertsten Adresse an diesem schwülen Nachmittag fuhren. »Das Einzige, was mir immer klarer wird, ist, dass ich unser Kabarett bislang auf keiner dieser

Bühnen sehe. Die eine ist zu provisorisch, die andere zu verspielt, die dritte schlichtweg zu nobel. Einfach keine passt zu dem, was wir aus Europa gewohnt sind.«

»Was aber genau ist das?«, hakte Maurice nach. »Je besser wir uns darüber im Klaren sind, desto einfacher wird es, das Richtige zu finden.«

»Wenn ich das nur wüsste, wäre ich selbst den entscheidenden Schritt weiter«, bekannte Erika reichlich kleinlaut.

Natürlich war ihr bewusst, wie sehr sie mit ihrer Unentschlossenheit seine Geduld auf die Probe stellte. Zugleich drängte die Zeit. Je länger sie brauchte, um eine geeignete Bühne zu finden, desto länger dauerte es auch, die notwendigen Sponsoren zu gewinnen und die nötigen Papiere für die Truppe zu beschaffen. Angesichts der sich für kritische, obendrein jüdische Geister wie Therese und die anderen in Europa zuspitzenden Lage ein Vabanquespiel. Dennoch kam sie in ihrer Entscheidung nicht weiter, konnte sich auch mit niemandem beraten, nicht einmal mit Klaus, weil keiner die *Pfeffermühle* und ihre Bedürfnisse so genau kannte wie sie und Therese. Und die war weit weg. Also blieb ihr nichts anderes, als weiter auf Maurices Verständnis zu vertrauen und mit ihm durch die eigenartigsten Etablissements zu ziehen.

Das schier endlose Angebot an Spielstätten verblüffte sie umso mehr, als sich seit dem Siegeszug des Tonfilms das Kino weitaus größerer Beliebtheit erfreute. Wie konnten daneben überhaupt noch so viele Theater existieren? Selbst Klaus und seine neuen Freunde Rolf, Curt und Billy sahen sich inzwischen mehrmals pro Woche Filme an. Das kam zwar ihrem Englisch zugute, das Sprachenlernen wäre aber auch im Theater möglich, fand Erika.

Dass sie das zugunsten des Kinos mieden, verriet, mit welch starker Konkurrenz die *Pfeffermühle* außerdem noch rechnen musste.

»Du bist einfach altmodisch und schlichtweg sentimental«, urteilte Klaus, als sie ihn darauf ansprach. Erschöpft kehrte sie vom Besuch eines aufwendig inszenierten Musicals zurück, das sie mit Maurice in einem der traditionsreichen Säle direkt am Times Square gesehen hatte. Die Musik von George Gershwin hatte sie wieder einmal völlig mitgerissen. Von den vielen Eindrücken vorn auf der Bühne wie auch im ausverkauften Zuschauersaal schwirrte ihr der Kopf. Es war ihr schwergefallen, sich auf den eigentlichen Sinn des Besuchs zu konzentrieren: das Theater wie auch das Publikum zu studieren. Während die besten Plätze von Herrschaften in teurer Abendgarderobe besetzt gewesen waren, hatte ein ebenso großer Teil des Publikums aus offenkundig sehr einfachen Leuten bestanden, die die Platzanweiser nur mühsam am Mitbringen von Proviant in den Zuschauerraum hindern konnten. So verschieden die Spielstätten waren, so indifferent waren also auch die Gäste – und das in ein und demselben Theater an ein und demselben Abend! So etwas kannte Erika aus Europa nur aus den Lichtspielhäusern.

»Wäre Hitler nicht dazwischengekommen, wärst du fast selbst beim Film gelandet«, erinnerte Klaus sie schmunzelnd, lehnte sich gemütlich in dem speckigen Ledersessel in der Lobby des *Bedford* zurück und rauchte, den Arm lässig auf die Lehne gestützt, die langen Beine locker übereinandergeschlagen, genüsslich weiter.

»Der gute Gründgens wäre stolz auf dich, wenn er wüsste, wie treuherzig du dich jetzt fürs Theater einsetzt.«

»Geh mir weiter mit dem, Klaus Heinrich!«, verfiel sie in

Münchner Jargon und ließ sich ebenfalls in einem der Sessel nieder, stibitzte eine Zigarette aus der Schachtel auf dem kleinen Beistelltisch. Das Anzünden mit dem Zündholz forderte ihre gesamte Aufmerksamkeit.

Nach dem ersten Zug legte sie den Kopf in den Nacken, schloss die Augen. Wieso musste Klaus ausgerechnet Gründgens erwähnen? An niemanden wollte sie jetzt weniger erinnert werden als an ihren ersten Ehemann. Es reichte, dass ihr Lieblingsbruder derzeit an einem Roman schrieb, der den steilen Aufstieg eines gewissenlosen Opportunisten wie ihm im gegenwärtigen Deutschland beschrieb. *Mephisto* schwebte ihm als Titel vor. Zwar eine gelungene Anspielung auf den Teufel in Goethes *Faust,* doch natürlich hatte Gründgens ausgerechnet in dieser Rolle zu Beginn seiner Karriere brilliert.

»Erika! Wie schön, Sie zu sehen. Ich hoffe, es geht Ihnen so gut, wie Sie aussehen.« Sichtlich in Eile betrat Martin die Lobby, den Hut in der einen, die Arzttasche in der anderen Hand, fand dennoch die Muße, einen kurzen Moment bei ihnen stehen zu bleiben und sie eindringlich anzusehen. »Kommen Sie mit Ihrer Suche nach einer geeigneten Bühne voran? Einfach ist das sicherlich nicht in dieser riesigen Stadt, in der es von allem unendlich viel Auswahl gibt.«

Noch ehe Erika oder Klaus ihn auf einen Drink zu sich bitten konnten, entschuldigte er sich und hastete gehetzt weiter zu den Aufzügen.

»Der gute alte *doc.* Nie hat er Zeit. Dennoch sieht es so aus, als ginge er neuerdings vor allem uns beiden aus dem Weg«, stellte Klaus trocken fest.

»Er hat einfach nur viel zu tun«, wiegelte sie ab. Auch sie hatte das ein oder andere Mal Ähnliches gedacht, dabei kam es ihr nicht ungelegen, weil sie ihm derzeit selbst weitmöglichst auswich.

»Schade«, war alles, was Klaus dazu sagte, bevor er wieder an ihr ursprüngliches Thema anknüpfte. Zugleich überflog er beiläufig die auf dem Tisch ausliegenden Kinoprogramme. »Dass die Broadwaybühnen nicht untergehen, darum kümmert sich übrigens auch unser geschätzter Freund Roosevelt. Sein *New Deal* garantiert ihnen eine großzügige finanzielle Unterstützung und sorgt letztlich dafür, dass sich wirklich jeder Theaterbesuche leisten kann und soll. Hat er dir das neulich auch schon erzählt?«

»Du bist mal wieder bestens informiert.«

»Das sollte ich auch, wenn ich demnächst einen Zeitungsartikel darüber schreibe.« Er drückte die Zigarette im Aschenbecher aus, hauchte ihr einen Kuss auf die Wange und setzte sich im Aufstehen den Hut auf den Kopf. Offenbar hatte er nur auf Billy gewartet, der gerade aus dem Lift trat.

»Endlich!«, begrüßte er ihn mit weit zur Seite ausgebreiteten Armen. »Die Spätvorstellung im *Roxy* beginnt in einer Viertelstunde. Jetzt heißt's Beine in die Hand nehmen, sonst verpassen wir Marlene Dietrichs längst sagenumwobenen Verführerblick in *Desire*.«

»Der dürfte jemandem wie dir doch herzlich egal sein«, lästerte Billy.

»Ich will ihn mir doch nur abschauen, um die schönen Burschen erfolgreicher zu umgarnen.«

»Um den richtig hinzukriegen, musst du aber ganz nah an die Leinwand rücken.«

»Genau das habe ich vor. Nur so erkenne ich, was sie mir wirklich sagen will.«

Scherzend und lachend verschwanden die beiden Arm in Arm in die immer noch milde New Yorker Oktobernacht. Neidisch über ihre Unbekümmertheit sah Erika ihnen nach. Dann beschloss sie, sich nach einem letzten Drink auf ihr Zimmer zurückzuziehen und endlich einmal wieder ausführlicher an Therese zu schreiben. Das war sie ihr schuldig, wenn sie sich sonst schon so unaufrichtig in ihren Gefühlen verstrickte.

Zum Glück war sie in der Bar allein und konnte sich ganz der Betrachtung der goldbraunen Flüssigkeit auf den kristallklaren Eiswürfeln in ihrem Glas hingeben.

Was sollte sie nur schreiben? Wie faszinierend und zugleich verwirrend sie das riesige Angebot an Theatern in dem noch riesigeren New York fand? Wie sehr sie es allerdings genoss, Tag für Tag mit Maurice umherzuziehen, und wie inständig sie hoffte, diese Tour würde niemals enden, weil er es auf so charmante Weise verstand, ihr bei der Suche nach der passenden Bühne das Leben in seiner Heimatstadt nahezubringen? Oder sollte sie Therese erzählen, wie rührend Martin sich trotz der vielen Arbeit, die ihn sichtlich anstrengte, immerzu nach ihrem Wohlbefinden erkundigte und dabei so sympathisch die Augenbraue nach oben zog, um sie vor Dummheiten zu bewahren? Je länger sie darüber nachdachte, desto stärker spürte sie, dass sie wohl auch an diesem Abend nicht mehr Füllfederhalter und Briefblock hervorkramen würde. Die Sehnsucht nach Therese war, wie so oft in letzter Zeit, auf einmal seltsam schwach.

Ihre Gedanken wanderten zu dem kurzen Gespräch mit Klaus. Ein Satz hatte sich besonders in ihrem Kopf verhakt: sein Wunsch, dass er am liebsten ganz nah am Geschehen auf der Leinwand saß, um Marlenes Blick zu studieren. Wieder und wieder spukte ihr das im Kopf herum. Das war doch genau das, wonach sie gesucht hatte! Diese Nähe zum Geschehen brauchte sie auch für die *Pepper Mill!*

Nur in einer kleinen, intimen Atmosphäre, die den Zuschauern den direkten Blickkontakt mit den Darstellern oben auf der Bühne ermöglichte, besaßen sie eine Chance, in der riesigen Stadt mit der völlig anderen Kabarettkultur ihre Botschaft rüberzubringen.

Erleichtert, weil der Knoten geplatzt war und sie endlich wusste, wonach sie suchte und was sie tatsächlich wollte – zumindest in Bezug auf die *Pfeffermühle* –, orderte sie einen weiteren Whiskey.

»Bei uns in Europa findet Kabarett eher in Lokalen mit kleiner Bühne statt. So etwas sollten wir hier auch etablieren«, eröffnete sie Maurice beim Lunch am nächsten Tag ihre Idee.

Sie saßen sich in einem italienischen Restaurant gegenüber, wie es Dutzende in Lower Manhattan gab, und gönnten sich nach dem *minestrone,* der *insalata mista* und den echten *pansoòti,* schlichten Teigtaschen mit Borretsch, Basilikum und Frischkäse, einen starken Espresso zum Wachwerden.

Die Vielfalt der Restaurants und der darin servierten Speisen beeindruckte Erika an New York ebenso wie die Vielfalt an Theatern. Das war so ganz anders als in den europäischen Städten, die sie kannte. Maurice genoss es, sie bei jeder Gelegenheit mit etwas Neuem zu überraschen.

»Das Publikum sitzt in den Kabaretts an kleinen Tischen«, erklärte sie ihm weiter. »Sie sind ähnlich gemütlich vor der Bühne arrangiert wie hier im Lokal.«

Sie wies in das geschmackvoll mit weiß eingedeckten runden

Tischen, schlichten Kaffeehausstühlen und einem Weinregal aus dunklen Holzbrettern eingerichtete *ristorante*. Ober mit weißen Hemden, schwarzen Westen und langen weißen Schürzen wuselten beflissen umher, sichtlich um das Wohl jedes einzelnen Gastes bemüht. Das sorgte für eine vertraute, persönliche Atmosphäre, in der man gern länger verharrte. Genau so etwas brauchten sie für die *Pepper Mill*.

»Idealerweise trinken die Zuschauer während der Vorstellung Wein oder am besten sogar Sekt und Champagner und gönnen sich dazu einen kleinen Imbiss. Es sollte also auch eine Restauration mit eigener Küche vorhanden sein, um die Gäste rundum zu versorgen. Das steigert wiederum ihre Bereitschaft, sich auch mit unangenehmeren Dingen zu beschäftigen, bei heiklen Themen zuzuhören oder gar über etwas Provozierendes nachzudenken. Und zum Ende der Vorstellung spielt der Pianist oder das kleine Orchester zum Tanz auf.«

»Interessant.« Maurice schien auf Anhieb Gefallen an der Idee zu finden. Sicherlich spielte auch Erleichterung mit hinein, weil sie endlich wusste, was sie wollte. »Ein ganz eigener Stil. Wir werden etwas finden, wo sich das umsetzen lässt. In jedem Fall schränkt es unsere lange Liste an Besichtigungsterminen sinnvoll ein und besitzt zudem den Vorteil, dass die Kosten sinken, weil die infrage kommenden Theater kleiner und deshalb günstiger zu mieten sind. Damit dürften wir leichter weitere Sponsoren gewinnen.«

Am selben Nachmittag machten sie sich von Neuem auf den Weg, dieses Mal mit einer weitaus kürzeren Adressliste, die Maurice nach einem Anruf im Büro von seiner Sekretärin nach neuen Kriterien hatte zusammenstellen lassen.

Einmal mehr bewunderte Erika die Geduld, die er für die Sache aufbrachte. Er hatte bestimmt Wichtigeres zu tun, als mit ihr eine Theaterimmobilie nach der anderen rund um den Broadway abzuklappern. Offensichtlich ging es ihm um mehr als nur um die *Pfeffermühle*. Ihr Herz begann zu rasen. An diesem Nachmittag rauchte sie zu ihrem eigenen Entsetzen eine ganze Packung Zigaretten ohne Pause hintereinanderweg.

KAPITEL 9

Du brauchst dringend Abwechslung«, platzte Klaus wenige Tage später, kurz nachdem sie gemeinsam in einer kleinen französischen Brasserie in der Nähe des Times Square zu Abend gegessen hatten, zu ihr herein, blieb jedoch mitten in der offenen Tür stehen. Unter dem Mantel trug er einen dunklen Anzug sowie ein frisches Hemd mit Krawatte. In der einen Hand den Hut, in der anderen die qualmende Zigarette, war er eindeutig ausgehfein.

»Bist du verrückt? Klopf künftig bitte wenigstens an.« Hektisch versuchte sie, sich mit einem Kleidungsstück zu bedecken. »Ich stehe hier in Unterwäsche.«

»Ich habe schon Schlimmeres gesehen.« Ohne Aufforderung kam er herein, schleuderte den Hut aufs Bett, stemmte die Hände in die Seiten und ließ die Augen über die Unordnung wandern, die in dem nicht sonderlich geräumigen Zimmer herrschte.

Das Mobiliar beschränkte sich auf ein Bett, einen Nachtkasten, einen Einbauschrank – alles im selben dunkelbraunen Holzton wie die Wandtäfelung gehalten, in der sämtliche Gästezimmer und Flure des *Bedford* ausgekleidet waren – sowie einen windigen Schreibtisch, der quer vor dem Fenster stand, und einen mit einem bunten Blumenstoff überzogenen Polstersessel direkt daneben. Jeder freie Platz war mit Kleidung, Bü-

97

chern, Zeitungen oder Papierstapeln bedeckt, an die Wände hatte Erika Fotos und Postkarten von Verwandten und Freunden festgepinnt. Aller anonymen Hotelbehaglichkeit zum Trotz war es ihr mit wenigen Mitteln gelungen, dem Zimmer so genau den richtigen Hauch Individualität aufzudrücken.

Dabei war es nur eine Frage der Zeit, bis sie von Neuem ihre Koffer packen und irgendwo anders hingehen würde. Das Unstete prägte ihr Erwachsenendasein. Seit sie nach dem Abitur aus dem elterlichen Zuhause ausgezogen war, hatte sie nur während der kurzen Ehe mit Gründgens eine eigene Wohnung besessen. Aber auch in der hatte sie kaum länger als ein Jahr gewohnt. Vielleicht rührte daher ihr Talent, sich binnen kürzester Zeit mit wenigen Dingen überall behaglich einzurichten?

Gelegentlich fragte sie sich dennoch, ob es nicht an der Zeit wäre, endlich irgendwo fest anzukommen und einen Ort auf Dauer zu ihrem Zuhause zu machen, um dort ein Leben ganz nach ihren eigenen Bedürfnissen und Vorstellungen, unabhängig von anderen, zu beginnen. Dann aber wurde ihr klar, dass sie, bevor sie eine neue Heimat finden und sich für immer irgendwo niederlassen konnte, erst einmal für ihre frühere Heimat kämpfen und die Welt wachrütteln musste, um sich ihr dabei anzuschließen. Vorher, das wusste sie, würde sie nicht zur Ruhe finden. Einerlei, wie sehr sie sich das auch wünschte.

»Schließ wenigstens die Tür«, bat sie nun Klaus, dessen Leben seit Jahren ähnlich rastlos verlief wie ihres. Ohne ein weiteres Wort kehrte sie ins Badezimmer zurück, um sich die Wimpern fertig zu tuschen.

»Mit wem bist du verabredet?«, erkundigte er sich und tauchte neugierig hinter ihr im Spiegel auf.

Der Nachteil der angenehm geräumigen Badezimmer im

Bedford war, dass man problemlos zu zweit vor Waschbecken und Spiegel stehen konnte. Ganz selbstverständlich baute Klaus sich neben ihr auf und inspizierte interessiert die Schminkutensilien in ihrem Necessaire auf der Ablage.

»Mit Blanche und Alfred Knopf. Sie haben Karten für eine Revue und wollen mich dem Fritzen hinter der Show ...«

»Sag ab«, bat er sie lapidar und zupfte den Reißverschluss am Beutel zu. »Du hast Besseres vor.«

»Hab ich nicht. Nur weil du sauer auf Alfred bist, weil er dich nicht gleich unter Vertrag ...«

»Darum geht es nicht«, unterbrach er sie überraschend gut gelaunt. Grinsend nahm er ihr den Lippenstift aus der Hand, um sich selbst die Lippen zu schminken. Das hatte er seit Jahren nicht mehr getan.

»Du musst einfach nur mal etwas anderes tun, als ständig Leute zu treffen, die entweder für die *Pfeffermühle* oder für Buchprojekte nützlich sind oder die für sonst wen aus der räudigen deutschsprachigen Exilanten-Meute etwas tun sollen. Denk einfach nur mal an dich und dein eigenes Vergnügen. Das rät dir doch auch der verehrte Doktor Martin. Oder ärgert das den unermesslich reichen Maurice?«

Sein Grinsen wurde zweideutiger.

»Du meinst wohl eher, ich soll mehr an dich und dein Vergnügen denken«, überging sie die Anspielung und mopste ihm die Zigarette, um einen langen Zug zu nehmen.

»Was ist da im Busch? Wo traust du dich mal wieder nur in Begleitung deiner über alles geliebten und zutiefst bewunderten großen Schwester hin?«, bohrte sie nach.

»Weißt du noch, wie ich mich früher mit viel Kajal um die Augen und Rouge auf den weiß gepuderten Wangen zum Schrecken von halb München verschönert habe?«, fragte er und musterte sich im Spiegel.

»Du hast furchtbar ausgesehen. Ein echtes Gespenst.«

Sie verkniff sich einen Tadel, weil seine vom langen Schreiben bei schlechtem Licht geröteten Augen schon wieder verräterisch große Pupillen aufwiesen. Sie musste ihn dringend davon überzeugen, weniger Drogen zu nehmen. Eng presste sie ihr Gesicht an seins, blickte Wange an Wange mit ihm gemeinsam in den Spiegel.

Zwillinge! Sie musste lachen.

Dann schnitt sie eine Grimasse, formte den Mund zu einem Kuss und zwinkerte ihn im Spiegel an. Er verzog das Gesicht zu einem Grinsen.

Viel war von der einst verblüffenden Ähnlichkeit zwischen ihnen nicht geblieben, stellte sie zu ihrem Bedauern fest. Zu sehr hatten sie sich auseinanderentwickelt, Klaus mit dem schütter gewordenen Haar und der ausgeprägter gewordenen hohen Stirn sowie den eckigen Gesichtszügen, sie mit dem weicher gewordenen Antlitz, den unverkennbar weiblicheren Linien, obwohl sie nach wie vor gertenschlank und sportlich-muskulös war.

»Wenigstens hast du dir irgendwann von Pamela zeigen lassen, wie du das mit dem Schwarz um die Augen besser hinkriegst, sonst hättest du zu sehr dem Tod geähnelt.«

»Pamela«, sagte Klaus verträumt und legte den Lippenstift zurück, schob die Hände in die Hosentaschen und verließ das Bad. »Kaum zu fassen, dass Gründgens und sie …«

»Fang nur nicht wieder damit an«, unterbrach sie ihn verärgert. Sie wollte weder an die älteste Wedekind-Tochter und gemeinsame erste Geliebte von Klaus und ihr noch an ihren geschiedenen Gatten erinnert werden. Noch immer tat es weh. Noch immer fühlte sie sich schmählich von den beiden verraten.

»Wenn du wirklich willst, dass ich ernsthaft in Erwägung ziehe, mich heute Nacht mit dir Langweiler statt mit den Knopfs und einer Menge anderer interessanter Leute zu vergnügen, sind wunderbare Mädchen, ehrgeizige deutsche Schauspieler und noch so manch andere Gestalten aus unserer gemeinsamen Vergangenheit ab sofort tabu«, rief sie ins angrenzende Zimmer hinüber, wo Klaus jetzt vor dem Schrank stand, um ein passendes Kleid zu suchen, wie sie im Spiegel beobachtete.

Das gerade geschnittene schwarze, das sie sich vorhin bereitgelegt hatte, schien ihm offenbar nicht das richtige für seine Einladung. Stattdessen zog er ein violettes mit einem sehr gewagten Rückendekolleté sowie die dazu passenden hochhackigen Pumps heraus. Das weckte nun erst recht ihre Neugier, was er eigentlich genau im Schilde führte.

»Versprich mir, die bösen Geister von früher nicht mehr zu erwähnen, sonst denke ich gar nicht daran, Blanche und Alfred abzusagen.«

Zurück aus dem Bad, baute sie sich nah vor ihm auf.

»Indianerehrenwort!« Theatralisch reckte er die rechte Hand mit der Zigarette zum Schwur in die Luft.

»Und jetzt endlich raus mit der Sprache: Wohin willst du mich entführen? Dem tiefen Ausschnitt nach wird es verrucht.«

»So verrucht, wie du es seit unserer Ankunft hier noch nicht erlebt hast.« In seinen Augen blitzte es verheißungsvoll, während er mit breitem Grinsen hinzufügte: »So herrlich schmutzigverrucht, wie du es eigentlich seit unserer wundervollen, verwerflichen ersten geheimen Reise nach Berlin nicht mehr erlebt hast. Weißt du noch, wie wir zum ersten Mal in einer Bar

Männer mit Männern und in einer anderen dann Frauen mit Frauen ...«

»... und du vor Schreck fast in Ohnmacht gefallen bist, weil einer der schmierigen Monokelträger dich bei einem schlüpfrigen Tango am liebsten mitten auf der Tanzfläche vernascht hätte«, ergänzte Erika amüsiert. »Keine siebzehn warst du damals.«

Der Gedanke an die verbotene Fahrt an die Spree, die sie vor dreizehn Jahren statt der von den Eltern erlaubten Wanderung durch den Thüringer Wald unternommen hatten, weckte in der Tat die schönsten Erinnerungen.

»Das Erlebnis hat dich gründlich verdorben«, fuhr sie belustigt fort. »In den folgenden Weihnachtsferien musstest du gleich wieder nach Berlin, dieses Mal leider ohne mich, dafür mit Ricki, weil der natürlich problemloser als ich mit dir durch die Schwulenbars ziehen konnte. Und jetzt willst du mich ehrbare, anständige Ehefrau eines angesehenen britischen Staatsbürgers in die New Yorker Unterwelt entführen. Was soll ich davon nur halten?«

Sie entriss ihm das Kleid, streifte es über und schlüpfte in die bereitstehenden Pumps.

»Die Nerzstola ist wohl zu auffällig?«, erkundigte sie sich beiläufig und hielt bereits nach einem weniger wertvollen Überzieher Ausschau.

»Vermutlich. Es geht nach Harlem, in den *Savoy Ballroom* in der Lenox Avenue und sicher noch in einige andere Clubs rund um die hundertfünfundzwanzigste Straße. Da wäre dein Pelz nur eine dumme Herausforderung für die bösen Buben, die dort ihr Unwesen treiben. Nach den Unruhen im letzten Jahr brodelt es in Harlem unter der Oberfläche gewaltig weiter.«

Zu ihrer Überraschung stellte sich wenig später unten in der Lobby heraus, dass nicht ihr Bruder, sondern Martin das nächtliche Unterhaltungsprogramm zusammengestellt hatte.

»Über einen seiner Patienten hat er direkten Kontakt zu den Musikern«, flüsterte Billy ihr ins Ohr, sobald er ihren erstaunten Blick bemerkte. »Er hat uns einen der begehrten Tische im *Savoy* besorgt. Chick Webb spielt dort mit seiner Band und begleitet eine gewisse Ella Fitzgerald. Angeblich *der* neue Star der Szene. Ihre Stimme soll sensationell sein.«

»Klingt vielversprechend.«

Gerade erst hatte Erika die Telefonkabine verlassen, von der aus sie Blanche angerufen hatte, um ihr »einer dringenden Familienangelegenheit wegen« für den Abend abzusagen.

Einige Sekunden hatte sie noch einmal damit gehadert, ob das wirklich die richtige Entscheidung gewesen war. Natürlich hatte Blanche nicht versäumt, ihr zu versichern, welch einzigartige Gelegenheit der Abend wäre, um einen der wichtigsten Agenten für Broadwayrevuen kennenzulernen. Nun war Erika dennoch froh, sich dazu durchgerungen zu haben. Klaus hatte recht. Sie brauchte dringend einmal Abwechslung, musste einmal etwas anderes tun, statt sich ständig im Interesse anderer abzustrampeln. Der nächtliche Ausflug ins nördliche Manhattan schien dafür perfekt.

Vor allem würde sie in Harlem auf eine völlig andere Welt treffen als auf die mit den Knopfs, mit Vicki Baum oder Maurice in Midtown und der Upper East Side. Schon bei ihrem ersten New-York-Besuch hatten Klaus und sie sich dort oben auf die Spuren jüdischer Einwanderer aus Deutschland und Osteuropa begeben, denen Jahrzehnte später dunkelhäutige und spanischstämmige Immigranten gefolgt waren, bis im letzten Jahr brutale Rassenunruhen das Viertel erschüttert hatten. Seither sollten Weiße es besser meiden, hieß es. Das stachelte natürlich erst recht Erikas Neugier an. Die Musik war in Harlem ohnehin besser und die Stimmung in den Clubs sowieso.

»Auch wenn man es ihm nicht gleich anmerkt, aber unser guter alter *doc* ist ein leidenschaftlicher Liebhaber schwarzer Musik«, raunte Curt ihr verschwörerisch zu. Ihr verwundertes Gesicht amüsierte ihn sichtlich.

»Ohne ihn hätten wir gar nicht gewusst, wo man in Harlem hingehen kann, nachdem der legendäre *Cotton Club* wegen der Unruhen geschlossen wurde«, ergänzte Rolf.

»Bald öffnet er wieder, wenn auch nicht mehr in Harlem«, verkündete Martin. »Bis dahin werden wir woanders auf unsere Kosten kommen. Der *Savoy Ballroom* ist in jedem Fall mehr als nur eine gute Alternative, genauso wie das *Apollo Theatre* oder das *Harlem Opera House* und die vielen kleinen Clubs rund um die hundertfünfundzwanzigste Straße. Ihr werdet schon sehen.«

»Ich fürchte, die Nacht ist gar nicht lang genug, um das alles auszuprobieren.« Erika strahlte übers ganze Gesicht.

»Umso schneller sollten wir los. Das Taxi steht bereit, Madame.« Mit einer tiefen Verbeugung wies Klaus zur Tür.

»Es ist mir eine Ehre«, erklärte Martin und bot ihr den Arm. Gern hängte sie sich bei ihm ein. Für eine forsche Erwiderung, wie sie sie sonst auf der Zunge hatte, war sie allerdings immer noch zu perplex. So ganz konnte sie sich einfach nicht vorstellen, wie der bedächtige Martin beim Swing mitging oder selbstvergessen zu tanzen anfing. Andererseits: Stille Wasser gründeten tief. Vermutlich lauerte unter Martins gelassener Oberfläche ein brodelnder Vulkan auf den Ausbruch. Nur zu gern würde sie den hautnah miterleben.

Auf dem kurzen Weg zum Taxi war sie froh, die Pelzstola zu Hause gelassen zu haben. Das leichte Cape reichte bei den weiterhin milden Temperaturen völlig. In den Clubs würde es ohnehin noch viel heißer hergehen. Sie sank auf die Rückbank, Martin rutschte neben sie.

Zum Glück hatte Klaus so viel Feingefühl besessen und auf eine Fahrt mit Maurices Cadillac verzichtet. Durch die Rückscheibe erspähte sie den Chauffeur, wie der überrascht reagierte, als sie das *Bedford* verließen. Für eine Sekunde war sie sicher, er würde seinen Arbeitgeber unverzüglich informieren. Vielleicht folgte er ihnen sogar, um genauere Angaben machen zu können, was sie trieb, wenn Maurice nicht bei ihr war.

Unsinn!, schalt sie sich im nächsten Atemzug. So interessant war sie für den Milliardär auch wieder nicht, dass er sie auf Schritt und Tritt beobachten ließ. Ein Anflug von Enttäuschung streifte sie, als sie sah, wie der Chauffeur in den Wagen stieg und in die andere Richtung davonfuhr, noch ehe sie alle im Taxi saßen und gen Harlem aufbrachen.

Schon während der Fahrt über die Fifth Avenue in das in Upper Manhattan gelegene Viertel herrschte ausgelassene Stimmung im Wagen. Zufällig hatte der dunkelhäutige Fahrer die passende Musik im Radio eingestellt. Begeistert summte Billy Duke Ellingtons »It don't mean a thing« mit, Klaus und Curt stimmten übermütig mit dem typischen »Wawa« der Trompeten ein. Der Chauffeur drehte lauter und schnippte den Rhythmus mit den Fingern mit.

Ganz der Musik hingegeben ließ Erika den Blick aus dem Wagenfenster schweifen. Wie schnell erfand sich die Stadt dort draußen binnen einer kurzen Strecke neu!

Nur wenige Blocks trennten den Central Park und die Upper East Side mit ihren vornehmen Apartment- und gediegenen Geschäftshäusern von dem berüchtigten Harlem. Zwar drängten sich die Lokale, Bars, Theater und Vergnügungsstätten dort ähnlich dicht wie rund um den Times Square oder in Lower Manhattan, ebenso blinkten und strahlten an jeder Fassade bunte Leuchtreklamen. Wolkenkratzer oder überhaupt hoch aufragende, prunkvoll verzierte Gebäude erspähte Erika jedoch keine. Stattdessen beherrschten schmuddelige, unverputzte Klinkertrutzbauten das Straßenbild. Selbst das im neoklassizistischen Stil errichtete *Apollo Theatre* besaß mitsamt dem Erdgeschoss gerade einmal drei Etagen und stach architektonisch nicht sonderlich raffiniert aus der Reihe der Nachbarhäuser hervor.

Bei seinem Anblick ahnte Erika, wie trist die Gegend bei Tag aussehen musste, wenn sie, wie die meisten Vergnügungsviertel der Welt, ihren nächtlichen Glanz abstreifte. Das wahre Leben blühte in solchen Ecken nur bei Nacht. Im grellen Schein der Reklame wurde dann die Trübsal des langweiligen Alltags ausgeblendet, auch wenn es nicht ungefährlich war, sich zu später Stunde in den Trubel zu stürzen.

In der Ferne donnerte die Hochbahn über die rostigen Eisenstelzen. Das Rattern ließ das ganze Viertel erbeben.

Erika fand es von Vorteil, auch vor dem *Savoy* erst bei Dunkelheit vorzufahren.

Grell war der schmuck- und nahezu fensterlose zweistöckige Kasten mit Hunderten Glühbirnen und Leuchtgirlanden angestrahlt. Der Baldachin über dem Eingang war eine einzige Lichtreklame und verhieß schon von Weitem in schillernden Lettern »The World's Finest Ball Room«.

Vor dem Eingang galt es, erst eine Traube Neugieriger zu passieren, die sowohl die Gäste in ihrer Abendgarderobe wie auch die Plakate und Zeitungsausschnitte in den Schaukästen unverhohlen anstarrten. Muskulöse Türsteher sorgten für Ordnung, um möglichen Aufruhr gleich im Keim zu ersticken. Vermutlich eine Vorsichtsmaßnahme, die noch auf die letztjährigen Ausschreitungen zurückging.

Schon im Foyer waren die ersten Klänge der Trompeten und Saxophone zu hören, dazu das charakteristische Schlagzeug des Bandleaders Chick Webb, bevor eine Frauenstimme zu singen anhob. Das musste Ella Fitzgerald sein. Erika überlief ein Schauer. Die Töne fuhren ihr in Mark und Bein. Kaum zu glauben, dass Ella erst Anfang zwanzig sein sollte. Ihre Stimme war derart voll und ausdrucksstark, als wäre sie über Jahrzehnte gereift.

Eine rundliche Frau in wild gemustertem Kittel und mit hoch aufgetürmtem, blauschwarz schimmerndem Haar nahm ihnen an der Garderobe die Mäntel ab. Dabei brummte und wiegte sie sich vergnügt zu den Musikfetzen.

»Sagenhaft, was?«, flötete sie stolz, als sie ihnen die Marken aushändigte. »Unsere Ella! *Have a good time.*«

Aus dem Saal schlug ihnen eine dicke Wolke Zigarettenrauch, Alkoholdunst und der Schweiß einer dicht gedrängten, völlig der Musik hingegebenen Menge entgegen. Kaum war der Kellner zu erkennen, der sie zum reservierten Tisch führte. Kurz fürchtete Erika, die Atmosphäre raubte ihr die Luft zum Atmen. Dann aber fühlte sie sich einfach nur mitgerissen von der vibrierenden Begeisterung.

Der *ball room* war nicht sonderlich hoch und, soweit Erika das im schummrigen Licht und angesichts des Gedränges erkennen konnte, üppig im neoklassizistischen Stil mit weißer Stuckdecke, roten Samtvorhängen sowie goldverzierten Wänden ausgestattet. Selbst die Stühle waren dick gepolstert. Die Band mitsamt Sängerin war an der rechten Längsseite auf einer schmalen Bühne platziert. Tische und Tanzfläche gingen davor nahtlos ineinander über. Jeder Zentimeter wurde genutzt, um im Rhythmus der Musik abzutauchen.

Die tanzenden Paare waren ähnlich bunt gemischt wie das Kleidermuster der Garderobenfrau. Männer und Frauen, Frauen und Frauen, Männer und Männer wiegten sich eng umschlungen, Alte wie Junge, Weiße wie Schwarze, teuer Gekleidete aus besseren Gegenden wie auch abgerissene Gestalten aus elenden Vierteln. Die Musik machte sie alle gleich, die Liebe zu den Rhythmen wie die Faszination für Ellas unglaubliche Stimme merzte jegliche Unterschiede aus.

Schlagartig begriff Erika, warum das *Savoy* als die Geburtsstätte des Swing und von so manch legendärem Tanz wie etwa dem Lindy Hop galt. Ein Wunder, warum es noch nicht als das einzig wahre Paradies auf Erden ausgerufen worden war. Hier war schließlich möglich, wovon sie alle träumten: Das friedliche und einträchtige Miteinander sämtlicher Menschen, ungeachtet ihrer Hautfarbe, Herkunft, Religion oder ihres Geschlechts.

»Darf ich, Ma'am?«, hörte sie Billy neben sich fragen. Schon fasste er sie an den Händen und zog sie nach vorn, wo tatsächlich eine Spur mehr Platz für so etwas Ähnliches wie Tanzschritte zur Verfügung stand.

Sie war verblüfft. Er erwies sich als ausgezeichneter Tänzer. Die Zeit Ende der Zwanziger, als er sich in Berlin im *Adlon* als Eintänzer verdingt hatte, wirkte unverkennbar nach. Im Handumdrehen übersetzte er selbst die schwierigsten Rhythmen in die passenden Bewegungen. Nur zu gern ließ sie sich trotz der Enge zu den gewagtesten Drehungen und Wendungen animieren und vertraute ihm, dass er auch bei den wildesten Stücken den Überblick behielt.

»Lass mich auch mal!«, drängte Curt ihn nach zwei oder drei Stücken ungeduldig beiseite, bevor er sich bei Erika entschuldigte. »Er hält sich leider immer für unersetzlich.«

»Beim nächsten Mal verteile ich Tanzkarten«, versprach sie amüsiert. »Als einzige Dame am Tisch tue ich mein Bestes, damit jeder zu seinem Recht kommt.«

»Ihren Bruder dürfen Sie ruhig auslassen, der tanzt Ihnen oft genug auf der Nase herum.«

»Dafür stehen Sie jetzt ein wenig zu oft auf meinen Füßen.«

So charmant Curt sein konnte, entpuppte er sich doch als lausiger Tänzer. Den nächsten Applaus nutzte sie, um Durst vorzutäuschen und zum Tisch zu fliehen.

Zu ihrem Bedauern hatte Billy längst eine neue Tanzpartnerin gefunden. Auch Rolf war in der wogenden Menge verschwunden. Klaus wiegte sich mit geschlossenen Augen weit zurückgelehnt auf dem Stuhl zu Ellas Gesang, rauchte, trank völlig versunken und bemerkte ihre Rückkehr nicht einmal. Umso beflissener sprang Martin auf, rückte ihr, so gut es in der Enge möglich war, den Stuhl zurecht.

»Wollen Sie nicht tanzen?«, erkundigte sie sich, sobald sie ihren Durst mit einem abenteuerlich süßen, klebrigen Cocktail gestillt hatte.

»Soll das eine Aufforderung sein?« Er lächelte. In seinen dunklen Augen blitzte es.

»Warum nicht?«

Erika staunte: Kaum auf der Tanzfläche angelangt, fiel die Bedächtigkeit von einem auf den anderen Moment von ihm ab. War Billy ein professioneller Tänzer, so war Martin schlichtweg begnadet. Sein gesamter Körper verwandelte sich in Musik, seine Bewegungen wurden Rhythmus durch und durch. Bald meinte Erika, mit ihm einige Zentimeter über dem Boden zu schweben. Sie schloss die Augen, versank in der Wonne, dank ihm und der faszinierenden Stimme von Ella Fitzgerald für eine Weile vollständig abzuheben.

Irgendwann verlangsamte sich die Musik. Sanft zog Martin sie näher zu sich heran. Behutsam bettete sie ihren Kopf an seine Schulter und sehnte sich inständig danach, dieser Moment währte eine Ewigkeit.

»Lasst uns weiterziehen«, empfing Klaus sie am Tisch, nachdem Ella Fitzgerald und die Band von Chick Webb gegen Mitternacht die allerletzte Zugabe gespielt hatten. Erschütternd grell flammte die Saalbeleuchtung auf, machte jegliche weitere Sinnlichkeit zunichte. Jäh wurde Erika klar, dass damit die Zweisamkeit mit Martin zu Ende war. Vorläufig zumindest.

»Unser *doc* wird wohl noch einen Club wissen, der uns ein wenig länger bei Laune hält«, setzte Klaus nach.

»Holt ihr schon mal die Mäntel. Ich mach mich auf die Suche nach unseren verlorenen Söhnen Rolf und Billy«, erklärte Curt und verschwand in der Menge, bevor ihn jemand aufhalten konnte.

Tatsächlich wusste Martin noch mehr als einen Club, in dem es nicht nur ausgezeichnete Musik, sondern ebenso ausgezeichnete Drinks und ein ebenso ausgezeichnet friedliches Miteinander gab wie im *Savoy*. Rolf, Curt und Billy verabschiedeten sich irgendwann in ein Kino, das zu ungewöhnlicher Stunde den neuesten Film von Mae West aufführte. Unbedingt wollten sie den noch in dieser Nacht sehen. Erika war insgeheim erleichtert. Gerade Curt schien ihr auf einmal eine Spur zu aufdringlich, selbst Klaus rückte unübersehbar von ihm ab, Martin konnte ohnehin nicht viel mit ihm anfangen.

Mit Fortschreiten der Nacht wurden die Etablissements, in die er sie führte, enger und düsterer, die Gäste verwegener und die Gegend weiter westwärts die hundertfünfundzwanzigste Straße hinauf sowie in den abzweigenden Nebenstraßen unübersichtlicher.

Zu Erikas Verwunderung blieb alles ruhig. Was sie jedoch am meisten überraschte, war, wie selbstbewusst sich Martin in diesem Milieu bewegte. Scheu oder gar Berührungsängste schienen für ihn nicht zu existieren.

»Wie kommt ein Mann wie Sie dazu, in Harlem derart heimisch zu sein?«, bestürmte sie ihn, nachdem sie im wohl endgültig letzten Club für diese Nacht anlangten.

Draußen zeichnete sich am Horizont bereits der erste Silberstreif des anbrechenden neuen Tages ab, drinnen drängten sich die verschiedensten wilden Gestalten, denen anzusehen war, dass sie die Nacht noch lange nicht beenden wollten. Statt einer richtigen Band spielte lediglich noch ein dürrer, weißhaariger Pianist auf einem verstimmten Klavier. Er griff die Akkorde öfter falsch, als dass er auch nur ansatzweise eine richtige Melodie zustande brachte. Zwei Paare stolperten dazu fern von jeder rhythmischen Bewegung betrunken über die Tanzfläche. Der Mann hinter dem Tresen polierte die Gläser und ignorierte geflissentlich jeden, der Getränkenachschub verlangte. Dennoch besaß die Bar etwas Heimeliges, wirkte wie der letzte Zufluchtsort nach einer langen, aufregenden Nacht, an dem jeder willkommen war, der den Weg hierher noch auf eigenen Füßen bewerkstelligte.

Erika schob den Gedanken weit von sich, in kaum einer Handvoll Stunden bereits wieder mit Maurice zur Besichtigung eines Theaters verabredet zu sein. Martin musste gewiss früh zum Dienst ins Krankenhaus, ließ sich jedoch nicht anmerken, wie müde er war. Aufmerksam wie zu Beginn ihrer Tour saß er ihr gegenüber.

»Sie meinen, wie ein langweiliger, phantasieloser Arzt aus Berlin derart ungezügelt das verdorbene Nachtleben einer so zwielichtigen Gegend mit solch verboten scharfer Musik auskosten kann? Und das, nachdem er vor einem Jahr noch keine Silbe Englisch gesprochen und viel auf sein Abonnement in der Staatsoper gegeben hat, das ihm die Nazis mutwillig entrissen haben«, erwiderte er schmunzelnd, schlug die Beine übereinander und inhalierte einige Züge seiner Zigarette.

Als er den Rauch ausstieß, blickte er einige Sekunden ziellos in unbestimmte Fernen, bevor er sich ihr wieder zuwandte.

»Auf den zweiten Blick ist diese Gegend hier übrigens gar nicht so übel. Lassen Sie mich sie Ihnen demnächst einmal ausführlicher zeigen. Sie werden verblüfft sein, glauben Sie mir.«

Von Neuem zog er an seiner Zigarette und sah dabei in der schummrigen Bar umher.

»Als Arzt ohne feste Patientenschaft, dafür mit häufigen Nacht- und Sondereinsätzen in den unterschiedlichsten Krankenhäusern, lernt man sehr schnell sehr viel über sein neues Zuhause.«

»Zuhause heißt, Sie richten sich in New York auf Dauer ein?«

»Sie nicht?«

»Ich bin mir noch nicht sicher.« Sie fühlte sich ertappt. Ihre Finger umschlossen das Glas mit dem letzten Schluck Whiskey.

»Jedenfalls habe ich noch nicht endgültig entschieden, für wie lange ich mich in New York einrichten will. Vorerst geht es mir vor allem darum, die *Pfeffermühle* so schnell wie möglich her- überzuholen, damit meine Freunde in Sicherheit sind.«

Was danach kommen, wie es auf Dauer mit ihr wo weiterge- hen würde, so weit reichten ihre Pläne tatsächlich noch nicht. Nicht einmal mit Therese hatte sie darüber gesprochen, wie ihr auf einmal verdutzt klar wurde, weder vor ihrer Abreise noch bei einem der wenigen Telefonate oder in den noch selteneren Briefen, die sie sich über den Großen Teich schickten.

»Sie kennen meine Meinung dazu.« Er beugte sich näher zu ihr vor. »Denken Sie nicht immer zu viel für und über die ande- ren, sondern mehr an sich selbst.«

Sie drehte sich halb weg, beobachtete den schlaffen Mann am Klavier, zündete sich eine Zigarette an und fühlte sich mit ei- nem Mal entsetzlich erschöpft.

»Was ist, Schwesterherz?« Von der anderen Seite lehnte Klaus sich zu ihr, legte ihr den Arm um die Schultern und tat, als wä- ren sie allein. »Du siehst müde aus. Eine kleine Stärkung täte dir gut. Ich spendiere dir was.«

Unauffällig schob er ihr unter der zweiten Hand ein silbernes Stanniolbriefchen über den Tisch zu.

Sie spitzte den Mund. Die Versuchung war groß. Der Kick würde sie in vielerlei Hinsicht aufmuntern.

»Wir sollten unseren nächtlichen Ausflug beenden.« Sanft legte sich Martins Hand über die von Klaus, schob sie mitsamt dem Koks wieder weg. »Schlaf ist noch immer das Beste, um wieder zu Kräften zu kommen.«

»Sie sind und bleiben ein vernünftiger alter *doc*«, bemerkte Klaus, als sie wenig später draußen auf der Straße in ein Taxi stiegen.

»Wahrscheinlich kann keiner von uns je wirklich aus seiner Haut«, gab Martin gewohnt ruhig zurück.

»Wie wahr. Deshalb lass ich euch jetzt allein ins *Bedford* fahren und widme mich noch ein wenig dem, was mir meine Haut auferlegt.«

Schon erteilte Klaus dem Fahrer Anweisung, einen Schlenker über den Times Square einzulegen, wo er hinausspringen und in den einschlägigen Bars zwischen Seventh und Eighth Avenue Gleichgesinnte für den spärlichen Rest der Nacht aufgabeln wollte.

Erika und Martin wechselten vielsagende Blicke, ließen ihn jedoch ziehen.

»Ich danke Ihnen«, verabschiedete Erika sich wenig später im siebten Stock des *Bedford* von Martin und hauchte ihm einen Kuss auf die Wange.

»Wofür?«

»Für die wunderschöne Nacht in Harlem, die berauschende Musik … und überhaupt.«

Sie zögerte, ob sie konkreter werden und das Kokain ansprechen sollte, das er für sie von Klaus zurückgewiesen hatte. Damit hatte er ihr tatsächlich einen großen Gefallen getan. Schlafen war gewiss die bessere Alternative.

Nachdem sich die Lifttüren geschlossen hatten, standen sie allein in dem langen, schmalen Flur. Hinter jeder Tür schlief jemand tief und fest. Erika stellte sich vor, wie die gleichmäßigen Atemzüge eine wundervolle nächtliche Hintergrundmusik zum Flackern des Flurlichts liefern würden.

Unschlüssig verharrten sie voreinander. Jede Faser ihres Körpers hungerte nach Zärtlichkeit, verzehrte sich nach der beim Tanzen gespürten Nähe, lechzte nach der harmonischen Einheit, zu der ihre Körper im Rhythmus der Musik verschmolzen waren. Welcher Vulkan loderte da unter Martins vermeintlich stoischer Fassade? Sie wünschte sich nichts sehnlicher, als dem auf den Grund zu gehen und später in seinen Armen aufzuwachen.

Von irgendwo erklang ein tiefes Räuspern. Erika erschrak. War sie verrückt geworden? Was musste Martin von ihr denken? Er wusste von ihrer Beziehung mit Therese, bekam mit, wie Maurice sich um sie bemühte.

Apropos Maurice: In kaum drei Stunden würde sie ihm wieder gegenüberstehen. Ihm, der sie ebenso verlässlich wie Martin dabei unterstützte, in New York Fuß zu fassen und ihre *Pepper Mill* über den Großen Teich zu retten und so schnell wie möglich auf die Bühne zu bringen.

»Gute Nacht«, hörte sie sich laut sagen.

»Schlafen Sie gut und träumen Sie etwas Schönes«, entgegnete Martin mit ungewohnt rauer Stimme.

Vor ihrer Tür blieb er stehen, wartete, bis sie ins Zimmer ging und die Tür leise hinter sich schloss.

Was war sie nur für eine Idiotin! Von innen lehnte sie sich gegen das Türblatt, presste ihr Ohr darauf, um genau zu hören, wann er sich abwandte und davonging.

Es geschah viel zu schnell. Enttäuscht zündete sie sich eine Zigarette an.

KAPITEL 10

Machen Sie sich nur kein schlechtes Gewissen. Maurice weiß, was er tut«, beruhigte Vicki Baum Erika mit einem wissenden Lächeln, als sie sie an einem der nächsten Abende mit Maurices Cadillac abholte. »Natürlich ist er sich bewusst, mit welchem Einsatz er spielt und was er gewinnen oder verlieren kann.«

So unverfänglich wie möglich hatte Erika ihr gerade ihre Bedenken geschildert, Maurices kostbare Zeit mit der *Pepper Mill* zu verschwenden. Dass sie mit sich haderte, weil sie sich nur zu genau im Klaren war, welche Absichten er damit letztlich verfolgte, sie sich aber nicht sicher war, ob sie darauf eingehen wollte, verschwieg sie. Das zu erwähnen, war überflüssig. Vicki ahnte längst, was sie in Wahrheit umtrieb.

Pikanterweise hatte Maurice sie an diesem Abend zu einem Dinner »im kleinsten Kreis« gebeten. In sein Apartment in der Fifth Avenue.

Schon länger brannte Erika darauf, das einmal zu sehen. Sie konnte gar nicht einschätzen, wie ein Mann wie er sich einrichten mochte und wie viel er damit von sich preiszugeben bereit war. Zugleich beunruhigte sie der Zusatz »im kleinsten Kreis«. Das war eindeutig. Sie war erleichtert, sein Apartment nach allem, was bereits zwischen ihnen passiert war, beim ersten Mal in Vickis Begleitung zu einer offiziellen Einladung und nicht im

Rahmen eines möglicherweise verfänglich endenden Rendez-vous zu betreten.

»Den heutigen Abend versteht Maurice als intime Angelegenheit, allein seinen privaten Bedürfnissen gewidmet«, betonte Vicki überflüssigerweise. »Deshalb werden nur eine Handvoll Gäste da sein. Sie werden staunen, wer bei ihm zum engsten Kreis zählt.«

Als sie in dem modernen, hoch aufragenden Apartmenthaus gegenüber des Central Park und nur wenige Blocks unterhalb des Museum of Art mit dem Lift in die oberste Etage hinaufglitten, überfiel Erika mit einem Mal eine quälende Unlust, einen weiteren Abend im Kreis gut betuchter und ebenso gut gekleideter und wohlerzogener Damen und Herren der New Yorker *upper class* mit Small Talk zu verbringen, mochte es noch so sehr der »engste Kreis« um Maurice sein oder auch nicht.

Seit sie mit Martin, Klaus und den anderen das zügellose Vergnügen in Harlem geschmeckt hatte, wusste sie wieder, wie sie sich am besten amüsierte.

Am liebsten würde sie sofort wieder mit dem Aufzug nach unten fahren und von Neuem Richtung Harlem losziehen, dieses Mal allerdings mit Martin allein.

Das aber war nach allem, was Maurice für sie und die *Pepper Mill* seit Tagen tat, absolut unmöglich. Wollte sie ihre Mission erfüllen, in Amerika potente Unterstützung für ihr Kabarett und das in Europa bedrohte Ensemble zu organisieren, blieb ihr keine Wahl. Martin und die anderen *Bedford*-Freunde besaßen weder Geld noch nützliche Verbindungen. Ohne Menschen wie Maurice, das Verlegerpaar Knopf oder Vicki Baum konnte sie ihre Pläne begraben, ehe sie überhaupt richtig losgelegt hatte.

Jetzt aufzugeben war jedoch keine Option. Nicht so kurz vor dem Ziel. Und nicht, wenn sie damit Thereses Bedenken nur bestätigte, dass es in den Staaten mit ihrem politischen Programm nicht zu schaffen war, erfolgreich Front gegen Hitler zu machen.

Sobald der Aufzug die oberste Etage erreichte, setzte Erika also wieder pflichtschuldig ihr professionelles Lächeln auf. Ihre Rolle kannte sie zur Genüge. Nichts konnte schiefgehen.

Umso überraschter war sie, wenige Schritte später eine völlig andere Welt zu betreten als erwartet. Das also hatte Vicki gemeint, als sie meinte, sie würde staunen, wen Maurice zu seinem »engsten Kreis« zähle. Im Handumdrehen wähnte sie sich um mehr als ein Dutzend Jahre zurückversetzt, als sie kurz nach dem leidlich in München bestandenen Abitur mit Klaus nach Berlin aufgebrochen war. Maurices kleine, aber feine und vor allem bunt gemischte Gästeschar vor der berückenden Kulisse weit über dem Central Park entsprach genau der verrückten Gesellschaft, in die sie damals eingetaucht waren. Fasziniert sah sie sich um.

Das Apartment ähnelte den Atelierwohnungen, die sich Mitte der zwanziger Jahre einige der erfolgreichen Schauspieler und Künstler an der Spree hatten leisten können: weiß getünchte, weitläufige Räume mit spärlich verteilten Stahlrohrmöbeln im Bauhausstil und an den Wänden großformatige Gemälde sowie kleinere Zeichnungen und Skizzen von George Grosz, Otto Dix oder Max Beckmann.

Dazwischen tummelte sich ein Publikum, das ebenfalls dem Berlin jener Jahre entsprungen zu sein schien: einerseits durchaus gediegen gekleidete, sichtlich vermögende Herrschaften, dazwischen der betonte Purismus und das schlichte Schwarz, das Schriftsteller und Intellektuelle gerne zur Schau trugen, aber auch lässige Gestalten, Frauen in Männer- oder Männer in Frauengarderobe oder Personen, die durch ihr schrilles Äußeres einfach nur auffallen wollten und offensichtlich ihre bürgerlichen Wurzeln bewusst gekappt hatten.

Niemals hätte Erika an diesem Abend ein solches Publikum als seinen »engsten Kreis« erwartet. Sie war begeistert.

»Schön, dass Sie gekommen sind«, begrüßte Maurice sie und strahlte sie an. »Schenken Sie mir einige Minuten, um Ihnen zu zeigen, was mir für mein Zuhause wichtig ist.«

Der kindliche Stolz, der in seinen Worten mitschwang, rührte sie. Bereitwillig hakte sie sich an seinem Arm ein.

Er besorgte ihr einen Drink sowie eine Zigarette und führte sie zielsicher zu einer beeindruckenden Reihe Zeichnungen und Porträts zeitgenössischer Berliner Künstlerinnen wie Jeanne Mammen oder Lotte Laserstein. Seit Hitlers Machtergreifung galt ihre Kunst in den Augen der Nazis als ebenso »entartet« wie die Werke ihrer Kollegen Grosz, Beckmann oder Dix.

»Während meiner Europareise vor einigen Jahren habe ich natürlich auch Berlin besucht. Damals habe ich die Malerinnen kennengelernt und einige Bilder von ihnen gekauft«, erzählte er, nachdem sie die Runde beendet und die zum Central Park gelegene Dachterrasse erreicht hatten.

Es war immer noch sehr mild, und viele Gäste standen draußen, als befände man sich auf einer Gartenparty am Meer und nicht mitten in New York. In einer Ecke war ein kaltes Buffet aufgebaut, in der anderen eine Bar, an der junge Frauen in weißen Jacketts und mit stark pomadisierten Herrenfrisuren zum Rhythmus des Jazz zweier dunkelhäutiger Musikerinnen die Cocktails schüttelten. Die Ersten begannen zu tanzen, eng umschlungen oder jeder für sich, ganz versunken in die eingängigen Rhythmen und so, wie jedem der Sinn stand. Für den Bruchteil einer Sekunde sehnte Erika sich Martin herbei, um noch einmal so selbstvergessen mit ihm abzuheben wie letztens im *Savoy*.

»Es war unglaublich faszinierend, wie bunt und vielfältig Berlin damals war«, riss Maurice sie aus der Träumerei. »Alles war erlaubt, und alles schien möglich. Eine so lebendige Atmosphäre ist mir seither nirgendwo mehr begegnet.«

»Nicht nur Ihnen«, erwiderte Erika leise.

Ein unglaublicher Schmerz überkam sie plötzlich, weil die einst so vertraute Freiheit und Unbekümmertheit für immer verloren war.

Sanft, aber zugleich energisch spürte sie den Druck von Maurices Hand auf ihrem Arm. Er musste nichts sagen. Sie verstand auch so, was er meinte. Dankbar nickte sie ihm zu.

Schulter an Schulter traten sie vor zur Brüstung. Die Aussicht war atemberaubend. Erikas Augen schweiften über die riesige Parkanlage, die nachts ebenso wenig zur Ruhe kam wie die gesamte Stadt. Unzählige Lichter blitzten zwischen den Schatten der Bäume und Sträucher auf. Selbst der Nachthimmel verlor durch den Widerschein der Trilliarden Lampen in den Straßen und Häusern Manhattans seine Finsternis. Kaum waren darüber noch einzelne Sterne am Firmament auszumachen.

»Schade, dass diese Welt jetzt schon von gestern ist«, setzte Maurice nach längerem Schweigen nach. »Mir ist, als hätte die große Freiheit eben erst begonnen.«

»Manchmal begreift man erst, was man gehabt hat, wenn man es für immer verliert«, entgegnete Erika und nippte an ihrem Glas.

»Verrückt, oder?« Maurice lachte auf. »Dabei war das Leben

in Berlin damals genau so, wie man es sich erträumt: frei, offen und mit sämtlichen nur vorstellbaren Möglichkeiten.«

»Genau wie hier«, erwiderte Erika zwischen zwei Zügen an der Zigarette und sah wieder die tanzende Menge jeden Alters, jeder Hautfarbe und jeder Herkunft im *Savoy* vor sich.

»Ja.« Seine Zustimmung kam erstaunlich zögernd, als hätte er erst länger darüber nachdenken müssen. Gedankenverloren rauchte er, bevor er ergänzte: »Das ist allerdings den wenigsten bewusst.«

»Vielleicht, weil es ihnen selbstverständlich ist?«

»Machen Sie ihnen klar, wie fragil die Freiheit ist«, schlug er unvermittelt vor und drückte den Zigarrenstummel in einem der metallenen Standaschenbecher aus, die über die Terrasse verteilt waren. »Mit Ihrer Erfahrung und Ihrer Geschichte sind Sie genau die Richtige dafür. Erzählen Sie den Leuten, wie frei und offen es einst in Deutschland zugegangen ist, bevor die Nazis an die Macht kamen, und welche Gefahr uns sogar hier, jenseits des Atlantiks, droht, wenn wir Hitler nicht rechtzeitig stoppen. Meine Unterstützung haben Sie. Egal, was Sie vorhaben, mit Ihrer *Pepper Mill* oder auch sonst, ich bin für alles zu haben. Verlassen Sie sich ganz auf mich und geben Sie mir Bescheid, wenn Sie etwas benötigen. Ich werde Ihnen beistehen, wo immer und womit ich nur kann.«

Er hob sein Glas und prostete ihr zu.

»Und ich werde mein Bestes tun, Sie nicht zu enttäuschen.«

»Deshalb setze ich auf Sie.«

»Deshalb bin ich hier.«

KAPITEL 11

Mit jedem weiteren Tag in New York wuchs Erikas Dankbarkeit, zur richtigen Zeit am richtigen Ort zu sein. Und das nicht zuletzt, so bitter es war, wegen der dramatischen Nachrichten, die sie aus Europa, speziell Spanien, hörte. Erschüttert verschlang sie nahezu täglich sämtliche Zeitungsartikel, die sie dazu auftreiben konnte. Zudem erhielt sie zahlreiche Briefe von Freunden und Kollegen, die das Fiasko auf der iberischen Halbinsel als Mitstreiter der republikanischen Kräfte hautnah miterlebten. Es empörte sie, zu erfahren, wie rasch die finanzielle Unterstützung Francos durch Mussolini und Hitler Wirkung zeigte. Zusehends gewannen seine nationalistischen Garden an Boden. Aber auch in Deutschland zeigte das NS-Regime nach erfolgreicher Beendigung der Olympischen Spiele sein wahres Gesicht. Die Nazis machten keinen Hehl mehr daraus, nach dem Einmarsch in die entmilitarisierte Zone des Rheinlands im vergangenen Frühjahr langfristig Richtung Österreich und Tschechoslowakei expandieren zu wollen. Erika wurde immer wütender, mitverfolgen zu müssen, wie beschämend tatenlos der Rest der Welt blieb, während Deutschland unter Hitler offen zum nächsten Krieg rüstete.

In ihren Augen gab es nur noch eine Möglichkeit, diese alarmierende Entwicklung in letzter Minute zu stoppen: Als freie und demokratische Gesellschaft musste sich Amerika zum Anführer einer tatkräftigen Allianz gegen Hitler und den Faschismus aufschwingen! Aufklärung darüber war wichtiger denn je. Und die Bereitschaft, Hitler und Konsorten die Stirn zu bieten, existierte. Nicht nur die Begegnungen mit Maurice und anderen Aufgeschlossenen zeigte ihr das, sondern auch die Nacht in Harlem, die Erlebnisse in den Clubs, in denen sich Farbige und Weiße ganz selbstverständlich miteinander vergnügten, weil sie die Liebe zur selben Musik zusammenbrachte. In diesem Land wusste man die errungenen Freiheiten zu schätzen und würde sie mit allen Mitteln entschlossen verteidigen! Und sie würde ein Teil davon sein.

Immer größer wurde ihr Wunsch, Therese das alles vorzuführen. Das würde helfen, deren Skepsis zu besiegen. Ihre Bedenken gegen das Projekt *Pepper Mill* in Amerika hatten sich in letzter Zeit nämlich leider weiter vergrößert. Erika ahnte den Grund: Viel zu selten kam sie dazu, Therese zu schreiben. Meist beschränkte sie sich auf wenige Sätze, um sie über das Wichtigste auf dem Laufenden zu halten, und sparte aus Zeitmangel Persönliches nahezu komplett aus. Das wiederum ließ die Geliebte annehmen, Erika ginge es schlecht in New York. Warum sonst sollte sie so wortkarg sein?

Hinzu kam Thereses latente Eifersucht, weil Erika in den wenigen Zeilen leichtsinnigerweise einmal die Bekanntschaft mit Martin und Maurice erwähnt hatte.

Dagegen half nur, ihr leibhaftig zu beweisen, wie wichtig sie ihr nach wie vor auch in Amerika war, als Partnerin auf der Bühne wie als Gefährtin im Leben und vor allem im Bett. Ein Grund mehr, die baldige Überfahrt des Ensembles herbeizusehnen. Mit jedem Tag stieg die Chance, dass dies demnächst möglich war.

Statt Therese jedoch davon in vor Sehnsucht glühenden Zeilen zu schreiben und sie dabei auch mit ihrer Euphorie für die vielen Tausend Möglichkeiten, die sich in New York noch auftaten, anzustecken, musste Erika ständig auf deren lähmende Bedenken, absurde Verdächtigungen und nervenzehrende Nörgeleien eingehen. Das war ein weiterer Grund, warum sie so selten und ungern zu Papier und Füller griff und sich, falls doch, in ihren Briefen nur auf das Nötigste beschränkte.

Klaus ging ebenfalls ganz in der Begeisterung für den neuen Zufluchtsort auf. Doch wie so oft beobachtete Erika das mit gemischten Gefühlen, weil er dabei wieder einmal Gefahr lief, ins Extreme zu verfallen. Trotz seiner nächtlichen Eskapaden mit dem trinkfesten Thomas Wolfe oder vergnügungssüchtigen Freunden wie Curt, Billy und Rolf schrieb er tagsüber bewundernswert diszipliniert an seinem aktuellen Roman. Möglichst rasch wollte er ihn beenden, um ihn Alfred Knopf zur Veröffentlichung anzubieten, auch wenn der sich im Vorfeld bereits mehrfach skeptisch dazu geäußert hatte. Kein anderer Verlag kam für Klaus infrage. Weil er in seinen Augen der beste, renommierteste und erfolgreichste Verlag war. Noch dazu im viel gepriesenen »Land der tausend Möglichkeiten«. Und obendrein natürlich der Verlag seines Vaters, was eine weitere, nicht unerhebliche Rolle bei Klaus' Entscheidung spielte.

»Alfred wird schon begreifen, wie wichtig es ist, mit meinem *Mephisto* genau jetzt von Amerika aus das ruchlose Karrierestreben der in Deutschland Gebliebenen zu entlarven. Und kein anderer Autor als ich kann das derzeit am besten. Wolfe und Sinclair sind nach dem Lesen der ersten Kapitel schon ganz begeistert«, steigerte er sich eines Morgens beim Frühstück, das sie nur einen Block entfernt vom *Bedford* in einem *drugstore* einnahmen, geradezu in seine Euphorie. Erika seufzte. Thomas Wolfe musste ihm erfolgreich Nachhilfe in Sachen Hybris erteilt haben. Zwischen der dritten oder vierten Tasse hastig hinuntergestürzten Kaffees und einigen viel zu schnell verschlungenen Gabeln Rührei mit Speck umriss er ihr zum x-ten Mal die Handlung von *Mephisto*.

Gerade wegen des »ruchlosen Karrierestrebens der Daheimgebliebenen« lag ihr die Idee jedoch weiterhin quer, egal, wie genial und wichtig sie natürlich war. Sie wussten beide, dass viele das Buch allein auf die Rache an ihrem ersten Ehemann Gustaf Gründgens reduzieren und damit gründlich missverstehen würden, eben weil der genau zu dem Personenkreis gehörte, auf den Klaus abzielte.

»Dass es alles andere als eine Abrechnung mit Gründgens ist, werde ich selbstverständlich klarstellen«, versprach er. »Es geht mir um so viel mehr! Vor allem darum, in meinem Hendrik Höfgen das System der ewigen Opportunisten bloßzustellen, die sich allein um des eigenen Vorteils willen selbst dem ruchlosesten Verbrecherregime an den Hals werfen. Und natürlich darum, die Kritik am NS-Regime und seinen Nutznießern explizit auch einmal literarisch umzusetzen. Weil ich auf diesem Weg noch einmal ganz andere Leser erreiche. In meinen Aufsätzen, Vorträgen und sonstigen Veröffentlichungen habe ich mich zwar bereits hinlänglich oft gegen Hitlerdeutschland positioniert. Doch das reicht leider bei Weitem nicht mehr aus. Ich muss sämtliche mir zur Verfügung stehenden Kanäle nutzen, um meinen Kampf zu führen.«

»Das tust du doch schon jetzt in jedem Fall. Du bist einer der Unermüdlichsten und Entschlossensten, die gegen den braunen

Abschaum zu Felde ziehen«, versuchte sie, ihn zu beschwichtigen.

»Danke, Eri.« Er lächelte. Trotzdem zitterten ihm die Finger, als er das glimmende Streichholz an die Zigarette hielt, um sie anzuzünden. Beruhigend legte sie ihm die Hand auf den Arm.

Natürlich wusste sie, was er wirklich bezweckte. Nur zu gut. Gerade beim *Mephisto* schwang noch auf einer ganz anderen Ebene sehr Persönliches mit, allem voran die ewige Konkurrenz mit dem Vater. Als international gefeierter Literaturnobelpreisträger, der sich endlich ebenfalls offen bei den Hitlergegnern im Exil eingereiht hatte, stellte er letztlich alles, was Klaus als Schriftsteller tat, in den Schatten. Immer schon trachtete Klaus danach, sich davon zu befreien. Wollte sich, weil das nicht funktioniert hatte, mit ihm messen und ihm beweisen, dass er es besser konnte als er. Der *Mephisto* war ein weiterer Versuch, es literarisch und inhaltlich mit ihm aufzunehmen und ihn zu überflügeln. Deshalb wollte er damit auch zu Knopf. Das wäre ein Ritterschlag für ihn als Schriftsteller. Im Erfolgsfall würde der *Mephisto* ihn auch materiell entscheidend voranbringen, weil Knopf gut zahlte. Keine Frage also, dass er alle Hoffnungen darauf setzte, den Roman aus eigenen Stücken bei ihm unterzubringen.

Was Erika wiederum umso mehr alarmierte. Wenn sie nicht aufpasste, richtete er sich darüber komplett zugrunde. Nur um seinem selbst auferlegten Anspruch zu genügen. Kostete es ihn, was es wollte. So sehr sie Klaus bewunderte, so sehr ängstigte es sie, zu sehen, wie rücksichtslos er dabei mit sich umging. Bei nächster Gelegenheit würde sie den *doc* bitten, sich ihn ernsthaft vorzuknöpfen. Martins wohltuende Ruhe bewirkte vielleicht ein

Wunder. Vielleicht hörte Klaus endlich einmal auf jemanden, bevor es zu spät war.

Trotz dieser ständigen Sorge um Klaus und des Verdrusses über Therese lebte sie sich immer besser in New York ein. Sie besuchte interessante Galerien und Museen, hörte berauschende Musik – Gershwin hatten Klaus und sie schon vor neun Jahren lieben gelernt, doch in den Clubs, Konzertsälen und Theatern stöberte sie jetzt noch weitaus Mitreißenderes auf –, entdeckte neue Bücher, Zeitungen und Verlage, bestaunte exotische Restaurants und mutige Architektur und traf vor allem immer wieder Menschen, die Ungewöhnliches wagten oder einfach nur taten, wonach ihnen der Sinn stand. Es faszinierte sie, wie selbstverständlich New York ihnen die Chance dazu bot. Es war die »Stadt der Städte«, ein Ort, an dem alles möglich war und vor allem alle, die es wollten, die Freiheit besaßen, diese Möglichkeiten auszuschöpfen.

Das hatte Martin wohl ebenfalls im Sinn gehabt, wenn er ihr seine Pläne mit der eigenen Praxis, seine Fortschritte mit der Sprache und seine Begeisterung über die Begegnungen mit den unterschiedlichsten Einheimischen geschildert hatte. Viel zu lange schon hatten sie sich nicht mehr gesprochen, stellte sie eines Morgens enttäuscht fest, und ausgerechnet da entdeckte sie ihn im Foyer.

»Bald müssen Sie mit mir zum Essen gehen«, rief er ihr bestens gelaunt zu. Den Hut in der einen Hand, in der zweiten seine lederne Arzttasche, die er mitsamt dem wertvollen Inhalt aus Berlin gerettet hatte, war er sichtlich in Eile, wie meistens. »Sobald meine Praxis eröffnet ist, habe ich bestimmt mehr Zeit. Versprochen!«

»Ich freue mich drauf«, erwiderte sie genauso fröhlich und hastete ebenfalls zur nächsten Verabredung.

Mit dem Fortschreiten des Oktobers hatte der Herbst Einzug am Hudson gehalten. Ein kräftiger Wind fegte durch die engen Straßen, wirbelte im Central Park erstes bunt gefärbtes Laub auf und bereitete den ungewöhnlich milden Spätsommernächten ein jähes Ende.

»Bewahren Sie mich bitte davor, komplett übermütig zu werden, aber derzeit gelingt mir einfach alles«, verkündete sie Maurice, als er sie eines Nachmittags mit seinem Wagen von ihrem Termin bei Francis C. Coppicus abholte, dem Leiter des Metropolitan Musical Bureau. Übermütig nahm sie den Hut vom Kopf, schlug den Mantelkragen herunter und lockerte den Schal um ihren Hals.

»Leider muss ich mich kräftig zwicken, um wirklich sicher zu sein, nicht zu träumen.«

»Tun Sie alles, wonach Ihnen der Sinn steht«, erwiderte Maurice amüsiert und öffnete die kleine Bar, die sich in der Rückenlehne des Vordersitzes befand, um ihnen Drinks einzugießen. Zu gern hätte Erika sich eine Zigarette dazu angezündet, doch sie wusste ja, dass Maurice das im Auto nicht mochte.

»Lassen Sie uns auf Ihre Erfolge anstoßen«, wandte er sich ihr zu. »Das scheint mir die angenehmere Art, sich der Realität zu versichern, als sich unnötig selbst Schmerzen zuzufügen.«

Lachend nahm sie ihr Glas entgegen. Dann erzählte sie ihm, was sie bei Coppicus erreicht hatte.

Wie sich schon bei ihrer ersten Begegnung auf Sarahs Dinnerparty im *Plaza* abgezeichnet hatte, bot er ihr tatsächlich einen Vertrag für die *Pepper Mill* an, der drei Wochen lang Auftritte in New York sowie eine Tournee durchs Land umfasste.

Zudem wollte er sich die Option auf eine zweijährige Zusammenarbeit sichern. Zwar hatten sie nach wie vor noch nicht die geeignete Bühne gefunden, das aber spielte für Coppicus keine Rolle. Er garantierte, in jedem Fall die Miete für welches Theater auch immer zu finanzieren. Als Gage bot er dem Ensemble fünfzig Prozent der Einnahmen und versprach, der Einwanderungsbehörde eine Erklärung über die Unersetzlichkeit jedes einzelnen Mitglieds für das Programm abzugeben, damit ihnen die nötigen Visa erteilt wurden.

Letzteres schien Erika das Wichtigste. Der Rest würde ohnehin erst unterschrieben werden, sobald Therese und die anderen im sicheren New York eintrafen. Das aber konnten sie eben nur mit gültigen Einreisevisa. Und die waren nun nicht mehr länger von der Anmietung der Bühne abhängig, was Erika einen immensen Druck von der Seele nahm.

»Damit ist die größte Hürde genommen. Therese und die anderen können schon das nächste Schiff besteigen. Sie sind gerettet!«

Auf einmal schwammen ihre Augen in Tränen. Tränen der Freude und der Erleichterung. Worauf sie seit Monaten hinfieberte, war gelungen: Die Geliebte und die restliche Truppe würden den Häschern der Nazis entrinnen! In der nächsten Sekunde fiel sie Maurice um den Hals.

»Wir haben es fast geschafft!«, jauchzte sie.

Erst, als sie vom Chauffeur vorn im Wagen ein verlegenes Räuspern vernahm, wurde ihr bewusst, was sie da gerade getan hatte. Schon wollte sie sich von Maurice lösen, als er auf einmal seine Arme enger um sie schlang und sie ganz fest gegen seine Brust presste.

»Eri, du Wundervolle! Endlich!«, hauchte er ihr ins Ohr und

suchte mit seinen Lippen ihren Mund. Kaum spürte sie die Leidenschaft, die in dem Kuss steckte, wich sie zurück.

»Verzeihung. Ein Missverständnis. Ich wollte nicht …«, stammelte er und rückte von ihr weg.

»Es war meine Schuld.« Sie lächelte zaghaft.

»Niemals! Es war allein mein Fehler. Ich bin zu weit gegangen. Eine so schöne Frau wie Sie, noch dazu mit Ihrem Charme und Ihrer Ausstrahlung. Wahrscheinlich sind Sie sich gar nicht bewusst, welcher Zauber Sie umgibt. Der macht es einem Mann schwer, seine Sinne zusammenzuhalten. Dennoch unverzeihlich! Bitte vergeben Sie mir, Erika. Es wird nie wieder vorkommen. Versprochen!«

Er hob die Hand zum Schwur, sah sie geradezu flehentlich an, als fürchtete er, es sich für immer und ewig mit ihr verdorben zu haben.

Voller Verlegenheit strich sie sich eine Locke hinters Ohr und blickte starr nach vorn, ins Leere, als erwartete sie von dort einen Rat, wie sie sich verhalten sollte.

Eindeutig hatte sie ihn provoziert. Seit Wochen strapazierte sie seine Geduld. Nahezu täglich verbrachte er unsagbar viel Zeit mit ihr und ihrer *Pepper Mill*, obwohl längst offensichtlich war, auf welch finanzielles Desaster das Abenteuer zusteuerte. Natürlich war sie nicht naiv. Demnächst wurde sie einunddreißig, stand mitten im Leben und hatte viel erlebt, gerade in Sachen Liebe mit Männern und Frauen. Und natürlich wusste sie um ihre Wirkung. Oft genug hatte sie gehört, wie attraktiv und charmant sie sei. Oft genug bediente sie sich dessen selbst, um ihre Ziele zu erreichen. Auch hier in New York. Und gerade auch bei Maurice. Sie wusste, warum er das alles für sie tat. Genau das wollte sie. Und tat deshalb nichts, um ihn ernsthaft eines Besseren zu belehren. Zumindest nichts Eindeutiges. Weil sie sich noch nicht entschieden hatte. Und letztlich auch gar nicht wusste, was sie überhaupt wollte. Ihn. Oder Martin. Oder Therese. Oder alle drei. Oder nur zwei. Oder vielleicht auch keinen von ihnen allen. Eigentlich war es unverzeihlich von ihr, wie sie sich gegenüber diesen wundervollen Menschen verhielt. Keiner von ihnen hatte das verdient.

»Maurice, ich weiß nicht, was da eben …«, setzte sie an und wandte sich ihm wieder zu, doch er bedeutete ihr durch ein sachtes Kopfschütteln zu schweigen.

»Schon in Ordnung, Erika. Alles ist gut.« Er schenkte ihr ein mehr als verständiges Lächeln, wofür sie ihm am liebsten gern gleich noch einmal um den Hals gefallen wäre.

Dieses Mal aber hielt sie sich im Zaum. Sie wusste ja, worauf das hinauslaufen würde. Ein zweites Mal hätte sie an diesem Nachmittag wohl kaum die Kraft, sich ihm zu entziehen.

Bis Erika und Maurice mit dem Cadillac das *Bedford* erreichten, schwiegen sie beide, jeder ganz seinen eigenen Gedanken hingegeben und sorgsam darauf bedacht, dem anderen auf der rutschigen Lederbank im Fond des Wagens nicht näher als nötig zu kommen. Wie gewohnt stieg Maurice vor dem Hotel mit ihr aus und geleitete sie nach drinnen, als wäre nichts vorgefallen.

»Eri, endlich!«, hörte sie Klaus' Stimme, kaum dass sie den Fuß ins Foyer gesetzt hatte. Im nächsten Moment tauchte er mit strahlendem Gesicht vor ihr auf. Anders als sonst begrüßte er Maurice überraschend flüchtig und fasste sie sofort an der Hand, um sie mit sich zu ziehen.

»Du ahnst nicht, wer da ist. Mach die Augen zu und lass dich überraschen.«

Seine Stimme überschlug sich vor Freude. Wieder einmal war er außer Rand und Band. Um des lieben Friedens willen ließ sie sich von ihm mit geschlossenen Augen zu den Lederfauteuils um den großen runden Tisch in der Lobby führen.

Anders als sonst um diese Tageszeit waren dort keine hitzigen Debatten der überwiegend deutschen Hotelgäste zu hören. Ein halb unterdrücktes Kichern, ein angespanntes Schnaufen und das Knarren des Leders unter einer Bewegung aber ließen darauf schließen, dass dort dennoch einige Leute saßen, die sich eifrig bemühten, sich nicht durch Geräusche zu verraten.

»Tatatata!«, rief Klaus vergnügt.

Sie schlug die Augen auf. Es dauerte einige Sekunden, bis sie sich in der von dichten Zigaretten- und Zigarrenqualm benebelten Atmosphäre zurechtfand. Neugierig schweifte ihr Blick über die Runde. Curt, Billy, Rolf und die anderen üblichen Verdächtigen.

»Miro?«

Das klang eher fragend denn stürmisch-erfreut, was auch ihrer Gemütslage entsprach, sobald sie den unerwarteten Gast entdeckt hatte.

»Überschwängliche Freude hört sich anders an«, maulte die Freundin und erhob sich aus dem Sessel.

»Was für eine Überraschung!«

Erika brauchte lange, bis sie tatsächlich verstand, was geschehen war: Miro, deren Zuneigung nicht immer leicht für sie zu ertragen war, war ihnen nach New York nachgereist! Endlich fiel sie ihr in den Arm.

»Warum hast du nicht geschrieben, dass du kommst?«

Sie musterte Miro genauer. Das schmale Gesicht war blass, die blauen Augen gerötet, das helle, kurze Haar unordentlich zerzaust. Ähnlich unordentlich zerzaust war ihre gesamte zierliche Erscheinung. Das verhieß nichts Gutes.

Im Stillen fluchte Erika. Warum kam sie nie von der Rolle der großen Schwester und der fürsorglichen Aufpasserin los? Warum hatte Miro sie nicht wenigstens vorgewarnt, dass sie auch in New York auftauchen würde? Sie hatte wahrlich genug anderes zu tun, als sich jetzt auch noch um sie zu kümmern. Was jedoch sicherlich bald erforderlich war. Es war immer erforderlich, wenn Miro bei ihr auftauchte.

Von der Tür vernahm sie ein Hüsteln. Sie drehte sich um. Natürlich stand da immer noch Maurice einige Schritte hinter der Eingangstür, nahezu in der Mitte der schwarz-weißen Marmorrosette unter dem Kristallleuchter. Den Hut hielt er in der einen Hand vor der Brust, die zweite hatte er in der Seitentasche seines hellen Trenchcoats vergraben. Sie nahm Miro bei der Hand und ging zu ihm.

»Darf ich vorstellen? Unsere Freundin Annemarie Schwarzenbach aus der Schweiz. Bestimmt kennen Sie die Firma ihres Vaters Alfred. An der Fourth Avenue, Ecke einunddreißigste Straße hat die ihre Niederlassung in New York.«

Warum sie die von Miro gern unerwähnt gelassenen familiären Hintergründe hinzufügte, wusste sie sich selbst nicht zu erklären. Vielleicht war es die Retourkutsche, weil die Freundin sie mit ihrem unangekündigten Auftauchen im *Bedford* überrumpelt hatte. Nach den unerfreulichen Vorfällen der letzten Jahre wusste sie nur zu gut, wie sehr Erika es hasste, wenn sie ihr zu nah auf die Pelle rückte, ohne sie wenigstens vorzuwarnen.

»Das Silk Center, selbstverständlich.« Maurice nahm die Hand aus der Manteltasche und schrieb mit den Fingern den zugleich laut von ihm ausgesprochenen Slogan »Schwarzenbach – 10 000 looms« in die Luft, der dort über dem Portal prangte. »Wer wäre nicht von der gigantischen Zahl der zehntausend Webstühle beeindruckt? Damit gilt Schwarzenbach als der größte Seidenfabrikant weltweit. Freut mich sehr, Sie kennenzulernen, Fräulein Schwarzenbach.«

Mit einer leichten Verbeugung reichte er ihr die Hand.

»Maurice Wertheim«, kam er Erika nonchalant zuvor, als wollte er unbedingt verhindern, von ihr ebenfalls mit einem Hinweis auf seinen Besitz vorgestellt zu werden. »Erika hat mir schon viel von Ihnen erzählt.«

Miros Miene verfinsterte sich. Sie kniff die Augen zusammen. Oberhalb der dominanten Nase zeichnete sich eine Falte ab, der kindliche Mund verwandelte sich in eine schmale, kaum sichtbare gerade Linie, während sie kurz zwischen Erika und Maurice hin- und hersah. Das reichte ihr offenbar, um zu begreifen, wer da vor ihr stand: ein weiterer Konkurrent um Erikas Gunst. Erika seufzte.

»Martin!«, schallte von Neuem Klaus' Stimme durch die Eingangshalle. Er winkte jetzt ungestüm zur Eingangstür hinüber. »Sehen Sie nur! Wir haben Zuwachs bekommen. Miro ist auch endlich da.«

Martin hatte gar keine Wahl, als sich ebenfalls zu ihrer kleinen Gruppe unter dem Leuchter zu gesellen. Sein verdutzter Gesichtsausdruck verriet, wie wenig er dennoch begriff, was er da sollte.

»Annemarie Schwarzenbach ist unsere Freundin aus der Schweiz«, erklärte Erika rasch ein weiteres Mal und fügte, um den Fehler von eben nicht zu wiederholen, hastig hinzu: »Sie ist Fotografin und Schriftstellerin.«

»Interessant.« Neugierig sah Martin Miro an. Erika entging nicht, wie er kurz die rechte Augenbraue hochzog. Als Arzt war ihm Miros Zustand offensichtlich sofort klar.

»Demnächst werde ich zu Recherchen in die amerikanischen Stahlindustriezentren fahren. Barbara Wright begleitet mich. Sie ist eine amerikanische Kollegin. Zuvor wollte ich nur kurz bei Eri und Klaus nach dem Rechten sehen«, ergänzte Miro unterdessen, um keinen Zweifel über ihre Eigenständigkeit, aber auch über ihre Nähe zu Erika und Klaus aufkommen zu lassen.

»Sicherlich.« Martin lächelte.

Erstaunt horchte Erika auf. Den Namen Barbara Wright vernahm sie zum ersten Mal. Das Funkeln in Miros Augen verriet, dass bei der gemeinsamen Reise womöglich mehr dahintersteckte als nur kollegiale Zusammenarbeit. Das ließ hoffen.

»Was haltet ihr von Ente?«, platzte Klaus aufgeregt dazwischen. »Wir sollten Miros Ankunft ordentlich feiern. Ein Essen in Chinatown scheint mir mehr als angemessen für eine Frau, die seit einem Jahr mit einem französischen Diplomaten in Persien verheiratet ist. Wer ist dabei? Martin und Maurice, auf Sie beide zählen wir sowieso, Rolf, Curt und Billy, von euch werden auch keine Ausreden angenommen. Auf geht's! Ich sterbe vor Hunger.«

»Die nächsten Wochen sollten wir besonders gut auf Ihren Bruder aufpassen«, raunte Martin Erika zu, als sie zu Maurices Wagen gingen, um nach Chinatown zu fahren.

»Ich bin immer für Sie da, wenn Sie mich brauchen.«

Das zu hören, tat Erika unendlich gut.

KAPITEL 12

Es war die Hölle. Erika war verzweifelt. Warum musste sie wieder einmal ausbaden, was Miro sich eingebrockt hatte?

Kaum eine Woche war sie jetzt im *Bedford,* und schon gab es den üblichen Ärger, der seit Jahren ihre Freundschaft auf eine harte Probe stellte. Wieder einmal hatte Miro zu viele Drogen genommen, war in einem Horrortrip gefangen, schrie, tobte, brüllte. Und wieder einmal stand Erika ihr bei.

Aufs Höchste alarmiert war sie kurz nach Mitternacht in ihr Zimmer im siebten Stock des *Bedford* gestürmt und hatte sich im Handumdrehen in einem veritablen Handgemenge mit ihr befunden. Zum Glück wohnte sie direkt nebenan und hatte sofort mitbekommen, was sich bei der Freundin abspielte.

»Wir müssen sie ruhigstellen«, stellte Martin fest, der ebenfalls gleich da gewesen war, sobald er die Randale vernommen hatte. Sein Zimmer lag schräg gegenüber.

Gemeinsam überwältigten sie die wahllos um sich Schlagende, und es gelang ihnen sogar, sie aufs Bett zu werfen und dort mit vereinten Kräften festzuhalten.

Das Beruhigungsmittel, das Martin ihr verabreichte, wirkte erstaunlich schnell.

»Wir müssen sie ins Krankenhaus bringen.« Erschöpft erhob er sich, stellte sich nah zu Erika, um leise sprechen zu können.

Seine Gegenwart tat gut. Gleich ebbte ihre Wut auf Miro ab. Stattdessen überfiel sie ein angenehmer Schauer, ihn bei sich zu wissen, in die Ruhe seiner dunklen Augen einzutauchen.

»Ihre Temperatur ist erhöht. Das gefällt mir nicht. Ich will sichergehen, dass sie keine Blutvergiftung oder sonst eine Infektion hat«, fuhr er fort. »Im *Bellevue Hospital* ist sie bestens aufgehoben. Ich arbeite dort einige Stunden in der Woche und kenne die Kollegen. Niemand wird überflüssige Fragen stellen. Selbstverständlich werde ich Sie beide begleiten.«

Er zückte ein blütenweißes Taschentuch aus seiner Tasche und tupfte ihr behutsam die Stirn trocken. Erst in dem Moment wurde ihr bewusst, dass sie schwitzte. Dabei war es in den vergangenen Tagen empfindlich kühl geworden.

Dankbar lächelte sie ihn an. Er erwiderte das Lächeln. Auf einmal waren sie sich so nah, dass sie seinen Atem angenehm auf der Haut spürte. Sie schloss die Augen und sehnte sich danach, in seine Arme zu sinken.

Es klopfte an der Tür. Sie schraken zusammen.

»Packen Sie einige Sachen für Ihre Freundin in eine Tasche«, bat Martin und trat hastig einen Schritt beiseite. Er hatte sich als Erster wieder gefasst. »Zwei, drei Tage wird sie wohl fort sein. Am besten nehmen wir Maurices Wagen. Der wartet doch sicher noch unten vor dem Eingang?«

Als der Hoteldirektor das Zimmer betrat, unterrichtete er ihn in wenigen Sätzen über den Vorfall, verschwieg aber den wahren Grund für Miros Zusammenbruch. Einmal mehr bewunderte Erika seine Abgeklärtheit. Sobald sie jedoch bemerkte, wie Nägel sich reckte, um über Martins Schulter einen genaueren Blick in Miros Zimmer zu werfen, strich sie mit einer willkürlichen Handbewegung das Drogenbesteck vom Nachttisch in die halb geöffnete Schublade, schloss sie mit einem Ruck und richtete anschließend die Freundin auf dem Bett etwas schicklicher her. Dann ging sie ins Bad, spritzte sich am Waschbecken eiskaltes Wasser ins Gesicht, bevor sie Zahnbürste und Zahnpasta, Seife und Gesichtscreme in einen Beutel packte und Wäsche und Nachtkleidung zusammensuchte.

Als sie wenig später hinter Martin, der die federleichte Miro wie eine Puppe auf den Armen trug, zum Aufzug lief, fiel ihr auf, wie still und verlassen der Flur dalag. Sämtliche Türen waren verschlossen, keiner der Gäste streckte seine Nase neugierig heraus, um zu sehen, was draußen vor sich ging. Dabei hatte die Tür von Miros Zimmer die ganze Zeit sperrangelweit offen gestanden und ihr Ausbruch entsprechend Lärm verursacht. Einerseits fand Erika das beruhigend, andererseits erschreckend. Was war mit den Leuten geschehen, wenn sie derart gleichgültig auf solche Vorfälle reagierten? Was musste überhaupt erst passieren, um jemanden aus dem Zimmer zu locken und zum Beistand für einen anderen zu animieren?

Wer weiß, schoss es ihr durch den Kopf, vielleicht wollten sie auch einfach nicht als zu neugierig auffallen. Schließlich hatten sie alle am eigenen Leib erfahren, wie falsch genaues Nachfragen ausgelegt werden konnte.

»Wie ich befürchtet habe, handelt es sich um eine Blutvergiftung«, verkündete Martin, als er im Hospital nach einer halben Ewigkeit aus dem Behandlungszimmer in den offenen Wartebereich zurückkehrte und Erika eine Tasse Kaffee reichte. Wieder schien er gespürt zu haben, was sie brauchte.

Das heiße Getränk in den klammen Händen zu halten und den wunderbaren Duft des frisch Aufgebrühten einzuatmen, war eine echte Wohltat. Auch für sich hatte er welchen besorgt. Schweigend saßen sie nebeneinander und tranken den Kaffee.

Vor den Fenstern graute der Morgen. Feuchter Nebel zog auf. Langsam begann im Krankenhaus der Alltag. Immer mehr Schwestern mit gestärkten Flügelhauben und Ärzte in weißen Kitteln kreuzten den Flur, Helfer schoben schwere Servier- und Reinigungskräfte nicht weniger schwere Putzwagen über die Gänge. Ein scharfer Geruch nach Desinfektionsmitteln hing in der Luft.

»Die Hilfe kam gerade noch rechtzeitig«, setzte Martin nach. »Inzwischen hat sich Miros Zustand stabilisiert. Sie schläft tief und fest.«

»Sie haben ihr das Leben gerettet.« Sanft legte Erika ihm die Hand auf den Arm.

»Wir«, stellte er klar und sah sie eindringlich an. »Wir beide haben ihr das Leben gerettet. Gemeinsam. Ohne Sie wäre Miro vermutlich längst tot. Allerdings bin ich mir nicht sicher, ob Ihre Freundin das wirklich zu schätzen weiß.«

»Ihr wäre es wohl lieber, wir hätten es nicht getan.«

»Warum tun Sie es trotzdem?«

Er versank noch tiefer in ihrem Blick. Sie hielt die Luft an. Trotz der seltsamen Umstände genoss sie jede Sekunde ihres Beisammenseins.

»Verstehen Sie mich nicht falsch«, schob er nach, als sie schwieg. »Natürlich muss man ein Menschenleben retten, wenn man die Chance dazu hat, egal, ob man den hippokratischen Eid geleistet hat oder nicht. Aber warum opfern Sie sich derart für Miro auf? Schon bei ihrer Ankunft ist mir aufgefallen, wie zwiespältig Ihr Verhältnis zueinander ist. Einerseits stehen Sie einander wohl sehr nah, kennen sich gewiss schon lange, andererseits möchten Sie Abstand zu ihr wahren, weil Sie wissen, wie schwer sie Ihnen das Leben macht, wie leicht Ihr Bruder sich von ihr aus dem mühsam erkämpften Gleichgewicht bringen lässt.«

»Lassen Sie uns nach draußen gehen. Ich muss dringend eine Zigarette rauchen«, wich sie aus.

Sobald sie im Aufzug nach unten allein waren, rückte sie näher an Martin heran. »Vielleicht können Sie mir irgendetwas zum Wachbleiben besorgen? Die ganze Nacht habe ich kein Auge zugemacht, und nachher um zehn geht es mit dem nächsten Termin weiter. Den kann ich unmöglich absagen. Die Zeit wird knapp. Sonst steht das ganze Ensemble am Hafen, und wir haben noch immer keine Bühne … Ach, manchmal denke ich, ich schaffe das nicht mehr. Aber was soll dann werden? Alle verlassen sich auf mich. Ich muss …«

Mitten im Satz brach sie ab. Ihr versagte die Stimme. Tränen rannen ihr über die Wangen. Die Verzweiflung, die sie vor einigen Stunden in Miros Zimmer so jäh überfallen hatte, erfasste sie von Neuem, drohte ihr schier die Luft zu nehmen.

»Eri, hör auf!«, forderte er energisch, wie es so gar nicht seine Art war. »Denk jetzt bitte erst einmal nur an dich.«

Ehe sie sich versah, nahm er sie in die Arme und verschloss ihr den Mund mit einem innigen Kuss.

»Deine Tabletten.«

Mit der schmal zusammengefalteten Morgenausgabe der *New York Times* schob Martin ihr ein Aluröhrchen mit einem braunen Etikett zu, auf dem der Name des Präparats, Benzedrine, vermerkt war. Erleichtert legte sie die halb gerauchte Zigarette auf den Rand des Aschenbechers, schüttete sich sogleich eine

Tablette auf die Hand und schluckte sie mit dem lauwarmen Rest viel zu bitteren schwarzen Kaffees, den sie noch in ihrer Tasse hatte, hinunter.

»Danke.« Sie drückte ihm sacht den Arm. Er steckte noch im Regenmantel, legte erst den nassen Hut umsichtig auf den Tisch, bevor er sich umständlich aus dem Trenchcoat schälte und sich ihr gegenüber auf die Bank setzte. Nur zu gut wusste sie, wie viel Überwindung ihn der Gefallen gekostet hatte. Dass er ihn ihr dennoch getan hatte, rührte sie fast zu Tränen. Ebenso, dass er weiterhin beim vertraulichen Du blieb. Für jemand derart Zurückhaltenden wie ihn ein gewaltiger Schritt. Den er nur mit Bedacht tat. Sie schluckte, hob zaghaft den Blick. Und zuckte jäh zurück.

Seine Miene hatte jeden Anflug von Sanftheit verloren. Die dunklen, etwas zu starken Augenbrauen überschatteten die sonst so freundlich-wachen Augen, die Mundpartie wirkte ungewöhnlich verkniffen. Um ihn wieder zu beschwichtigen, bemühte sie sich um ein scheues Lächeln. Vergebens. Er tat, als erforderte das Anzünden eines Streichholzes, das er an seine Zigarette hielt, seine gesamte Aufmerksamkeit.

Resigniert wanderten ihre Augen umher. Sie saßen allein an einem schmalen, langen Tisch in einer Fensternische. In dem Drugstore unweit des Krankenhauses herrschte trotz der frühen Morgenstunde wenig Betrieb. Die einen waren wohl längst bei der Arbeit, die anderen schon wieder zu Hause und die Krankenhausbesucher noch nicht unterwegs. Aus dem Radio hinter der Theke, wo die Bedienung Geschirr abspülte, dudelte Musik. Auf Martins Winken hin drehte die Bedienung sie leiser, dann nahm sie die Kaffeekanne von der Warmhalteplatte und kam zu ihnen an den Tisch, um ihnen nachzuschenken.

»Das habe ich nur ausnahmsweise getan«, sagte er leise zu Erika, sobald sie wieder allein waren. Den Zigarettenrauch blies er zur Seite aus. »Die besonderen Umstände um Miro haben mich dazu bewogen. Geh bitte sorgsam mit den Tabletten um. Du weißt, wie sie auf Dauer wirken. Eine muss genügen. Das darf keinesfalls ein Dauerzustand werden.«

Sie nickte brav, sparte sich allerdings den Hinweis, wie leichtfertig es von ihm war, ihr trotzdem das ganze Röhrchen zu überlassen. Stattdessen sah sie nach draußen, verlor sich eine Weile in dem stärker gewordenen Oktoberregen, sammelte sich darüber wieder etwas besser. Allmählich setzte zu ihrer Erleichterung die Wirkung des Benzedrines ein.

»Die Eri muss die Suppe salzen, heißt es bei uns in der Familie immer«, begann sie nach längerem Schweigen, während dessen sie beide geraucht und die Blicke weiter starr aus dem Fenster gerichtet hatten. Von Neuem drehten sie sich einander zu. Sie räusperte sich. Er zog die Augenbraue fragend nach oben und genehmigte sich einen weiteren Schluck Kaffee.

»Mein mittlerer Bruder Golo hat das einmal gesagt«, setzte sie zur Erklärung nach, spielte mit der bunten Zigarettenschachtel auf der fleckigen, blanken Tischplatte. »Weil ich immer diejenige in der Familie gewesen bin, die den richtigen Einfall hatte, um etwas in Ordnung zu bringen. Das ist wohl schlichtweg meine Aufgabe.«

»Die du offensichtlich perfekt beherrschst. Du weißt jederzeit, was wo wem fehlt und was Not tut, um alles wieder ins Lot zu bringen. Du rettest alles und jeden, der Hilfe braucht, ganz egal, ob aus deiner Familie oder von sonst woher. Um irgendwen oder irgendetwas musst du dich einfach immer kümmern«, ergänzte Martin mit einem leichten Schmunzeln, bevor seine

Miene ernsthaft besorgt wurde. Er neigte sich vor, um leise, aber bestimmt nachzusetzen: »Nur um dich selbst kümmerst du dich viel zu wenig. Du bist die Einzige, auf die du niemals Rücksicht nimmst.«

»Miro hat es nicht leicht«, erwiderte sie nach einer kurzen Pause. »Ihre Mutter ist ein echter Drachen, noch dazu schwärmt sie für Hitler. Und ihr Vater hat nicht den Mumm, ihr ordentlich den Marsch zu blasen.«

»Dafür hat sich der Rest der Familie hinter Miros Mutter gestellt und dir und der *Pfeffermühle* bei euren Auftritten in der Schweiz den Kampf angesagt. Sogar eidgenössische Nazi-Anhänger haben sie mobilisiert, um euch anzugreifen und bei den Vorstellungen zu randalieren.«

»Woher weißt du ...?«

»Klaus hat mir davon erzählt.«

Er trank den Kaffee aus und zerdrückte den Zigarettenstummel derart energisch im Aschenbecher, als gelte es, ihm für immer den Garaus zu machen. Dann schaute er sie mit dem vertrauten sanften Lächeln an. Ihr Herz machte einen freudigen Satz.

»Er hat mir auch davon erzählt, dass Miro sich zur selben Zeit in Teheran mit dem französischen Diplomaten Claude Clarac verlobt und ihn ein halbes Jahr später dann auch tatsächlich geheiratet hat. Dabei hatte Klaus sich nach ihrer gemeinsamen Moskaureise ernsthafte Hoffnungen auf eine Ehe mit Miro gemacht. Damit wäre er nicht nur sämtlichen Kalamitäten nach der Ausbürgerung aus Nazideutschland entgangen, sondern hätte auch von einem Schweizer Pass träumen dürfen. Von der finanziellen Absicherung ganz zu schweigen.«

Er angelte sich die nächste Zigarette aus der Packung.

»Sie hat ihn sehr verletzt«, sagte Erika. »Er fühlte sich im Stich gelassen. Dabei weiß sie um seine Not.«

»Und das nach allem, was du immer für Miro getan hast. Vom ersten Moment eurer Freundschaft an läuft sie dir nach wie ein anhänglicher Hund, bezeichnet dich als ihren ›großen Bruder Eri‹ und drängt dich immer wieder dazu, sie aus dem Schlamassel zu ziehen. Dabei hast du ihr von Anfang an klargemacht, nicht diejenige zu sein, die sie in dir sehen will, ihre Liebe nicht in derselben Weise erwidern zu können, weil du ja Therese liebst.«

»Klaus hat dir wohl wirklich alles erzählt.«

Im ersten Moment wusste sie nicht, ob sie darüber erbost oder erleichtert sein sollte. Die Selbstverständlichkeit, mit der er ihre Liebe zu Therese ansprach, klang sehr seltsam in ihren Ohren.

»Hätte Klaus das nicht tun sollen?«

Sein Lächeln wurde verschmitzt. Das kannte sie noch gar nicht an ihm. Es gefiel ihr. Überhaupt gefiel er ihr immer besser. Hatte sie es nicht geahnt? Unter seiner ruhigen Oberfläche loderte tatsächlich ein Vulkan.

»Ach, Eri.« Er schüttelte sacht den Kopf, streichelte zart über ihre Hand. »Ihr seid schon ein seltsames Gespann. Irgendwie kommt ihr alle wohl nie voneinander los.«

»Das fürchte ich auch.«

KAPITEL 13

Die nächsten Tage erschienen Erika wie das Paradies auf Erden. Sie fühlte sich, als könnte sie Bäume ausreißen – und das, ohne überhaupt noch ein einziges Mal auf das Benzedrine zurückzugreifen. Momentan funktionierte alles und vor allem sie selbst von ganz allein.

Neben Theatersälen sah sie sich auf Empfehlung von Fannie Hurst, Dorothy Thompson und Klaus' Agentin Sarah junge Schauspieler, Musiker und Tänzer an, die sie eventuell als »vertraute heimische Ergänzung« zum deutschen Ensemble der *Pfeffermühle* engagieren wollte, und hörte sich nach geeigneten Textern und Übersetzern um.

Trotz dieser Geschäftigkeit fand sie zwischendurch erstaunlicherweise Zeit, sich jeden Tag einige Stunden an den völlig überladenen Schreibtisch in ihrem Zimmer im *Bedford* zu setzen, Korrespondenz zu erledigen, sich in diversen Zeitungen über die aktuelle politische Lage zu informieren, Bücher zu lesen und vor allem über den bereits vorhandenen Texten der *Pfeffermühle* zu brüten sowie über neue Ideen nachzudenken.

Seit einem Monat waren Klaus und sie jetzt in New York. Der Oktober war fast vorbei. Von der ursprünglichen Idee, im November auf der Bühne zu stehen, hatte sie zwar inzwischen Abstand genommen. Dennoch musste die *Pepper Mill* in absehbarer Zeit an die Öffentlichkeit.

Beunruhigt studierte Erika die Meldungen aus Europa. Die Faschisten gewannen zunehmend an Einfluss, während weder Amerika noch Frankreich oder Großbritannien begriffen, dass sie deshalb weltpolitisch gefordert waren. Inständig hoffte Erika bei den Anfang November anstehenden Präsidentschaftswahlen auf einen Sieg Roosevelts. Nur er besaß in ihren Augen den nötigen Weitblick, die USA auf der internationalen Bühne die ihr zukommende Rolle ausfüllen zu lassen.

Unter den vielen Hiobsbotschaften fanden sich allerdings immer auch ermutigende Lichtblicke, wie sie jedes Mal aufs Neue erfreut feststellte. Allem voran die Nachricht, dass Therese und die anderen nun endlich ihre Schiffspassage hatten buchen können: Am 10. November sollten sie in Rotterdam an Bord gehen, eine gute Woche später am Hudson eintreffen. Seither konnte nichts mehr Erikas Zuversicht schmälern. Einmal mehr sah sie sich darin bestätigt, dass ihr letztlich alles doch irgendwie gelang. Das würde auch weiter so bleiben, davon war sie fest überzeugt.

Beim Gedanken, Therese endlich wieder in ihren Armen zu halten, flammte plötzlich die alte Leidenschaft wieder in ihr auf. Jäh war der Ärger über Thereses Eifersucht und ihre ewige Nörgelei am Projekt *Pepper Mill* in Amerika vergessen.

Was gäbe sie darum, endlich wieder morgens neben ihr aufzuwachen! Gewiss würde damit auch ihre Unentschlossenheit Martin und Maurice gegenüber versiegen, denn dann hätte sie ihre Therese wieder und wäre rundum glücklich.

Sobald Erika ihr Hotelzimmer verließ, war Maurice fast pausenlos an ihrer Seite. Der Vorfall zwischen ihnen letztens im

Wagen kam zu ihrer Erleichterung allerdings nicht zur Sprache. Stattdessen führte er sie zwischen den endlosen Theaterbesichtigungen zur Entspannung in Konzerte, in die Oper, zu Ausstellungen sowie in exquisite Restaurants.

Martin war von der demnächst bevorstehenden Praxiseröffnung und den nach wie vor nötigen Diensten im *Bellevue Hospital* und anderen Kliniken vollends in Beschlag genommen. Sollte er doch einmal über ein wenig Zeit verfügen, nutzte er die gern zum Schreiben an einem Text über Henry Dunant, den Begründer des Roten Kreuzes, oder zum Verfassen eines Gedichts, das er ihr unter der Tür ihres Zimmers durchschob.

Auch Klaus ging in der Vorbereitung seiner ersten Vorträge über die aktuelle Situation in Europa wie auch in der Arbeit an seinem *Mephisto*-Manuskript völlig auf. Darüber vergaß er alles und fast jeden um sich herum.

Martin bestärkte sie in der Ansicht, Klaus' Verhalten als gutes Zeichen zu betrachten. Einmal mehr verstand er sich darauf, ihr im richtigen Moment Zuspruch zu geben. Er besaß den sechsten Sinn dafür, was sie gerade brauchte.

»Hör einfach auf, dir ständig Sorgen um ihn oder Miro oder sonst wen zu machen«, mahnte er, als sie sich morgens zufällig im Lift begegneten. »Die beiden kommen allein zurecht. Konzentriere dich stattdessen lieber ganz auf dich. Das wird dir guttun.«

»Dank dir geht es mir schon viel besser. Du bist wirklich ein hervorragender Arzt. Eigentlich der beste, den ich je hatte.«

»Nur der beste Arzt?« Er schmunzelte.

Schon hielt der Aufzug mit einem heftigen Ruck im Erdgeschoss. Der Liftboy öffnete die Türen.

»Was macht deine Suche nach einer Bühne für die *Pfeffer-*

mühle?«, wechselte Martin das Thema, während sie nebeneinander durch die Lobby liefen.

»Große Fortschritte. Blanche Knopf hat einen ganz heißen Tipp. Gleich sehen wir uns die Räume an. Stell dir vor: In den letzten Wochen haben wir in Midtown quasi jeden Stein umgedreht, ob sich darunter ein passendes Theater findet, und jetzt hat sie eins in nächster Nähe aufgetan, nur wenige Blocks von hier entfernt. Verrückt, oder?«

»Das Beste liegt fast immer direkt vor uns. Wir sind einfach nur zu blind für das Naheliegende. Oh, ich sehe, du wirst erwartet. Leider pressiert es mir gerade auch. Wir sehen uns bald!«

Ehe sie etwas erwidern konnte, eilte er nach einem knappen Winken davon. Anscheinend wollte er unbedingt die Begegnung mit Maurice vermeiden, der gerade dem vor dem Eingang haltenden Wagen entstiegen war und sichtlich beschwingt zur Tür hereinschneite.

»Der *doc* scheint wie immer sehr beschäftigt«, kommentierte er Martins Vorbeihasten. »Schade, ich hätte mich gern einmal wieder ausgiebiger mit ihm unterhalten.«

»So kurz vor Eröffnung der eigenen Praxis hat er einfach alle Hände voll zu tun. Wartet Blanche im Theater auf uns?«

Sie war froh, im Fond des Cadillac gleich auf ein unverfänglicheres Thema wechseln zu können und lieber die bevorstehende Besichtigung anzusprechen, ehe Maurice womöglich noch auffiel, dass Martin und sie sich mittlerweile duzten.

Die Fahrt mit dem Wagen entpuppte sich wieder einmal als völlig überflüssig. Kaum waren sie losgefahren, erreichten sie auch schon ihr Ziel. Die zu besichtigenden Räumlichkeiten lagen fußläufig zum *Bedford* an der zweiundvierzigsten Straße Ecke

Lexington Avenue. Selbst diesen kurzen Weg per Auto zu erledigen, daran würde Erika sich wohl nie gewöhnen. Dabei saß sie selbst gern am Steuer. Wohlweislich verkniff sie sich jedoch einen Kommentar und ließ sich stattdessen von Maurice die nächste Nachbarschaft erläutern.

»Schräg gegenüber befindet sich das Chrysler Building. Das überragt natürlich alles«, begann er wie ein Fremdenführer und zeigte mit der Hand auf das markante Gebäude im Art-déco-Stil diagonal über die Kreuzung. »Leider hat das Chanin Building, in dem sich das Theater befindet, zwanzig Stockwerke weniger, aber dafür sicher andere Vorzüge, wie Sie gleich sehen werden.«

»Schade, dass wir nicht dort oben auftreten«, erwiderte Erika übermütig und wies auf die sich nach oben verjüngende Spitze des Chrysler, die bei Dunkelheit mit ihrer aufwendigen Beleuchtung Manhattans Silhouette weit überstrahlte. »Die *Pepper Mill* gehört eigentlich ganz nach oben.«

»Genau deshalb sind wir hier«, entgegnete er ebenso vergnügt und führte sie in das Chanin-Haus.

Durch zwei prunkvolle Vorhallen, die mit reichlich Bronze und Onyx geschmückt waren, gelangten sie zu den Fahrstühlen. Wie so oft in den Wolkenkratzern bestand für interessierte Besucher auch hier die Möglichkeit, sich für einen halben Dollar zur Aussichtsterrasse im dreiundfünfzigsten Stock, direkt unter dem Turmaufbau, befördern zu lassen. Galant führte Maurice Erika an der Warteschlange vorbei zu einem privaten Lift abseits der anderen. Zu ihrer Überraschung beförderte der Rapid-Fahrstuhl sie in atemberaubendem Tempo nach oben. Erst in der fünfzigsten Etage öffneten sich vor ihnen die Türen. Gespannt trat Erika nach draußen.

»Herzlich willkommen im kleinsten, aber vermutlich auch

höchsten Theater der Stadt«, hörte sie Blanche sagen, die ihnen in dem langen, schmalen Flur entgegenkam. Eine indirekte Beleuchtung an den Seitenwänden setzte ihn geschickt in Szene, wodurch ihr Auftritt die besondere Note erhielt.

Wie stets war sie unauffällig gekleidet, hatte ihr kurzes, nach hinten frisiertes Haar unter einem dunkelroten Turban verborgen. Neben ihr versuchte ein älterer Herr mit dicker dunkler Brille vor den Augen, Schritt zu halten. Er stellte sich als Hausverwalter des Gebäudes vor und sollte ihnen auf persönliche Anweisung von Chanin die Räume zeigen. Gegen Blanche besaß er jedoch trotz seines Heimvorteils keine Chance. Ganz selbstverständlich übernahm die Verlegergattin die Führung.

»Eigentlich wird das Theater gar nicht für Aufführungen vermietet«, erklärte sie, während sie den Saal betraten. »Deshalb stand es nicht auf unserer Liste. Chanin bietet es uns nur an, weil Maurice ...«

»Das tut nichts zur Sache«, winkte der bereits ab, doch Erika begriff, dass es vermutlich alles andere als ein kleiner Gefallen von Chanin an Maurice war, dem sie das zu verdanken hatte.

»O Maurice, ich weiß gar nicht ...«, setzte sie mit heiserer Stimme an und fühlte sich einmal mehr in seiner Schuld. Ihr schlechtes Gewissen, weil sie ihn so lange schon im Ungewissen ließ und auch Martin gegenüber die Hoffnung weiter schürte, wuchs ins Unermessliche. Beide meinten es gut mit ihr, zu gut eigentlich, und keiner von beiden hatte es verdient, länger von ihr hingehalten zu werden. Andererseits fühlte sie sich von beiden gleichermaßen angezogen. Und demnächst stand Therese hier in New York am Hafen, um mit ihr die in Europa gefeierte *Pfeffermühle* als *Pepper Mill* in Amerika wiederzubeleben. Wie sollte sie nur je wieder aus dem Schlamassel herausfinden?

»Bilden Sie sich bitte nur nichts darauf ein, Erika«, unterbrach Maurice sie mit einem Lächeln. »Dahinter steckt purer Egoismus. Ich bin Geschäftsmann. Ich kann es mir einfach nicht mehr länger leisten, Tag für Tag mit Ihnen durch die Stadt zu gondeln und von früh bis spät Theater zu besichtigen. Damit muss Schluss sein. Die Kasse muss klingeln. Und das tut sie nur, wenn Sie endlich eine Bühne finden. Allein aus diesen praktischen Erwägungen heraus habe ich Chanin zu dem waghalsigen Abenteuer überredet.«

Sein Schmunzeln wurde breiter. Dicht trat er an sie heran und fügte so leise hinzu, dass nur sie es hörte, Blanche es aber dennoch mitbekam, wie ihr auffälliges Weghören bewies: »Von der Vielfalt an Bühnen und Auftrittsräumen in Manhattan habe ich vorerst jedenfalls mehr als genug. Ich gebe die Hoffnung nicht auf, bald noch etwas anderes mit Ihnen unternehmen zu dürfen.«

»Kommt ganz darauf an, was Ihnen vorschwebt«, erwiderte sie ebenso leise, trat dann jedoch von ihm weg, um das Theater genauer zu inspizieren.

Der fast quadratische, fensterlose Raum öffnete sich in die darübergelegene einundfünfzigste Etage. Anders als der Rest des Gebäudes es zunächst vermuten ließ, war er von strikt sachlicher Bauweise, lediglich in Silber und Schwarz dekoriert, was ihm eine kühle, allerdings auch angenehm moderne Note ohne überflüssigen Plüsch und Plunder verlieh. Die Sachlichkeit besaß den Vorteil, die Aufmerksamkeit der Zuschauer ganz auf die Bühne zu lenken. Gerade für ein politisches Kabarett ideal.

»Die Beleuchtungstechnik befindet sich auf dem neuesten Stand. Jeder Winkel lässt sich anstrahlen«, schaltete Blanche sich von Neuem ein und wies erst auf die Lampen an der Decke, dann auf die schräg angeordneten Sitzreihen. »Jeder Platz verfügt über einwandfreie Sicht auf die Bühne. Auch die Akustik ist hervorragend. Übrigens passen exakt einhunderteinundneunzig Zuschauer rein.«

»Eine wunderbar krumme Zahl. Das wäre wohl exakt das, was Coppicus vom Metropolitan Musical Bureau für realistisch hält«, begann Erika laut zu denken, während sie den engen Bereich hinter der Bühne prüfte.

»Eine Restauration gibt es nicht?« Sie kehrte wieder in den Zuschauerraum zurück und hielt Ausschau, ob die Bestuhlung lediglich der letzten Nutzung geschuldet war und demzufolge auch eine mit Bistrotischen und Bewirtung möglich wäre. Eine Bar oder gar eine kleine Küche entdeckte sie jedoch nirgendwo.

»Aber das wäre wohl auch völliger Unsinn«, sprach sie weiter. »Dafür braucht man eine Lizenz, die wiederum Geld kostet, das man eigentlich für anderes dringender ...«

»Wenn wir schon bei den Minuspunkten sind«, unterbrach Maurice sie. »Es liegt auch nicht in direkter Broadway-Nähe wie von Dorothy empfohlen.«

»Trotzdem besitzt es einen gewissen Charme«, entgegnete sie und stellte sich mitten auf die Bühne, breitete die Arme zur Seite und versuchte sich vorzustellen, wie es wäre, von hier oben im weiß-schwarzen Pierrot-Kostüm als Conférencière durchs Programm zu führen.

Sie schloss die Augen, dachte an die anderen Bühnen. Unzählige hatten sie in den letzten Wochen besichtigt. Winzige, schummrige Kellertheater wie auch pompöse, mit allen Feinheiten ausgestattete Bühnen, daneben mittelgroße, mittelmäßige, dennoch mit dem gewissen Etwas als Mischung aus Unkonventionellem und Professionalität, wie sie wohl nur in New York zu finden war. Das Chanin Auditorium, wie es offiziell hieß, war noch einen Tick anders. Daraus ließe sich etwas machen, was exakt zur *Pepper Mill* passte. Ein fiebriges Kribbeln erfasste sie.

»Eigentlich ist es genau das, wonach ich gesucht habe«, erklärte sie und schlug die Lider wieder auf.

»Sie müssen sich heute noch nicht entscheiden«, betonte Maurice noch einmal, doch sie konnte ihm ansehen, wie erleichtert er war.

»Es passt nicht nur für mich. Auch die anderen vom Ensemble der *Pepper Mill* werden sich hier wohlfühlen«, versicherte sie. »Damit wissen wir endlich, wie es weitergeht, und können uns auf all den anderen Kram konzentrieren, der ansteht, bevor sich hier zum ersten Mal der Vorhang hebt.«

Betont munter reichte sie Maurice die Hand wie zum Tanz, drehte mit ihm eine beschwingte Runde durch den Saal und über die Bühne. Er sollte gar nicht erst auf die Idee verfallen, das Chanin wäre für sie nur zweite Wahl und mit erheblichen Abstrichen verbunden oder fiele spätestens bei der Ankunft der restlichen Truppe durch. Dass dem nicht so wäre, dafür würde sie schon sorgen. Wozu sonst war sie immer noch der Kopf der Truppe?

KAPITEL 14

Erika war nach lautem Jubeln zumute. Sie riss die Arme in die Luft, legte den Kopf in den Nacken, sah zum tiefblauen Himmel empor und stieß einen lauten Schrei aus.

Die Kühle, die vom feuchten Sand ihre nackten Waden hinaufzog, erfrischte. Es war ein selbst für diese Gegend ungewöhnlich warmer, sonniger Sonntag. Der zweite im November. Übermütig hatte Erika Schuhe und Strümpfe abgestreift, die Hosenbeine hochgekrempelt und den dicken Sweater locker um die Schultern geschlungen. So war sie gelaufen und gelaufen, einfach nur ihrem Bewegungsdrang gefolgt. Der Stoff der Seidenbluse knatterte im warmen Wind. Unfassbar für diese Jahreszeit. Immerhin war der Herbst weit fortgeschritten. Im schweizerischen Küsnacht würde sich die Familie abends bereits vor dem lodernden Kamin versammeln, um dem Vorlesen des Vaters zu lauschen. Vielleicht hatte es sogar schon den ersten Schnee gegeben.

Sie sollte ihnen endlich schreiben. Viel zu lang hatte sie nichts von sich hören lassen, aber auch weder von ihrer Mutter noch ihrem Vater einen Brief erhalten. Sie waren wohl einfach zu beschäftigt. Kein Wunder angesichts der sich überstürzenden Ereignisse in Europa und der Welt, die von ihrem Vater ständig öffentlich kommentiert werden sollten. Wie etwa

Franklin D. Roosevelts erdrutschartiger Sieg bei den Präsident-schaftswahlen vor wenigen Tagen und die damit verbundene Hoffnung, er würde sich jetzt noch schärfer als zuvor gegen den Faschismus positionieren, zumal die republikanische Regierung in Spanien weiterhin Franco und seinen nationalistischen Truppen tapfer die Stirn bot.

Ihre Mutter hatte gewiss alle Hände voll zu tun, dem Vater dennoch die gewohnte Arbeitszeit frei zu halten und sich gleichzeitig um die heranwachsenden jüngsten Geschwister zu kümmern. Unter den erschwerten Bedingungen im Exil war das alles andere als einfach, zumal Bibi und Medi sich inzwischen im aufmüpfigen Alter befanden, in dem sie nicht mehr selbstverständlich taten, was von ihnen verlangt wurde.

Auf einmal war Erika froh, weit genug weg zu sein, um von diesen häuslichen Geschichten wenig und wenn, dann nur sehr zeitverzögert, mitzubekommen. Sie hatte selbst genug um die Ohren und viel zu wenig Zeit, sich zu erholen. Umso schöner, soeben auf Einladung von Maurice zwei strahlend schöne Tage in dessen Landhaus in den Hamptons verbracht zu haben.

Die Tradition der Wochenendeinladungen vor die Tore der Stadt gefiel ihr bestens. Alle New Yorker mit dem entsprechenden Kleingeld pflegten die freien Tage auf dem Land zu verbringen und dazu mindestens ein halbes Dutzend weitere Gäste dazuzubitten.

Maurices weitläufiges weißes Strandhaus mit den romantischen Säulen und der riesigen Veranda erschien ihr wie ein einziger Südstaatentraum. Für Margaret Mitchells im Sommer erschienenen Sensationsroman *Gone with the Wind* wäre es die ideale Kulisse. Selbst für größere Wochenendzirkel bot es ausreichend Platz. Natürlich befand es sich in vorderster Reihe am

Meer, aber mit ausreichend Abstand zum Wasser, um die gelegentlich hoch heranrollenden Wellen sowie das Auf und Ab der Gezeiten von der Terrasse aus mit gebührender Gelassenheit zu beobachten. Es gab Personal, um die Besucher abends mit Cocktails, einem mehrgängigen Dinner sowie besten Weinen, am Morgen mit einem üppigen Frühstück und am frühen Nachmittag mit einem leichten *lunch* zu verwöhnen. Dazwischen bot sich ausreichend Gelegenheit für Gespräche am lodernden Kaminfeuer, lange Spaziergänge am Strand oder eine Partie Golf in dem nahe gelegenen Club, Lesen in der gut bestückten Bibliothek oder einfach nur Faulenzen im Liegestuhl auf der Veranda. In den luxuriösen Gästezimmern fehlte es an nichts, um sich rundum wohlzufühlen und die vom Trubel der Stadt angespannte Seele ein wenig baumeln zu lassen.

An diesem Wochenende kostete Erika Maurices Gastfreundschaft mehr denn je aus, eben weil er auch das Verlegerehepaar Blanche und Alfred Knopf dazugebeten hatte. Denn jetzt, da sie alles Notwendige für den Start der *Pepper Mill* in Amerika in die Wege geleitet und sogar Miro mit Martins Unterstützung bei deren neuer Gefährtin Barbara Wright in Washington versorgt hatte, konnte sie sich endlich ihrer zweiten Mission widmen, die ihr fast genauso sehr am Herzen lag und für alle Beteiligten letztlich nicht weniger wichtig war: Alfred und Blanche Knopf davon zu überzeugen, Klaus' *Mephisto*-Manuskript in ihrem Verlag zu veröffentlichen. Je eher man von einem wie Hendrik Höfgen las, der zwar nicht direkt mit der Politik der Nazis sympathisierte, sie aber dennoch unterstützte, um mit deren Hilfe seine eigenen Ziele zu erreichen, desto größer war die Chance, mit einer solchen Geschichte etwas zu bewirken. Vor allem die Menschen dies- und jenseits des Großen Teichs über die wahren Vorgänge in Deutschland aufzuklären und davon abzuhalten, sie noch länger als harmlos zu betrachten. Klaus hatte recht: Niemand war dafür besser geeignet als der Verlag der Knopfs, der seit Jahren die Bücher ihres Vaters in den Staaten verlegte. Brachte er nun auch Klaus' Roman heraus, wäre ihm von Beginn an die gebührende Aufmerksamkeit gewiss. Denn Knopf besaß nicht nur einen exzellenten Ruf, sondern verfügte außerdem über die nötigen Mittel – materiell wie ideell –, um Klaus' Roman entsprechend prominent zu positionieren.

All diese Argumente wiederholte Erika wieder und wieder für sich. Denn leider war es noch nicht zum erhofften Gespräch mit Alfred gekommen. Bis zur demnächst bevorstehenden Rückfahrt in die Stadt musste sie das Thema also unbedingt noch irgendwie geschickt anschneiden.

Zuvor aber hieß es noch einmal tief durchatmen, sich an der frischen Meeresluft sowie der Weite des Sandstrands erfreuen und einfach nur genießen.

Das Wasser changierte in den unterschiedlichsten Blau- und Grüntönen, das Novembersonnenlicht tanzte darauf in einem vielschichtigen Silbergrau, bis es sich im milchigen Dunst des Horizonts auflöste.

Von fern blitzten die Bilder eines Sommers vor zwölf Jahren in ihr auf. Die erste gemeinsame Sommerfrische der Familie an der Ostsee. Und Erikas erste Begegnung mit dem Meer.

Wehmütig dachte sie an ihr erstes barfüßiges Waten durch den Sand. Bis ihr unerwartet Gerhart Hauptmann vor Augen stand, der ihr damals die Ostsee wie die ganze Welt hatte erklären wollen und ihr mehr als eindeutig im Beisein seiner Frau und ihrer Eltern den Hof gemacht hatte. Für einige Tage war sie tatsächlich der Versuchung erlegen, sich in den weißhaarigen

Schriftstellerkollegen des Vaters zu verlieben. Sie war zarte neunzehn und er zweiundsechzig Jahre alt gewesen.

Bei der Erinnerung lachte sie auf. Offenkundig neigte sie dazu, Gefallen an älteren Männern zu finden. Maurice war stolze zwanzig und Martin zwar nur acht Jahre älter, trat aber eindeutig gesetzter auf. Ebenso ihr erster Gatte, Gustaf Gründgens. Vom Papier her zwar nur sechs, vom Verhalten weitaus mehr als ein halbes Dutzend Jahre älter als sie. Und weitaus ehrgeiziger. Warum sonst katzbuckelte er so tief vor Hitler und Goebbels? Damit war sie wieder beim Thema von Klaus' neuem Roman. Und bei ihrer Mission, ihn Alfred A. Knopf zur Veröffentlichung ans Herz zu legen. Damit der *Mephisto*, wenn er schon nicht mehr in Deutschland erscheinen konnte, wenigstens im Rest der Welt rasch gelesen werden konnte und die gewissenlosen Karrieristen erbarmungslos bloßgestellt wurden. Davon würde sie Blanche und Alfred nun überzeugen. Entschlossen wandte sie sich um, stapfte zurück zu Maurices Landhaus und hoffte, die anderen Gäste wären bereits wie geplant abgereist, damit sie ungestört mit den beiden reden konnte.

»Er passt nicht ins Programm«, beschied Alfred ihr kurz und knapp, nachdem sie ihm keine halbe Stunde später beim letzten gemeinsamen Tee auf der Veranda ihr Anliegen vorgebracht hatte. Dabei verzichtete er darauf, genauer zu sagen, ob er damit Klaus oder den Roman meinte. Seiner Miene nach vermutlich beides. Erika holte tief Luft. Mit einer so schroffen Abfuhr hatte sie nicht gerechnet.

Sie waren inzwischen allein in dem riesigen Anwesen. Auch Maurice hatte sich bereits überraschend verabschiedet.

»Das dürfte Ihnen gelegen kommen«, hatte er Erika augenzwinkernd vor der Abfahrt zugeraunt. »Damit haben Sie die Knopfs ganz für sich. Ich drücke Ihnen die Daumen, dass Sie erreichen, was Sie sich vorgenommen haben. Rufen Sie mich heute Abend unbedingt an und erstatten Sie mir Bericht. Wenn Sie wollen, versuche ich andernfalls gern in Ihrem Sinn noch einmal mein Glück bei ihm. Wir sind schon so lang befreundet, dass er mir eigentlich nichts abschlagen kann.«

»Das kann ich unmöglich auch noch von Ihnen verlangen. In den letzten Wochen habe ich Sie und Ihren guten Willen schon mehr als genug strapaziert«, hatte sie erwidert. »Einmal sollte ich etwas auf eigene Faust hinbekommen.«

»Wie Sie meinen. Dann viel Erfolg!«

Als er ihr die Hand drückte, glaubte sie, einen Anflug von Enttäuschung auf seinem Gesicht zu erkennen. Darauf aber konnte sie keine Rücksicht nehmen. Sie meinte es tatsächlich ernst, wenigstens diese Sache ohne seine Hilfe bewerkstelligen zu wollen.

Und nun hatte Alfred sie gleich im ersten Anlauf abblitzen lassen. Was für ein Affront! Hastig nahm sie einige Züge an ihrer Zigarette, bevor sie sich überhaupt zu einer Entgegnung imstande fühlte.

Die Koffer waren gepackt und im Wagen verstaut. Nach dem Tee und dem dazugehörigen Imbiss wollten sie aufbrechen. Es dämmerte bereits. Mit der Sonne war auch die Wärme verschwunden. Längst trug Erika den wollenen Sweater über der Bluse und hatte auch Schuhe und Strümpfe wieder angezogen sowie die Hosenbeine nach unten gerollt. Alfred hatte die lässige Freizeitkleidung gegen Anzug und Krawatte getauscht, ebenso zeigte sich auch Blanche wieder stadtfein in einem gut sitzenden Kostüm.

»Haben Sie Angst, er könnte als Schlüsselroman …«, setzte Erika vorsichtig an, nachdem sie sich wieder einigermaßen im Griff hatte.

Alfreds Ablehnung bedeutete eine Katastrophe. Klaus setzte alles auf diesen Roman. Damit wollte er sich nicht nur als scharfsichtiger Kritiker des Naziregimes und derjenigen, die schamlos von ihm profitierten, profilieren, sondern auch wirtschaftlich unabhängig werden. Das jahrelange Angewiesensein auf die regelmäßigen Wechsel der Eltern demütigten ihn. Insgeheim hatte er sich einen ordentlichen Vorschuss erhofft, um in die Schweiz schreiben zu können, dass er künftig auf eigenen Beinen stehe. Und jetzt das!

Es war ein Fiasko. Nicht nur, weil die Absage so schnell, sondern gleich auch so entschieden kam. Das machte auch die letzten Hoffnungen zunichte.

Es fiel Erika schwer, die Contenance zu wahren. Um von ihrem Schweigen abzulenken, rührte sie viel zu viel Zucker in die Tasse. Inständig hoffte sie, ihre Finger zitterten nicht zu sehr, so dass das Porzellan verräterisch zu klappern begänne. Weder Alfred noch Blanche sollten merken, wie sehr sie sich an Stelle des Bruders verletzt fühlte.

Die eindeutige Abfuhr konnte nur am Thema des Buches liegen. Alfred fürchtete einen Skandal, weil jeder trotz Klaus' Versicherung, er spiele generell auf einen gewissen Karrieretypus an, dennoch in der Hauptfigur des Hendrik Höfgen ihren geschiedenen Gatten Gustaf Gründgens erkennen würde und Knopf es sich wahrscheinlich doch nicht so ganz mit ihm und letztlich vor allem Nazideutschland verderben wollte.

»So tief es Sie treffen mag, muss ich Ihnen leider versichern, dass Ihr Ex-Mann hier in Amerika gänzlich unbekannt ist«, stellte Alfred jedoch im selben Augenblick klar, als konnte er ihre Gedanken lesen. »Ob Ihr Bruder also eine Rechnung mit ihm begleichen will oder nicht, spielt für mich bei der ganzen Angelegenheit nicht die geringste Rolle.«

Er biss in sein Gurkensandwich.

Erika wollte sofort darauf eingehen, Blanche gab ihr jedoch durch ein Handzeichen zu verstehen, besser zu schweigen und, so schwer es ihr fiel, Alfred weiterreden zu lassen.

»Sie wissen, wie hoch ich Ihren Herrn Vater schätze und welche Ehre es für mich ist, seine Bücher bei uns in den Staaten zu verlegen«, fuhr er fort, nachdem er sich mit der Serviette vorsichtig den dichten Schnauzer von Sandwichkrümeln und Mayonnaise-Resten gesäubert hatte. »Leider kann ich dennoch nicht automatisch der gesamten Familie Mann einen Freifahrtschein ausstellen und ihre sämtlichen Werke veröffentlichen. Ich fürchte, der Roman Ihres Bruders wird einfach kein großes Publikum finden. Verzeihen Sie die Offenheit, aber das Thema interessiert in den Staaten schlichtweg niemanden.«

Erika holte Luft, um etwas zu sagen, ließ es dann aber. Sie spürte, wie ihr die Tränen in die Augen schossen. Vor Wut. Und Enttäuschung. Sie hatte gedacht, Alfred und Blanche schätzten Klaus, wollten ihn fördern und sich damit zugleich stärker wie auch eindeutiger als bislang für die Sache der deutschen Emigranten engagieren.

»Sie sind enttäuscht«, sagte Blanche leise und stellte sich nah neben sie, legte ihr die Hand auf den Arm. »Es tut mir leid für Sie.«

»Für mich muss es Ihnen nicht leidtun.«

Erika zog den Arm so brüsk zurück, dass sie dabei fast den Tee verschüttet hätte. Sie erschrak über die eigene Heftigkeit und entschuldigte sich sofort bei Blanche.

»Für Klaus ist es eine Katastrophe«, erklärte sie mit heiserer Stimme. Was gäbe sie jetzt für einen Whiskey! Sie räusperte sich, um nicht wie ein alter Rabe zu krächzen.

»Er hat so gehofft, bei Alfred … Und damit hier in Amerika … Nun gut. Fritz Landshoff vom Querido Verlag in Amsterdam rechnet ohnehin damit, dass Klaus den Roman bei ihm veröffentlicht. Aber der kann natürlich fast nichts zahlen.«

Sie biss die Lippen zusammen. Das war mehr, als sie hätte sagen sollen. Das wusste sie. Dennoch war sie froh, als das alles heraus war.

»Ich fürchte, Alfreds Entscheidung steht.«

Blanche wirkte ehrlich zerknirscht.

Während der Rückfahrt herrschte beklemmendes Schweigen im Wagen. Alfred las Zeitung, Blanche schien in Gedanken versunken und Erika lenkte sich durch den Blick aus dem Fenster ab, ließ die zunehmend dichter besiedelte Landschaft an sich vorüberziehen, bis sie in das quirlige Lichtermeer des Molochs New York eintauchten, die Brooklyn Bridge überquerten und irgendwann endlich vor dem *Bedford* hielten.

»Ich bitte Sie noch mal um Ihr Verständnis«, sagte Alfred beim Abschied und suchte ihren Blick. »Sie wissen, wie sehr ich Sie alle schätze. Gerade auch Ihren Bruder Klaus.«

»Schon gut, Alfred. Das ist leider nicht die erste Absage, die er erhält. Das gehört zum Alltag eines Schriftstellers. Mit Querido hat er eine gute Alternative. Unser Freund Landshoff wird dem Roman die Öffentlichkeit verschaffen, die ihm gebührt.«

»Sie sind mir doch sehr böse.«

»Morgen ist das vergessen. Das verspreche ich Ihnen.«

Morgen war ihr einunddreißigster Geburtstag. Einen Hinweis darauf verkniff sie sich. Keinesfalls wollte sie peinliche Entschuldigungen oder am nächsten Tag gar noch peinlichere Blumenbuketts provozieren, weil die Knopfs sich verpflichtet fühlten, etwas wiedergutzumachen, was nicht wiedergutzumachen war. Stattdessen rang sie sich zu einem Lächeln durch, winkte Blanche noch einmal zu und eilte ins *Bedford*.

Natürlich saß Klaus in der Lobby, in der einen Hand gewiss nicht den ersten Drink für diesen Abend, in der anderen die gewohnte Zigarette.

Er hatte sie erwartet. Er hatte gewusst, dass die Knopfs das Wochenende ebenfalls bei Maurice verbrachten und sie die Gelegenheit nutzen wollte, um für seinen Roman zu werben. Kaum hatte sie die Eingangstür passiert, sprang er auf und hastete ihr entgegen.

Sie schürzte die Lippen.

Das genügte. Vermutlich war der Ausdruck auf ihrem Gesicht trotz aller Anstrengung deutlich genug. Jäh fiel seine eben noch so hoffnungsfrohe Miene in sich zusammen.

»Fritz wird sich freuen«, erklärte er tonlos, kippte den Rest seines Whiskeys in sich hinein, bevor er hastig an der Zigarette zog. »Querido ist ein guter Verlag. Ein ausgezeichneter Verlag. Wer braucht schon Geld, erst recht hier in New York?«

Statt darauf einzugehen, umarmte sie ihn wortlos.

KAPITEL 15

Es wehte eine steife Brise. Die zerrte und zog an den Hosenbeinen, wirbelte einem das Haar in die Stirn. Amüsiert kämpfte Erika dagegen an, band den Schal enger um den Hals, und vergrub die Hände tief in den Taschen ihres Trenchcoats. Den Kopf in die Höhe gereckt, schloss sie für einige Sekunden die Augen. Der Duft war wundervoll, die salzige Luft schmeckte köstlich auf den Lippen. Auch wenn es an diesem Novemberfreitag weitaus grauer und kälter war als am vorletzten Wochenende bei Maurice, genoss sie es dennoch, schon wieder im Sand zu stehen und sich den Wind um die Nase wehen zu lassen. Genau dafür hatte sie noch einmal ans Meer gewollt. So schnell wie möglich. Sie meinte, gar nicht genug davon zu bekommen.

Spontan waren sie an diesem Freitag nach Coney Island gefahren. Erika fand es eine ausgezeichnete Gelegenheit, ihren eigenen, Martins und Klaus' Geburtstag nachzufeiern. Beim Lunch hatte sie beschlossen, die beiden zusammen mit Rolf, Curt und Billy, ihren inzwischen engsten Freunden aus dem *Bedford*, in den Ford zu packen, den Anton Nägel ihr großzügig geliehen hatte, und mit dem ganzen Trupp aus der Stadt zu brausen. Eine Absage duldete sie nicht, erst recht nicht von dem viel beschäftigten Doktor Gumpert.

»Immerzu kannst du mir nicht davonlaufen«, hatte sie ihn geneckt.

»Immerzu will ich das auch gar nicht«, hatte er verblüffend schnell zugesagt.

Das hatte sie mehr gefreut, als sie zeigen wollte. Damit schien die nachgeholte dreifache Geburtstagsüberraschung geglückt.

Vor allem Klaus meinte sie die Ablenkung schuldig zu sein, obwohl er Alfreds Absage letztens erstaunlich gelassen genommen hatte. Doch gerade Klaus' betonte Gelassenheit versetzte Erika in Alarmzustand. Ablenkung tat für sie beide not. Und außerdem wollte sie zumindest einmal den breiten Strand von Coney Island sehen, bevor es Winter wurde und niemand mehr freiwillig irgendwohin hinausfuhr. Und einmal wenigstens noch wollte sie die Gesellschaft der Freunde unbeschwert genießen, bevor in wenigen Tagen Therese und der Rest der *Pfeffermühle* mit dem Schiff aus Europa eintrafen.

Sosehr sie deren Ankunft seit Langem herbeiwünschte, so sehr ahnte sie auch, dass die neue Konstellation nicht nur das inzwischen vertraute Miteinander im *Bedford* gründlich durcheinanderwirbeln würde. Um noch mehr Chaos zu vermeiden, musste vor allem sie sich dringend entscheiden, wie es mit ihr und den anderen weitergehen sollte. Sonst bestand die Gefahr, unter die Räder zu geraten. Letztlich war der Ausflug ans Meer also auch für sie selbst ein Geschenk. Martin hatte recht: Sie musste häufiger an sich denken, nur dann konnte sie den anderen weiter tatkräftig unter die Arme greifen.

»Irgendwo dahinten tuckert jetzt das Schiff mit Therese und den anderen über den Atlantik«, riss Klaus sie aus ihren Gedanken. Von ihr unbemerkt war er zu ihr ans Wasser gekommen. »Es lässt sich wahrlich Zeit. Fast zwei Wochen sind sie schon unterwegs.«

»Was bist du auf einmal so ungeduldig?«, wunderte sie sich.

»Hoch beladen mit Zement tuckert es sich nun einmal weitaus beschwerlicher über den Großen Teich als mit einem schnittigen Dampfer so wie wir«, sagte sie und strich mehrmals vergeblich eine Haarsträhne aus dem Gesicht. Immer wieder wehte der Wind sie von Neuem vor ihre Augen. »Dafür dürften sie weitaus weniger von den Wellen durchgeschaukelt werden als wir. Schwere Ladung besitzt eben auch ihre Vorteile.«

»Trotzdem ist so ein Zementschiff sicher kein besonderes Vergnügen. Vielleicht hätten wir ihnen doch eine etwas komfortablere …«

»Das stimmt natürlich!«, ging sie spöttisch dazwischen, dabei spürte sie bereits, wie sein Hinweis sie aufbrachte. Besaß er überhaupt nur annähernd eine Vorstellung, was das alles kostete? Und an wem es wieder einmal hängenblieb, das Geld dafür aufzutreiben?

»Zweifellos hätten sie eine Erste-Klasse-Passage verdient«, höhnte sie. »Da hat die törichte kleine Eri mal wieder gründlich alles vermasselt und partout nicht dieses Fass aufgetrieben, aus dem die Goldstücke endlos purzeln, um den teuren Spaß zu bezahlen. Schande über mich! Ab sofort gelobe ich Besserung.«

»Ach Eri! Du bist wirklich die Beste! Ich wollte nicht meckern. Was kann ich nur tun, damit du mir vergibst?«

»Ehrlich gesagt, wenig.«

Rasch schluckte sie den Ärger hinunter. Sie wusste ja, dass Klaus tatsächlich oftmals so weltfremd war, so banale Dinge wie die Höhe der Kosten für etwas komplett zu ignorieren.

»Du weißt doch, dass du längst bis zum Sankt-Nimmerleins-Tag in meiner Schuld stehst«, lästerte sie stattdessen. »Das wird hier in New York eher schlimmer als besser. Gib mir also erst einmal eine von deinen Zigaretten. Das mindert es zumindest ein bisschen.«

Gierig inhalierte sie die ersten Züge der Zigarette, dann hakte sie ihn unter und stapfte wie angekündigt mit ihm über den breiten Strand zum Luna Park zurück.

»Was ist eigentlich genau mit dir und Gumpert?«, bohrte Klaus. »Beim Du seid ihr schon angelangt. Was hab ich verpasst? Wann genau seid ihr euch nähergekommen?«

»Da hast du mal einen Moment nicht auf deine große Schwester aufgepasst, was? Und das, wo ausgerechnet du das mit dem nächtlichen Ausflug nach Harlem provoziert hast. Verzeih, dass ich vergessen habe, dich einzuladen, dabei zu sein, als wir zum ersten Mal miteinander …«

Sobald sie sein entgeistertes Gesicht bemerkte, beeilte sie sich jedoch, ihn zu beschwichtigen. »Keine Sorge! Nichts dergleichen ist bislang passiert. Jedenfalls nichts von dem, was du jetzt gerade denkst. Dabei hätte ich wohl nicht einmal etwas dagegen. Doch sieh ihn dir nur an: Sieht so ein Schwerenöter aus? Unser guter *doc* ist einfach viel zu anständig! Und wohl auch viel zu beeindruckt vom Zauberer.«

»Und was sagt Maurice …?«

»Ist das dein Ernst?«

Sie lachte auf. Es war nicht zu fassen! Das war wohl das einzig Entscheidende für ihn: dass sie den geldigen Maurice damit verprellen könnte!

»Ist das alles, worum es dir geht? Fürchtest du etwa um die wunderbare Geldquelle?«

»Immerhin hat er sich in den letzten Tagen sehr rar gemacht. Wann hast du ihn zuletzt gesehen?«

»Keine Sorge!« Ihre Stimme klang bitter, das merkte sie

selbst. Gut so. Klaus sollte das ruhig begreifen. »Er ist einfach nur geschäftlich unterwegs. Du kannst also völlig beruhigt sein. Das Geld wird weiter für uns sprudeln.«

Jäh blieb sie stehen, warf die Zigarettenkippe in den Sand und versuchte sich in dem vergeblichen Bemühen, sie mit der Fußspitze in dem nachgebenden Grund auszutreten. Schließlich gab sie auf, verschränkte die Arme vor der Brust und starrte eine Weile auf die Weite des Atlantiks hinaus. Sie bebte am ganzen Leib. Nicht vor Kälte. Allein vor Empörung. Nein: vor Wut!

Die Weite des Meeres, das stete Auf und Ab des Wassers wie auch der Wind, der unablässig an ihren Haaren und am Mantel zerrte, taten bald ihre Wirkung. Sie wurde wieder ruhiger. Noch einige Atemzüge, dann hatte sie sich wieder völlig im Griff.

Letztlich hatte Klaus recht: Was war mit Maurice? Und was mit Therese, falls sie sich für Martin entschied? Wollte sie sich überhaupt entscheiden? War sie schon so weit? Wenn sie das doch nur selbst wüsste!

»Manchmal ist das mit dem Sichentscheiden viel schwieriger, als es auf den ersten Blick aussieht«, wandte sie sich schließlich nach einer halben Ewigkeit zu Klaus um und fasste ihn von Neuem am Arm.

Seite an Seite schlenderten sie gemächlich zur Terrasse von *Nathan's* unweit des großen Riesenrads, wo die anderen bei ihren Hotdogs auf sie warteten.

Zu Erikas Überraschung blieb es anlässlich der drei nachzufeiernden Geburtstage nicht bei dem Ausflug nach Coney Island. Kaum kehrten sie am frühen Abend müde, aber ausgelassen mit dem von Anton Nägel geliehenen Ford in die Stadt zurück, empfing sie im Foyer des *Bedford* eine kleine Eskorte in Abendkleidung. Angeführt von Vicki und Blanche stimmten sie ein Geburtstagsständchen an. Verblüfft blieben Erika und ihre Begleiter an der Eingangstür stehen.

»Woher wissen Sie …?«, fasste Martin sich als Erster, um sogleich von Vicki streng ins Visier genommen zu werden.

»Wie kommen Sie dazu, uns Ihre Festivitäten zu verheimlichen? Selbst wenn sie schon einige Tage zurückliegen, geht man doch nicht so mit Freunden um! Die einzige Möglichkeit, das wiedergutzumachen, besteht darin, dass Sie sich schnellstens in passende Garderobe schmeißen und uns unauffällig folgen. Wir haben da nämlich etwas vorbereitet, um den Fauxpas auszumerzen.«

Es gelang ihnen in Rekordzeit, sich in die von Vicki geforderte Festtagsmontur zu werfen. Wie üblich schlabberte Billy das Smokingjackett um die schmalen Schultern, und Curts Hosen befanden sich weiterhin auf Hochwassermarke, dennoch machten sie allesamt eine respektable Erscheinung. Martin trug den tadellos sitzenden Abendanzug und dazu die blank polierten Lackschuhe so selbstverständlich, dass Erika gar nicht anders konnte, als ihm leise ein Kompliment ins Ohr zu flüstern.

Er schmunzelte. Ihr wurde warm ums Herz.

»Kommen Sie gar nicht erst auf die Idee, in Nägels erbärmlichen Ford zu steigen«, drohte Blanche unterdessen scherzhaft mit dem Zeigefinger. »Maurice ist sowieso schon beleidigt, weil Erika neuerdings lieber selbst fährt. Und das in New York! Dabei könnte sie sich von seinem Chauffeur im Cadillac wie auf Wolken schwebend durch die Straßen transportieren lassen.«

»Sie ist eben einfach eine besessene Automobilistin«, sagte Klaus stolz. »Wer zehntausend Kilometer am Stück quer durch Europa und einmal sogar bis Marokko hinuntergefahren ist und das Ganze noch dazu mit einem Siegerpokal gekrönt hat, den schreckt nicht einmal der Holland-Tunnel, geschweige denn der tägliche Machtkampf mit den Taxis am Times Square.«

»Was?«

Blanche riss die Augen vor Staunen weit auf, auch Vicki war verblüfft.

»Wussten Sie das nicht?« Klaus triumphierte, als hätte er selbst die Trophäe errungen. »Vor fünf Jahren hat Eri zusammen mit unserem Freund Ricki Hallgarten haushoch eine Rallye gewonnen. Und quer durch die Wüste saß Eri auch schon einmal am Steuer, allerdings mit mir als wenig talentiertem Beifahrer. Um jeder Panne gewachsen zu sein, hat sie sogar eine Monteurausbildung absolviert. Stellen Sie sich das vor: Erika in ölverschmierter Monteurkluft! Ich warte auf den Tag, an dem sie verkündet, mit einem Ford an den Amazonas aufzubrechen oder die Weiten Alaskas zu erkunden.«

»Chapeau!« Martin verneigte sich tief vor Erika.

»Du bist wohl auch immer wieder für eine Überraschung gut«, fügte er belustigt hinzu. »Noch dazu stehst du in jeder Beziehung deine Frau. Das imponiert mir.«

»Dich zu beeindrucken, war schon immer mein Ziel«, erwiderte sie leise und meinte es in diesem Moment sehr ehrlich.

Während des restlichen Abends musste sie wieder und wieder von dem abenteuerlichen Wettrennen berichten. »Wir haben öfter die Länder gewechselt als unsere Kleidung.« Bald schon war sie wieder ganz in ihrem Element, das Abenteuer blumig auszuschmücken.

»Erstaunlich, wie rasch mit den Entfernungen die Unterschiede zusammenschrumpfen. Dabei legen wir in Europa doch so viel Wert auf unsere nationalen Besonderheiten. Je weniger man dazu kommt, auf der rasanten Fahrt die Wäsche zu wechseln, desto mehr begreift man, wie austauschbar alles ist. Und das bedeutet letztlich doch, dass alles sich weitaus mehr ähnelt als vermutet. Und keiner einen Grund hat, sich über den anderen zu erheben oder gar als ›Herrenrasse‹ auszugeben.«

»Kluge Worte. Sie sind wirklich ein Phänomen, beste Eri!«

Maurice zeigte sich sichtlich beeindruckt von ihrer Schilderung. Das schmeichelte ihr ähnlich stark wie Martins Kompliment.

Galant forderte er sie nach dem Essen zum Tanz auf. Ein dunkelhäutiger Pianist, ein Kontrabassist und eine geheimnisvoll wirkende Schönheit mit einer unglaublich rauchigen und zugleich samtweichen Stimme sorgten mit ihrem Jazz für die passende Stimmung hoch über den Dächern Manhattans, wo die Überraschungsparty stattfand. Erika kam gar nicht dazu, sich nach Martin zu sehnen, der sich bei dieser Musik als begnadeter Tänzer erweisen würde. Maurice machte ihm mit seinem ebenso selbstverständlichen Können allerdings ernsthafte Konkurrenz, musste sie sich eingestehen.

»Was haben Sie heute Abend Sensationelles auf die Beine gestellt! Frauen ist der Zutritt zu diesem Club doch sonst komplett verwehrt, wie ich gehört habe.«

Bewundernd legte sie den Kopf in den Nacken, sah zu der mit einem Wolkengemälde überzogenen Gewölbedecke auf, die von Kristalllüstern geschickt beleuchtet wurde. Mit der Hand, die sie zuvor locker auf Maurices Schulter gebettet hatte, wies sie bei der nächsten Drehung in die Weite des von Granitsäulen und Marmorfliesen beherrschten Raums. Das Ganze besaß etwas von einer italienischen Renaissancekathedrale, was umso mehr überraschte, weil das Entree und die ebenfalls zum Club gehörenden Räume eine Etage tiefer im englischen Tudorstil gestaltet waren.

»Ein solch pompöses Geburtstagsgeschenk haben weder mein Bruder noch der *doc* und ich selbst am allerwenigsten verdient.«

»Sie wissen gar nicht, was Sie schon lange verdient haben, Eri.«

Nach der nächsten Schrittfolge zog er sie ganz eng an seine Brust. Fast berührten sich ihre Nasenspitzen. Unwillkürlich wich sie wieder eine Handbreit zurück, was seine Mundwinkel flüchtig nach unten zog.

»Sie schaffen es immer wieder«, erwiderte sie amüsiert.

»Was?«, fragte er scheinheilig, aber wiederum nicht ohne Triumph in der Stimme.

»Das wissen Sie selbst.«

»Gönnen Sie mir bitte die Genugtuung, es aus Ihrem Mund zu hören.«

»Alles, was Sie wollen, kriegen Sie nicht.«

»Solange ich Sie bekomme, reicht mir das.«

Schon wollte sie auch darüber salopp hinweggehen, da stoppte er abrupt den Slowfox, umfasste ihre Handgelenke und suchte mit plötzlich ernster Miene ihren Blick.

Ihr wurde mulmig. Sie ahnte, was jetzt folgte. Ihr Herzschlag beschleunigte sich. Natürlich hatte sie das provoziert. Natürlich hatte sie ihn wieder einmal herausgefordert. Als Mensch wie als Mann. Dennoch wurden ihr die Knie weich.

Sie standen so nah zusammen, dass sich ihre Körper berührten, sie seinen warmen Atem auf ihren Wangen spürte. Sie erfasste ein leichter Schauer. Unangenehm war der keinesfalls.

»Ich weiß, wie gern Sie die Dinge selbst regeln, Eri«, raunte er beschwörend. »Niemals würde ich daran etwas ändern. Das ist ja gerade das Bezaubernde an Ihnen. Dennoch flehe ich Sie an, noch einmal über uns beide nachzudenken. Ich weiß, dass Sie mich mögen. Und ich weiß auch, dass Ihnen der ehrenwerte Doktor Gumpert nicht so gleichgültig ist, wie ich mir das ganz egoistisch wünsche. Und ich weiß, dass Therese, die demnächst mit dem Schiff hier landet, seit Jahren Ihre Herzensdame ist. Trotz allem hätten wir beide eine Chance. Davon bin ich überzeugt. Ich kann mit einigem leben, solange ich Sie nur bei mir weiß. Wir könnten uns gegenseitig viel geben. Wir könnten uns zusammen ein Paradies auf Erden bereiten. Denken Sie in Ruhe darüber nach. Ich warte auf Sie. Ich warte sehr gern auf Sie, liebste Erika.«

»Danke, Maurice.«

Ihre Stimme klang heiser. Fast brachte sie keinen Ton heraus. Sie trat einen Schritt zurück, senkte den Blick, um Luft zu holen. Und ihr Herz ein wenig zu beruhigen. Laut hallte ihr Puls bereits in ihren Ohren.

Als sie wieder zu ihm aufsah, erkannte sie den leichten Anflug von Panik in seinen Augen. Dabei gab er sich größte Mühe, gelassen zu wirken. Das machte es ihr noch schwerer. Statt etwas zu sagen, fiel sie ihm um den Hals, presste sich eng gegen seine starke, stets so verlässlich für sie bereitstehende Brust.

»Wenn ich doch nur wüsste, ob ich Ihnen die unendliche Geduld mit mir je vergelten kann!«, brachte sie schließlich mühsam heraus.

»Sagen Sie jetzt nichts!«

»Das kann ich auch gar nicht.«

Sie ließ ihn wieder los und verschwand ohne weiteren Abschied so schnell wie möglich in die Nacht hinaus.

Ziellos allein durch die nächtlichen Straßen Manhattans zu laufen, war das Beste, was sie gerade für sich tun konnte. Und wollte.

KAPITEL 16

Warten zählte nicht eben zu Erikas besten Fähigkeiten. Das erforderte Geduld. Und Geduld war etwas, das sie noch nie im Überfluss besessen hatte. Sonst wäre ihr Leben wohl anders verlaufen, in jedem Fall mit weitaus weniger jähen Richtungswechseln und Brüchen.

An diesem letzten Mittwoch im November war es mit dem Warten jedoch so schlimm wie kaum je zuvor. Derart zermürbt hatte es sie selten. Am Vorabend war das heiß ersehnte Telegramm von Therese und der restlichen *Pfeffermühle*-Truppe eingetroffen, dass ihr Schiff am nächsten Vormittag endlich in New York einlaufen sollte. Sobald die aufwendigen Einreiseformalitäten erledigt waren, wollten sie im *Bedford* anrufen, damit Erika und Klaus sie am Pier in Hoboken, dem Hafen auf der gegenüberliegenden Hudsonseite von Manhattan, abholten. Seither hieß es Warten.

Um sich vom ständigen Auf-die-Uhr-Schauen abzulenken, hatte sie sich am Schreibtisch vor dem viel zu schmalen Fenster an die Übersetzung eines Textes für die *Pepper Mill* gemacht. Doch auch das half nur wenig. Da es noch zu früh für einen beruhigenden Drink war, hatte sie sich stattdessen in Griffnähe links von der flachen, tragbaren Smith Corona eine Thermoskanne mit Kaffee deponiert und rechts neben dem zerfledderten Englischwörterbuch das obligatorische Päckchen Zigaretten sowie den schweren Kristallaschenbecher mit der orientalisch anmutenden Werbeaufschrift der Marke *Murad*. Die Fenstervorhänge hatte sie komplett zurückgezogen, um mehr Licht ins Zimmer zu lassen, doch leider war es nur das deprimierende Novembergrau, das seinen Weg zu ihr fand. Seit dem Aufstehen saß sie mit künstlichem Licht da, was ihr Zeitgefühl zusätzlich durcheinanderwirbelte.

»Du bist sicher, dass das Schiff heute ankommt?«

Ohne anzuklopfen, platzte Klaus ins Zimmer.

Jäh fuhr sie herum und wollte schon vor Ärger über die Unterbrechung eine Schimpfkanonade gegen ihn abfeuern, da stoppte sie mitten im Atemholen. Sein Anblick alarmierte sie. Die Augen entzündlich gerötet, die Pupillen riesig, die Wangen fahl und eingefallen, sah sie ihm deutlich an, dass er die letzten vierundzwanzig Stunden kaum ein Auge zugemacht haben konnte. Auch der Zustand seines Hemds wie seines Anzugs – beides zerknittert zu nennen, wäre eine schamlose Untertreibung gewesen – passte dazu.

Vermutlich war er wieder einmal erst früh am Morgen und erneut nicht allein von einer seiner verrückten Touren durch die Bars und Clubs in Harlem, Midtown oder neuerdings auch Brooklyn zurückgekehrt. Sosehr ihn die Musik der meist dunkelhäutigen Musiker in diesen Lokalitäten auch faszinierte, faszinierten ihn die Jungs, die er dort aufgriff, noch stärker. Seit frühester Jugend zogen ihn die zwielichtigen, groben Gestalten an, wie Erika wusste.

»Treib nicht derart Schindluder mit dir, Klaus Heinrich«, mahnte sie ihn nun in weitaus sanfterem Tonfall als angemessen wäre.

»Warum?« Er kam näher, nahm ihr die halb gerauchte Zigarette aus den Händen. »Wozu soll ich noch groß auf mich achten? Was habe ich davon, wenn ich dieses Elend hier noch länger überlebe? Ich bin jetzt dreißig. Drei Jahrzehnte sind weitaus mehr, als ich je für mich erhofft habe. Seit gestern weiß ich, dass Carl von Ossietzky rückwirkend der Friedensnobelpreis für letztes Jahr zuerkannt wurde. Damit wurde eines der wichtigsten Anliegen für uns Exilanten erhört. Einer von uns hat die hohe Auszeichnung und damit die Anerkennung für seinen Einsatz gegen Hitler erhalten. Was bleibt also noch zu tun?«

»Hör auf, so zu reden, Klaus! Du weißt genau, wie sehr wir gerade jetzt gefordert sind, weiterzumachen. Unser Kampf fängt doch überhaupt erst an.«

Sein Lamento wurde immer schwerer zu ertragen. Warum tat er ihr das an? Er wusste doch genau, wie sehr es sie traf. Und was er ihr bedeutete: ihr Ein und Alles! Sie erhob sich von dem wackligen Stuhl und nahm ihn in die Arme, wuselte ihm mit der Hand durch sein seidiges dunkles Haar.

»Ohne dich, liebste Eri, kann ich nicht sein.« Wie ein Ertrinkender klammerte er sich an sie, vergrub seine Nase an ihrer Halsbeuge und beschwor sie: »Niemals darfst du mich verlassen!«

Das energische Pochen an der offen stehenden Tür ließ sie aufschrecken.

»Telefon, *Ma'am.*«

»Das werden sie sein!«

Auf einmal sehr erleichtert schob sie Klaus von sich und lief aus dem Zimmer zum Lift, um in die Lobby zu eilen, wo ihr einer der Pagen eine Telefonkabine aufhielt.

Kaum vernahm sie in der Leitung mehrere Stimmen in eindeutig breitem amerikanischen Englisch, machte sich allerdings Enttäuschung in ihr breit. Doch wieder nur Miro, die sie seit Tagen mit völlig überdrehten Anrufen aus Washington traktierte. So groß die Begeisterung bei ihr über Roosevelts fabelhaften Sieg bei der Präsidentschaftswahl auch drei Wochen später immer noch sein mochte, war es Zeit, zum Alltag zurückzukehren. Und der bestand eben nicht allein aus der Politik des *New Deal*, Aufbruchstimmung für die bislang zu kurz gekommenen unteren Bevölkerungsschichten sowie aus der Hoffnung auf eine stärkere Einmischung der USA in Europa. Erika kannte Miro zu gut, um zu wissen, wie dünn deren Nervendecke war und wie schnell die rauschhafte Begeisterung in lähmende Depression und letztlich die nächste Drogenkrise umschlagen konnte, sobald sie erkannte, wie eng gesteckt Roosevelts Handlungsspielräume auch in Zukunft trotz allen guten Willens noch blieben.

Sich damit zu befassen hatte sie aber gerade am wenigsten Zeit und Kraft. Nach mehr als zweimonatiger Trennung stand jeden Moment die *Pfeffermühle*-Truppe leibhaftig vor ihr! Und oben im siebten Stock badete Klaus in der allerschwärzesten Lebensmüdigkeit. Dazwischen musste sie unbedingt das Programm überarbeiten und Fannie Hurst wegen der Zusammenarbeit mit amerikanischen Künstlerkollegen benachrichtigen sowie mit Francis C. Coppicus einen Termin für die Vertragsunterzeichnung fixieren. Von der Frage, wann und wie sie Maurice endlich wieder unter die Augen treten wollte, nachdem sie ihm letztens auf der Geburtstagsfeier im Chrysler buchstäblich davongerannt war, ganz zu schweigen. Auch Martin ging sie seither geflissentlich aus dem Weg.

Erschöpft raufte sie sich das Haar, verspürte plötzlich den

ganz großen Drang, sich gleich eine von Martins Wunderpillen aus dem silbernen Aluröhrchen zu gönnen. Sie war jetzt so lange schon brav gewesen, da durfte sie das eigentlich guten Gewissens tun. Die anderen brauchten sie einfach zu sehr. Sie musste funktionieren, um für sie alle da zu sein. Tatkräftig und entschlossen wie gewohnt.

»Miro, verzeih, aber gerade kann ich dir gar nicht ...«, setzte sie an, um sofort von einer energischen Männerstimme unterbrochen zu werden, die auf einmal lauter als nötig ins Telefon brüllte, weil die störenden Nebengeräusche wie weggeblasen waren.

»Eri? Endlich! Hier ist Magnus. Wir sind schon vor zwei Stunden ...«

»Magnus? Was ist los? Wieso schon vor zwei Stunden? Warum meldest du dich erst jetzt? Nehmt das nächste freie Taxi und kommt her! Das geht am schnellsten. Oder hast du die Adresse verloren? *Bedford Hotel*, Murray Hill, 118 East vierzigste Straße ...«

»Ich bin schon unterwegs, aber derweil musst du dich um die anderen kümmern. Die stecken auf Ellis Island fest. Ich habe wirklich alles versucht, sie da wieder loszueisen, aber von hier aus bin ich machtlos.«

»Ellis Island? Was machen die da? Die Einreise aus Europa läuft doch schon lange nicht mehr über Ellis Island. Wie alle anderen Linien legt doch auch eure in Hoboken an.«

»Das tut sie auch, nur sind Therese, Sybille und Lotte ...«

»Stimmt etwas mit ihren Papieren nicht?«

Sie versuchte, Ruhe zu bewahren, auch wenn sie am liebsten laut aufgeschrien hätte vor Wut, weil ihr im selben Moment klar wurde, was der Umweg über Ellis Island bedeutete. Dort landete nur, wer bei der Einreise vom Beamten der Einwanderungsbehörde zur Klärung missliebiger Umstände explizit dorthin geschickt wurde. Und möglicherweise im Anschluss gleich auf Kosten der Schifffahrtslinie, was letztlich auf eigene Kosten bedeutete, nach Europa zurückexpediert wurde, weil ihm die Einreise verweigert wurde. Sie schnappte nach Luft.

»Ich habe euch doch extra …«, stammelte sie.

»Es war alles korrekt«, versicherte Magnus sofort, »nur haben die drei Damen gegenüber dem Beamten der Einwanderungsbehörde etwas die Contenance verloren.«

»Was? Sind die verrückt …«

»Du kennst doch Therese und ihren bayerischen Sturschädel«, setzte er nach. »Wenn die jemand etwas weniger höflich und dann auch noch konsequent auf Englisch befragt, noch dazu in breitem amerikanischen Englisch und obendrein zu Dingen, über die sie ohnehin schon mehrfach schriftlich Auskunft erteilt hat, platzt ihr der Kragen. Und Sybille und Lotte haben eben gemeint, ihr unbedingt beistehen zu müssen.«

»Warum hast du ihnen nicht …«

»Jetzt reicht's! Bin ich deren Kindermädchen? Beim besten Willen nicht! Therese ist alt genug, um selbst zu wissen, was sie tut.«

»Also gut«, lenkte sie ein, weil sie ihm natürlich recht geben musste. Dennoch graute ihr davor, was Therese da womöglich angezettelt hatte. Die Beamten der amerikanischen Einwanderungsbehörde waren bekannt für ihre Strenge und Unnachgiebigkeit. Bei Therese stießen sie damit natürlich genau auf die Richtige.

»Ich kümmere mich drum«, versprach sie. »Ich weiß jemanden, den ich bitten kann, uns zu helfen.«

Das war leichter gesagt als getan. Schließlich kostete es Erika immense Überwindung, bei Maurice anzurufen. Seit ihrem abrupten Verschwinden aus dem Chrysler vor einer knappen Woche hatte sie tunlichst vermieden, sich bei ihm zu melden oder gar ihn zu treffen, und auch von ihm nichts gehört. Was so gar nicht zu ihm passte und schlichtweg bewies, wie sehr sie ihn verletzt hatte.

Was aber hätte sie ihm sagen sollen? Dass sie sein Begehren verstand, oft genug aus freien Stücken das Ihre dazu beigetragen hatte, es zu wecken, weil er ihr letztlich ebenfalls sehr gut gefiel und es ihr vor allem auch sehr schmeichelte, von ihm derart innig umworben zu werden? Dass sie sich aber dennoch außerstande fühlte, sich eindeutig für ihn zu entscheiden, einerlei, welche Freiheiten er ihr in einer Beziehung auch zugestehen wollte?

Ihr Herz klopfte bis zum Hals, als sie es nun trotzdem bei ihm im Büro versuchte. Mehrmals musste sie sich räuspern, bis sie imstande war, seiner Vorzimmerdame ihr Anliegen, ihn dringend sprechen zu müssen, einigermaßen verständlich zu vermitteln.

»Selbstverständlich helfe ich Ihnen«, sicherte Maurice ihr zu ihrer Erleichterung ohne Umschweife sofort zu. Dabei störte sie ihn mitten in der Redaktionssitzung seiner liberalen Zeitschrift *Nation*. »In einer Viertelstunde bin ich bei Ihnen. Dann fahren wir zusammen raus.«

Zu Erikas Verwunderung meinte Maurice wieder einmal tatsächlich exakt, was er sagte, und eilte mit ihr auf schnellstem Weg mit dem Wagen zum Battery Park an der Südspitze Manhattans. Von dort setzten sie mit einem Privatboot nach Ellis

Island über. Natürlich hatte er das alles zuvor schon organisiert, wie er überhaupt wie stets alles längst im Griff hatte.

Beschwichtigend redete er die ganze Zeit auf sie ein, dennoch wurden ihr beim Betreten des euphemistisch als »Empfangsgebäude« bezeichneten Hauses auf Ellis Island die Knie weich.

Auf zwei Etagen gingen rechts und links an den Seitenwänden der riesigen Halle mit der gewölbten Tonnendecke in luftiger Höhe Zellen ab. Dabei handelte es sich tatsächlich um Gefängniszellen, wie Maurice ihr auf Nachfrage bestätigte. Auf den unbequemen Holzbänken unten warteten zahllose Einwanderer aus aller Herren Länder und allen denkbaren Bevölkerungsschichten. Die einen mit sichtlichem Schrecken vor dem, was sie beim *Immigration Office* wohl erwarten würde, die anderen mit eher genervtem bis sogar hochmütigem Gesichtsausdruck, weil sie sich schlichtweg zu Unrecht der zusätzlichen Prozedur ausgesetzt sahen.

Zu Letzteren zählten eindeutig Therese und ihre beiden *Pfeffermühle*-Kolleginnen Lotte Goslar und Sybille Schloss. Erika hörte sie schon lange, bevor sie sie entdeckte. Eingekeilt saßen sie zwischen einer vermutlich polnischen und einer offenkundig italienischen Großfamilie mit ebenso unübersichtlich vielen Gepäckstücken wie Kindern. Deren selbstverständliche räumliche Ausbreitung wie auch ihr aufgeregtes Geplapper provozierten den Protest der drei.

»Schleicht's euch!«, explodierte Therese unvermittelt und sprang auf. »Ihr seid's hier ned allein auf der Welt. Wir anderen wollen endlich unsere Ruh.«

Das war eindeutig. Sie war zwar nicht sonderlich groß und eher von zierlicher als wirklich Respekt einflößender Gestalt, dennoch verstummten die lärmenden Familien daraufhin schlagartig.

Nach einem letzten, äußerst grimmigen Blick setzte Therese sich zurück auf die Bank, ignorierte dabei geflissentlich, dass ein Wachhabender in Uniform auf sie aufmerksam geworden war und sich ihr mit ebenfalls äußerst finsterer Miene näherte, um wiederum sie zurechtzuweisen, weil es ihr nicht anstand, sich derart vor den anderen Wartenden aufzuführen.

Selbst aus der Entfernung bekam Erika den drohenden Unterton in seinen Worten mit. Auch seine Haltung sprach Bände. Ein weiteres Mal sollte Therese besser nicht mehr auffallen, sonst würde sie gleich der Halle und damit Ellis Island und letzten Endes auch Amerikas verwiesen.

Hin- und hergerissen zwischen der Wut, dass die Geliebte durch ihr Verhalten ein weiteres Mal leichtfertig ihre Einreiseerlaubnis aufs Spiel setzte, und dem Verlangen, sie endlich wohlbehalten in die Arme zu schließen, verlangsamte Erika ihre Schritte. Maurice wollte unterdessen schon einmal beim zuständigen Beamten vorsprechen.

»Erika!«

Lotte Goslar erspähte sie als Erste, stieß die beiden anderen an, um sie auf sie aufmerksam zu machen, und winkte ihr ungestüm zu. Der Polizist, der Therese gerade erst in die Schranken gewiesen hatte, kam von Neuem breitbeinig näher und blickte böse. Erika lächelte ihn mit einer Mischung aus Charme, Entschuldigung und Kameradschaftlichkeit an.

»Kommen Sie bitte alle sofort mit«, hörte sie im selben Moment Maurices Stimme. In großen Schritten kehrte er zu ihnen zurück und wies zu einer der Türen am Stirnende des Saales.

Seine Miene ließ keinen Zweifel, was er mit »sofort« meinte. Erika und die drei anderen verzichteten auf eine stürmische Begrüßung und folgten ihm stattdessen so schnell wie möglich zur besagten Tür. Beim Weggehen registrierte Erika noch die verwunderten bis verärgerten Mienen der anderen Wartenden, die offenbar schon weitaus länger auf Einlass beim zuständigen Beamten hofften als ihre Freundinnen. Ebenso wirkte der Polizist nicht sonderlich erfreut über die offenkundige Bevorzugung, musste sie aber zu seinem Verdruss akzeptieren.

»Sagen Sie am besten gar nichts, und beantworten Sie die Fragen des *officers* so knapp wie möglich. Alles andere überlassen Sie bitte mir. Ich werde das schon regeln«, empfahl Maurice ihnen kurz vor Betreten des Büros.

Rasch übersetzte Erika seine Anweisung für die Gefährtinnen. Was genau er unter »regeln« verstand, begriff sie wenig später, als er mitten in der Vernehmung der drei sein Scheckbuch zückte und auf knappe Anweisung des Einwanderungsbeamten die stattliche Summe von tausend Dollar als Kaution hinterlegte, um die nötigen Papiere für Therese, Lotte und Sybille zu erhalten. Daraufhin erhob er sich und gab den anderen ein Zeichen, es ihm nachzutun. In Rekordzeit und ohne ein weiteres Wort zu wechseln, erreichten sie die Bootsanlegestelle und setzten bei regnerisch-windigem Wetter nach Manhattan über.

Erst bei ihrer Ankunft auf dem Festland traute Erika sich, Therese, die in ihrem dunklen, dicken Rock, dem voluminösen Mantel und dem kleinen Hut auf dem runden Kopf trotz ihrer Aufgebrachtheit mütterlich-solide aussah wie eh und je, erleichtert in die Arme zu schließen. Danach war die feenhafte Sybille dran, bevor sie auch die burschikose Lotte kameradschaftlich herzte.

»Geschafft!«, platzte Therese unwirsch heraus und rollte die Augen.

»Herzlich willkommen in Amerika!«, überging Maurice das mit einem zuvorkommenden Schmunzeln um die Lippen und reichte ihr mit einer tiefen Verbeugung die Hand.

»Wenn das eben ein herzliches Willkommen gewesen sein soll, wird's ja was Feines werden«, brummte sie auf Deutsch und sah an ihm vorbei zu Erika. »Hab ich's nicht gleich gesagt? Die *Pfeffermühle* und wir passen einfach nicht nach Amerika.«

»Therese bedankt sich ganz herzlich für Ihre wundervolle Unterstützung bei der Einreise«, beeilte Erika sich dagegen, ihm auf Englisch zu versichern. Dann nahm sie seine beiden Hände und setzte ergriffen nach: »Das war einfach großartig von Ihnen, Maurice! Wie immer stehen wir tief in Ihrer Schuld.«

Thereses neuerliches Augenrollen quittierte sie mit einem mahnenden Kopfschütteln.

In Maurices Cadillac brausten sie zum *Bedford*. Aus heiterem Himmel begann Therese, sich plötzlich doch noch einmal über den Zusammenprall mit dem *immigration officer* auf dem Schiff aufzuregen, der ihnen den mehrstündigen Aufenthalt auf Ellis Island eingebrockt hatte. Dabei sparte sie in ihrer lebhaften Schilderung nicht mit derben Ausdrücken. Gegen ihren Willen wurde Erika warm ums Herz. Wie lang war es her, dass sie jemanden so schön Münchnerisch granteln gehört hatte? Wie fern war ihr die frühere Heimat inzwischen!

Sybille tat, als schliefe sie fest. Die Überfahrt mit dem Zementschiff war, wie sich herausgestellt hatte, nicht nur lang und unkomfortabel, sondern entgegen Erikas Vorhersage auch recht stürmisch gewesen. Auf Sybilles durchscheinendem Porzellangesicht spiegelte sich immer noch die Übelkeit wie auch die Angst, das sichere Ziel im letzten Moment nicht zu erreichen.

Die handfestere Lotte starrte dagegen unablässig aus dem Fenster, völlig hingerissen von den Wolkenkratzern und sichtlich darauf bedacht, schon bei dieser ersten Fahrt alles, was New York zu bieten hatte, in sich aufzusaugen, wahrscheinlich, um es in einen ihrer Tänze einfließen zu lassen.

Maurice schützte vor, ihr die Sehenswürdigkeiten zu erklären. Zwar verstand er gewiss keine Silbe von dem, was Therese da in einer Tour vor sich hin schimpfte, dennoch genügte ein Blick auf ihr grimmiges Gesicht wie auch die Lautstärke, in der sie sich äußerte, um zu wissen, dass es sich gewiss nicht um Lobeshymnen auf die amerikanischen Einwanderungsbehörden handelte.

Mit allen Mitteln versuchte Erika, sie zu beschwichtigen. Seit Wochen freute sie sich auf das Wiedersehen. Nach all den Mühen und Strapazen wollte sie sich das jetzt nicht mehr verderben lassen.

»Kannst mir sagen, was du magst«, unterbrach Therese sie jedoch sofort nach den ersten Worten. »Schaut mir ganz danach aus, als wär das Unternehmen *Pepper Mill* in Amerika von Anfang an ein Rohrkrepierer.«

»Mein liebes Giehsele«, setzte Erika von Neuem an und umfasste die Hände der Geliebten, genoss die Wärme, die sie verströmten. Was für ein Glück! Endlich war die ewige Angst um sie vorbei. Sie war den Fängen der Nazis entronnen. Wie oft hatten sie sich in den letzten Jahren beide davor gefürchtet, selbst in der vermeintlich sicheren Schweiz noch von den braunen Schergen gekidnappt und in ein Konzentrationslager nach Deutschland verschleppt zu werden! Wie real diese Gefahr gewesen war, hatten sie mehr als einmal erlebt, zuletzt bei den von Miros Familie angezettelten Nazi-Randalen während ihrer Auftritte in Zürich.

»Ich bin einfach nur heilfroh, euch bei mir zu haben. Das allein zählt.«

»Für dich vielleicht, aber wir wissen beide, dass für andere ganz anderes zählt«, setzte Therese in ihrer rauen Stimme nach. »Wie viel hat dein Maurice beispielsweise für den Spaß vorhin auf den Tisch gelegt? Tausend Dollar, wenn ich das richtig gesehen habe, oder? Bekommt er die zurück? Stellst du ihm gleich im Hotel einen Scheck aus, oder wie habt ihr euch geeinigt? Wie sieht deine Gegenleistung aus? Aus purer Nächstenliebe tut ein Mann wie der so etwas bestimmt nicht.«

Erika biss sich auf die Lippen. Therese hatte einen wunden Punkt getroffen. Bevor sie jedoch antworten konnte, erreichten sie das Hotel.

»Da wären wir!«, rief Maurice fröhlich und sprang aus dem Wagen, um ihnen anstelle des Chauffeurs die Tür aufzureißen. Mit einem schrillen Freudenschrei stürzte Lotte nach drinnen, Sybille stolperte ihr schlaftrunken nach. Therese blieb neben Erika stehen, während sie sich von Maurice verabschiedete.

»Danke für alles und sorry für die Unannehmlichkeiten«, mischte Therese sich in ihrem sagenhaft schrägen Englisch ein, sah dabei jedoch aufrichtig zerknirscht aus. »Wir wollten Ihnen keinen Ärger machen.«

»Passt schon!«, erwiderte er zu ihrem und auch Erikas größtem Erstaunen mit breitem Grinsen in nahezu akzentfreiem Bairisch.

»Natürlich habe auch ich meine Hausaufgaben gemacht«, erklärte er an Erika gewandt wieder auf Englisch, sichtlich triumphierend, wie gut ihm die Überraschung gelungen war. »Ihr Bruder war so nett, mir Nachhilfe zu geben.«

»Klaus?« Überrascht runzelte Erika die Stirn. »Da haben Sie genau den Richtigen erwischt. Mehr als diese Redewendung beherrscht er selbst nicht auf Bairisch.«

»Wir sehen uns also morgen«, erwiderte er, nachdem er sich formvollendet mit einem Handkuss von Therese verabschiedet hatte, und fügte auf Erikas fragenden Blick hinzu: »Ich habe unserer gemeinsamen Freundin Fannie fest versprochen, Sie zum Thanksgiving-Essen mitzubringen. Gleich nach dem Frühstück hole ich Sie mit dem Wagen ab.«

»Wieso morgen? Und was heißt ›gleich nach dem Frühstück‹?« Verständnislos sah Therese sie aus ihren großen, runden, leicht hervorquellenden Augen an, sobald Maurice in seinem luxuriösen Wagen im dichten Verkehr der vierzigsten Straße verschwunden war.

»Ich denk, wir fangen gleich mit der Arbeit an. Die Bühne, die du ausgesucht hast, müssen wir uns anschauen und miteinander bereden, wie wir das Programm …«

»Aber nicht morgen. Morgen ist Thanksgiving«, unterbrach Erika sie. »Morgen ruht ihr euch erst noch ein wenig aus. Sybille ist ja immer noch ganz grün um die Nase von der stürmischen Überfahrt. Am besten flaniert ihr erst einmal gemütlich durch den Central Park, schaut euch das ein oder andere in der Stadt an, bevor ihr später mit Klaus und den anderen im *Bedford* den traditionellen Truthahn …«

»Wieso immer ›ihr‹? Und was ist mit dir, gnädiges Fräulein Erika? Hast du keine Zeit, um dich mit uns zu beschäftigen? Mehr als zwei Monate haben wir uns jetzt nicht …«

»Das werden wir nachher auch noch gebührend feiern«, unterbrach Erika sie von Neuem hastig. Sie wollte daraus keine große Affäre machen. »Natürlich haben wir hier im *Bedford* etwas vorbereitet. So eine Mischung aus Dinner und Cocktailparty, wie man sie hier gerne veranstaltet. Lass dich überraschen. Die anderen Gäste können es kaum erwarten, euch endlich persönlich kennenzulernen. Und danach haben wir beide die ganze Nacht für uns allein.«

Sie gab Therese einen Kuss auf die Wange, freute sich über deren endlich wieder sanftes Lächeln, bevor sie so beiläufig wie möglich ergänzte: »Morgen werdet ihr allerdings ohne mich zurechtkommen müssen. Ihr seid ja erwachsen. Geht doch abends mit Klaus zu seinem Vortrag bei diesem Club deutscher Sozialdemokraten. Er kann euren moralischen Beistand gebrauchen. Leider kann ich nicht mit. Ich habe eine Einladung aufs Land zu Fannie Hurst. Dorothy Thompson und ihr Ehemann Sinclair Lewis sowie Thomas Wolfe und Maurice werden ebenfalls dort sein, außerdem einige weitere Mitglieder von der *Theatre Guild*. Das ist kein Vergnügen, sondern Arbeit, dient uns allen. Wie du weißt, brauchen wir unbedingt noch einen Muttersprachler als Übersetzer und vielleicht auch den ein oder anderen Tipp, wer von den New Yorker Theaterleuten sich eventuell mit uns auf die Bühne stellen will. Fannie ist die beste Adresse für entsprechende Kontakte. Übermorgen sind wir übrigens alle zum Lunch mit Blanche und Alfred Knopf verabredet. Und in zwei oder drei Tagen wird Vicki Baum eine kleine Party für uns ausrichten. Du wirst sie mögen. Solche Dinge sind äußerst wichtig für uns, wenn wir hier auf Dauer Fuß fassen wollen.«

»Wenn du auf Dauer hier Fuß fassen willst«, knurrte Therese. »Aber das hast du ja wohl bereits, wie man hört: Hier eine Einladung zu Thanksgiving, dort ein Dinner, hier eine reizende kleine Cocktailparty und dort natürlich noch einen wichtigen

Lunch mit dem Verleger des gefeierten Nobelpreisträgers Thomas Mann – wie konnte ich nur vergessen, aus welchem Haus du kommst? Schon dass Klaus und du erster Klasse mit einem richtigen Passagierschiff über den Großen Teich geschippert seid, während wir anderen uns mit einem ungemütlichen Zementschiff haben begnügen müssen, sagt alles. Aber pass nur auf, nicht, dass dir der *american way of life* am Ende noch zu Kopf steigt.«

»Ach, Giehsele, du schiache Mistgurgel«, neckte Erika die Geliebte mit einem Münchner Ausdruck. »Du wirst dich wohl nie ändern!«

Obwohl Thereses Vorwürfe sie aufs Ärgste verletzten, versuchte sie es mit Humor zu nehmen.

»Du auch nicht, Fräulein Obergescheit Erilein.«

Wie so oft musste Therese allerdings das letzte Wort haben.

KAPITEL 17

Der Aufruhr um die weniger gut gelungene Ankunft der weiblichen Ensemblemitglieder verflüchtigte sich schneller als gedacht, ebenso der Missmut über Erikas Fahrt aufs Land gleich am folgenden Tag, wie sie bald zu ihrer großen Erleichterung feststellte.

Das gemeinsame Dinner zu Ehren von Therese und den anderen hatte sich in Windeseile in eine ausgelassene Willkommensparty verwandelt.

Die wenigen Stunden Zweisamkeit, die ihr und Therese im Anschluss daran geblieben waren, hatten sie ganz der Wiedersehensfreude und Wiederentdeckungslust ihrer lang vermissten Körper gewidmet.

»Sie sehen so glücklich aus. Das steht Ihnen hervorragend«, begrüßte Maurice sie am nächsten Morgen nach kaum zwei Stunden Schlaf mit einem galanten Handkuss, als er sie wie vereinbart abholte.

»Das bin ich auch«, bekannte sie freimütig und schwebte geradezu zum Wagen. Nicht einmal der graue Regenschleier, der nach einem unerwarteten Temperatursturz durchs Hudsontal zog, konnte ihrer guten Laune etwas anhaben.

Der Tag auf dem Land wurde ein voller Erfolg. Fannie Hurst

war eine exzellente Gastgeberin und verstand es, die richtigen Menschen miteinander ins Gespräch zu bringen. Als Erika später als geplant, erst kurz vor Mitternacht, ins *Bedford* zurückkehrte, hätte sie die anderen am liebsten sofort mit den vielen guten Nachrichten über das, was sie im Interesse aller an diesem Tag erreicht hatte, überschüttet.

Maurice hatte sie zwar mit seinem Wagen vors Hotel chauffieren lassen, sie aber nur bis zur Tür geleitet. Zwischen ihm und dem *Bedford*-Kreis, allen voran natürlich Martin, schien neuerdings eine unausgesprochene Abmachung zu existieren, wo wessen Terrain endete und wessen begann. Dennoch kehrte Erika zu ihrer Freude nicht allein von der Einladung zurück.

Ähnlich wie am Vortag herrschte trotz der späten Stunde noch aufgedrehte Partystimmung im *Bedford*. Schon in der Lobby war das typisch alberne Gekicher wie auch das schwerfällige Artikulieren zu hören, das auf reichlichen Alkoholgenuss schließen ließ.

Soweit Erika das auf den ersten Blick erkannte, hatten sich ausnahmslos alle aus ihrem derzeit engsten Kreis eingefunden: neben Klaus natürlich die Reporter Rolf Nürnberg und Curt Riess, die ihm derzeit kaum von der Seite wichen, sowie Drehbuchautor Billy Wilder, außerdem Prinz Hubertus zu Löwenstein sowie der Schriftsteller Emil Ludwig, der sich eine Zeit lang sehr rar gemacht hatte. Martin erspähte sie nach der ersten Schrecksekunde, die sie bereits befürchten ließ, er steckte wie schon am Abend zuvor wieder einmal bis über beide Ohren in Arbeit in der Klinik, am anderen Ende des Tresens, unweit des Klavierspielers. Allem Anschein nach war er in ein angeregtes Gespräch mit Magnus Henning vertieft. Die beiden passten vom Naturell gut zusammen, fand sie. Die forsche Lotte sowie die scheue Sybille und erstaunlicherweise sogar Therese unterhielten sich offenkundig bestens mit dem weiß befrackten Mann hinter der Bar, der den silbernen Cocktailshaker im Takt der Jazzrhythmen atemberaubend durch die Luft wirbelte. Um Männer wie ihn zu bezircen, reichten ihre Englischkenntnisse also schon aus. Ebenso dafür, in kaum einem Tag die Fühler intensiver als zuvor behauptet Richtung *american way of life* auszustrecken. So abgeneigt schien Therese dem also nicht gegenüberzustehen. Das ließ hoffen.

Breit grinsend kam Klaus auf Erika zu. Er hielt nicht nur den für ihn um diese Stunde obligatorischen Drink und die Zigarette in der Hand, sondern hatte wohl auch bereits mit anderen Mitteln nachgeholfen, um den zweiten Feier-Abend nach einem langen Tag am Schreibtisch und einem anstrengenden Vortrag durchzustehen. Unverhohlen maß er Erikas Begleiter vom Scheitel bis zur Sohle.

»Ich soll dich von Thomas Wolfe sehr herzlich grüßen. Er hat dich vermisst.«

Klaus nickte nur beiläufig und beschäftigte sich derweil weiter ausgiebig mit dem Mann an ihrer Seite.

Attraktiv war er, keine Frage. Und trotz seiner erst dreiundzwanzig Jahre im Kreis der sichtlich älteren und nahezu ausnahmslos deutschstämmigen Barbesucher alles andere als schüchtern. Vergnügt bleckte er die blendend weißen Zähne, strich das dunkle Lockenhaar beidhändig aus der hohen Stirn, bevor er Klaus die Hand schüttelte. Mit kräftiger Stimme stellte er sich vor.

»John Latouche.«

Als wäre das ein verabredetes Zeichen, stoppte der Barpianist mitten in seiner Melodie. Schlagartig verstummten auch die

Gespräche, und wie auf Kommando wandten sich alle neugierig Erika und den beiden Männern zu. Eine unheilschwangere Stille hing plötzlich über der eben noch so quirligen Bar.

John schien das als Aufforderung zu verstehen, weiterzureden: »Ich schreibe Songs und Texte für Revuen und Entertainer. Erika und ich haben uns heute bei Fannie Hurst kennengelernt. Nachdem sie mir von eurem kleinen Theater erzählt hat, haben wir beide beschlossen …«

»Wie ihr hört, spricht John nahezu fehlerfrei Deutsch, wenn auch mit starkem Akzent«, schaltete Erika sich hastig ein, um die anderen nicht allzu sehr mit der Tatsache vor den Kopf zu stoßen, dass sie sich mit ihm bereits weitgehend einig über ihre Zusammenarbeit war. »Ein echter Glücksfall! Dank seiner bisherigen Arbeit kennt er das hiesige Publikum wie auch seine Vorlieben und natürlich das Geschäft am Broadway aus erster Hand. Schauspielunterricht hat er auch schon genommen. Unsere *Pepper Mill* gefällt ihm. Ist das nicht phantastisch? Bei der Übersetzung unserer Texte wie auch bei unseren Auftritten auf der Bühne wird er äußerst nützlich für uns sein.«

»Heißt das, er wird bei der *Pfeffermühle* aktiv mitmischen?«, meldete Therese sich als Erste zu Wort, stellte ihr Bierglas ab und kam nun ebenfalls zu ihnen herüber, um John ähnlich ungeniert wie vorhin Klaus von allen Seiten zu mustern.

Es wurde die reinste Fleischbeschau, wie Erika verärgert feststellte. John allerdings schien sich nicht daran zu stören, sondern setzte bewusst geziert mal auf eine aufreizende, mal auf eine ernste, dann wieder auf eine eher clowneske Pose, drehte und wendete sich in sämtliche Richtungen, bevor er Therese mit einem äußerst charmanten Lächeln die Hand auf die Schulter legte, ihr von oben herab eindringlich in die Augen sah und ihr so laut, dass alle anderen es ebenfalls verstanden, mit seinem seltsamen Deutsch entgegensäuselte: »Wollen wir zwei Hübschen tanzen, Schätzchen?«

Erika war baff. Dass er das wagte! Ein Fingerschnippen von ihm genügte, und der Klavierspieler legte los. Nach einem überlauten Anfangsakkord mit dramatischem Tremolo entschied er sich für einen fetzigen Charleston, den Therese und John im Handumdrehen für eine beeindruckende Showeinlage nutzten. Keiner der beiden schonte den anderen, sondern forderte das Äußerste an Talent und Komik von ihm.

Der sportlich-unbekümmerte *sonnyboy* und das kompakte ältliche Fräulein bezauberten in ihrer Verschiedenartigkeit im Nu, wechselten einvernehmlich vom Charleston in den noch wilderen Lindy Hop. John schaffte es sogar, Therese bei einigen gewagten Hebefiguren durch die Luft zu wirbeln.

»Bravo!«, »Großartig!« riefen die anderen begeistert wild durcheinander. »Ihr seid die Besten!« – »Damit müsst ihr auf die Bühne.«

Irgendwann hielt es Lotte nicht mehr länger auf ihrem Platz, und sie schnappte sich den verblüfften Billy und zog ihn auf die Tanzfläche. Sybille und Curt schlossen sich ihnen an.

Mit einem verschmitzten Lächeln kam Martin auf Erika zu. Ihr Herz begann schneller zu schlagen. Seit jener Nacht in Harlem hatten sie keine Gelegenheit mehr gehabt, miteinander zu tanzen. Umso schneller fanden sie jetzt wieder zusammen. Binnen Sekunden wechselte seine stoische Doktormiene zu der vor Übermut und Schalk strotzenden Miene des leidenschaftlichen Tänzers. Erneut spürte Erika seine im Verborgenen brodelnde Leidenschaft.

»Ich kann nicht mehr!«, gab Therese mit hochrotem Gesicht

und völlig außer Atem irgendwann das Zeichen zum Aufhören. »Leider bin ich doch keine zwanzig mehr.«

Nach und nach stoppten daraufhin auch die anderen ihr Tanzen, der Barpianist ließ die eben noch so peppige Musik langsam ausklingen, und Martin blieb ebenfalls keine Wahl, als seinen wilden Tanz mit Erika zu beenden. Galant geleitete er sie zum Bartresen und bestellte ein erfrischendes Bier für sie.

Plötzlich tauchte Therese auf, stellte sich zwischen sie beide und verwickelte Martin in ein Gespräch über seine Arbeit im Allgemeinen und sein Leben im Exil im Besonderen. Dabei beharrte sie auf dem förmlichen Sie.

Erika war sicher, sie hatte trotz ihres ausgelassenen Herumtobens mit John genau mitverfolgt, wie leidenschaftlich Martin mit ihr getanzt hatte und welcher Funke da von Neuem zwischen ihnen übergesprungen war. Dafür besaß Therese einen siebten Sinn, wie sich schon bei der Begegnung mit Maurice gezeigt hatte.

Gewohnt bereitwillig gab Martin Auskunft, nutzte jedoch die erstbeste Gelegenheit, sich unter dem Vorwand, am nächsten Tag früh zum Dienst zu müssen, aus der Bar zurückzuziehen.

Unterdessen warf Emil Ludwig sich in Pose und begann, überraschend treffend ausgerechnet Gerhart Hauptmann zu parodieren. Schon nach den ersten Sätzen wurde er von Hubertus zu Löwenstein mit »Sie sind wirklich besser als der Alte selbst!« weiter angespornt, woraufhin er sich das schüttere Haar zerraufte und das Stottern und die zögerliche Aussprache des bei den Nazis gebliebenen Literaturnobelpreisträgers noch ausgeprägter nachäffte.

»Er faselt wirklich genauso konfus wie der ungekrönte ›König von Hiddensee‹«, lobte Rolf Nürnberg und rieb sich albern kichernd die Hände.

»Eigentlich noch besser. Fehlen nur noch die komischen Knickerbocker und der wilde weiße Haarkranz«, stimmte Therese zu. Klaus verlegte sich jedoch aufs Lästern und zog Erika mit einem nur für sie beide verständlichen »Ist er nicht wieder einmal wunderbar üsis, unser putziger, herzallerliebster Gerhart, Erilein?« auf. Verärgert über die Anspielung auf ihre frühere Geheimsprache stieß sie ihn mit dem Ellbogen in die Seite.

Über eine Stunde lang unterhielt Emil sie mit seiner amüsanten Parodie. Erika kam aus dem Staunen nicht mehr heraus. Nie und nimmer hätte sie einen solchen Auftritt von dem sonst so zurückhaltenden Kollegen erwartet. Das Exil weckte wohl bei so manchem Fähigkeiten, über die er sich selbst zuvor nicht bewusst gewesen war.

»Vielleicht sollten wir unser Ensemble doch erweitern«, griff Therese später Erikas Gedanken auf.

Das klang erstaunlich unternehmungslustig. Alarmiert horchte Erika auf. Das konnte sich durchaus zu einem Frontalangriff nicht nur auf John, sondern auch wegen Thereses latenter Eifersucht auf Maurice und Martin entwickeln.

»Hier schlummern in jeder Ecke Talente, von denen wir bislang keinen blassen Schimmer gehabt haben«, fuhr Therese unterdessen fort.

Erika war irritiert. Wie sollte sie darauf reagieren? Meinte Therese das ernst? Hatte sie sich binnen eines Tages doch weitaus besser als erhofft an die neue Umgebung gewöhnt? Oder war das bitterböser Sarkasmus? Je ratloser sie Therese ansah, desto breiter wurde deren Grinsen.

»Ganz zu schweigen von der Konkurrenz, die sie uns sonst womöglich machen, sobald sie merken, wie leicht man hier ein deutsches Kabarett auf die Bühne stellen kann«, fügte sie hinzu.

»Emils Hauptmann-Parodie war jedenfalls großartig. Keiner von uns hätte das besser hingekriegt.«

»Das ist jetzt nicht dein Ernst«, erwiderte Erika erschöpft. »Willst du ihn jetzt etwa für die *Pfeffermühle* engagieren? Bei aller Bewunderung für das, was er uns da eben serviert hat, aber professionelles Kabarett ...«

»Bleib so! Deine Miene ist fabelhaft.«

Die runden Augen weit aufgerissen, den Mund gespitzt, sprang Therese um sie herum, drehte und wendete sie im Schein der gelblichen Lampe in sämtliche Richtungen. »Das musst du dir unbedingt für die Bühne bewahren. Verwunderung und Entsetzen pur. Willst du auch mal sehen?«

Ehe Erika protestieren konnte, stürzte sie zum Nachttisch und riss die oberste Schublade auf, um nach einem Handspiegel zu suchen. Dann knallte sie die Schublade sofort wieder zu. In ihrem Blick mischten sich Erschrecken, Verachtung, aber auch ehrliche Sorge. Sie hat das Tablettenröhrchen gesehen, schoss es Erika durch den Kopf.

»Das war nur, als Miro in die Klinik ... Mir geht es gut. Schon seit Tagen, nein, Wochen hab ich nicht mehr ...«, begann sie, sich schuldbewusst zu verteidigen.

»Hat dir das der Doktor Gumpert besorgt?« Enttäuscht schüttelte Therese den Kopf. »Mit dem sitzt du dann ja direkt an der Quelle. Hoffentlich weiß er, was du von ihm willst.«

»So ist das nicht. Du kennst mich ...«, setzte Erika an, brach jedoch gleich wieder ab. Es war zu spät für Entschuldigungen. Die nahm Therese ihr ohnehin nicht mehr ab.

Jäh überfiel Erika bleierne Müdigkeit. Der Tag war nicht nur lang, sondern, aller schönen Erlebnisse zum Trotz, auch sehr anstrengend gewesen. Das Lächeln war ihr aufs Gesicht eingebrannt, das Hirn leer von den endlosen Gesprächen. Nach nichts sehnte sie sich mehr als nach Ruhe und Schlaf. Dennoch war es undenkbar, Therese jetzt wegzuschicken. Zumal sie ihr gerade zwei mit großen roten Schleifen verzierte Geschenke entgegenstreckte.

»Von Katia und dem Zauberer. Natürlich mit den allerbesten Wünschen nachträglich zum Wiegenfest.«

Erika nahm ihr die Päckchen ab, legte sie beiseite und fiel ihr um den Hals, verschloss ihr den erstaunlich kleinen Mund mit einem langen Kuss.

Nur zu gern ließ Therese sich darauf ein. Gierig schlang sie ihr die Arme um die Hüften und zog sie rücklings aufs Bett.

»Eines musst du dir endlich abgewöhnen, Eri.« Therese rollte sich zur Seite und setzte sich halb im Bett auf.

»Alles, nur nicht dich und das Rauchen«, erwiderte Erika und hangelte mit dem ausgestreckten Arm über deren weichen und noch erhitzten Körper zum Nachttisch, wo eine aufgerissene Zigarettenpackung sowie ein goldenes Feuerzeug mit den verräterischen Initialen M. W. lagen.

»Auf die Reihenfolge muss ich mir wohl schon was einbilden«, brummte Therese und tat, als hätte sie die Buchstaben auf dem Feuerzeug nicht gesehen.

»Nicht nur darauf.« Erika lehnte sich in den Kissen zurück und inhalierte so gierig den Zigarettenrauch, als wäre sie über Ewigkeiten auf Entzug gewesen.

Therese beobachtete sie eine Weile schweigend, sichtlich in ihre Gedanken versunken.

»Was ist mit dir? So schnell gibst du doch sonst nicht mit deinen Ermahnungen auf!« Erika stützte sich auf den Ellbogen ab und musterte sie zärtlich.

Jede einzelne Rundung an Therese gefiel ihr, jede einzelne Pore an ihr liebte sie. Sie neigte sich vor, um sie zu küssen, doch die Geliebte zog abrupt das Laken über sich und rutschte eine Handbreit weiter von ihr fort.

»Hör endlich auf, alles ganz allein zu entscheiden, Erika«, merkte sie ohne weitere Überleitung an. »Ab sofort sind wir wieder alle miteinander für die *Pfeffermühle* verantwortlich. Ab sofort bereden wir gemeinsam, wer was macht und ob und falls überhaupt, wer noch dazukommt und uns wie unterstützt oder nicht. Ich will nicht mehr vor vollendete Tatsachen gestellt werden.«

»Aber ich ...«, setzte Erika an, doch erneut wurde sie von Therese unterbrochen. »Uns ist klar, was du die letzten Wochen hier für uns auf die Beine gestellt hat. Ohne dein Engagement wären wir gar nicht hierhergekommen. Das wissen wir auch zu schätzen. Doch jetzt ist es wieder gut. Jetzt sind wir wieder bei dir. Jetzt sind wir wieder alle miteinander die *Pfeffermühle* oder meinetwegen auch die *Pepper Mill*. Das ist unser gemeinsames Kind, Eri. Das war's von Anfang an, in München wie in der Schweiz, in Holland oder der Tschechoslowakei. Und hier in Amerika ist es das erst recht.«

»Natürlich«, stimmte Erika kleinlauter als beabsichtigt zu.

»Und irgendeinen klugen Herrn Doktor brauchen wir dabei schon gar nicht«, setzte Therese nach einer beredten Pause entschieden nach.

»Die *Pepper Mill* ist unser Kind«, versprach Erika in feierlichem Tonfall. »Dafür wandern wir alle Seite an Seite durch sämtliche Höllen, selbst durch die der englischen Sprache.«

Ehe Therese noch etwas erwidern konnte, hauchte sie ihr einen schmatzenden, feuchten Kuss auf die Nase.

KAPITEL 18

Der Junge ist wirklich eine Wucht.«

Lotte strahlte über das ganze Gesicht. Ihre Wangen glühten. Sie schnappte nach Luft, derart wild war sie mit John Latouche über die Bühne gewirbelt. Mit verschmitztem Lächeln hatte Magnus auf dem Klavier einen regelrechten Hexentanz für sie beide inszeniert.

Zu Erikas Freude probte die *Pfeffermühle*-Truppe inzwischen jeden Tag mehrere Stunden auf der kleinen Bühne hoch oben im Chanin Building.

»John ist uns wirklich im richtigen Augenblick zugeflogen«, stimmte Sybille Lottes Begeisterung zu und applaudierte den beiden nach dem Tanz von der ersten Reihe aus.

Erika hörte das Lob der beiden Kolleginnen mit Genugtuung, obwohl sie ein ganzes Stück entfernt von der Bühne im Zuschauersaal saß. Zusammen mit Therese studierte sie Wystan Hugh Audens Übersetzung zweier Gedichte aus der Feder von Ernst Toller unter den neuen englischen Titeln *Spies* und *Demagogue*, die er ihr vor ihrer Abreise nach New York überlassen hatte.

»Du kannst sagen, was du willst, aber das klingt mir so fremd und anders. Das berührt mich einfach nicht. Das ist nicht mehr unsere *Pfeffermühle*.« Bedauernd schüttelte Therese den Kopf.

»Hast du nicht gesagt, wir könnten mehr als drei Nummern auf Deutsch im Programm unterbringen? Jetzt, wo so viele Deutsche hier in New York sind, werden uns schon genug Leute verstehen. Wahrscheinlich werden sie sich sogar freuen, bei uns ihre Muttersprache zu hören.«

»Drei deutsche Texte sind mehr als genug«, beharrte Erika sanft, aber bestimmt. »Sonst schließen wir ein zu großes Publikum von vorneherein von unseren Vorstellungen aus. Unsere Absicht ist es doch, die breite Masse der Amerikaner über die Vorgänge in Europa aufzuklären. Wie soll uns das gelingen, wenn sie unsere Texte nicht verstehen? Freu dich lieber, dass du die *Dummheit* wie gewohnt auf Deutsch vorträgst. Das ist eine deiner besten Nummern. Dafür werden sie dich lieben! Selbst diejenigen, die sich den Sinn des Textes allein durch deine Mimik und Gestik zusammenreimen müssen.«

»Sag ruhig, dass du sie mir nur deshalb auf Deutsch lässt, weil mein Englisch grauenhaft ist. Aber so ist es halt. Selbst wenn ich das Ti-Ätsch perfekt hinkriegen würde, tät's bei mir falsch klingen. Ich kann eben nur auf Deutsch wirklich gut sein, sonst geht mir alles verloren, was in den Worten mitschwingt. Die Sprache ist mein Handwerkszeug. Damit muss ich jonglieren. Das Englische dringt leider nicht in meine Seele vor. Es verweigert mir jede Annäherung.«

»Du könntest es einfach versuchen«, entschlüpfte es Erika enerviert. Das Gespräch drehte sich im Kreis. Allmählich war sie es leid. Erschöpft ließ sie es vorerst darauf beruhen, erhob sich stattdessen und schlenderte zu John auf die Bühne.

Längst hatte der sich von seinem Tanz mit Lotte erholt. Ein Frotteehandtuch lässig um den Hals geschlungen, das verschwitzte Haar aus der Stirn gestrichen, saß er mit weit zur Seite gespreizten Beinen auf dem Bühnenboden und sortierte einige maschinengetippte Seiten aus seiner Mappe.

»Interessant.« Erika ließ sich neben ihm in die Hocke nieder, griff nach einem der Blätter, um die Zeilen darauf zu lesen. »Der *Lampenputzer* hat sich also in den *Little Revolutionary* verwandelt. Da muss man erst mal drauf kommen. Doch es funktioniert. Hervorragend!«

»Danke«, erwiderte er auf Deutsch, bevor er ins Englische wechselte, um schneller zu sprechen. »Ich hab's mir lange überlegt, aber so ist es wirklich besser. *Die Loreley* von Klaus habe ich auch schon fertig. Die erste Zeile ›Ich weiß nicht, was soll es bedeuten‹ habe ich mit Absicht auf Deutsch stehenlassen. Die ist so berühmt, die dürfte sogar hier in New York jedem bekannt sein. Außerdem klingt sie so herrlich schwermütig, da werden auch diejenigen, die ohne Deutschkenntnisse hier sitzen, kapieren, um was es geht.«

Neugierig überflog Erika auch dieses Lied, an dessen Übersetzung sie sich selbst schon versucht hatte. Doch natürlich war Johns Version weitaus geschliffener. Er war wirklich ein Hauptgewinn für die *Pepper Mill*. In seinen Übersetzungen traf er genau den richtigen Ton. Weshalb er ihre Muttersprache so hervorragend beherrschte, darüber schwieg er sich zu ihrem Leidwesen allerdings aus. Sosehr sie darauf brannte, es herauszufinden, verzichtete sie auf aufdringliches Nachbohren.

»Macht ihr die Bühne frei? Wir müssen weiterproben.«

Ungeduldig baute Sybille sich vor ihnen auf, stemmte die Hände in die Seiten und konnte es kaum erwarten, bis sie und John die Papiere auf dem Boden zusammengeschoben hatten, um aus dem Rampenlicht zu verschwinden. Mit gesenktem Kopf suchte Sybille nach der geeigneten Stelle auf der Bühne, von der aus sie ihr *Kinderlied* zum Besten geben konnte. Der Scheinwerfer nahm sie dabei direkt ins Visier. Aus dem Dunkel des Zuschauerraums erteilte Therese ihr knappe, aber exakte Anweisungen zu der erforderlichen Mimik, Gestik und Intonation, und im nächsten Moment verwandelte sie sich in genau das naive Kind, das das Lied erforderte. Mit angehaltenem Atem verfolgte Erika das Zusammenspiel der beiden vom seitlichen Bühnenrand aus.

Die Selbstverständlichkeit, mit der Therese von Beginn an auch in New York die Leitung der Proben übernommen hatte, imponierte ihr. Ihre Kompetenz als Regisseurin stand nie außer Frage. Außerdem strahlte sie selbst mit dem haarsträubenden Akzent noch eine derart beeindruckende Präsenz aus, dass jedem Kritiker die Luft wegblieb. Damit hatte sie auch die neu hinzugekommenen amerikanischen Kollegen sofort überzeugt.

Da mit Therese, Erika, Sybille und Lotte die Frauen bei der *Pepper Mill* eindeutig in der Überzahl waren, hatte Francis C. Coppicus als ihr für die Auftritte in den Staaten verantwortlicher Agent auf ausschließlich männlichem Zuwachs bestanden. Erstaunlich rasch war es Erika gelungen, wieder einmal die für alle Beteiligten beste Lösung zu finden, auch wenn sich dadurch zwischen ihnen der Bogen, was Herkunft und Erfahrung betraf, noch weiter aufspannte als bisher: Für den fünfundzwanzigjährigen New Yorker Wallace Rooney handelte es sich um sein Bühnendebüt, das er mit der *Pepper Mill* gab, während der grauhaarige John Beck mit seinen sechzig Jahren ein mit allen Wassern gewaschener alter Hase der New Yorker Theaterszene war. 1906, also ein Jahr nach Erikas Geburt, war er bereits zum ersten Mal am Broadway aufgetreten. Um Verwechslungen mit dem jungen John zu vermeiden, tauften sie ihn den »grauen John«.

Ebenfalls älter und als bühnenerfahrener als der Rest der Truppe erwies sich der ursprünglich aus Österreich stammende, in Deutschland jedoch vor allem als Filmkomponist bekannt gewordene Pianist Felix Günther. Auf ihn war Erika bei einer ihrer vielen Einladungen gestoßen, die sie weiterhin nahezu täglich entweder allein oder an Maurices Seite wahrnahm, um noch mehr hilfreiche Kontakte zu knüpfen.

Eine Weile lauschte Erika aufmerksam Sybilles Worten zum *Children's Song*, wie das Kinderlied jetzt hieß. Wie immer hatte Therese ihr vorhin einen passenden Ansatz vermittelt, um beim Vortrag das Beste aus sich herauszuholen. Je überzeugender sie nun jedoch das naive Kind verkörperte, desto offensichtlicher wurde die Erkenntnis, dass der Nummer trotzdem etwas Entscheidendes fehlte. Nur was?

Wie Erika schien es auch den anderen im Saal zu gehen. Im kleinen Theater breitete sich eine angespannte Stille aus. Jeder spürte offenbar, dass Sybilles Vortrag für sie alle und vor allem für ihr weiteres Agieren ganz entscheidend wurde.

In zögerlichem, zartem Ton trug Sybille weiter den Text vor, der Ausdruck auf ihrem durchscheinenden Gesicht zwischen traurig, verwundert und verständnislos changierend. Johns Übersetzung war perfekt, stellte ein bekanntes Kinderlied nach dem anderen infrage oder nahm dessen Sinn einfach nur zu wörtlich.

Trotzdem funktionierte das Ganze nicht.

Irritiert horchte Erika auf, sah in den Kreis der Zuhörenden. Die ursprüngliche Crew der *Pfeffermühle* blickte immer ernster, die drei Amerikaner wie auch Pianist Felix dagegen immer verdutzter. Kein Zweifel: ihnen allen ging es ähnlich wie ihr. Der Funke sprang einfach nicht über.

»Kinder, so geht das nicht!«, platzte es auf einmal aus ihr heraus. Schon wollte sie zu Sybille auf die Bühne stürzen, instinktiv hielt John sie jedoch am Arm zurück.

Im selben Moment sprang Therese von ihrem Platz im Zuschauerraum auf, stürmte nach vorn und brüllte: »Schluss! Sofort ist jetzt Schluss!«

Wie vom Donner gerührt hielt Sybille inne, sah sie völlig entgeistert an, als sie zu ihr nach oben kletterte und sich vor ihr aufbaute.

Auch die anderen blickten zu Therese.

»Habt ihr's gemerkt?«, fragte sie, stemmte die Hände auf die breiten Hüften und sah einen nach dem anderen herausfordernd an. »Das hängt alles irgendwie in der Luft.«

In ihrem Rücken schrumpfte die ohnehin schon sehr schmächtige Sybille noch mehr in sich zusammen, zog den Kopf zwischen die schmalen Schultern.

»An dir liegt's nicht.«

Therese drehte sich zu ihr um und legte ihr zärtlich die Hand an die Wange.

»Du machst das wirklich wunderbar. Deine Nummer ist großartig. Trotzdem hakt's.«

Von Neuem blickte sie einen nach dem anderen forschend an, blieb zuletzt mit vorwurfsvoller Miene an Erika hängen und donnerte los.

»Von Anfang an hab ich's gesagt. Es funktioniert einfach nicht. Da kann sich der John mit der Übersetzung noch so sehr anstrengen. Und wir können die nächsten Wochen noch so fein Englisch lernen. Das ändert nichts. Die Botschaft hinter dem allen bleibt trotzdem auf der Strecke. Es kapiert einfach keiner nicht, was gemeint ist, wenn die Sybille davon singt, wie arm sie bleibt, obwohl sie ›immer Treu und Redlichkeit‹ übt. Oder davon, dass das ›Häschen in der Grube‹ nicht schlafen darf. Ganz zu schweigen, dass einer begreift, wer mit dem Emil gemeint ist, der mit dem Kuckuck aus dem Wald ruft. Kein Mensch kennt hier die Lieder, auf die sie anspielt, keiner ahnt auch nur im Entferntesten, wie tief verwurzelt sie in uns Deutschen sind und was es für uns heißt, wenn jetzt die Nazis so tun, als würden ausgerechnet sie die deutsche Kultur und dieses alte Liedgut verteidigen.«

Sie hielt inne.

Erika stand da wie vom Donner gerührt. Therese sprach aus, was sie zwar ebenfalls genau gespürt, aber noch nicht in Worte hatte fassen können. Und wollen. Weil es bedeutete, dem Projekt »*Pepper Mill* in Amerika« das Grab zu schaufeln. Es stand einfach zu viel auf dem Spiel, um sehenden Auges in die Katastrophe zu rennen.

Wochenlang hatte sie sich die Hacken abgelaufen, um eine passende Bühne zu finden, hatte mit Engelszungen auf Coppicus eingeredet, um ihn als Agenten zu gewinnen, hatte den unermesslich reichen Maurice bezirct, damit er für sie sein Scheckbuch zückte und obendrein seine geldigen Freunde beschwatzte, sich ebenfalls auf das finanzielle Risiko einzulassen.

Davon abgesehen hing schlichtweg ihrer aller Existenz an dem Projekt. Ihre Aufenthaltsgenehmigungen waren explizit an die Auftritte mit der *Pepper Mill* gebunden. Ohne Auftritte mit der *Pfeffermühle* keine Visa für die USA. Und das bedeutete letztlich die unfreiwillige Rückkehr nach Europa. Nur zu gern würden die braunen Schergen sich womöglich schon am Hafenpier aufbauen, um sie gleich bei ihrem Anlanden in Empfang zu nehmen.

Wenn Erika allerdings ganz ehrlich zu sich selbst war, existierte noch ein weiterer Grund, warum sie das Scheitern fürchtete: Die »daughter of famous German writer Thomas Mann«, das »Wotankind« des auch in Amerika verehrten Literaturnobelpreisträgers, konnte und wollte sich weder in den USA noch sonst wo mit ihrem literarischen Kabarett blamieren. Schneller, als sie alle auch nur zu ihrer Verteidigung Luft holen konnten, würde das von vielen Seiten hämisch ausgeschlachtet.

Kein Zweifel: Es musste ihnen gelingen, es trotz aller berechtigten Einwände irgendwie hinzukriegen, dass ihre Texte nicht nur verstanden, sondern auch kapiert wurden und die *Pepper Mill* erfolgreich gefeiert wurde. Dazu waren sie nach New York gekommen. Obendrein durfte ihre Mission, über die Zustände in Deutschland und die daraus für den Rest der Welt erwachsenden Gefahren aufzuklären, sowieso keinen Schiffbruch erleiden.

In Erika brach ein Aufruhr los. So recht Therese hatte, konnte sie deren Kritik nicht einfach so stehenlassen. Sonst kapitulierte die gesamte Truppe, ehe sich der Vorhang zum ersten Mal gehoben hatte.

Ausgerechnet in dem Moment, in dem sie ansetzen wollte, ihre Idee mit der *Pepper Mill* zu verteidigen, schwang die doppelflügelige Eingangstür auf und Francis C. Coppicus tauchte im Gegenlicht des Flurs auf.

Seine massige Gestalt wie auch der triumphale Ausdruck auf seinem breiten Gesicht zogen sofort sämtliche Aufmerksamkeit auf sich. Alle schienen froh, damit dem schwelenden Konflikt zwischen Erika und Therese zu entrinnen. Zumindest vorerst.

»Hervorragende Neuigkeiten, meine Herrschaften«, polterte Coppicus vergnügt in den Saal und wedelte im Näherkommen mit einem Packen loser Papiere durch die Luft. In seinem Schatten folgte Maurice Wertheim, dem breiten Strahlen auf seinem Gesicht nach bereits über die »hervorragenden Neuigkeiten« informiert.

»Zum Glück treffe ich Sie hier alle an. Jetzt heißt es endgültig Farbe bekennen und die Verträge unterzeichnen, damit die Sache zwischen uns ein für alle Mal fixiert ist. Nicht, dass einer von Ihnen auf die Idee verfällt, Reißaus zu nehmen. Das *Immigration Office* erteilt Ihnen nämlich allein dank meiner Fürsprache bis 31. März des nächsten Jahres Visa. Vorerst. Aber die Verlängerung dürfte reine Formsache ...«

»Wir sind gerettet!«, unterbrach Sybilles Freudenschrei ihn mitten im Satz. Verdutzt wandte er sich zu ihr um. Es wirkte, als bemerkte er sie überhaupt erst in diesem Moment. Auch die anderen stimmten lauthals in ihren Jubel mit ein.

»Mir fällt ein Stein vom Herzen«, erklärte Therese erstaunlich zurückhaltend, bevor sie süffisant grinsend an Erika gerichtet hinzufügte: »Damit bleibt uns jetzt wohl genug Zeit, an unserer Aussprache zu feilen. Vielleicht versteht man dann wenigstens, was wir sagen, wenn schon keiner begreift, was wir meinen.«

»Vielleicht ist es auch von Vorteil, wenn nicht jeder sofort versteht, um was es uns wirklich geht«, gab Erika sogleich schlagfertig zurück.

»Egal, wie es sich verhält, sollten wir das in jedem Fall ordentlich feiern. Das haben Sie sich alle mehr als verdient.« Maurice war sichtlich darum bemüht, die Stimmung zu retten. Auf einen Wink von ihm öffnete sich wie von Geisterhand der seitliche Bühneneingang, und ein halbes Dutzend weiß befrackte Kellner und Serviermädchen mit Spitzenhäubchen eroberten das Terrain, um in Windeseile mit Klapptischen, langen weißen Tischdecken und einer Vielzahl an Platten und Schüsseln ein Buffet aufzubauen. Natürlich fehlte auch der Champagner zum Anstoßen nicht.

»Erst unterschreiben, dann feiern, meine Herrschaften«, mahnte Coppicus vergnügt, baute sich direkt neben dem erstbesten Sektkübel auf und wedelte noch einmal gut sichtbar mit den Verträgen sowie einem Füllfederhalter durch die Luft. »Die Premiere habe ich übrigens für den fünften Januar angesetzt.«

»Das sind nur noch knapp drei Wochen!« Erika war perplex.

»Sie wollten doch immer so schnell wie möglich vor das New Yorker Publikum. Wir sind uns einig: Zeit ist Geld«, konterte Coppicus munter. »Das Theater wie die Unterkunft Ihrer Truppe kosten uns jetzt schon eine Stange Geld, und Geld kommt, wie wir alle wissen, nur mit dem Öffnen der Ticketkasse herein.«

»Letztlich ist und bleibt das alles wohl vor allem nur ein Geschäft für Sie.«

»Für Sie doch auch, meine Teuerste.« Coppicus schmunzelte.

»Sie lassen mir ja keine Wahl.«

Erika hob ihr Glas und stieß erst mit ihm, dann mit Maurice sowie reihum mit Therese und den anderen an.

»Wollen wir hoffen, dass es uns wenigstens glückt.«

»Daran sollten keine Zweifel bestehen.«

KAPITEL 19

Erika schwitzte. Die Luft im Gemeindesaal neben der Synagoge in Greenwich Village war zum Schneiden. Seit Tagen feg-
ten heftige Schneegestöber durch die Straßenschluchten New
Yorks. Umso eisiger es draußen wurde, umso mehr bullerten
drinnen die Heizungen. Mit dem zum Fächer gefalteten Programmheft versuchte Erika, sich Abkühlung zu verschaffen.
Nach der langen, nervenaufreibenden Probe im Chanin gab ihr
das ruhige Sitzen und Zuhören in der stickigen Atmosphäre
den Rest, noch dazu da sie den Wortlaut von Klaus' Vortrag fast
auswendig konnte. Am Nachmittag erst hatte sie mit ihm aus-
führlichst die Aussprache geübt.

Das war jedoch nicht das Einzige, was ihre Geduld strapazierte. Sosehr die frohe Botschaft von der Aufenthaltsbewilli-
gung bis Ende März die *Pfeffermühle*-Truppe letztens euphori-
siert hatte, blieb die Stimmung dennoch angespannt. Bis zur
Premiere waren es nur noch rund zwei Wochen. Die Generalprobe sollte einige Tage zuvor, in jedem Fall noch im alten Jahr,
stattfinden. Zwar wusste natürlich jeder im Ensemble, wie er zu
agieren und was er wie zu sagen hatte. Aber ob das reichte, damit das Publikum verstand, was sie meinten, um den Witz und
letztlich auch die darin versteckte Botschaft zu begreifen, darüber stritten sie weiterhin aufs Heftigste. Und längst nicht mehr

nur Therese und Erika, sondern alle mit- und gegeneinander in nahezu täglich wechselnden Koalitionen.

Inzwischen hatte Erika es gründlich satt. Manchmal fürchtete sie, vor lauter Wut über die ständige Zankerei im Affekt alles hinzuschmeißen. Dann aber wäre es zu spät. Und das Desaster perfekt. Um das zu verhindern, ging sie jenseits der Proben weitmöglichst auf Distanz zum Ensemble. Einladungen zu mondänen Cocktail- oder Dinnerpartys bei Maurice, Dorothy Thompson, Fannie Hurst oder Blanche Knopf auf der Upper East Side kamen ihr dabei sehr entgegen. Dahin wurde ohnehin keiner der anderen aus der Truppe gebeten. Therese würde solche Einladungen empört zurückweisen, weil das schlichtweg nicht ihre Welt war.

Daneben unternahm sie mit Klaus, Rolf, Curt und Billy die ein oder andere nächtliche Tour durch die Kinos, Bars und Jazzclubs in den weniger vornehmen Vierteln Manhattans. Zu ihrem Leidwesen – aber sehr zu Thereses Beruhigung, die solche Vergnügungen ebenfalls ablehnte – fanden die jedoch weitgehend ohne Martin statt, weil er zu fest eingebunden in seine Klinikdienste war. Dafür stand an diesem Abend endlich seine lang angekündigte Praxiseröffnung an. Gleich nach Klaus' Vortrag sollte es dorthin gehen. Sogar Therese freute sich darauf, mitzukommen, was Erika sehr erstaunte. Sie beschloss, es als gutes Zeichen zu nehmen, dass dem sonstigen Streit zum Trotz alle im *Bedford* eng zusammenrückten, sobald es für einen von ihnen um etwas wirklich Existenzielles ging.

Auf einmal fühlte sie sich unendlich müde. Am liebsten würde sie dem Drang nachgeben, die Augen zu schließen und einfach wegzudämmern. Das aber durfte sie Klaus nicht antun. Er brauchte jede Unterstützung, insbesondere ihre.

Um sich wach zu halten, schweifte ihr Blick über die Reihen im Saal. Erfreulicherweise waren sie gut besetzt.

Der Großteil der Zuhörer rekrutierte sich zwar vor allem aus älteren Gemeindemitgliedern, die vermutlich nie eine Veranstaltung in ihrem Zentrum versäumten, wie die vertrauliche Art, miteinander umzugehen, verriet. Immer wieder schnappte Erika bei den Unterhaltungen Satzfetzen in Deutsch, britischem Englisch, Französisch oder Italienisch auf, was ihr als sehr heimelig erschien. Dazwischen mischte sich jedoch auch eine nicht unerhebliche Menge Laufpublikum verschiedenen Alters und der Kleidung nach sehr unterschiedlicher Herkunft.

»Haben die deutschen Intellektuellen versagt?«, wiederholte Klaus gerade die Kernfrage seines Vortrags zur Verantwortung deutscher Geistesgrößen bei Hitlers Machtergreifung und setzte in seinem nach wie vor von einem starken deutschen Akzent und ungelenken Formulierungen geprägten Englisch zu einem ausführlichen Überblick über die Situation der Intellektuellen in Deutschland kurz vor 1933 an. Die Namen der Schriftstellerkollegen, die er nannte, wurden von den meisten Zuhörern mit einem zustimmenden Nicken begleitet.

Zweifellos verstand Klaus' Agentin ihr Handwerk und hatte ihm auch an diesem Abend wieder einen Auftritt vor bestens über die politische Lage in Europa informierten Zuhörern organisiert. Dennoch gehörte es längst zum Ritual, dass er sich nach solchen Terminen spätabends in der Bar im *Bedford* stets über die elende Notwendigkeit beklagte, sich als mittelloser Exilant »vor zahlendem Publikum zu prostituieren«, wie er das nannte. Viel lieber, als am Rednerpult zu stehen, saß er natürlich im Hotelzimmer an seiner Schreibmaschine und schrieb. Flammende Artikel gegen Hitler für seine Exilzeitschrift *Die*

Sammlung wie auch wütende Klarstellungen zu seinem soeben bei Querido erschienenen Roman *Mephisto*, den, wie befürchtet, viel zu viele als einen schnöden Rachefeldzug gegen seinen Ex-Schwager Gründgens interpretierten, den aber leider viel zu wenige wirklich lasen und noch weniger wirklich kauften. Langsam machte Erika sich ernsthafte Sorgen über seine Zukunft, die finanzielle und die als Schriftsteller. Erfolg und Anerkennung brauchte er nötiger denn je. Und deshalb eben auch die *lectures*, die besondere Art der politischen Vorträge, die Sarah ihm vermittelte.

»Aber nicht nur die deutschen Intellektuellen begingen den Fehler, Hitler viel zu lange gefährlich zu unterschätzen ...«, fuhr Klaus unterdessen vorn am Rednerpult fort. Unauffällig äugte Erika auf ihre schmale goldene Armbanduhr, die Maurice ihr geschenkt hatte. Nicht, dass Klaus' Erläuterungen sie langweilten. Die logische Entwicklung seiner These fand sie nach wie vor brillant. Sie wollte lediglich sichergehen, dass ihnen noch ausreichend Zeit blieb, um nicht zu spät bei Martin in der neuen Praxis einzutreffen.

Als sie wieder aufsah, verhaspelte Klaus sich gerade erbarmungslos mit seinem Schlusssatz. Und brach, statt den Vortrag mit einer geschliffenen Bemerkung abzuschließen, wie er sie sich eigentlich zurechtgelegt hatte, nach dem dritten oder vierten misslungenen Versuch sichtlich verstört ab.

Es dauerte einige Atemzüge, bis das Publikum begriff, dass er fertig war. Äußerst zögernd setzte der Applaus ein. Angespannt knetete Therese die Hände im Schoß. Umso vehementer begann Erika, ihrem Bruder Beifall zu spenden.

»Mach schon mit«, stieß sie Therese in die Seite, um sie zu animieren, ebenfalls kräftig zu applaudieren. »Die Aufmunterung hat er dringend nötig. Wenn gleich die ersten Fragen auf ihn einprasseln, muss er durchs nächste Fegefeuer.«

Zu ihrem Leidwesen geschah genau das. So souverän er sich inzwischen im Alltag auf Englisch unterhielt, so schwer fiel es ihm immer noch, spontan auf Wortmeldungen zu reagieren, mochten sie noch so wohlwollend formuliert sein. Kaum ertrug sie es, sitzen zu bleiben, so sehr litt sie mit. Je direkter die Fragen nach seinen persönlichen Einschätzungen und Erfahrungen wurden, desto verworrener reagierte er, sichtlich darum ringend, bei seinen Antworten alles allzu Private strikt auszuklammern. Genau das aber war es, was die Zuhörer am meisten interessierte. Immerhin stand dort vorn jemand, der nicht nur Hitlers Machtergreifung aus nächster Nähe erlebt, sondern auch als Spross einer der berühmtesten aus dem Land vertriebenen Familien die Auswirkungen am eigenen Leib erfahren hatte. Warum sperrte er sich so dagegen?

Wenn Klaus sich bei seinen bisherigen Auftritten gar zu ausweglos in Allgemeinplätzen verrannt hatte, war ihm Curt oft mit dem Satz »what Mr. Mann wants to say is …« vermittelnd beigesprungen. An diesem Abend aber war er mit Billy bei einer Kinopremiere in der Radio City Music Hall, wo sie wichtige Filmproduzenten zu treffen hofften, und konnte nicht die Erklärung von Klaus' unverständlichen Antworten übernehmen. Allerdings scheiterte auch der Gemeindevorsteher kläglich dabei, Klaus hilfreich beizustehen. Binnen kürzester Zeit drohte die Diskussionsrunde in einem Fiasko zu enden. Die Ersten begannen bereits, sich leise über Klaus' Steifheit zu mokieren, zwei Damen verließen sichtlich enttäuscht den Saal. Wo um Himmels willen steckte seine Agentin, um ihn zu retten? Nervös sah Erika sich um. Bis sie es nicht mehr ertrug und doch aufsprang.

»Wenn Sie erlauben, möchte ich die Schilderungen meines Bruders um einige Details ergänzen«, setzte sie an. Schon schnellte Thereses Arm nach oben, um sie auf ihren Stuhl zurückzuziehen, aber es war zu spät. Längst hatten sich die meisten neugierig zu ihr umgedreht, und auch Klaus' eben noch so verzweifelte Miene hellte sich bei ihrem Anblick dankbar auf.

»Sie können sich kaum vorstellen, wie schwer die Situation in den ersten Wochen nach Hitlers Machtergreifung für die normale Bevölkerung einzuschätzen war. Geschweige denn, dass wir hätten ahnen können, welche Tragweite der Machtwechsel besitzen würde. Jede Gegend, jede Stadt und jedes Dorf erlebte ihn in einer anderen Geschwindigkeit. Während in Berlin am selben Abend schon die Nazis mit gewaltigen Fackelzügen durchs Brandenburger Tor marschierten, feierten wir in München die erfolgreiche Premiere unserer *Pfeffermühle* und verschwendeten keinen Gedanken daran, was uns bald bevorstünde. Was auch an der Isar dräute. Als Ende Februar der Reichstag brannte, ging es bei uns in München ausgelassen wie eh und je zum Fasching. Aus heutiger Sicht ist mir das natürlich völlig unbegreiflich, aber so war es damals tatsächlich. Das Leben schreibt, wie wir alle nur zu gut wissen, die absurdesten Geschichten. Und das am liebsten eigenhändig.«

Sie legte eine kurze Pause ein, ließ ein weiteres Mal ihren Blick über die Gesichter um sich herum schweifen, registrierte zufrieden, wie gebannt ihr alle zuhörten.

»Ich erinnere mich deshalb so gut an diesen Abend, weil es die Premiere unseres zweiten Kabarettprogramms war. Obwohl wir auf der Bühne gerade die zunehmende Gewalt der Nazis gegen ihre politischen Gegner angeprangert hatten, wollten wir die Nachrichten aus der Reichshauptstadt nicht glauben. Wie zielstrebig Hitler mit den übelsten Methoden nach der Regierungsmacht griff, wie hemmungslos er sich dabei der frechsten Lügen bediente und wie skrupellos er seine Gegner ausschaltete, durchschaute nicht einmal ein so kluger Mann wie unser Vater auf Anhieb. Dabei diskutierten wir regelmäßig bei uns zu Hause die neuesten Entwicklungen der Politik. Nicht nur innerhalb der Familie, sondern auch mit einigen der bekanntesten Intellektuellen des Landes, die häufig bei uns zu Gast waren. Und dennoch sah keiner von uns oder ihnen voraus, was wirklich passieren und in welcher Windeseile es geschehen würde. Weil es alles bislang Vorstellbare noch weit übertraf. Und niemand ahnen konnte, welche Ausmaße das Böse unter Hitler und seinen Schergen annehmen würde.«

Abermals hielt sie inne. Über ihre Worte war es absolut still im Saal geworden. Lediglich das schwermütige Rauschen der Heizungsanlage war zu vernehmen.

»Als unser Vater und unsere Mutter an ihrem achtundzwanzigsten Hochzeitstag im Februar 1933 zu einer Reise in die Schweiz aufbrachen, wussten sie noch nicht, dass sie nie mehr in unser Zuhause zurückkehren würden. Wie so viele hielten sie Hitler für eine vorübergehende Erscheinung, wenn auch eine reichlich widerwärtige. Lange schwieg mein Vater dazu. Denn lange war er noch darauf bedacht, seine Leser in Deutschland weiterhin mit seinen Büchern zu erreichen. Bis ihm klar wurde, dass es nur einen Weg gibt, den Alptraum Hitler zu beenden. Und zwar, bevor er weltweit mit einem neuen Krieg, für den er seit Jahren insgeheim rüstet, noch größeren Schaden anrichtet. Und dieser Weg besteht einzig darin, sich bei jeder Gelegenheit offen gegen ihn zu bekennen und eindringlich vor ihm zu warnen. In Gesprächen, Reden, bei Vorträgen, in Radio- oder Zeitungsbeiträgen sowie natürlich in Büchern. Allesamt sind sie ein eindeutiges Zeugnis seiner Haltung.«

Für einen Moment konnte sie nicht weitersprechen. Zu schmerzhaft wurde auf einmal die Erinnerung an die harte Auseinandersetzung, die sie mit ihrem geliebten Vater hatte führen müssen, bis er das eingesehen und endlich öffentlich Position bezogen hatte. Und sich als Wortführer an die Spitze des deutschen Exils gestellt hatte. Verschämt wischte sie sich die Augenwinkel, räusperte sich mehrmals.

»So wie meinem Vater und vielen seiner Kollegen ging es übrigens den meisten im Land. Egal, wie gebildet, wie gut informiert und wie politisch interessiert sie auch waren. Einfach niemand hat sich je vorstellen können und wollen, welche Gewalt Hitler und seine Schergen einzusetzen bereit sind und wie leicht es ihnen fällt, die Grundsätze freien, demokratischen und von gegenseitigem Respekt geprägten menschlichen Miteinanders außer Kraft zu setzen. In diesem Unterschätzen, meine lieben Damen und Herren, liegt die eigentliche Gefahr. Ich fürchte, unser aller Phantasie reicht einfach nicht aus, um uns auszumalen, was da noch auf uns zukommt, in Deutschland, in Europa, ja, sogar hier in Amerika und in der ganzen restlichen Welt, wenn wir es versäumen, rechtzeitig dagegen aufzubegehren. Umso wichtiger ist es, dass wir uns zusammenschließen und uns gemeinsam gegen Hitler, sein verbrecherisches Regime in Deutschland und seine faschistischen Verbündeten in Italien und Spanien stellen.«

Einige Atemzüge lang verharrte sie noch im Stehen, kostete das betretene Schweigen aus, das ihren Worten folgte. Dann setzte sie sich wieder.

Sie hatte erreicht, was sie wollte: eine plastische, für jedermann nachvollziehbare Darstellung der Fehleinschätzungen rund um die Machtergreifung zu liefern und zugleich ihren dringenden Appell, endlich auch von hier aus aktiv zu werden, einzuflechten.

Beifall brandete auf. Von allen Seiten erhielt sie Sympathiebekundungen. An Klaus' Stelle wurde sie von Unzähligen umringt, die ihr die Hand schütteln und sie persönlich ihrer Zustimmung und Unterstützung versichern wollten.

»Eigentlich hätte ich dich gleich ans Pult lassen sollen«, räumte Klaus ein, sobald die Letzten gegangen waren und sie im ungeheizten Nebenraum des Saals ihre Mäntel anzogen. Der Gemeindevorsteher war unterdessen im benachbarten Büro verschwunden, um den Honorarscheck auszustellen.

»Egal, wo du bist, nimmst du alle Herzen im Handstreich«, konstatierte er in einer Mischung aus Neid und Bewunderung. »Dabei fand ich mein Englisch heute Abend besser denn je.«

»Unbestreitbar hast du in den letzten Wochen gewaltige Fortschritte gemacht.« Sie küsste ihn auf die Wange, strich ihm zärtlich übers Haar. »Aber es liegt weniger an deinem Englisch als vielmehr an deiner sturen Abneigung, deine klugen Sätze gelegentlich mit dem ein oder anderen privaten Detail auszuschmücken. Das habe ich dir doch schon heute Nachmittag gesagt. Du weißt, was die Leute hören wollen: was du als Sohn des Zauberers über die Welt denkst und dank deiner Familiengeschichte über sie sagst.«

»Ich bin nicht du. Ich kann nicht vor wildfremden Menschen die Hosen herunterlassen ...«

»Du musst nicht die Hosen herunterlassen, sondern nur eine gute Geschichte erzählen«, unterbrach sie ihn. »Wer von uns beiden schreibt denn Romane? Wer von uns beherrscht die einzigartige Kunst, Realität in Fiktion zu verwandeln?«

»Du weißt genau, dass du immer schon die größte Geschichtenerzählerin von uns allen gewesen bist. Würdest du hier in Amerika Vorträge halten, würden dir die Leute an den Lippen hängen.«

»Unbedingt müssen Sie mehr aus Ihrem Talent machen«, riet ihr wenig später auch Thomas Wolfe.

Zu ihrem Erstaunen trafen sie ihn bei der Party in den neuen Praxisräumen von Martin und seinen Kollegen in der Park Avenue. Erika freute sich, ihn in dem dichten Gedränge zu entdecken. Stolz und eifersüchtig zugleich schilderte Klaus ihm schon beim ersten Drink, wie sie ihn bei der Diskussion im Gemeindesaal mit ihren Geschichten über die Familie ausgestochen habe.

»Sie hätten sehen sollen, wie sich die Zuhörer nachher auf sie gestürzt haben. Mich haben sie komplett ignoriert, als wäre ich gar nicht mehr da gewesen. Dabei habe ich zuvor den Vortrag gehalten, nicht sie.«

»Solche Vorträge sollten Sie auch anbieten. Die sind hier sehr gefragt«, beharrte Wolfe und reichte ihr einen Whiskey. »Gleich morgen rufe ich einen guten Freund von mir an, der einer der bekanntesten Agenten für Vortragsredner ist. Hellauf begeistert wird er sein, wenn ich ihm ein Naturtalent wie Sie empfehle.«

»Zuallererst müssen wir Anfang Januar die Premiere der *Pepper Mill* erfolgreich hinter uns bringen. Unser Agent plant im Anschluss an die Auftritte in New York sogar eine mehrwöchige Tournee«, schaltete Therese sich ein und legte Erika besitzergreifend den Arm um die Hüften.

»Und ich muss erst einmal dem guten Doktor zur Praxiseröffnung gratulieren.«

Froh, sich unter dem Vorwand aus der Affäre ziehen zu können, löste Erika sich aus Thereses Griff und eilte auf Martin zu, den sie im angrenzenden Raum umringt von einigen weißhaarigen Damen erspäht hatte. Zu ihrer Erleichterung hielt Wolfe Therese durch neugierige Fragen zur *Pepper Mill* fest. So konnte sie allein mit Martin sprechen.

»Es war ein hartes Stück Arbeit, aber es hat sich wirklich gelohnt.« Er strahlte über das ganze Gesicht, als er ihre Glückwünsche entgegennahm. »Vor allem, weil du heute Abend den Weg hierher gefunden hast. Das weiß ich sehr zu schätzen.«

»Es schien mir die einzige Gelegenheit für die nächsten Jahre, dich zu sehen.«

»Dasselbe könnte ich von dir behaupten. Du kannst auch nicht eben über Langeweile und einen leeren Terminkalender klagen«, konterte er. »Kommst du zwischen all deinen Verpflichtungen für Gott und die Welt überhaupt noch zum Luftholen?«

»Wenn mir das endlich die von dir versprochene Einladung zum gemeinsamen Abendessen verschafft, ganz gewiss.«

»Jetzt, wo die Praxis fertig ist, steigen deine Chancen rapide.«

»Pass auf, dass du mir nicht zu viel versprichst. Bestimmt holst du jetzt sehr bald deine Tochter nach New York.«

»Das Schuljahr wird sie noch in Berlin beenden«, erwiderte er und setzte ein verschmitztes Schmunzeln auf. »Die letzten Monate, die ich allein bin, sollte ich also unbedingt nutzen.«

»Hoffentlich nicht, um zu viel zu arbeiten.«

»Das habe ich nicht vor.«

Er suchte ihren Blick. Einen Moment versanken sie im beredten Schweigen.

»Am besten zeige ich dir die Räumlichkeiten«, brach er zu

ihrer Enttäuschung viel zu früh nach einem vernehmlichen Räuspern den Bann. »Dann kannst du dir mit eigenen Augen ein Bild davon machen, was mich die letzten Wochen so in Anspruch genommen und ob es sich überhaupt gelohnt hat.«

Die Praxis, das *office*, wie er es stolz amerikanisch nannte, war zwar nicht sonderlich groß, dafür lag sie an einer ausgezeichneten Adresse in der Park Avenue. Offenbar verfügten Harry Benjamin und David Jones, die beiden Kollegen, mit denen er dort praktizierte, über die entsprechenden Verbindungen, um sowohl an solche Räume wie auch an zahlungskräftige Privatpatienten zu gelangen, die die vermutlich recht hohe Miete einspielen halfen. Die Behandlungs- wie die Wartebereiche waren schlicht, aber geschmackvoll mit hellen Möbeln eingerichtet. Die medizinischen Gerätschaften verbargen sich in praktischen Wandschränken. Die Bilder an den Wänden verrieten, dass die drei Ärzte einen Sinn für moderne Kunst besaßen. Überrascht entdeckte Erika darunter einige Werke aus Maurices Privatsammlung.

»Daran bist du schuld«, bemerkte Martin schmunzelnd. »Durch dich habe ich ihn als Patienten gewonnen. Ein überaus großzügiger Mensch. Dir besorgt er eine Bühne für dein Kabarett, mir leiht er das ein oder andere Bild von Jeanne Mammen, Lotte Laserstein und Otto Dix, damit die Wände in meiner Praxis nicht so kahl wirken und ich Erinnerungen aus meiner Berliner Heimat um mich habe. Dafür messe ich ihm gelegentlich den Blutdruck.«

»Damit ist euch beiden geholfen.«

»Wollen wir hoffen.«

Eine Sekunde länger als nötig verschränkten sich ihre Blicke erneut ineinander.

»Ihr kommt direkt von Klaus' Vortrag, oder?«, wechselte er das Thema und führte sie in den Eingangsbereich zurück, wo der lange Empfangstresen zu einem Buffet umfunktioniert worden war. »Hast du überhaupt schon etwas gegessen? Meine wunderbare Hilfe Mrs. Holt hat mit ihren Freundinnen einen verführerischen Imbiss gezaubert. Davon musst du kosten. Mit diesen Gaumenfreuden kann selbst das *Waldorf-Astoria* kaum mithalten.«

Vergnügt wies er auf die drei Damen in dem schmalen Behandlungszimmer, aus deren Mitte Erika ihn vorhin gerissen hatte, und stellte sie vor. Sogleich stürzte die als Mrs. Holt Angesprochene davon, um ihr wenig später einen Teller mit ausgesuchten Köstlichkeiten zu bringen.

»Woher kennst du eigentlich Thomas Wolfe?«, erkundigte Erika sich, nachdem sie die akkurat in Dreiecke geschnittenen mehrstöckigen Thunfisch-, Sardellen- und Schinkensandwiches brav gegessen und Mrs. Holt gegenüber ihre Begeisterung kundgetan hatte.

»Mein zweiter Praxispartner behandelt ihn seit Jahren. Als er erfahren hat, dass ich ebenfalls schreibe, ist er gleich zu mir gewechselt.«

»Ist es zu fassen? Die Welt ist ein Dorf. Sogar hier in New York kennt immer jemand jemanden, den man auch kennt.«

»Ich fürchte, nirgendwo auf der Welt wirst du dem entgehen können.«

»Sie reden über Dörfer? Da bin ich doch genau richtig. Dorfbewohner interessieren mich immer. Oder sind Sie genau deshalb vorhin vor mir geflüchtet, Erika?«

Unvermittelt tauchte Thomas Wolfe hinter Martin auf und zwinkerte ihr verschmitzt zu. Auch er balancierte einen Teller kleiner Sandwichdreiecke sowie ein Whiskeyglas in den großen Händen.

»Apropos: Was halten Sie davon, die dörfliche Gemeinschaft New Yorks am Weihnachtsabend nächste Woche genauer kennenzulernen? Ich veranstalte bei mir zu Hause eine kleine Party. Ich würde mich sehr freuen, Sie und Ihren Bruder auch dabeizuhaben.«

»Oh.« Betreten schwieg Erika, Martin sah verlegen weg. Aus Wolfes Worten ging nicht hervor, ob er ebenfalls eingeladen war. Therese erwähnte Wolfe erst gar nicht, vom Rest des Ensembles und der *Bedford*-Mannschaft ganz zu schweigen. Was sollte sie ihm bloß antworten?

Mit einem Mal hatte sie wieder die Bilder ihres ersten amerikanischen *Christmas Eve* vor neun Jahren vor Augen. Fast hätte er in einer Katastrophe geendet. Im Haus des Regisseurs Ludwig Berger in Hollywood hatte der Weihnachtsbaum plötzlich lichterloh in Flammen gestanden. Kurz darauf wären Klaus und sie zu allem Überfluss beinahe mit Hugo von Hofmannsthals Sohn Raimund im Abgrund gelandet. Aufgekratzt von der kopflosen Aufregung um den brennenden Baum waren sie völlig betrunken zu einer nächtlichen Autotour durch die kalifornischen Berge gestartet.

Kaum dachte Erika an diese Erlebnisse, wurde ihr klar, wie sie das erste Weihnachten seit damals, das zweite überhaupt in ihrem einunddreißigjährigen Leben fern von den Eltern und den jüngeren Geschwistern, begehen wollte: ganz ruhig und traditionell im Kreis der ihr nach der leiblichen Familie derzeit am zweitnächsten Stehenden. Und das waren neben Therese und der *Pepper Mill*-Crew ihre Freunde aus dem Emigrantenhotel in New York, allen voran Martin. Klaus war ohnehin ihr ständiger

Schatten, einerlei, wie gefährlich oder sentimental sie das Fest begehen würde. Es stand also fest: An Heiligabend wollte sie ihre geliebte *Bedford*-Familie an den Händen fassen und in ihrer Nähe spüren.

Die Freunde wussten mit dem typisch deutschen Bescherungskitsch mit kunstvoll eingepackten Geschenken unterm Tannenbaum und sentimentalen Liedern wie *Stille Nacht* oder *Kling, Glöckchen* genauso viel anzufangen wie sie. Sollte sie keinen richtigen Baum auftreiben können, würde es notfalls ein bunt geschmückter Besenstiel tun. In jedem Fall aber sollte es eine besinnliche Atmosphäre mit Kerzenschein, festlichem Essen und feuchten Augen werden.

»Danke für die Einladung«, erwiderte sie Wolfe mit einem bedauernden Lächeln. »Aber leider bin ich an den Feiertagen bereits verplant.«

KAPITEL 20

Natürlich war das *Bedford* nicht die Poschi, überhaupt fühlte sich New York trotz der märchenhaften Schneedecke im Central Park und der überall funkelnden Weihnachtsbeleuchtung nicht so weihnachtlich an wie München, und letztlich waren auch die Freunde aus dem Emigrantenhotel nicht Erikas richtige Familie. Aber dennoch war es ein zauberhafter Heiligabend. Stilecht zog der Duft von Tannennadeln, Bienenwachskerzen und Bratäpfeln durch das enge Zimmer. Erwartungsvoll standen Erika und ihre Gäste Hand in Hand zusammen, schmetterten ergriffen Weihnachtslieder und warfen dabei immer wieder verstohlene Blicke auf die Geschenke unterm Baum.

Schon die Vorbereitungen waren das größte Vergnügen gewesen. Was sie genau plante, hatte Erika niemandem verraten, sondern lediglich mit handgeschriebenen Einladungskarten aus Büttenpapier zu einem »kleinen gemeinsamen Weihnachtsfest« zu sich aufs Zimmer gebeten. Tagelang zog sie vorher durch die opulent geschmückten Warenhäuser, ließ sich von den prächtigen Schaufenstern bei *Macy's* verzaubern und von der riesigen Auswahl bei *Wanamaker's, Saks* und *Bloomingdale's* inspirieren. Jedem ihrer Freunde wollte sie einen geheimen Wunsch erfüllen oder ihn wenigstens mit einem völlig verrückten Geschenk überraschen. Den anderen schien es ähnlich zu gehen, wie der stolz angewachsene Berg Päckchen und Kartons unterm Baum in der Ecke vor dem Fenster bewies.

Die Zeit vor dem Fest wurde für Erika eine der schönsten in New York. Staunend wie ein kleines Mädchen streifte sie umher, entdeckte an jeder Ecke verheißungsvolles Glitzern und Funkeln sowie Mistel- und Tannenzweige und kämpfte in den Geschäften meist erfolglos gegen die Weihnachtssonderangebote an, die sie immer wieder von Neuem zu weiteren, unüberlegten Ausgaben verführten. Selbst Wetterpatron Petrus ließ sich nicht lumpen und sorgte pünktlich zur Adventszeit für die passenden eisig kalten Temperaturen und stimmungsvolles Schneegestöber.

Nach den Proben im Chanin drehte sie zusammen mit Lotte, Sybille und dem jungen John, dick verpackt in Mäntel, Mützen und mit Handschuhen übermütige Schlittschuhrunden über die neu eingerichtete Eisfläche auf der Plaza des Rockefeller Center. Fasziniert bewunderten sie den riesigen, elektrisch beleuchteten Weihnachtsbaum, den der Bürgermeister in einer feierlichen *Tree Lighting Ceremony* symbolisch »entzündete«. Wie in Kindheitstagen fieberte Erika dem vierundzwanzigsten Dezember ungeduldig entgegen.

Und nun war der Heiligabend tatsächlich da. So traurig es war, ihn durch den Großen Teich von der Familie getrennt zu begehen, so tröstlich war es für Erika, einige der ihr derzeit liebsten Menschen um sich zu haben. Wenn sie die Lider schloss, tauchte sie in vergangene Zeiten ein und holte auch die anderen zumindest in Gedanken zu sich.

Heiligabend war in ihrer Familie immer etwas Besonderes gewesen. Neben den Eltern und den sechs Geschwistern hatten sich dazu auch Onkel Heinrich samt Familie sowie die Pringsheim-Großeltern in der Poschi eingefunden. Inständig wünschte Erika sich, es mochte ihnen allen gut gehen, einerlei, wo sie gerade steckten, allen voran natürlich den Großeltern, die trotz ihres hohen Alters immer noch völlig auf sich gestellt in München ausharren mussten.

Bevor sie vor Heimweh und Sorge laut aufschluchzte, schlug sie die Augen wieder auf, wischte sich die Wangen trocken und besah sich mit tränenverschleiertem Blick die kleine, festlich gekleidete und noch festlicher gestimmte Runde: Klaus, Therese, Magnus und Hubertus zu Löwenstein hatten sich vor dem Tannenbaum versammelt. Der Kreis war damit weitaus kleiner als ursprünglich geplant. Lotte, Sybille, Curt, Billy und Emil hatten die Einladung von ihrem *Pepper Mill*-Neuzugang Wallace zu einer ausgelassenen *Christmas Eve*-Party in Brooklyn spannender gefunden als ein traditionelles deutsches Weihnachtsfest. Was jedoch weitaus schwerer wog: Martin war kurzfristig zu einem dringenden Noteinsatz ins Krankenhaus beordert worden, dabei hatte sie sich auf seine Gegenwart am meisten gefreut.

Trotz dieser Enttäuschung war sie wild entschlossen, das Beste aus dem Abend zu machen. Wären alle wie erwartet gekommen, hätten sie ohnehin kaum Platz in ihrem Zimmer gefunden. Und die Grillhähnchen mit Kartoffeln und Gemüse, die sie aus einem Delikatessenladen in der neununddreißigsten Straße geordert hatte, hätten vermutlich gar nicht für alle hungrigen Mägen gereicht.

»Freue, freue dich, o Christenheit!« Endlich war die letzte Liedzeile gesungen und nach einem lauten Knistern und Knacken auch der letzte Ton aus dem Grammophontrichter endgültg verklungen.

»Auspacken!«, verkündete Klaus und stürzte sich ungeduldig wie ein kleiner Junge in die Ecke vor dem Weihnachtsbaum.

»Willst du wohl warten, ungezogener Bengel!«

Scherzhaft schlug Therese ihm auf die Finger, die er gerade nach dem ersten kunstvoll verschnürten Päckchen ausstreckte, während Hubertus sichtlich verlegen die Hände hinter dem Rücken verschränkte und angestrengt aus dem Fenster sah. Vermutlich rechnete er nicht damit, ein Geschenk für sich auf dem Gabentisch vorzufinden. Umso mehr freute Erika sich auf sein Gesicht, wenn er gleich die elf Jahre alte, von Dos Passos signierte Erstausgabe von *Manhattan Transfer* auswickelte, die sie am Vormittag noch im *Strand Bookstore* am Broadway für ihn aufgetrieben hatte. Als er beim Frühstück erwähnt hatte, inzwischen würde er sich zutrauen, den Roman im englischen Original zu lesen, war sie gleich losgelaufen, froh, damit endlich eine Idee zu haben, wie sie ihn überraschen könnte.

Ein lautes Klopfen an der Tür ließ sie alle innehalten.

»Ob da jetzt tatsächlich der Weihnachtsmann in seinem langen roten Mantel und mit dem dichten weißen Bart steht?«

»Vielleicht bringt er uns einige Flaschen eisgekühlte Coca-Cola vorbei.«

Therese erkannte sofort die praktische Seite, falls tatsächlich die derzeit in New York an jeder Fassade plakatierte und in jedem Schaufenster dekorierte Weihnachtsmannfigur der Limonadenfirma draußen stehen sollte. Seit fünf Jahren befand die sich auf ihrem Siegeszug durch die Vereinigten Staaten und hatte längst alle sonstigen traditionellen Vorstellungen erfolgreich verdrängt. Selbst in den Kaufhäusern hatte Erika nur noch wohlbeleibte Männer in dem Einheitskostüm auftreten sehen, auch wenn sie nicht direkt für das koffeinhaltige Getränk warben. In einer Buchhandlung hatte sie sogar schon Bilderbücher mit dem rot-weißen Herrn entdeckt.

»Mit Whiskey gemixt soll das ein hervorragender Drink sein«, meldete Hubertus sich zu Wort.

»Dann schaue ich am besten sofort nach.«

Neugierig stürmte sie zur Tür und riss sie mit einem vergnügten »Herzlich willkommen!« auf.

»Das nenn ich mal einen Empfang«, schallte ihr eine Frauenstimme auf Deutsch mit Schweizer Akzent entgegen.

Sie stutzte. Vor ihr stand Miro in einem braunen Wollmantel mit fescher Baskenmütze auf dem Kopf und mit einem Koffer in der Hand.

»Miro!« Schon schlängelte sich Klaus an ihr vorbei, um die Freundin zu umarmen. Therese folgte ihm zwar weitaus bedächtiger, aber ebenso erfreut. »Was für eine Überraschung!«

»Genau rechtzeitig zu den Drinks!«

Klaus schnappte sich den silbernen Cocktailshaker vom Tisch und begann mit dem Mixen. Als wäre das das ersehnte Zeichen, verwandelte sich die eben noch so rührselige Stimmung in aufgekratztes Partytreiben. Magnus nahm die Platte vom Grammophon und wechselte von Weihnachts- zu Jazzmusik. Noch während das charakteristische Klarinettensolo Gershwins *Rhapsody in Blue* einleitete, warf Therese die Arme in die Luft und forderte Hubertus mit verführerisch schwingenden Hüften zum Tanzen auf.

Erika fragte Miro unterdessen nach dem Grund für ihr unangekündigtes Auftauchen. Eigentlich hatte sie erst zu Silvester mit ihr gerechnet.

»Keine Sorge! Mit Barbara ist alles bestens«, versicherte Miro knapp, legte ab und lud sich eine ordentliche Portion Huhn,

Kartoffeln und Gemüse auf einen Teller. Für ihre Verhältnisse ungewöhnlich hungrig schaufelte sie das Essen in Windeseile in sich hinein.

Dann sprudelte sie los, was sie in den letzten Wochen erlebt hatte, angefangen bei ihrem Besuch in Washington kurz nach Roosevelts triumphalem Wahlsieg, über eine mehr oder weniger abfällige Beschreibung der Familienverhältnisse ihrer neuen Gefährtin Barbara Wright, deren Mutter als Erbe ihres früh verstorbenen Ehemanns ausgerechnet dessen leidenschaftlichen Kampf gegen Drogenmissbrauch weiterführte, bis hin zu den Vorbereitungen ihrer Rechercherreise durch die Industriegebiete im Nordwesten Amerikas, zu der sie Anfang des neuen Jahres aufbrechen wollte.

»Von wegen ›gelobtes Land‹! Hier herrscht Kapitalismus in seiner schlimmsten Ausprägung. Am liebsten würde ich gleich wieder nach Moskau zurück und den Genossen brühwarm davon berichten.«

»Nix da! Jetzt ist erst einmal Weihnachten«, platzte Klaus dazwischen. »Vorerst fährt hier keiner mehr nach Moskau. Vorerst bleiben wir alle brav hier und packen endlich aus, sonst wird Eri sauer. Schließlich hat sie sich so viel Mühe für uns alle gemacht.«

Flugs setzte er sich auf den Boden vor die Geschenke und begann, Päckchen für Päckchen erst neugierig zu untersuchen und dann an die Adressaten zu verteilen.

In der Enge des Hotelzimmers breitete sich im Handumdrehen statt Besinnlichkeit unsägliche Hektik aus. Leise unterdrückte Flüche begleiteten das Entknoten der Schleifen, Papier raschelte beim Aufreißen. Sobald die Inhalte der Geschenkverpackungen sichtbar wurden, gellten jedoch spitze Entzückensschreie wild durcheinander. Zumindest waren Erika die Überraschungen gelungen, und die Beschenkten zeigten sich von ihrem Einfallsreichtum wie auch von der Aufmerksamkeit, mit der sie für jeden das exakt Passende aufgetrieben hatte, hellauf begeistert. Tief gerührt nahm sie die Dankesbekundungen entgegen.

»Du bist einfach die Allerbeste!«, jubelte Klaus ein ums andere Mal und bestaunte den schweren Füller mit der weichen Feder von allen Seiten. Kunstvoll hatte Erika ihn mit seinen Initialen versehen lassen. Magnus freute sich über einen federleichten, wärmenden Cashmerepullover, Hubertus' Augen leuchteten beim Anblick der signierten Erstausgabe von Dos Passos, und Therese strahlte wie ein Honigkuchenpferd, als sie die seit Wochen heiß umschwärmten dunkelroten Spangenschuhe aus der Auslage bei *Saks* in Händen hielt. Selbst für Miro fand sich ein kleines Päckchen. Jetzt, wo die Freundin wie aus dem Nichts aufgetaucht war, war Erika froh, die lederne Fototasche bereits gekauft und eingepackt zu haben. Ursprünglich hatte sie das erst nach Weihnachten erledigen wollen, weil Miro erst kurz vor der Premiere nach New York hatte zurückkommen wollen.

»Und was ist mit Eri?«, fragte Therese scheinheilig.

»War sie denn überhaupt artig genug, um vom Christkind ebenfalls bedacht zu werden?«, meldete sich Magnus zu Wort und grinste breit.

»Ich hege da so meine Zweifel«, behauptete Klaus. Neckend zupfte er Erika an der Nase.

»In diesem Jahr sollten wir großzügig sein«, erwiderte Therese. »Vergesst nicht, dass sie hier in New York wirklich Himmel und Hölle für die *Pepper Mill* in Bewegung gesetzt hat.«

»Die vielen Partys und Einladungen, die sie dafür annehmen muss, sind wirklich eine Zumutung«, spottete Magnus.

»Vor allem, weil sie sich dafür in so unsagbar noble Gesellschaft begeben muss. Die Turtelei mit den unermesslich reichen und weniger reichen Männern erfordert natürlich allergrößte Opfer von ihr.«

Die gehässige Bemerkung konnte Miro sich nicht verkneifen. Therese quittierte das mit einem despektierlichen Augenrollen.

»Kinder, heute feiern wir Heiligabend. Das Fest der Liebe und der Versöhnung«, mahnte sie, bevor sie sich bückte und unterm Bett ein längliches braunes Paket mit einer dicken roten Schleife herauszog.

»Für dich, mein Schatz. Von uns allen. Selbst von denen, die sich gerade auf Wallaces Party die Seele aus dem Leib tanzen, statt in Andacht vor dem Weihnachtsbaum zu versinken.«

»Danke!« Erika war gerührt. Die finanzielle Lage der anderen war mehr als bescheiden. Keiner hatte einen Cent zu verschenken. Und trotzdem hatten sie zusammengelegt und etwas für sie gekauft. Damit hatte sie nicht gerechnet. Was es wohl sein mochte?

Der Karton war nicht sonderlich schwer. Neugierig schüttelte sie ihn. Es rührte sich nichts.

»Mach schon!«, forderte Klaus sie ungeduldig auf. Er schien ebenso gespannt wie die anderen auf ihre Reaktion.

Umso bedächtiger beschäftigte sie sich mit dem sorgfältigen Aufziehen der Schleife und kostete jede Sekunde aus, die das dauerte.

Endlich war es vollbracht. Sie wickelte das Band ordentlich auf, hob behutsam den Deckel des Kartons an, spähte hinein.

Und entdeckte ein flauschiges roséfarbenes Etwas aus weichem Frottee.

»Ein Bademantel!«

Ungeduldig faltete sie ihn auseinander und warf ihn sich schwungvoll über.

Er fühlte sich verführerisch mollig an und besaß einen sehr eleganten, modischen Schnitt.

Trotzdem schnürte es ihr die Kehle zu. Was sollte das? Wozu brauchte sie den?

»Damit du wenigstens ordentlich aussiehst, wenn du mit uns und der *Pepper Mill* Anfang Januar baden gehst«, erklärte Magnus. Die anderen brachen in schallendes Gelächter aus.

Erika musste jedoch plötzlich mit den Tränen kämpfen. Das war einfach zu viel! Meinten sie das tatsächlich so? Sie mussten doch wissen, was sie ihr damit antaten! Am liebsten hätte sie laut aufgeschrien. Sie war zutiefst verletzt. Wegen des bösen Kommentars. Und der Ignoranz ihrer sogenannten Freunde, die nicht im Mindesten begriffen, was sie ihr damit antaten. Hilflos ballte sie in den Seitentaschen des Frotteebademantels die Fäuste. So witzig es vielleicht trotz allem gemeint sein mochte, fühlte sie den tiefen Graben zwischen sich und den anderen auf einmal deutlicher denn je klaffen.

»Nimm dir das nicht so zu Herzen«, riet Therese, als die Heiligabendgesellschaft sich weit nach Mitternacht aufgelöst hatte und sie beide in einem völlig verwüsteten Zimmer allein zurückgeblieben waren. »Keiner von uns ist derzeit zurechnungsfähig. Erst die Wochen der Ungewissheit in Europa, ob und wann wir überhaupt aufs Schiff können, dann die anstrengende Überfahrt, der unerfreuliche Empfang auf Ellis Island und seither der tägliche Kampf mit dem neuen Leben, von der komplizierten Aussprache des Englischen ganz zu schweigen. Das macht uns allen mehr zu schaffen, als wir geahnt haben. Wir sind völlig entwurzelt. Jeder packt verzweifelt nach dem erstbesten Strohhalm, der ihm unterkommt, ohne Rücksicht darauf, ob er ihn einem anderen entreißt oder nicht.«

»Was denkt ihr euch eigentlich? Denkt ihr überhaupt noch? Mir geht's doch auch nicht besser als euch«, brauste Erika verzweifelt auf.

»Du hast schon die ersten kräftigen Halme zu fassen gekriegt und spürst allmählich festen Boden unter den Füßen.«

»Genau deshalb strecke ich euch meine Hände entgegen, um euch mit ans rettende Ufer zu ziehen.«

»Meine tapfere Eri!« Zärtlich strich die Geliebte ihr eine Haarsträhne aus der Stirn, ließ die angenehm warme Hand auf ihrer Wange liegen und sah sie eindringlich an. »Das wissen wir doch. Ohne dich wären wir hier schließlich komplett aufgeschmissen.«

Sie hauchte ihr einen Kuss auf die Nasenspitze.

»Damit dir die Kraft nicht ausgeht, bin ich für dich da. Ich pass auf dich auf.«

Sie fasste sie am Arm und führte sie aus dem Chaos in ihrem Zimmer quer über den Flur in ihr eigenes, akkurat aufgeräumtes. Erschöpft und dankbar ließ Erika es geschehen.

KAPITEL 21

Auf einmal schien der Knoten geplatzt. Als hätte sich mit den Schleifen um die Weihnachtsgeschenke auch die lähmende Unsicherheit wegen der Sprach- und Verständnisprobleme gelöst, lief die *Pepper Mill*-Truppe rechtzeitig zur Generalprobe wenige Tage nach Weihnachten und genau eine Woche vor der Premiere Anfang Januar zur Höchstform auf. Der Enthusiasmus war äußerst ansteckend. Erika fiel ein ganzer Steinbruch vom Herzen.

Dabei saßen nicht nur die wohlmeinenden Exilfreunde aus dem *Bedford* im Zuschauersaal, sondern ein ganzer Stab wichtig wirkender Menschen um den Agenten Coppicus vom Metropolitan Musical Bureau, die gewiss jede Geste und jeden Ton kritisch auf ihre Amerikatauglichkeit hin registrieren würden. Daneben wollte Klaus' Vortragsagentin Sarah Brandes-Bralans die Vorstellung sehen, ebenso Vicki Baum, Theresa Helburn, Dorothy Thompson mit ihrem Ehemann Sinclair Lewis sowie natürlich Maurice, Thomas Wolfe und noch eine ganze Reihe anderer mehr oder weniger eng mit Erika, Klaus, dem *Pfeffermühle*-Ensemble oder einem der anderen Beteiligten Verbundener. Als verspätetes Weihnachtsgeschenk hatte Vicki Erika sogar noch ihren einstigen Berliner Theaterlehrmeister Max Reinhardt, der inzwischen ebenfalls in den Staaten eingetroffen war, als weiteren Mitfinanzier präsentiert. Selbstverständlich ließ er es sich nicht nehmen, die Generalprobe zu besuchen, was Erika zum Glück erst kurz vor Beginn der Vorstellung bemerkte.

Soweit sie das von der Bühnenseite aus feststellen konnte, war jeder Platz im Chanin Auditorium besetzt. Der von Coppicus beauftragte Fotograf, der für das Programmheft und die Presse fleißig Szenenfotos knipsen sollte, hatte große Mühe, sein Stativ an den vorteilhaftesten Stellen aufzubauen und seinen Assistenten durch die Reihen zu dirigieren.

Als sich kurz vor dem Heben des Vorhangs noch einmal vorsichtig die Eingangstür öffnete und Martin mit seinen Praxiskollegen wie auch Mrs. Holt und den beiden anderen weißhaarigen Helferinnen hineinschlüpfte, wurde Erika schlagartig noch nervöser. Wenn ihr jetzt nur nicht die Schminke im Gesicht verlief! Das Einsetzen der Musik, das ihren Auftritt als Conférencière ankündigte, erschien ihr wie eine Erlösung aus der Anspannung. Mit betont großen Schritten trat sie in die Mitte der Bühne, hob den Kopf, breitete die Arme zur Seite und begann ihren Text.

Kaum waren die ersten Silben gesprochen, fiel die Aufregung jedoch von ihr ab. Jeder Ton saß, jede Bewegung glückte, insbesondere bei ihrem Part als fröhliche, unbekümmerte Skilehrerin, mit dem sie angesichts der anschaulichen Beschreibung des Scheiterns der selbst ernannten Pistenhelden – einerlei, welcher nationaler oder politischer Couleur sie angehörten – amüsierte Lacher erzielte. Aber auch Lotte erntete mit ihren ausdrucksstarken Tänzen frenetischen Applaus, ebenso natürlich die drei Amerikaner, die sich mit ihren locker-komischen Nummern so souverän ins Programm einfügten, als wären sie schon immer fester Teil davon gewesen.

Allmählich wagte Erika, aufzuatmen. Schon nach der ersten Hälfte war das Publikum gewonnen.

Umso aufregender fand sie, wie sehr die schüchterne Sybille gerade durch ihr stockendes Englisch den Saal berührte. Ihr selbst blieb vor Schreck fast die Spucke weg, weil Sybille sich mehrmals heftig im Text verhaspelte und viel zu offensichtlich nach den fremden Worten suchte. Die fragenden Anfangszeilen ihrer Loreley – »Ich weiß nicht, was soll es bedeuten/Since love has come to me« – klangen dadurch täuschend echt verzweifelt, was die Zuschauer mit begeistertem Klatschen honorierten. Das krasse Gegenteil zu ihr stellte dann jedoch Therese dar. Der jähe Wechsel in der Stimmung ließ Erika zutiefst erschrecken. In den Proben hatte sie das nicht so stark empfunden. Bis sie begriff, dass die Geliebte als alpenländische »Jodlerin« und gestandenes »Marktweib« gerade wegen ihres starken Akzents und des derben Gebarens als Verkörperung des tumben Germanentums par excellence rüberkam.

Die Zuschauer verfolgten das Programm immer faszinierter. Und das offenkundig nicht allein aus gutem Willen gegenüber den Freunden und Kollegen.

Als Erika nach einer gefühlten Ewigkeit zum Schluss den letzten Zeilen von Audens Übersetzung ihres Bravourstücks *Kälte* – »Because the day/Always defeats the night!« – nachlauschte, war ihr, als hätte sie nie je anders als auf Englisch mit der *Pepper Mill* agiert und nie je anderswo als hoch oben in einem Wolkenkratzer in Manhattan auf der Bühne gestanden.

»Großartig!« – »Wunderbar! Einfach fa-bel-haft!«

Das Generalprobenpublikum sprang von den Stühlen und applaudierte im Stehen. Der ein oder andere steckte gar zwei Finger in den Mund und pfiff vor Begeisterung.

Beglückt legten sich die *Pfeffermühle*-Darsteller die Arme auf die Schultern, traten gemeinsam an den Bühnenrand und badeten im tosenden Beifall. Mehr als ein Dutzend Mal verbeugten sie sich eng aneinandergeschmiegt vor den Zuschauern.

Tränen der Erleichterung und der Freude traten ihnen in die Augen. Als hätten sie mit schwerem Marschgepäck den Himalaya überquert, feierten sie nun ihre gelungene Rückkehr in die Zivilisation.

»Ihr wart einfach grandios! Ganz New York wird euch zu Füßen liegen.«

Vicki fing Erika nach dem Abschminken und Umziehen im Flur ab.

»Danke!« Berauscht von dem Erfolg fiel Erika ihr um den Hals. Sie konnte ihr Glück kaum fassen – und das nach den wochenlangen Querelen wegen der nervigen Sprachprobleme einzelner Ensemblemitglieder und der immer heftigeren Zweifel daran, ob ein anspruchsvolles Kabarettprogramm, das von Andeutungen, Parodien und dem Spiel mit vertrauten Traditionen lebte, so einfach über den Großen Teich zu exportieren war. Nichts davon hatte an diesem Abend eine Rolle gespielt. Mit ihrem Talent und Können hatten sie überzeugt und die Herzen des Publikums erreicht. Das schien zu genügen, um ihre Botschaft ankommen zu lassen.

Arm in Arm kehrte sie mit Vicki zum Saal zurück. Dort herrschte bereits ausgelassener Trubel. Die Stühle waren zum Feiern beiseitegeräumt. Dieses Mal hatte Coppicus ein Überraschungsbuffet spendiert und das gesamte Generalprobenpublikum eingeladen.

Champagner floss in Strömen, allerdings gab es auch deutsches Bier aus dem Fass wie überhaupt ausschließlich bayerische Spezialitäten, angefangen bei erstaunlich knusprig-röschen Brezn, über Schweinsbraten, Leberkäs und Schinken bis hin zu Legionen von Bratwürstchen sowie Bergen von Sauerkraut und Kartoffelsalat. Coppicus hatte die Spezialitäten offenkundig eigens von deutschen Metzgereien und Bäckereien liefern lassen, die in einigen Ecken Manhattans mit ihrem Angebot nicht nur Emigranten erfreuten. Ein vertrauter, lange nicht mehr gerochener Duft zog über die Köpfe der Anwesenden. Erika erschien es auf einmal wieder absolut unwirklich, sich mit den anderen auf Englisch zu unterhalten.

»Famos!«, jubelte Dorothy ihr passenderweise auf Deutsch zu. »Ein Kabarett wie damals in Berlin. Du bist ein Genie, Erika! Du bringst uns das einfach nach New York. Mein Gott, wie viele Jahre habe ich mich danach gesehnt.«

»Hervorragend!«, lobte Sarah anerkennend, und Wolfe sagte lapidar: »Das wird ein großer Erfolg.«

»Kinder, hört auf! Das war erst die Generalprobe«, mahnte Erika, auch wenn es mehr als guttat, nach den Wochen der Anspannung die ersten Früchte für die nervenzehrenden Mühen einzufahren.

So wie ihr ging es letztlich allen *Pfeffermühle*-Angehörigen. Erschöpft, aber rundum zufrieden mit ihrer Leistung und zum ersten Mal zuversichtlich, dass ihr Unternehmen allen Unkenrufen zum Trotz gelingen konnte, stürzten sie sich aufs vertraute heimische Essen wie auch aufs Bier.

»Jetzt kann das neue Jahr kommen«, verkündete Therese und stieß mit jedem reihum an.

Erika war sich sicher, sie seit vielen Monaten, wenn überhaupt je seit Verlassen ihrer Münchner Heimat, nicht mehr so gelöst erlebt zu haben. Selbst mit Martin begann sie einen vergnügten

Schwatz, dabei verzichtete sie sonst auf keine Gelegenheit, ihn ihr Missfallen spüren zu lassen.

»Wer hätte das gedacht?«, meldete Miro sich nach einem amüsierten Seitenblick auf sie zu Wort. »Da wächst so manche Münchner Volksschauspielerin in der Fremde noch weit über sich hinaus.«

»Tja, wo ungeahnte Talente reifen«, erwiderte Magnus mit einem süffisanten Grinsen. »Ob du's glaubst oder nicht, aber selbst im hohen Alter von achtunddreißig erweist sich so manche Bühnengröße noch als lernfähig.«

»Jetzt haltet mal die Luft an«, fuhr Erika sie an. Es gefiel ihr nicht, wie sie sich ausgerechnet auf Therese einschossen, die nach wie vor das Herz der *Pfeffermühle* darstellte und mit ihrer Theaterkunst ganz sicher auch in New York brillieren würde.

»Wirklich eine großartige *show*«, schaltete sich Miros neue Flamme Barbara Wright ein. Offenbar wollte auch sie die Wogen glätten, ehe ein neuer Zwist losbrach. »Das wird sensationell einschlagen. So etwas hat man hier in Amerika wirklich noch nicht gesehen.«

Die junge Fotoreporterin mit dem burschikosen Kurzhaarschnitt und den langen, weiten Wollhosen, zu denen sie auffällig grobe Bergschuhe trug, war erst am Nachmittag aus Washington eingetroffen. Erika fand sie auf Anhieb sympathisch und in ihrer Direktheit überraschend unkompliziert. Insgeheim hegte sie die Hoffnung, Miro würde an ihrer Seite endlich zur Ruhe kommen.

Je länger das Bier floss und je leerer das Buffet wurde, desto übermütiger wurde die Stimmung.

»Ist das eigentlich ein gutes oder ein schlechtes Omen, wenn die Generalprobe derart phantastisch gelingt?«, fragte Maurice zu später Stunde in die Runde.

»Was?« Jäh erstarrte Therese mitten in ihrem Gespräch mit Lotte. Auch die anderen Ensemble-Mitglieder verwandelten sich plötzlich in Stein. Beklemmendes Schweigen senkte sich über die eben noch so fröhlich durcheinanderplappernde Schar.

»Habe ich etwas Falsches gesagt?« Maurices Blick wanderte verwirrt umher.

»Nein, nein«, beeilte sich Erika zu versichern. »Wir leben schließlich im zwanzigsten Jahrhundert. Von uns ist doch keiner mehr abergläubisch!«

KAPITEL 22

Erika wollte es erst nicht fassen. Klaus gab tatsächlich auf, stellte dem erstbesten Ober sein leeres Glas aufs Silbertablett, schob die Hände tief in die Taschen seiner neuen Smokinghose und schlenderte, ohne sich noch einmal zu ihr umzudrehen, seelenruhig mitten durch die dicht gedrängte Menge dem Ausgang zu.

Obwohl es ihr leidtat, ihn ziehen zu lassen, fühlte sie sich erleichtert. Ihr war inzwischen sehr zum Feiern, ihm offenbar nicht mehr. Tatsächlich war es also besser, er ging und ließ sie allein zurück.

Soweit sie es erkennen konnte, hielt er es nicht für nötig, sich von ihrem Gastgeber zu verabschieden. Das wunderte sie. Er war es schließlich gewesen, der sie mit Engelszungen zur Silvesterparty bei Maurice überredet hatte, während sie sich zunächst hartnäckig gesträubt hatte, mitzukommen.

»Du musst dir Maurice unbedingt warmhalten. Er verehrt dich über alle Maßen«, hatte er sie eindringlich gemahnt, als sie erklärt hatte, ihr stehe nicht der Sinn nach einer pompösen Feier mit unzähligen fremden Menschen in einem luxuriösen Apartment an der Fifth Avenue.

Ausgehfertig war Klaus in seinem neuen maßgeschneiderten Smoking nach einem gemeinsamen, einfachen Abendessen in einem Diner unweit des Grand Central Terminal in ihr Zimmer geschneit. Verblüfft über ihre Abfuhr hatte er sich eine Zigarette angesteckt und sie zunächst schweigend, aber aufmerksam aus zusammengekniffenen Augen betrachtet. Es war wie verkehrte Welt. Sonst war er derjenige von ihnen, der sich als Erster aus allem zurückzog. Nun beschwor er sie inständig, sich mit ihm bei Maurice zu amüsieren, während sie darauf beharrte, dass der geistlose Small Talk auf solchen Einladungen ihr zuwider war und sie sich am liebsten für den Rest der Nacht mit einem guten Buch in ihr Bett verkriechen würde.

In Wahrheit war ihr nicht nach Lesen, sondern zum Heulen zumute. Obwohl Martin ihr bei seiner Praxiseröffnung versprochen hatte, bald mehr Zeit für sie zu haben, sah sie ihn seither so gut wie nie. Fast hatte sie den Eindruck, er würde ihr doch wieder ganz bewusst aus dem Weg gehen.

Hinzu kam ein weiteres Mal eine bittere Auseinandersetzung mit Therese, die mit ihr aufs Land fahren wollte, um dort fern von allen anderen zu zweit Silvester zu feiern. Als sie ablehnte, reagierte die Geliebte zutiefst beleidigt. Doch Erika wollte auf keinen Fall mit ihr allein sein. Thereses Sturheit und Pessimismus, was das Gelingen der *Pfeffermühle* betraf, raubten ihr inzwischen die Luft zum Atmen. Nicht einmal die bestens überstandene Generalprobe hatte etwas dagegen auszurichten vermocht. Im Gegenteil betonte Therese seither erst recht, welch schlechtes Omen das war, insbesondere weil Maurice den althergebrachten Aberglauben, dass die Generalprobe schiefgehen musste, damit die Premiere gelang, auch noch direkt angesprochen hatte. Einmal mehr wurde Erika bewusst, wie engstirnig Therese war und wie sehr sich ihre Leidenschaft für sie inzwischen abgekühlt hatte. Liebte sie sie überhaupt noch? Immer ernsthafter fragte sie sich das. Auch Therese drängte auf eine Antwort und warf ihr ob ihrer Ausflüchte Egoismus und Rücksichtslosigkeit vor.

Statt sich ihre Vorwürfe ständig von Neuem anhören zu müssen, einerlei, ob allein mit ihr in einem einsamen Landhaus vor dem romantisch knisternden Kamin oder im Beisein des Ensembles in der schnörkellosen Bar im *Bedford*, oder stattdessen auf Maurices Party artig Konversation machen zu müssen, wollte Erika lieber gar nicht erst Silvester feiern.

»Bist du verrückt? Du kannst Maurice doch nicht vor den Kopf stoßen!«, hatte Klaus sich empört. »Zu seiner Party müssen wir. Jetzt erst recht. Maurices Geduld reicht gewiss nicht bis in alle Ewigkeit. Wenn er sich von dir abwendet, bedeutet das das Ende der *Pepper Mill*.«

»Da sind wir wohl beim Kern der Sache. Du hast Angst, er hätte genug von mir und wir müssten unsere Rechnungen demnächst wieder selbst bezahlen«, stellte sie resigniert fest.

Den Einwand überging Klaus.

»Weißt du überhaupt, was es heißt, von ihm umschwärmt zu werden? Halb New York würde sofort mit dir tauschen! Dir gefällt er doch auch weitaus besser, als du zugeben magst. Ich hab euch tanzen sehen, damals bei der Geburtstagsfeier im *Cloud Club*. Ihr gebt ein wunderschönes Paar ab. Spring über deinen Schatten, Eri. Zeig ihm endlich, was du für ihn empfindest! Heute Abend ist die beste Gelegenheit.«

»Heute Abend stehen mehrere Hundert Gäste bei ihm auf der Matte«, widersprach sie. »Da wird die arme kleine Erimaus sich ganz weit hinten in der Schlange anstellen müssen, um ihm artig die besten Wünsche fürs neue Jahr überbringen zu dürfen.«

»Tu nicht so schüchtern.« Plötzlich war Klaus verärgert. »Wir wissen beide, wie die Sache steht. Auf niemanden wartet Maurice heute sehnlicher als auf dich.«

Aber wartete sie auch auf ihn? Wenn sie das nur wüsste! Wenn sie überhaupt wüsste, was sie wollte, schoss ihr in dem Moment wieder einmal durch den Sinn. Schweißperlen traten ihr auf die Stirn. Unzählige Male hatte sie sich das in den letzten Wochen schon gefragt. Sie saß zwischen allen Stühlen. So fremd ihr Therese inzwischen geworden war, so sehr fühlte sie sich sowohl zu Maurice wie auch zu Martin hingezogen. An Maurice gefiel ihr die Weltläufigkeit und Klugheit sowie seine Aufgeschlossenheit, sich mit allem, was sie beschäftigte, ebenfalls ernsthaft auseinanderzusetzen. Obendrein machte er ihr auf sehr schmeichelhafte Weise den Hof. An Martin wusste sie die Hingabe zu schätzen, mit der er sich für drängende Probleme und Menschen in Not einsetzte. Die Fürsorglichkeit, mit der er ihr begegnete, behagte ihr. Nur zu gern würde sie die Leidenschaft, die trotz alledem in ihm schlummerte und beim Tanzen bereits ansatzweise zutage trat, am eigenen Leib spüren. Was sollte sie nur tun?

»Hör endlich auf, dem drögen Doktor hinterherzulaufen!«, hatte Klaus sie im selben Moment jäh aus ihren Grübeleien ins enge Zimmer im *Bedford* zurückkatapultiert. »Er hat dich nicht im Geringsten verdient. Es macht zwar wirklich Spaß, mit ihm die Jazzclubs in Harlem oder Greenwich Village zu besuchen. Davon versteht er etwas. Aber nicht von Frauen wie dir. Dich muss man auf Händen tragen, dir die Welt, zumindest New York, zu Füßen legen und dich nach Strich und Faden verwöhnen. Und dich ganz bestimmt nicht ständig aufs Neue vertrösten so wie er, weil bei ihm die Kranken ständig Vorrang haben. Hake ihn endlich ab und besinn dich auf das, was Maurice dir bietet. Der legt dir die ganze Welt zu Füßen! Du liebst doch den

Luxus. Du magst Partys. Du lebst nur einmal, Eri. Du musst an dein Vergnügen denken. Genieße es, solange du kannst.«

Um ihr gar nicht erst die Chance zu entkommen einzuräumen, riss er den Kleiderschrank auf und durchwühlte ihn auf der Suche nach einem für den Silvesterabend geeigneten Kleid. Schließlich nötigte er ihr das knöchellange, eng anliegende aus blutrotem Samt auf, dessen Ausschnitt vorn wie hinten schwindelerregend tief war.

»Dem kann kein Mann widerstehen, es sei denn, er ist blind«, erklärte er, lief ins Badezimmer und ließ ihr eine Wanne mit verführerisch duftender Rosenessenz ein.

Als ob er befürchtete, sie würde in letzter Minute doch noch Reißaus nehmen, postierte er sich während ihres Wannenbads wie in früheren Zeiten in der Poschi auf dem Klosettdeckel und sah zu, wie sie sich im angenehm warmen, wohlriechenden Wasser aalte.

»Weil du so wunderbar brav bist, hast du dir eine Belohnung verdient, Schwesterherz.«

Kurz bevor sie aus dem Bad steigen wollte, zog er augenzwinkernd zwei silberne Staniolbriefchen aus der Smokingbrusttasche.

»Du denkst mal wieder an alles.«

Er hatte recht: Sie lebte nur einmal. Sie musste an ihr eigenes Vergnügen denken und genießen. Nach all der Mühsal der letzten Wochen stand ihr das zu. Schwungvoll tauchte sie ein letztes Mal mit Kopf und Rumpf in der Wanne unter, spritzte ihm beim Auftauchen übermütig eine ordentliche Ladung Wasser ins Gesicht.

»Für dich reiße ich mir sämtliche Beine aus, Eri«, versicherte er, sprang auf und schnappte sich das über dem Heizkörper

vorgewärmte, weiche Handtuch, um sie liebevoll damit abzu-
frottieren.

Mit jeder Locke, die sie wenig später auf dem Kopf eindrehte,
und jeder Quaste Puder, den sie auf die Wangen stäubte, steigerte sich ihre Lust aufs Tanzen, Trinken und Feiern.

Als sie zwei Stunden später Arm in Arm das *Bedford* verließen und in Maurices Cadillac zur Fifth Avenue chauffiert wurden, wäre Erika der ganzen Welt am liebsten überschwänglich
um den Hals gefallen. Auf einmal fühlte sie sich wunderbar offen für alles, was der Abend bei Maurice bot, und ahnte, dass sie
gewiss nicht enttäuscht werden würde.

In der offenen Bibliothek des weitläufigen Apartments spielte
ein dunkelhäutiges Sextett einen beschwingten Jazz. Die Ersten
tanzten bereits so ausgelassen, dass der Boden bebte. Die Cocktails schmeckten exzellent. Überhaupt war die flirrende Span-
nung, die angesichts des bevorstehenden Jahreswechsels über
den Köpfen der Gäste hing, animierend. Bis Mitternacht wären
vermutlich alle in völliger Ekstase explodiert.

Erika hielt es kaum mehr ruhig auf der Stelle. Ihre Beine und
Füße zuckten im Rhythmus der Musik, sie rauchte und trank
und lachte.

»Ich muss gehen«, schrie Klaus ihr ins Ohr, weil es längst zu
laut geworden war, um sich normal zu unterhalten. Noch ehe
sie ihn fragen konnte, wohin er denn wolle, bahnte er sich bereits seinen Weg durch die Menge zum Ausgang und ließ sie
damit einfach allein. Das aber kümmerte sie plötzlich gar nicht
mehr.

»Hat es Ihrem Bruder nicht gefallen?« Maurice eilte auf sie
zu, kaum dass Klaus zur Tür hinaus war. Die hohe Stirn sorgen-
voll gerunzelt, den Blick aus seinen dunklen Augen beunruhigt

auf sie gerichtet, zupfte er an seinem buschigen Schnurrbart, wirkte sichtlich zerknirscht.

»Tut mir leid, dass ich bislang noch keine Zeit hatte, mich mit Ihnen zu unterhalten, doch Sie sehen ja selbst, wie viel los ist.«

»Wie könnte ich mich beschweren, wo ich Sie ebenfalls schon so lange auf die Folter spanne?«

Vor vier Wochen bei der kleinen Feier im *Cloud Club* hatte er sie seiner Bereitwilligkeit versichert, auf sie und ihre Entscheidung zu warten. Nun war es an der Zeit, diese Warterei zu beenden.

»Wenn ich mich recht erinnere, sind Sie ein ausgezeichneter Tänzer.«

»Soll das eine Aufforderung sein?« Er lächelte amüsiert.

»Nehmen Sie sie an? Eine letzte Warnung noch: Ich bin sehr besitzergreifend, vor allem heute Abend.«

»Das klingt vielversprechend. Sie ahnen nicht, wie lange ich mich schon danach sehne.«

»Wie gut, dass Sie nicht überm Warten verzweifelt sind.«

»Wie könnten Sie mich je zur Verzweiflung bringen, Erika?«

»Absichtlich hoffentlich nie.«

Er stellte ihr Glas beiseite und bot ihr den Arm, um sie in die Bibliothek zu führen.

Nach nur wenigen Schritten unter Maurices Führung meinte Erika bereits, übers Parkett zu schweben. Wie bei der Geburtstagsfeier im Chrysler Building harmonierten sie als Tanzpartner wie sonst nur Martin und sie. An den aber wollte sie in dieser Nacht keinen Gedanken mehr verschwenden.

Eingängige Klarinetten- und Trompetenklänge, rhythmisch untermalt von wischenden Jazzbesen, drangen gedämpft an ihr

Ohr. Wieder und wieder drehten Maurice und sie sich um die eigene Achse, kreisten im Sog der anderen Paare um die ovale Tanzfläche. Dennoch wähnte sie sich ganz allein mit ihm. Ein unsichtbares Band knüpfte sie zusammen. Sie legte den Kopf zurück, schloss die Augen.

Eine seiner Hände auf der nackten Haut zwischen ihren Schulterblättern zu spüren, die andere in der eigenen Hand festzuhalten, verursachte ihr ein angenehmes Kitzeln. Sie rückte näher an ihn heran, was er mit einem triumphierenden Schmunzeln quittierte.

»Dann haben Sie mir auch den Fauxpas nach der Generalprobe verziehen?«, riss er sie nach dem Slowfox allerdings doch noch einmal aus der innigen Zweisamkeit.

»Wie kommen Sie darauf, es gäbe etwas, das ich Ihnen verzeihen müsste? So kurz vor Anbruch des Jahres 1937 sollten wir das Vergangene weit hinter uns lassen und uns ganz auf die Zukunft konzentrieren. Wer hätte gedacht, dass wir gemeinsam ins neue Jahr hinübergleiten?«, erwiderte sie und stieg übermütig in den Charleston ein, der dem langsamen Fox folgte.

»Noch ist es nicht so weit«, sagte er und wirbelte sie herum.

»Aber schneller als gedacht.«

Wie gut, dass sie Klaus' Rat befolgt und sich auf diesen Abend eingelassen hatte. Mehr als einmal versank Maurices Blick während des langsamen Walzers fasziniert in ihrem Ausschnitt. Ebenso fasziniert verlor sie sich im mysteriösen Funkeln seiner dunklen Augen und dem stets leicht spöttischen Zug um seine Mundwinkel.

Klaus hatte recht: Maurice war ein durch und durch attraktiver Mann. Gut aussehend, charmant, klug, witzig – kurz: einfach zum Verlieben! Wieso hatte sie ihn nur so lang zappeln lassen? Dabei hatte er ihr so hartnäckig signalisiert, was er wollte.

Beim nächsten Slowfox schmiegte sie sich ebenso nah wie aufreizend an seinen Leib. Als er sie mit heiserer Stimme fragte, ob sie eine kurze Pause wolle, entgegnete sie leise: »Und ich dachte, du würdest mich bis zum Sankt-Nimmerleins-Tag darauf warten lassen.«

»Billige Rache gehört nicht zu meinem Repertoire.«

»Stimmt. Dazu bist du ein viel zu feiner Mensch.«

»Und du eine viel zu schöne Frau.«

Hand in Hand verließen sie die Tanzfläche, um durch eine versteckte Tür zwischen den Bücherregalen in einen dunklen Flur zu gelangen, der zu Maurices abgeschlossenen Privaträumen führte.

KAPITEL 23

Das Erwachen in den ersten Tagen des neuen Jahres war bitter, weitaus bitterer, als Erika es sich in ihren schlimmsten Alpträumen ausgemalt hatte. Voller Verzweiflung schloss sie sich in ihr Zimmer ein, wollte nichts und niemanden vom Ensemble und auch keinen der *Bedford*-Freunde sehen. Selbst die Wetterturbulenzen draußen in den Straßen interessierten sie nicht. Nur unter größter Überwindung und nach Stärkung mit reichlich Kaffee, koffeinhaltiger Limonade oder Härterem schleppte sie sich zum jeweils nächsten Auftritt ins Chanin Building. Trotz allem musste die *show* weitergehen. Noch galten die Verträge mit Coppicus und seinem Metropolitan Musical Bureau, obwohl Erika schon fast keinen Sinn mehr darin sah.

Wie hatte es so weit kommen können? Wie hatte sich ihr berauschender Höhenflug zum Jahreswechsel so jäh in einen brutalen Absturz verwandeln können? Die Kritik an der *Pepper Mill* nach der Premiere war unerwartet harsch, ja geradezu vernichtend ausgefallen. Das hatte sie völlig aus der Bahn geworfen. Und Thereses gallenbittere Schuldzuweisungen im Anschluss daran erst recht.

Ob sie es besser ertragen könnte, wenn Maurice bei ihr wäre? Am Neujahrstag hatte er zu einer wichtigen einwöchigen Geschäftsreise nach Kuba aufbrechen müssen. Sie hatte ihm zwar sofort von dem erschütternden Flop der *Pepper Mill* telegraphiert und als »Trost aus der Ferne« einen opulenten Strauß dunkelroter Rosen erhalten. Mitten im eisigen New Yorker Winter ein echtes Wunder. Was aber nutzten ihr Rosen, wenn sie seinen persönlichen Beistand benötigte?

Und dann war plötzlich Martin da gewesen. Nie und nimmer hatte sie damit gerechnet. Nach den vielen Absagen, ausweichenden Antworten und dem fast schon absichtlichen Aus-dem-Weg-Gehen der letzten Wochen hatte sie ihn auf Klaus' Rat hin zu Beginn des neuen Jahres eigentlich von ihrer Liste der Herzensmenschen gestrichen. Noch in der Nacht des schmachvollen *Pfeffermühle*-Fiaskos aber hatte er dann vor ihrer Tür gestanden und ihr mit seiner wunderbar stoischen Stimme Trost zugesprochen. »Du musst jetzt vor allem an dich denken, Erika«, mahnte er sie, kaum dass sie ihn ins Zimmer gelassen und die Tür hinter ihm geschlossen hatte. »Dein Wohlbefinden steht im Vordergrund. Du bist die Einzige, die zählt. Geht es dir gut, wird auch alles andere wieder gut. Vertrau mir.«

Ganz selbstverständlich nahm er sie in den Arm, wiegte sie sacht hin und her und strich ihr zärtlich über den Rücken. Darüber wurde sie tatsächlich ruhiger.

»Du bist mein Retter! Der Einzige, auf den ich mich überhaupt noch verlassen kann. Bleib bei mir! Ohne dich stehe ich das nicht durch.«

Halt suchend klammerte sie sich an ihn, überschüttete ihn unter Tränen mit verzweifelten Küssen, bis sie irgendwann verwundert und verzückt zugleich spürte, wie darüber der Vulkan in ihm zu brodeln begann. Voller Inbrunst erwiderte er auf einmal ihre Küsse, zog sie aufs Bett und ließ sich bald einzig von seinem Verlangen nach Zuneigung, menschlicher Wärme und Leidenschaft leiten.

Es war, als hätte sich endlich das Ventil geöffnet. Und es war genau das, was sie in diesem Moment wirklich brauchte. Seine Zärtlichkeit schenkte ihr zumindest für eine Weile wohltuendes Vergessen. Und neue Kraft.

»Du machst dich kaputt«, warnte er jedoch jedes Mal aufs Neue, wenn er ihr auch die ersehnte ärztliche Hilfe brachte.

Neben Klaus war er der Einzige, dem sie überhaupt Zutritt zu ihrem Zimmer gewährte. Selbst nachts stahl er sich heimlich zu ihr, ebenso verließ er sie immer erst nach einem prüfenden Blick auf den Flur, ob ihn auch tatsächlich niemand der anderen dabei beobachtete, wie er halb angezogen von ihr wegschlich. Sie waren sich einig, dass zunächst keiner von ihrem Verhältnis erfahren sollte. Das Debakel mit der *Pepper Mill* reichte fürs Erste. Eine weitere Katastrophe konnte und wollte Erika vor allem Therese nicht zumuten.

Dabei war die Premiere selbst ein großer Erfolg gewesen, ähnlich wie die Generalprobe eine Woche zuvor. Der Saal war restlos ausverkauft, was ihr Agent Coppicus mit Genugtuung registriert hatte. Hochkarätige Gäste wie der Dichtersohn Raimund von Hofmannsthal und sein Freund Gottfried Reinhardt, Sohn von Theaterlegende Max Reinhardt, saßen im Publikum, ebenso viele andere namhafte Vertreter der deutschsprachigen Emigrantenszene, sofern sie nicht schon bei der Generalprobe dabei gewesen waren: Ernst Toller nebst seiner schönen Gattin Christiane Grautoff etwa, der Maler George Grosz sowie der Komponist und Bertolt-Brecht-Vertraute Kurt Weill und die inzwischen in New York gefeierte Lotte Lenya. Auch das Verlegerehepaar

Blanche und Alfred Knopf, die Autorin Fannie Hurst mit ihrer üblichen Entourage und noch viele andere prominente Vertreter der besseren New Yorker Gesellschaft und aus den Intellektuellenkreisen fanden sich mit den höchsten Erwartungen ein. Sie wurden nicht enttäuscht, wie der lang anhaltende, stürmische Applaus am Ende der Vorstellung bewies.

Allerdings schienen die Theaterkritiker der wichtigsten Blätter das Chanin Theatre schon zur Pause verlassen zu haben. Noch während im Anschluss an die Premiere mit reichlich Champagner auf das vermeintlich gute Gelingen angestoßen wurde, trudelten die ersten druckfrischen Ausgaben der Zeitungen ein.

Die Bilanz fiel verheerend aus. Zwar versuchte Klaus mit allen Mitteln, Erika und die anderen *Pepper Mill*-Akteure zumindest für den Rest der Nacht damit zu verschonen, doch die entsetzten »Ahs« und »Ohs« sowie die immer mitleidiger werdenden Blicke der Gäste sprachen für sich. Mit zittrigen Fingern schnappte Erika sich eine Ausgabe der *Times*, die irgendwer in bester Absicht auf der Straße besorgt hatte, und begann zu lesen. John Latouche griff nach der *New York Post*, die ebenfalls schon im fünfzigsten Stock des Chanin Building gelandet war. Bald tauschten sie nur noch fassungslose Blicke.

»*Where are the girls*?« knüpfte eine der dicksten Überschriften an das offensichtliche Kernproblem der Kritiker an, das gebetsmühlenartig in sämtlichen Besprechungen unablässig wiederholt wurde. In wenigen Zeilen umriss einer der Redakteure, woran das Programm seiner Ansicht nach maßgeblich scheiterte: Er konnte mit der Kunstform des politischen Kabaretts nichts anfangen. Auch die angeblich aus Nazideutschland erwachsenden Gefahren blieben ihm schleierhaft, weil ihm lediglich der Name Hitlers ein Begriff war, weitere NS-Größen wie

Goebbels, Himmler oder Göring dagegen erschreckenderweise gänzlich unbekannt.

Zu Erikas großer Enttäuschung kristallisierte sich dadurch eines ganz klar heraus: Das Geschehen im Dritten Reich spielte sich schlichtweg zu weit entfernt von den USA und den dort drängenden Problemen ab, als dass es hier irgendwen ernsthaft interessierte oder gar derart berührte, dass er die Wissenslücken schließen wollte. Daran änderten auch die intensive Textarbeit und die Rücksichtnahme auf amerikanische Publikumsgewohnheiten bei der Darbietung nichts. Trotz alledem reagierte der Kritiker verständnislos auf die satirische Darstellung. Was er nicht kannte, reizte ihn einfach nicht zum Lachen. Ähnlich wie ihm ging es den Besprechungen nach auch den meisten seiner Kollegen.

Hauptkritikpunkt war und blieb zu Erikas größtem Ärger allerdings in allen Artikeln das Fehlen von auflockernden Revueeinlagen. Schillernde, langbeinige *girls*, die zwischen den Nummern in knappen Kostümen über die Bühne getanzt oder gesteppt hätten, wären demnach wohl die letzte Rettung der *Pepper Mill* gewesen.

Umso mehr überraschte es sie, zu lesen, wie sehr »*interpretive dancer* Lotte Goslar«, »*charming boy* John Latouche« und allen voran die »berühmte Tochter des gefeierten deutschen Literaturnobelpreisträgers« Erika Mann mit ihren »wundervollen Augen« und ihrer »ausdrucksstarken Darstellungskraft« für ihre Leistungen in den Himmel gehoben wurden. Bei Erika hoben die Rezensenten das fast völlige Fehlen eines störenden Akzents wie auch die rasche Integration in die amerikanischen Bühnengepflogenheiten besonders lobend hervor.

Das war natürlich Gift für die Stimmung innerhalb der Truppe, wie ihr sofort klar war. Die niederschmetternden Besprechungen waren das eine, die Aufteilung in eine gescheiterte und eine erfolgreiche Hälfte der Akteure barg dagegen hochexplosiven Sprengstoff, dessen sich allen voran Therese sofort bemächtigte. Obendrein erhielten Lotte, John und Erika schon am nächsten Morgen erste Anfragen von Broadway-Shows. Und das nicht unauffällig per Brief oder Telefonanruf, sondern durch das persönliche Auftauchen von Coppicus im *Bedford*, was sofort für Aufruhr sorgte.

An der Rezeption stand das Telefon nicht mehr still. Noch am selben Tag erhielt Erika unzählige Einladungen zu Radiosendungen sowie mehrere Angebote von Agenten, die sie für *lecture*-Touren engagieren wollten. Auch Thomas Wolfe kündigte an, sie zum Lunch auszuführen, um sie, wie schon bei Martins Praxiseröffnung in Aussicht gestellt, mit seinem Agentenfreund bekannt zu machen, der sie unbedingt für eine weitere Zusammenarbeit gewinnen wolle.

»Gratuliere!«, brummte Therese. »Deine Zukunft im schicken New York ist also in jedem Fall gesichert. Du bist hier längst voll und ganz angekommen, ganz einerlei, ob mit oder ohne *Pepper Mill*. Wahrscheinlich läuft es ohne sie sogar noch weitaus besser für dich. Für uns einfaches Fußvolk dagegen bleibt wohl nur eine kurze Galgenfrist, bis Coppicus uns vor die Tür setzt. Die angekündigte Tournee durch die Bundesstaaten sollten wir uns besser gleich aus dem Kopf schlagen. Wohnt Vicki Baum nicht in Los Angeles? Vielleicht kann sie dort wenigstens ein winziges Theater für uns begeistern. Die ›schöne Tochter des gefeierten Nobelpreisträgers‹ will man ganz sicherlich gern mal in persona erleben. Dafür nimmt man wohl oder übel auch den Rest des Trupps in Kauf.«

Erika war sprachlos. Was sollte sie Therese darauf erwidern?

»Der ein oder andere in Hollywood will bestimmt auch gern einmal die große Giehse auf der Bühne sehen. Deutsche Emigranten gibt's da zuhauf, zufälligerweise sogar vor allem in den großen Filmstudios. Denen zu begegnen ist für eine Schauspielerin nie verkehrt, selbst wenn sie gerade vor allem in der Rolle der damischen Zwiderwurzn brilliert«, erwiderte Erika betont liebevoll. »Man mag es zwar kaum glauben, aber sie soll wirklich eine phantastische Künstlerin sein, und wenn sie endlich ihren Münchner Dickschädel ausschaltet, lernt sie das mit dem Englischen bestimmt noch gut genug, um sich ihr Publikum in Amerika zu erobern.«

»Wenn sie das überhaupt will«, stellte Therese in weiterhin sehr hämischem Tonfall klar. »Wozu sollte man sich hier eigentlich Publikum erobern? Du führst uns gerade ausgezeichnet vor, wie viel gescheiter es ist, sich stattdessen eine endlose Reihe Verehrer an Land zu ziehen. Die bescheren dir wenigstens ordentliche Verträge am Broadway, beim Radio oder sonst wo. Davon lässt sich's herrlich leben!«

»Greisliges Gifthaferl!«, brauste Erika auf. Thereses Worte hatten sie verletzt. »Hättest du dich in den letzten Wochen nicht so blind in deine Eifersucht verrannt, wärst du gestern Abend auf der Bühne sicher weitaus besser gewesen. So hirnverbrannt, wie du vom ersten Tag deiner Ankunft an agierst, musst du dich nicht wundern, dass du auf der Bühne derart grandios durchfällst. Von der amerikanischen Lebensart lässt du überhaupt gar nichts an dich ran, geschweige denn, dass du versuchst, dich auch nur ansatzweise damit zu beschäftigen. Und in jedem Mannsbild, das uns über den Weg läuft, vermutest du gleich einen Liebhaber von mir. Kein Wunder, dass du keinen Kopf mehr für irgendwas von deiner eigentlichen Aufgabe hast.«

»Wenn's nur an meiner eigenen depperten Blödheit liegen täte! Aber mit so saudummen Übersetzungen, wie du sie aus unseren wunderschönen *Pfeffermühle*-Texten hast machen lassen, hat das ja nichts werden können. Das ganze Programm ist komplett verhunzt.«

»Hört, hört! Die große englische Sprachvirtuosin Therese Giehse hat gesprochen. Wenn du das mit deinem großartigen Gespür für die englische Sprache so genau beurteilen kannst, warum hast du dich dann nicht selbst an die Übersetzungen gemacht?«

Sie holte tief Luft, suchte angestrengt nach dem nächsten Argument, doch da war plötzlich völlige Leere in ihrem Kopf. Und dort, wo sich ihr Herz befand, klaffte auf einmal eine tiefe, grausam schmerzende Wunde. War das wirklich wahr? Hatten Therese und sie sich gerade tatsächlich derart hässliche Dinge an den Kopf geworfen? Noch dazu vor allen anderen, mitten in der Lobby des *Bedford*?

Aber sie liebten einander doch! Und die *Pfeffermühle* war doch ihr gemeinsames Kind! Wie konnten sie sich darüber nur derart gegenseitig zerfleischen, statt gemeinsam dafür zu kämpfen?

Mit Tränen in den Augen blickte sie zu Therese. Deren Gesicht war wutverzerrt, die herrlich großen Augen zu schmalen Schlitzen zusammengekniffen, der wundervoll weiche, paradiesisch schmeckende Mund zu einer harten, dünnen Linie verzogen. Ein heftiges Zittern erfasste Erika. Von jetzt auf gleich wurde ihr elendig kalt.

»Ich kann einfach nicht mehr.«

Ihre Stimme brach. Sie beugte sich vor und zerdrückte die

Zigarettenkippe derart fest im Aschenbecher, dass es staubte. Mühsam erhob sie sich aus dem tiefen Ledersessel und versuchte, so gut es ging, hocherhobenen Kopfes wegzugehen. Pfeilschnell schoss Klaus ebenfalls hoch, rannte ihr nach und versperrte ihr den Weg.

»Geh nicht so weg, Eri!«, flehte er. »Nimm dir das nicht so zu Herzen. Therese hat das nicht so gemeint. Du weißt doch, wie sie ist.«

»Eben weil ich's weiß, weiß ich auch ganz genau, wie sie's gemeint hat, nämlich leider genau so!«

Mit letzter Kraft schob sie ihn sanft beiseite und wandte sich zum Lift.

Die Tatsache, dass niemand von den anderen in der Lobby, die Zeugen des Disputs zwischen Therese und ihr geworden waren, sie aufhielt oder gar ein gutes Wort für sie einlegte, enttäuschte sie nur noch mehr. Als sich die Aufzugstür öffnete und Miro beim Heraustreten ihr verheultes Gesicht mit einem erstaunten Stirnrunzeln anstarrte, geriet sie für den Bruchteil einer Sekunde ins Schwanken.

»Habt Therese und du euch etwa gestritten?«, fragte Miro. »Fangt ihr jetzt etwa wegen der dummen amerikanischen Ignoranten an, euch selbst niederzumachen? Gratuliere! Dann haben die elenden Geier von der kapitalistischen Presse weniger Arbeit. Dann erledigt ihr euch zu deren größter Freude gleich selbst und nehmt ihnen damit die Arbeit ab.«

»Lass mich vorbei. Ich brauch Ruhe«, war alles, was Erika herausbrachte.

Die nächsten Tage waren dunkel und tränenreich. Neben Martin ließ sie nur Klaus zu sich, um sich von ihm trösten zu lassen.

Und langsam, ganz zaghaft, neue Pläne zu schmieden, wie es weitergehen sollte mit Amerika und ihnen. Denn dass es das würde, stand für sie beide unweigerlich fest, auch wenn Klaus in wenigen Tagen schon seine Rückreise nach Europa antreten musste. Sein Visum lief ab, und anders als die *Pepper Mill*-Mitglieder hatte er zu ihrer beider Enttäuschung keine Verlängerung bis Ende März erhalten, lebte als derzeit Staatenloser mit holländischem Fremdenpass eine äußerst fragile Existenz.

»Du kommst wieder!«, beschwor sie ihn mit so viel Überzeugung, wie sie aufbringen konnte.

»Natürlich tue ich das.«

»Vergiss nie: Ich brauche dich. Ohne ihren Eissi kann die Eri nicht sein«, setzte sie nach.

»Ohne ihren Eissi muss die Eri auch nie sein«, stimmte er zu und küsste sie voller Leidenschaft auf den Mund.

Sie drückte sich an ihn und vergrub ihr Gesicht an seiner Brust.

KAPITEL 24

Es grenzte an ein Wunder, wie das Ensemble es allen üblen Kritiken sowie den internen Streitigkeiten und Eifersüchteleien zum Trotz schaffte, die *Pepper Mill* weiter am Laufen zu halten. Erika war nicht die Einzige aus der Truppe, die mit verschiedensten Mitteln nachhalf, sich für die Auftritte physisch in eine einigermaßen akzeptable Verfassung zu versetzen. Letztlich ging es darum, auf der Bühne zuverlässig zu funktionieren, einerlei, wie. Und das gelang ihnen, wie Erika überglücklich feststellte. Sie waren eben doch echte Theaterprofis und keine Amateure, wie manche Kritiker gehässig behauptet hatten.

Jeden Abend pünktlich um neun standen sie perfekt geschminkt und ausstaffiert im Scheinwerferlicht und spulten ihre Nummern ab. Selbst das holprige Englisch schliff sich jeden Tag einigermaßen mehr ein. Routine war eben doch der beste Lehrmeister. Auch wenn böse Zungen behaupteten, die nahezu leeren Zuschauerreihen hätten die Vorstellungen zu einer so intimen Veranstaltung werden lassen, dass sich niemand wegen seines Akzents mehr fürchten müsse.

Zuletzt schickte Anton Nägel aus purem Mitleid von den Zimmermädchen über die Liftboys bis hin zum Portier und Barkeeper nahezu das gesamte Personal aus dem *Bedford*, um die Plätze wenigstens ansatzweise zu füllen.

Nach sechs Aufführungen zog Coppicus allerdings wie schon längst befürchtet die Notbremse. Samstagnachmittags um drei gab es die erste und letzte Matinee. Im Anschluss setzte er das Programm ab. Noch während Erika einem Redakteur von der *New York Times* Rede und Antwort stand, ob es dennoch auf einer Tournee durch die Bundesstaaten wie geplant weiterging, wurden die beiden Flügel quasi unter den Händen der Pianisten Magnus und Felix abtransportiert. Das Signal war unübersehbar.

»Lieber ein Ende mit Schrecken als ein Schrecken ohne Ende«, kommentierte Therese trocken und sah kopfschüttelnd den beiden zum Aufzug davonrollenden Instrumenten nach.

»Unser amerikanisches Abenteuer war halt doch zu blauäugig. Wir hätten das viel langfristiger vorbereiten und viel besser durchplanen müssen.«

»*Wir* vor allem«, entgegnete Erika und spürte, wie sie von Neuem wütend wurde. Einzig der Anwesenheit des Redakteurs war es zu verdanken, dass sie sich weitere böse Bemerkungen verkniff.

»Vergiss es. Du kannst es nicht erzwingen«, mahnte John Latouche leise, bevor er betont munter verkündete: »Es ist Klaus' letzter Abend in der Stadt. Was haltet ihr von einem Ausflug ins *Blue Ribbon*? Heute Nacht soll dort eine ausgezeichnete neue Band spielen. Zum Glück müssen wir morgen nicht auf der Bühne stehen und können ordentlich einen draufmachen.«

Sofort stimmten alle begeistert zu.

Sosehr sie sich bemühten, hielten Erika und Klaus es an diesem Abend trotz der ausgezeichneten Musik und den hervorragenden Drinks nicht lange im *Blue Ribbon* aus. Klaus hatte bereits nach dem Abendessen mit Miros Hilfe sein Gepäck aufs Schiff gebracht, dabei vor lauter Aufregung kurzzeitig seine Kofferschlüssel verloren und beinahe sein Tagebuch ins Wasser fallen lassen. Seine Nervosität setzte sich auch in dem prall vollen Jazzclub fort. Mit einem der Kellner geriet er aneinander, weil der seiner Meinung nach den doppelten Whiskey zu sparsam bemaß, und mit einem anderen Gast diskutierte er bald hitzig darüber, wo er seinen Zigarettenrauch noch hinblasen durfte und wohin nicht.

Auch Erika glaubte, ihr platze der Kopf, sie würde wahnsinnig vor Migräne. Hastig verabschiedete sich Klaus deshalb in ihrer beider Namen von den anderen und bestieg mit ihr ein Taxi, um noch einmal ins *Bedford* zu fahren.

»Viel lieber will ich eigentlich zum Battery Park«, sagte er, kaum dass sie den Washington Square Park erreichen. Ohne auf ihre Antwort zu warten, gab er dem Fahrer Anweisung, das Ziel zu ändern.

Matt ließ sie ihn gewähren, um wenig später bei ihrem Eintreffen am südlichen Zipfel Manhattans erleichtert festzustellen, dass es die richtige Entscheidung gewesen war. Zwar zerrte ein schneidender Wind an ihren Schals und Mänteln und ihre Schuhe waren schon nach wenigen Schritten vom schweren Schnee komplett durchnässt, dennoch genossen sie das Alleinsein. Tapfer kämpften sie sich bis zum Ufer vor und betrachteten eng umschlungen die im Dunkeln von Lichtsäulen bestrahlte *Statue of Liberty*, rechts flankiert von den ebenfalls hell erleuchteten Gebäuden auf Ellis Island und links von dem wesentlich größeren Governors Island.

»Ist es nicht gigantisch?«, fragte Klaus ergriffen.

»Ein riesiges Versprechen für alle, die es sehen wollen«, stimmte sie ihm zu.

»Zum ersten Mal, seit wir Deutschland verlassen mussten, hatte ich hier das Gefühl, endlich wieder irgendwo angekommen zu sein. Deshalb freue ich mich schon auf meine Rückkehr. Lang wird es nicht dauern.«

»Ganz bestimmt nicht.«

Aufschluchzend schlang sie ihm die Arme um den Hals und schmiegte sich eng an ihn. Wenigstens besaß er wirklich die Perspektive, bald wieder zurückkehren und dann offiziell nach Amerika einwandern zu können. Dazu fehlte ihm nur noch eine richtige Staatsbürgerschaft. Aber die sollte er angeblich bald von der Tschechoslowakei bekommen, so wie der Rest der Familie.

»Ach, Eissi!« Sie kämpfte mit den Tränen. »Es fällt mir so schwer, dich gehen zu lassen. Ausgerechnet jetzt! Du bist doch der Einzige, der mich so nimmt, wie ich bin. Mir wird ganz bang, wenn ich daran denke, wie ich hier ohne dich zurechtkommen soll.«

»Das wirst du weitaus besser schaffen als ich, Eri. Das hast du immer weitaus besser hingekriegt als ich.«

»Dafür bist du in zehn Tagen schon beim Mielein und dem Zauberer. Ach, noch nie war so viel Wasser zwischen uns wie ab morgen. Pass bloß gut auf dich auf, wenn ich nicht bei dir bin.«

»Und du sei nicht so streng mit dir«, erwiderte er und zog sie noch näher zu sich heran.

Glücklich ließ sie es geschehen. Das war ihr Klaus. Ihr Eissi. Ohne ihn konnte sie nicht sein, wollte sie niemals sein, schon als kleines Mädchen nicht. Wie sollte sie es nur ertragen, ihn ausgerechnet jetzt ziehen zu lassen?

Am nächsten Morgen ertrug sie es kaum, zu beobachten, dass das Zimmermädchen sein Zimmer am anderen Ende des Flurs bereits gründlich aufräumte. Dennoch blieb sie stehen und sah beim Saugen und Abstauben zu. Bald würde jemand anderes in dem schmalen Bett schlafen, am Schreibtisch sitzen, das Bad benutzen. Anton Nägel hatte schon angekündigt, in Kürze neue Gäste zu erwarten, natürlich ebenfalls Emigranten aus Europa. Der Strom riss noch lange nicht ab.

»Wahrscheinlich wär's dir lieber, ich könnte Klaus mein Visum übertragen und mich an seiner statt auf der *Lafayette* Richtung Cherbourg einschiffen«, brummte Therese, als sie sich vor ihren Zimmern begegneten.

»Wahrscheinlich wäre es dir selbst am liebsten«, erwiderte sie so ruhig wie möglich, obwohl sie innerlich zu beben begann. Die Bemerkung tat weh. »Meinetwegen musst du dich hier in New York nicht länger quälen. Falls du das Risiko eingehen und zurück nach Europa willst, musst du auf mich keine Rücksicht nehmen.«

»Das tue ich auch nicht, keine Sorge.«

»Ach Therese!« Unvermittelt fiel Erika der Geliebten um den Hals, überhäufte ihr zartes Gesicht mit Küssen.

Es freute sie, zu spüren, wie sich Thereses anfängliche Starre löste und sie schließlich ebenfalls liebevoll die Arme um ihre Hüften legte.

»Ist es das wirklich wert? Ist der Preis, den wir für das alles zahlen, nicht viel zu hoch?«, fragte die Geliebte leise.

»Das weiß ich nicht«, räumte Erika ein. »Aber so, wie es aussieht, kann keiner von uns beiden von da zurück, wo er sich inzwischen mit Schwung hinkatapultiert hat.«

»Du meinst, wir müssen der Wahrheit ins Auge sehen?«

Therese klang ungewohnt verzagt, fast wie in ihren ersten gemeinsamen Tagen. Das rührte Erika.

»Ich meine, die eine von uns hat der anderen an Starrsinn nicht das Geringste vorzuwerfen«, stellte sie leise klar und rang sich ein liebevolles Schmunzeln ab. »Wir sind aus demselben Holz geschnitzt. Deshalb haben wir das mit der *Pfeffermühle* auch stets gemeinsam gestemmt. Immerhin hatten wir mehr als drei sehr schöne Jahre mit unserem Kabarett und über tausend Aufführungen.«

»Und reichlich viel Applaus.«

»Und ebenso viel Ärger. Was letztlich genau das ist, was wir erreichen wollten«, beeilte sie sich hinzuzufügen, sobald sie Thereses verdutztes Gesicht sah. »Politisches Kabarett muss ordentlich anecken und wem entschieden die Stirn bieten, sonst verpufft es.«

»Anzuecken kannst du besser ertragen als ich.« Behutsam löste Therese sich aus ihren Armen. »In dem Punkt bist du einfach stärker. Du weißt halt in jeder Lebenslage, wer du bist, und lässt dir von niemandem den Schneid abkaufen.«

»Das hört sich aus deinem Mund so einfach an. Aber das ist es nicht.«

»Das weiß ich doch, Eri!«

Zärtlich strich sie ihr mit der Hand über die Wange und zog sie hinter sich her in ihr Zimmer.

Erika war dankbar, sich wieder mit ihr zu vertragen. Ausgerechnet an dem Tag, an dem Klaus nach Europa zurückmusste. Ein ermutigendes Zeichen.

»Du solltest nicht im *Bedford* bleiben. Die Atmosphäre dort tut dir nicht gut«, konstatierte Maurice am Abend zu ihrer Verwunderung und schenkte ihr einen besorgten Blick. Worauf wollte er hinaus? Über ihre Beziehung zu Therese war er immer großzügig hinweggegangen, und von der jüngsten Annäherung an Martin konnte er nichts ahnen.

»Du musst besser auf dich achten und wieder mehr zu dir selbst kommen«, fügte er geradezu flehend hinzu, was sie ein wenig beruhigte, weil es in ihren Ohren wunderbar unschuldig klang.

Sobald er nach seiner Rückkehr aus Kuba vom Absetzen der *Pepper Mill* erfahren hatte, war er zu ihr ins *Bedford* geeilt und hatte sie noch für denselben Abend in die Met eingeladen. Das Verlegerehepaar Blanche und Alfred Knopf begleitete sie in seine Opernloge. Sie habe also nichts von ihm zu befürchten, dafür einen wundervollen Abend zu gewinnen und könne mit Verdis Musik im Ohr zumindest vorübergehend auf andere Gedanken kommen, hatte er ihr mit einem vergnügten Lächeln erklärt.

Im Rausch von Verdis *La Traviata* gelang es Erika in den ersten beiden Akten tatsächlich, sich in andere Sphären davontragen zu lassen, in der üppigen Bühnendekoration zu schwelgen und darüber völlig verzaubert in der Geschichte um Violettas aufrechte Liebe zu Alfredo einzutauchen.

»Gleich nachher holen wir deine Koffer aus dem *Bedford*«, bestimmte Maurice in der Pause. Kurz hatte er sich zuvor für ein wichtiges Telefonat entschuldigt und wirkte bei seiner Rückkehr auf einmal sehr entschlossen. »Ich habe gerade etwas weitaus Angemesseneres für dich arrangiert.«

Sie wollte protestieren, kam jedoch nicht dazu. Schon schaltete sich Blanche ein, legte ihr mit einem beschwörenden Lächeln die Hand auf den Arm.

»Eine hervorragende Idee. Sie müssen dringend etwas ausspannen, meine Liebe. Man sieht Ihnen an, wie anstrengend die letzten Wochen für Sie waren. Vertrauen Sie sich Maurice an. Er wird das Richtige für Sie tun.«

Daran bestand kein Zweifel. Dennoch widerstrebte es Erika, sich blindlings unter seine Obhut zu begeben. So harmlos es klang – vorerst ging es lediglich darum, sie für einige Zeit aus dem *Bedford* umzuquartieren –, schwang dabei natürlich mit, dass er langfristig gewisse Konsequenzen erwartete. Silvester hatte sie dafür selbst die Weichen gestellt.

Während sie an seiner Seite in der komfortablen Loge dem dritten Akt von Verdis Oper mit Violettas und Alfredos dramatischen Liebesschwüren und Abschiednehmen lauschte, wirbelten die Gedanken in ihrem Kopf wild durcheinander. Nach wie vor haderte sie mit sich, ob sie sich in der von Maurice erhofften Weise entscheiden sollte. Klaus würde ihr weiterhin dazu raten – aus nicht ganz uneigennützigen Gründen, aber auch, weil er wohl tatsächlich davon überzeugt war, es wäre in der derzeitigen Situation die beste Lösung für sie. Und natürlich hatte er recht. Maurice war der einzig wirklich feste Fels in der Brandung. Kaum dachte sie daran, wie er es verstand, sie auf Händen zu tragen, ihr jeden Wunsch von den Augen abzulesen, und für sie alles nur Menschenmögliche auf sich nahm, wurde ihr unendlich warm ums Herz. Wann hatte sich je jemand derart um sie bemüht? Was wollte sie mehr von einem Mann? Bei ihm fühlte sie sich rundum geborgen. Sie liebte die Souveränität, mit der er der Welt begegnete, und sie liebte es, wie selbstverständlich er sie dabei mit einbezog. Er war einer der klügsten und zugleich einfühlsamsten Menschen, der ihr je begegnet war.

Mit Therese hatte sie sich zwar gerade wieder versöhnt, doch es war wohl nur eine Frage von Stunden, bis der nächste Streit zwischen ihnen aufflammte. Die Stimmung innerhalb des Ensembles war ohnehin sehr gereizt. Sich eine Weile aus dem Weg zu gehen, würde die Gemüter hilfreich abkühlen und dafür sorgen, sich später umso unbeschwerter und inniger wieder in die Arme zu fallen.

Und Martin? In Erikas Magen begann es zu rumoren, die Kehle wurde ihr eng. Sein selbstloser Beistand, sein umsichtiges Für-sie-da-Sein in der großen Krise, gepaart mit seinen Qualitäten als feinsinniger Liebhaber, stürzte sie in ein heftiges Wechselbad der Gefühle. Es war ein schmählicher Verrat, sich nach allem, was er in den letzten Tagen für sie getan hatte, heimlich, still und leise ausgerechnet zu Maurice davonzustehlen. Was aber sollte sie tun?

Sie wusste nicht, wie sie sein Verhalten einschätzen sollte. Er lebte derzeit eine ähnlich ungefähre Existenz wie sie, trotz der kürzlich eröffneten Praxis und des allmählichen Ankommens im normalen Alltag Amerikas. Noch hatte er ihr nicht signalisiert, was genau er überhaupt von und mit ihr wollte. Noch war er streng darauf bedacht, dass niemand anderer von ihnen beiden erfuhr. Noch war also völlig offen, wie ernst er es mit ihr meinte. Im Mai erwartete er seine Tochter aus Deutschland in New York. War da überhaupt langfristig Platz für sie bei ihm? Um das herauszufinden, kam der räumliche Abstand sicherlich für sie beide gelegen.

Auf der Bühne sanken Violetta und Alfredo einander in die Arme, träumten vergeblich von einer gemeinsamen Zukunft, die sie nicht haben würden. Auf einmal fühlte Erika sich ähnlich erschöpft wie die tuberkulosekranke Violetta. Wahrscheinlich war es nicht nur in Klaus' Sinn, sondern tatsächlich für sie selbst das Beste, sich vorerst einfach in Maurices Fürsorge zu begeben, neue Kraft zu tanken und einfach nur an sich selbst zu denken. Gerade Martin riet ihr oft genug, das zu tun. Später konnte sie dann immer noch beschließen, was sie auf Dauer wollte.

In seiner Fürsorge blühte Maurice auf rührende Weise auf. Und das hatte zugleich sehr praktische Folgen. So selbstverständlich, wie er sie nach der Oper und einem anschließenden späten Dinner im *Waldorf* ins *Bedford* fuhr, um die Ankündigung noch in derselben Nacht in die Tat umzusetzen, ehe sie doch wieder aus zu schlechtem Gewissen den anderen gegenüber einen Rückzieher machen konnte, so selbstverständlich beglich er dort nicht nur ihre, sondern auch Klaus' offene Rechnungen und leistete für die übrigen Mitglieder der *Pfeffermühle* eine großzügige Vorauszahlung.

Finanziell war damit alles geregelt, obwohl Anton Nägel sich betrug, als wäre das noch lange nicht alles, was sie ihm schuldete. Offensichtlich unterstellte er ihr, mit dem *Bedford* das in seinen Augen bedeutendste Zentrum der deutschsprachigen Emigranten im Stich zu lassen und sich schändlicherweise aus rein materiellen Beweggründen von ihresgleichen zugunsten eines amerikanischen Millionärs loszusagen.

»Und das in Zeiten wie diesen, in denen Solidarität und Verlässlichkeit das Einzige sind, was unsereins in der Fremde geblieben ist«, erklärte er theatralisch.

Die Ungerechtigkeit des Vorwurfs traf sie, insbesondere nach allem, was sie stets für andere getan hatte und weiterhin zu tun bereit war. Doch sie war momentan zu erschöpft, um sich angemessen zu wehren, und deshalb einfach nur froh, mit den Koffern in der Hand niemand anderem aus dem *Bedford*-Kreis zu begegnen, vor dem sie sich für ihren Umzug ebenfalls noch irgendwie hätte rechtfertigen müssen. Nach einem ausgiebigen, neue Kräfte spendenden Schlaf würden sie alle an einem der nächsten Tage besser in der Lage sein, sich der Diskussion mit dem nötigen Respekt und mit klarem Verstand zu stellen. Sie alle hatten für ihr Tun gute Gründe. Das durften sie sich nicht aus purer Übermüdung gegenseitig absprechen. Unbedingt mussten sie ruhig und abgeklärt über die Situation diskutieren, ganz so, wie es sich für Erwachsene gehörte.

»Wenn du magst, laden wir deine Freunde demnächst zum Lunch oder Dinner ein. Bei gutem Essen und feinem Wein redet es sich gleich viel besser«, schlug Maurice vor, als konnte er ihre Gedanken lesen, und öffnete ihr mit einem aufmunternden Lächeln höchstpersönlich die Tür des am Straßenrand wartenden Cadillac, während der Fahrer das Gepäck im Kofferraum verstaute. Wütend zerrte der Wind an Mänteln und Hüten, stülpte gar den Regenschirm um, den Maurice über ihren Kopf zu halten versuchte. Dennoch hielt er dem ungerührt stand.

»Du bist viel zu gut zu mir. Das habe ich gar nicht verdient«, entschlüpfte ihr, als sie im Fond nebeneinandersaßen, sich mit klammen Fingern die nassen Schneeflocken aus den Haaren zupften und der Wagen endlich losfuhr.

»Eine Frau wie du hat noch viel mehr verdient, *darling*.« Zärtlich küsste er ihre Hand.

»Morgen kümmere ich mich um den Rest deiner noch ausstehenden Zahlungen«, erklärte er nach einer kurzen Pause sachlich, nachdem sie nichts darauf erwidert hatte. »Gib mir bitte einfach eine vollständige Aufstellung. Auch für Klaus' offene Rechnungen. Jetzt aber geht es erst einmal ins *Elysée*. Dort ist schon alles für dich bereit.«

»Danke.«

Insgeheim atmete sie auf. Er war wirklich ein Gentleman und brachte sie gar nicht erst in die Verlegenheit, eine Einladung in sein Apartment abzulehnen.

»Fühl dich zu nichts verpflichtet«, betonte er beim Abschied. Erst auf ihre eindringliche Bitte hin hatte er sie zuvor überhaupt in ihr vorübergehendes Domizil in der obersten Etage des gediegenen Hotels in der vierundfünfzigsten Straße begleitet.

Es handelte sich um eine großzügige Suite mit einem Salon, einem Schlaf-, einem Ankleide- und einem kleineren, als Arbeitszimmer zu benutzenden Raum sowie einem luxuriösen Bad mit reichlich Marmor, goldenen Hähnen und verführerisch duftender Wäsche. Im Vergleich zum pragmatisch eingerichteten *Bedford* ein wahres Märchenschloss für eine Prinzessin aus tausendundeiner Nacht. Erika musste lächeln. Für solchen Pomp war sie eigentlich zu nüchtern, doch auf die damit verbundenen Bequemlichkeiten freute sie sich.

Mit einem riesigen Strauß dunkelroter Rosen im Salon betonte Maurice noch einmal, wie viel ihm an ihr und ihrem Wohlbefinden lag. Das strafte seine Behauptung doch ein wenig Lügen, sie müsse sich zu nichts verpflichtet fühlen, wie sie fand, doch sie war zu müde für Klarstellungen und zu dankbar für seine Fürsorge.

»Du bist einfach fabelhaft«, sagte sie leise und küsste ihn zum Abschied auf die Wange.

KAPITEL 25

Die folgenden Tage bescherten Erika ausreichend Gelegenheit, sich von Maurices Fabelhaftigkeit zu überzeugen. Dabei trat er zu ihrer Verwunderung selbst allerdings kaum in Erscheinung. Zum einen war er mit dem versprochenen Erledigen ihrer finanziellen Belange sowie seinen eigenen Unternehmungen beschäftigt und zum anderen klug genug, sie nicht durch zu häufiges Auftauchen in Bedrängnis zu bringen. Das ließ sie für eine Weile vergessen, welche Frage zwischen ihnen mehr denn je im Raum stand.

Auf sein Geheiß wurde sie im *Elysée* wie eine königliche Hoheit umsorgt. Sofort malte sie Klaus in einem Brief en détail aus, welch fulminanter Luxus sie umfing. Angesichts der diffizilen Umstände, in denen viele andere Emigranten in New York oder anderswo auf der Welt ihr Dasein fristeten, erschien es ihr fast schon als unanständig, sich derartigem Pomp hinzugeben. Kaum traute sie sich, etwa daran zu denken, unter welch erbarmungswürdigen Umständen Onkel Heinrichs erste Ehefrau Mimi, die Jüdin Maria Kanová, mit Cousine Leonie in ihrer Geburtsstadt Prag Zuflucht gesucht hatte, vom weiter ungewissen Schicksal der Münchner Großeltern Pringsheim leider ganz zu schweigen.

Andererseits war sie dennoch sehr empfänglich für das Leben in schamloser Verschwendung. Letztlich half es auch niemandem, sich die zu versagen. Wenn sie dadurch allerdings neue Kraft sammelte, um in Amerika noch entschiedener über Hitler und die drohende Kriegsgefahr durch Nazideutschland aufzuklären, half das sehr wohl, beruhigte sie ihr Gewissen. Also kostete sie das Verwöhntwerden in vollen Zügen aus.

Außer sich auszuschlafen und nach allen Regeln der Kunst umhegen zu lassen, blieb ihr wenig zu tun. Natürlich hätte sie bei diversen Agenten und Produzenten in Sachen *Pepper Mill* vorsprechen und Rettungsversuche starten können. Angesichts der vernichtenden Kritiken in sämtlichen Zeitungen und Zeitschriften aber hielt sie das für vergebliche Liebesmüh. Dazu wäre später, wenn die Wirkung der Artikel etwas verblasst war, immer noch Zeit. Zunächst empfand sie es als aussichtsreicher, die Angebote, die sie für eigene Auftritte als Rednerin, *lecturer*, wie man das in den Staaten bezeichnete, und Gedichtrezitatorin sowie für die Mitarbeit an Revuen, Drehbüchern und Artikeln erhielt, in Ruhe zu sichten und auf ihre Machbarkeit zu prüfen. Wie es aussah, bestanden gute Aussichten, dass gerade das Scheitern der *Pepper Mill* für sie selbst der Beginn einer neuen Karriere werden könnte.

Aufmerksam studierte sie Zeitungen und machte sich Notizen zu diversen Themen, über die sie referieren wollte. Schon früh in ihrem Leben hatte sie schließlich gelernt, dass Arbeit immer eine gute Möglichkeit war, rasch und gut über herbe Enttäuschungen hinwegzukommen.

Einen Großteil des Tages verschwendete sie aber tatsächlich lustvoll an den Müßiggang. Vicki Baum, die zu ihrer Überraschung im winterlich-weißen New York auftauchte, beglückwünschte sie zu ihrem Umzug und dem damit verbundenen derzeitigen Lebensstil.

»Sie werden noch lernen, wie gut es tut, nicht allzu dicht am Geschehen zu sein.« Lässig schlug sie die Beine übereinander, musterte Erika eindringlich, bevor sie nachsetzte: »So manches Gewitter ist schon wieder abgeflaut, ehe ich überhaupt von seinem Aufziehen erfahren habe. Die Ruhe nach dem Sturm zu erleben hat etwas sehr Faszinierendes.«

Erika konnte Vickis Rat gut nachvollziehen. Nach einigen Tagen im *Elysée* trieb es sie unweigerlich ins *Bedford*, um sich dort mit eigenen Augen vom Abflauen des Unwetters zu überzeugen, das sie mit ihrem Weggang entfacht hatte. Immerhin war sie bei Nacht und Schneeregen in Maurices Obhut geflohen, hatte sich seither jedem telefonischen oder gar persönlichen Kontakt mit einem der Ensemblemitglieder entzogen. Letztlich konnte sie sich ihre Feigheit aber bald selbst kaum mehr verzeihen. Und weder mit Arbeit noch Faulenzen länger verdrängen. Weder Therese noch Martin hatten diese Behandlung verdient.

Der Zufall wollte es, dass sie ausgerechnet ihm als Erstem in die Arme lief. Er litt furchtbar, wie ihm deutlich anzusehen war. Sie war entsetzt. Nach seiner Unentschlossenheit ihr gegenüber hätte sie nie im Leben mit einer solch heftigen Reaktion gerechnet. Binnen einer Woche war er um viele Pfund abgemagert. Das ehedem runde, friedliche Gesicht war eingefallen, die klugen, dunklen Augen von noch dunkleren Schatten umringt und die Lippen des ohnehin schon viel zu kleinen Mundes leichenblass.

Die besorgniserregende Veränderung an ihm beschämte sie umso mehr, weil ihr selbst der Aufenthalt im Märchenschloss *Elysée* sichtlich gutgetan hatte.

»Du hast mir das Herz gebrochen«, schleuderte er ihr vorwurfsvoll entgegen, kaum dass sie sich in den Lederfauteuils der

Lobby gegenübersaßen. Sein melodramatisches Selbstmitleid traf sie wie ein Schlag ins Gesicht. Sosehr sie seinen Zorn erwartet hatte, erschreckte sie seine Larmoyanz umso mehr. War das tatsächlich noch derselbe Mann, der sie letztens so hingebungsvoll gepflegt und wieder aufgebaut, dabei sogar so manche seiner Prinzipien über Bord geworfen hatte?

Um Zeit zu gewinnen, entledigte sie sich erst einmal des vom Schneegestöber nassen Pelzmantels und des Huts, faltete die Handschuhe sorgfältig aufeinander, bevor sie sie vor sich auf den Tisch legte.

Noch nie hatte sie sich im *Bedford* derart unbehaglich gefühlt, und das nun ausgerechnet in Martins Gegenwart. Die ganze Atmosphäre befremdete sie. Draußen tobte ein bizarrer Wintersturm, drinnen loderte ein knisterndes Feuer im Kamin, dennoch blieb es frostig. War sie tatsächlich ein solch rücksichtsloses Ungeheuer? Vergaß sie so schnell alle und jeden um sich herum, insbesondere die, die am meisten für sie getan hatten? War sie wirklich imstande, über Leichen zu gehen, nur um sich das eigene Wohlbefinden zu bewahren? Fahrig fingerte sie eine Zigarette aus dem Etui, zündete sie mit dem goldenen Feuerzeug von Maurice an und inhalierte einige Züge.

Ihre Augen streiften durchs Hotelfoyer. Es war erstaunlich leer, zeigte keine Spur mehr von der sonst so quirlig-munteren, gelegentlich für Manhattan und die derzeitige Exilepoche viel zu harmlosen Landschulheimstimmung. Martin und sie hatten genau den richtigen Moment erwischt, um ungestört zu sein. Dennoch wäre es ihr lieber gewesen, dieses doch wohl sehr persönlich werdende Gespräch in weitaus intimerer Atmosphäre, beispielsweise oben in seinem Zimmer, zu führen. Andererseits barg das schon wieder die Gefahr allzu großer Vertraulichkeit. Nach wie vor versetzte Martins Nähe sie in Aufruhr. Die mysteriöse Tiefe seines Blicks zog sie auch jetzt unweigerlich an. Die Erinnerung an die hingebungsvollen Stunden in seinen Armen drohte sie zu überwältigen. Die Sehnsucht, statt mit ihm zu streiten ihm um den Hals zu fallen, steigerte sich ins Unermessliche.

Nervös knetete er seine Finger. Sie durfte ihn nicht zu lange auf ihre Antwort warten lassen. Jede Sekunde, die verstrich, machte es nur schlimmer.

Das schien auch Martin so zu empfinden.

»Du hast mich vergiftet«, empörte er sich. »Ohne dich kann und will ich nicht mehr leben. Alles andere ist sinnlos geworden. Wie ein Roboter bewege ich mich durch den Tag, funktioniere zwar genau so, wie es in der Praxis und im Krankenhaus von den Patienten erwartet wird, bin aber innerlich tot. Was ist nur in dich gefahren? Wie konntest du mir das antun, nach allem, was wir beide miteinander …?«

»Ich weiß es doch selbst nicht«, fuhr sie auf, ratlos und verärgert über sich und ihn zugleich. Die Hand, in der sie die Zigarette hielt, zitterte. Als sie mit der zweiten nach dem Whiskeyglas auf dem niedrigen runden Tisch griff, hätte sie es fast umgeworfen. Nichts hasste sie mehr, als derart unter Druck gesetzt zu werden. Wenn sie doch nur selbst wüsste, wie sie sich entscheiden sollte!

Maurice, das musste sie ihm zugestehen, hatte eine weitaus subtilere Vorgehensweise gewählt als Martin, als er sie ins *Elysée* umquartiert und sie dort mit allen erdenklichen Wohltaten überhäuft hatte. Er selbst blieb dabei so gut wie unsichtbar und dennoch stets gegenwärtig, was ihr Verlangen nach ihm weiter schürte und zugleich verhinderte, dass sie seiner zu schnell überdrüssig wurde.

Aber wirkte nicht gerade Martins völlig verzweifelter, ungeschickter Auftritt umso ehrlicher? Und Maurices Verhalten dafür umso berechnender? Musste Liebe immer ehrlich oder durfte sie gelegentlich auch berechnend sein?

Aufgewühlt steckte Erika sich die nächste Zigarette in den Mund, merkte erst in dem Moment, in dem sie beim Anzünden an ihr zog, dass sie die andere erst halb geraucht noch immer zwischen den Fingern hielt. Behutsam nahm Martin sie ihr ab, strich dabei wie zufällig über ihren Handrücken und lächelte scheu. Kurz stockte ihr der Herzschlag, dann hatte sie sich wieder gefangen.

»Ich weiß nur, dass ich dringend Abstand brauche, um zur Ruhe zu kommen«, setzte sie in einem unnötig trotzigen Ton nach. »Schließlich hast du mir einmal geraten, mehr an mich zu denken. Erst einmal für mich selbst zu sorgen, bevor ich mir für alle anderen ein Bein ausreiße.«

Sie hielt inne, inhalierte und sah beim Ausstoßen des Rauchs ziellos in die Ferne.

»Die letzten Wochen waren unfassbar anstrengend«, fügte sie hinzu. »Das Scheitern der *Pepper Mill* ist ein Desaster. Für mich, für die Truppe, für unsere Mission. Du weißt, welche Hoffnungen ich daran geknüpft habe. Jetzt muss ich überlegen, wie ich mein Ziel, die Welt über die stetig wachsende Kriegsgefahr durch Hitler aufzuklären, in Zukunft weiter verwirklichen kann. Dass ich daran festhalte, steht außer Frage.«

»Und dass du darüber dein persönliches Befinden, dein privates Glück hintanstellst, wohl auch«, ergänzte er resigniert, auf einmal aschfahl. »Gib zu: Statt jetzt wirklich innezuhalten und in Ruhe über die Lehren aus der Niederlage nachzudenken, planst du längst das nächste Abenteuer. Du kannst dich gar nie ausruhen. Du musst dich immer mit Arbeit betäuben.«

»Es darf keinen Stillstand geben. Irgendwie muss es immer weitergehen«, erwiderte sie leise. »Abgesehen davon lege ich jetzt tatsächlich eine Pause ein, um mir über alles Anstehende klar zu werden.«

»An der Seite von Maurice«, schleuderte er ihr bitter entgegen.

»Weder an der Seite von Maurice noch von sonst wem, sondern ganz mit mir allein.«

Sie hielt den Blick stur auf die brennende Zigarette in ihrer Hand gerichtet. Um jeden Preis wollte sie vermeiden, Martin in die Augen zu sehen.

»Wahrscheinlich brauchen wir alle mehr Ruhe«, murmelte er und erhob sich umständlich aus dem Sessel.

Ehe sie etwas entgegnen konnte, drehte er sich um und eilte zum Aufzug.

KAPITEL 26

Nach dem verstörenden Treffen mit Martin kam Erika erst recht nicht zur Ruhe. Als hätte sie mit ihrem Besuch im *Bedford* ein Signal gegeben, wieder ansprechbar zu sein, tauchte Therese plötzlich im *Elysée* auf.

Es war Erika ein Rätsel, wie sie erfahren hatte, wo sie steckte. Auf Maurices Rat hin hatte sie niemandem ihre neue Adresse gegeben. Außer Martin. Sie wollte selbst entscheiden, wann sie mit wem redete. Schwer vorstellbar, dass ausgerechnet er Therese von ihrer Begegnung erzählt und einen Hinweis auf ihren Verbleib gegeben hatte. Eine andere Erklärung aber gab es nicht.

Auf den ersten Blick wirkte Therese ähnlich aus der Bahn geworfen wie er. Auch sie hatte sichtlich abgenommen, schien völlig übermüdet und ohne große Lebensfreude. Ihr Anblick zerriss Erika das Herz.

»Wie kannst du uns das nur antun?«, schleuderte Therese ihr gleich beim Eintreten in die Suite entgegen.

Zielstrebig steuerte sie auf das Sofa im Salon zu, bediente sich ungefragt an dem auf dem Glastisch bereitstehenden Champagner, streifte die klobigen Winterschuhe ab und lehnte sich in den weichen Polsterkissen zurück. Der Eindruck der Gemütlichkeit täuschte.

»Nie hätte ich gedacht, wie erbarmungslos du sein kannst«,

wetterte sie. »Alles habe ich für dich getan. Jegliches Verständnis der Welt habe ich für dich aufgebracht. Deine ewigen Launen ebenso ertragen wie deine Bessere-Tochter-Allüren. Und jetzt? Deinetwegen stehe ich vor dem absoluten Nichts! Nach meiner Heimat habe ich jetzt auch noch meine Sprache sowie jede Verbindung zur vertrauten Kultur verloren, bin völlig abgeschnitten von allem, was ich als Schauspielerin zum Überleben so dringend brauche. Und ausgerechnet in dem Moment, in dem du die *Pfeffermühle* in den Sand setzt, stürzt du dich auch noch in die Arme eines anderen! Nie hätte ich gedacht, dass du dazu fähig bist. Kannst du mir vielleicht verraten, was jetzt aus mir werden soll?«

»Du könntest jederzeit in die Schweiz zurück.« Erika bemühte sich um einen sachlichen Ton, obwohl es ihr schwerfiel, angesichts dieser Option ruhig zu bleiben. Beide wussten sie, was es bedeutete, sollte Therese sich tatsächlich dazu entschließen zurückzugehen.

Sie setzte sich in den gegenüberstehenden Sessel, griff lieber zur Zigarette statt zum Champagnerkelch. Ihr war nach Stärkerem zumute. Dafür aber war es noch zu früh am Tag, obwohl es draußen schon wieder dämmerte. Eigentlich war es gar nicht richtig hell geworden. Es waren eindeutig die düstersten Tage des noch jungen Jahres.

»Am Schauspielhaus in Zürich brennen sie darauf, dir den roten Teppich auszurollen«, setzte sie nach einem langen Blick zu den Fenstern nach, wandte sich wieder Therese zu und stieß den Rauch in kleinen Kringeln zur Seite aus. »Du musst ihnen nur einen kleinen Fingerzeig geben, dann weisen sie dir das Geld für die Rückfahrt an.«

»Das käme dir wohl gerade sehr gelegen.«

Therese schnaubte verächtlich, kippte ein ganzes Glas Champagner hinunter, goss sich gleich nach. Rauchend beobachtete Erika sie.

»Du kennst meine Bedenken wegen der Schweiz«, sagte sie endlich. »Ich glaube nicht, dass du dort auf Dauer sicher bist, genauso wenig wie im Rest Europas. Genau deshalb habe ich doch Himmel und Hölle in Bewegung gesetzt, um dich und die anderen nach New York zu holen! Aber wenn du es hier nicht aushältst, solltest du wohl besser gehen. Unsere Liebe wird nicht dadurch besser, dass wir zwanghaft aufeinander kleben. Das weißt du so gut wie ich. Wenn du letztlich nur aus reiner Sturheit bleibst, schadest du dir selbst. Und uns beiden sowieso, weil wir dann nur noch streiten.«

Sie hielt inne, fixierte Therese mit ihrem Blick. Trotz allem liebte sie sie noch immer wahnsinnig.

»Sei ehrlich zu dir selbst«, mahnte sie leise. »Du fühlst dich hier nicht wohl, weigerst dich, Englisch zu lernen, dich mit der hiesigen Theaterszene auseinanderzusetzen. Dabei stünden dir überall die Türen offen. Gewiss ließen sich auch Fanni, Maurice oder Coppicus vom Metropolitan Musical Bureau ...«

»Geh mir weg mit den endlosen Listen deiner wichtigen Kontakte!«, brauste Therese verärgert auf. »Immer gibt es irgendwen, den du kennst, der aus irgendwelchen Gründen verpflichtet oder bereit ist, dir zu helfen, damit du mir hilfst, dir Gutes zu tun, damit du wiederum mir Gutes tun kannst. Bis in alle Ewigkeit bleibe ich damit von dir abhängig. Von dir und allen anderen. Und ersticke an all dem Guten, mit dem du und all die anderen mich überschütten. Gutes kann manchmal einfach zu viel des Guten sein. Ich will verdammt nochmal endlich wieder auf eigenen Füßen stehen.«

»Wenn du kein Englisch lernen und dich hier arrangieren willst, musst du wohl tatsächlich am besten zurück in die Schweiz, trotz aller Bedenken und Gefahren …«

»Hör auf! Wir drehen uns nur im Kreis.«

»Das sag ich dir schon lange, aber du fängst immer wieder von vorn …«

»Weil du mir keine Wahl lässt!«, fuhr Therese ihr harsch über den Mund.

»Weil du dich jeder Chance verweigerst.«

Verärgert drückte sie die Zigarette wieder einmal viel zu fest im Aschenbecher aus.

»Weil du ein verblendetes Gscheidhaferl bist, das immer alles besser weiß als der Rest der Welt.«

»Und du ein störrisches, verbohrtes Rindvieh.«

Erbost knallte Erika Zigarettenetui und Feuerzeug auf den Glastisch.

Kaum waren die Worte heraus, erschraken sie beide. Jetzt war es wieder so weit. Jetzt fingen sie wieder an, sich gegenseitig aufs Ärgste zu beschimpfen. Unbedingt mussten sie damit aufhören, sonst machten sie auch noch den letzten Funken Liebe, der zwischen ihnen glomm, kaputt.

»Tut mir leid«, bekannte Erika und rutschte vor auf die Sesselkante, um der Geliebten die Hand entgegenzustrecken. Die aber wischte sie mit einer verärgerten Armbewegung beiseite, sprang auf, hangelte mit den bestrumpften Füßen nach den Schuhen und stürzte zur Tür.

»Bitte geh jetzt nicht! Geh nicht so fort!«

Sie rannte ihr nach, bekam sie kurz vor der Tür an der Schulter zu fassen und riss sie herum, wollte ihr um den Hals fallen.

»Nicht schon wieder!«, stöhnte Therese und stieß sie weg.

»Wenn wir uns jetzt in die Arme fallen, macht es das nur noch schlimmer, weil wir nie ein Ende finden. Wir sollten ehrlich sein, Erika: Es ist längst vorbei. Ganz einerlei, was ich jetzt sag oder will, du hast dich bereits entschieden. Für New York, für Amerika und für was auch immer du hier in Zukunft auf die Beine stellen magst. Allein natürlich, ohne mich und ohne die *Pfeffermühle*.«

»Und du?« Erika begann zu zittern. »Hast du dich nicht auch längst entschieden, ganz einerlei, was ich dazu sag oder will?«

Ihre Stimme klang rau.

»Dein Entschluss stand doch eigentlich schon fest, bevor du im Herbst überhaupt das Schiff bestiegen hast und hierhergekommen bist. Letztlich wolltest du hier niemals wirklich ankommen, sondern mir von Anfang an beweisen, dass du nicht hierhergehörst. Genauso wenig wie unsere *Pfeffermühle*.«

»Du kannst so grausam sein. Am liebsten würde ich dich nie wieder sehen!«, schleuderte Therese ihr unvermittelt entgegen. »Aber ohne dich ist es leider noch grausamer. Und das ist das Allerschlimmste.«

Sie riss Mantel und Hut vom Haken und verschwand.

Erschöpft lehnte Erika sich ans Türblatt und schloss die Augen. Sie wusste nicht, ob sie weinen oder lachen sollte. Es war einfach zu absurd. Offenbar war sie ein wahrer Unglücksengel. Ausgerechnet die beiden Menschen, die ihrem Herzen derzeit am nächsten standen, stürzte sie in die größte Verzweiflung. Dabei setzte sie Himmel und Hölle in Bewegung, um es allen recht zu machen und jedermann zu retten.

Langsam ging sie in den Salon zurück, goss sich an der Bar einen doppelten Whiskey ein und stellte sich mit dem Glas in der Hand ans Fenster, sah aufs glitzernde Lichtermeer Manhattans hinaus.

Was für wundervolle Verheißungen diese Stadt und dieses Land doch boten! Hier fand sich für jeden ein Platz und eine Chance. Man musste nur bereit sein, sich darauf einzulassen. Klaus sah das ähnlich wie sie, brannte darauf, zurückzukehren und hier sein Glück weiter zu versuchen. Warum nur griff Therese nicht ebenfalls einfach zu? Gerade ihr standen mit ihrem Talent so viele Türen offen. Sie musste einfach nur den ersten Schritt wagen. Einen sanften Anstoß hatte Erika ihr gegeben. Wenn sie allerdings lieber stur stehen blieb, statt sich in Bewegung zu setzen, war ihr wirklich nicht zu helfen.

Ihre Finger zitterten noch immer, als sie das Whiskeyglas zum Mund führte.

KAPITEL 27

Was für wundervolle Verheißungen diese Stadt und dieses Land tatsächlich boten, wurde Erika noch am selben Abend einmal mehr bewusst. Maurice hatte ein französisches Abendessen auf ihre Suite bestellt, das durch Kerzenlicht eine unerwartet feierliche Note erhielt. Zu Erikas Erleichterung verwickelte er sie dann jedoch in eine harmlose Plauderei über die im Sommer anstehende Weltausstellung in Paris. Beim Käse nutzte sie die Gelegenheit, ihm in knappen Sätzen Thereses Besuch und ihren Entschluss, in die Schweiz zurückzukehren, zu schildern.

»Ist es nicht verrückt? Endlich in Sicherheit vor Hitlers Schergen und ihren weitreichenden Armen, wirft sie gleich nach den ersten schlechten Kritiken die Flinte ins Korn und will tatsächlich nach Europa zurück. Erschütternd, wie dünnhäutig selbst so robuste Charaktere wie Therese im Exil werden! Früher hätte sie einmal herzlich über die dummen Bemerkungen gelacht und sich dann erst recht voller Elan auf den nächsten Auftritt gestürzt«, schloss sie resigniert.

»Vielleicht stimmt der nächste Auftritt mit der *Pepper Mill* sie tatsächlich noch einmal um?«, dachte Maurice laut. »Wenn die Besprechungen danach besser ausfallen als beim ersten Mal, schöpft sie sicher neuen Mut, es noch einmal zu probieren.«

»Sosehr ich mir das wünschte, ist es dazu leider zu spät. Oder hast du vergessen, dass Coppicus inzwischen nicht nur die Aufführungen im Chanin Theatre gecancelt, sondern auch die ursprünglich geplante Tournee durch die angrenzenden Bundesstaaten endgültig abgesagt hat?«

»Eine Chance gibt es für euch trotzdem noch.«

Maurice badete sichtlich in ihrer Verwunderung.

»Ursprünglich wollte ich es dir und deinen Kollegen zwar erst bei einem gemeinsamen Lunch morgen Mittag verkünden, aber nun ist wohl der bessere Moment dafür gekommen: Die *New School of Social Research* in Greenwich Village will die *Pepper Mill* noch im Januar an drei Abenden in ihrem Saal auftreten lassen.«

»Was?« Ungläubig schüttelte Erika den Kopf. »Wie kommen die denn dazu?«

Natürlich lag die Antwort auf der Hand, dennoch wollte sie ihm die Gelegenheit geben, es selbst zu erzählen. Der Triumph über diesen kleinen Coup war ihm deutlich anzusehen.

»Ich bin mit dem Mitbegründer und derzeitigen Direktor Alvin Johnson gut bekannt«, räumte er auch schon ein. »Was für euch jedoch viel entscheidender sein und vor allem Therese freuen dürfte: Ein Teil der Studenten und Professoren ist selbst aus Europa emigriert, kennt die dortigen Verhältnisse also aufgrund eigener Erfahrungen, so dass ihnen niemand erklären muss, wer Goebbels ist oder was es mit eurer Parodie der Volksmärchen auf sich hat. Ebenso werden sie die langbeinigen, leicht bekleideten Revuegirls kaum vermissen. Aber auch die amerikanischen Lehrkräfte und Kommilitonen an der New School sind sehr an Politik sowie den gegenwärtigen Geschehnissen interessiert. Und außerdem besitzen sie beste Kontakte zur Presse, um noch einmal kräftig die Werbetrommel für euch zu rühren. Was bei ihnen auf der Bühne geschieht, findet immer ein breites Echo in den wichtigsten Zeitungen New Yorks, so dass das wieder neues Publikum anlocken wird und die schlechten Besprechungen von Anfang des Monats bald vergessen sind.«

»Das klingt phantastisch!« Sie hob ihr Glas. »Der nächste Toast geht auf dich, Maurice!«

»Stoßen wir lieber auf euch und eure zweite Chance an.« Vergnügt zwinkerte er ihr zu.

»Stehen die genauen Termine schon fest?«, erkundigte sie sich, während sie den Teller wegschob und sich eine Zigarette anzündete, um ihre wachsende Nervosität zu kaschieren.

»Vom zwanzigsten bis zum zweiundzwanzigsten Januar seid ihr eingeplant«, antwortete er und gönnte sich eine Zigarre zum Nachtisch. »Bis dahin bleiben euch ausreichend freie Tage, in denen ihr euch noch einmal gründlich voneinander erholen solltet, damit ihr die Bühne der New School mit frisch gewonnenen Kräften betretet.«

Erika kannte ihn inzwischen gut genug, um die versteckte Botschaft in seiner Äußerung zu verstehen: Er wollte mit ihr allein sein. Das aber ging am besten fern von New York, wie sich gezeigt hatte. Solange sie in der Stadt blieb, würden Therese und die anderen ihr wohl keine Ruhe lassen, einerlei, in welches Hotel sie umziehen würde.

»Eine wundervolle Idee! Am besten fahre ich gleich ins *Bedford*, um die anderen über die erfreulichen Neuigkeiten zu informieren. Wir können dann auch gleich die praktischen Fragen klären, ab wann wir uns gemeinsam auf die Vorstellungen vorbereiten. Und morgen können wir beide uns dann in aller Ruhe noch für einige Tage aufs Land zurückziehen.«

Anders als erwartet fuhr Maurice allerdings nicht mit ihr in sein Landhaus in den Hamptons, das sie bereits von Wochenendeinladungen her kannte. Angesichts des wieder sonnigeren Januarwetters hatte sie es sich als idyllischen Zufluchtsort ausgemalt, bestens geeignet, um neue Kräfte zu sammeln. Bei ihrem Besuch am ersten Weihnachtstag hatte sie erlebt, wie traumhaft ein Winterspaziergang, dick eingehüllt in einen weichen Pelz, warme Stiefel und einen dicken Schal, am endlosen Strand war. Auf den musste sie nun offenbar verzichten. Schon nachdem der Cadillac die ersten Blocks vom *Elysée* aus zurückgelegt hatte, ahnte sie, dass sie ein anderes Ziel anpeilten.

»Wohin entführst du mich dieses Mal?«, fragte sie. Sie mochte es nicht, von ihm überrumpelt zu werden, auch wenn ihr klar war, dass er es nur gut mit ihr meinte.

»Lass dich überraschen«, erwiderte er amüsiert.

Schweren Herzens kapitulierte sie, schlug den Pelzkragen hoch und ließ den Blick durch die Scheiben nach draußen gleiten. Die morgendliche Hast der unzähligen Angestellten auf den schmalen Bürgersteigen zog sie an. Die zu beobachten war mit dem dicken Kopf und den müden Augen ohnehin das Beste, was sie tun konnte. Zu mehr fühlte sie sich noch nicht imstande.

Trotz der frühen Stunde und des selbst in der Stadt allgegenwärtigen Schnees waren die Frauen bereits perfekt in modische Bürokostüme, elegante Mäntel und mitunter extravagante Hüte gekleidet, schlitterten jedoch auf viel zu dünnen Ledersohlen in hochhackigen Schuhen über die vereisten Trottoirs. Die Männer hasteten in gut sitzenden Anzügen, wollenen Überziehern und unauffälligen Stetsons auf den Köpfen umher. Es schien, als bestünde Manhattan in dieser Ecke einzig aus vermeintlich gut bezahlten, elegant angezogenen Angestellten. Kaum tauchten dazwischen einmal gröber wirkende Arbeiter oder gar schlecht zurechtgemachte Menschen vom Land auf. Von armen Bettlern und Hausierern ganz zu schweigen. Die fand man tatsächlich selten in den Straßen von Midtown Manhattan, dafür umso zahlreicher in Harlem, Brooklyn und der Bronx, wie sie dank ihrer nächtlichen Ausflüge mit Martin und Klaus wusste. Im Vergleich dazu schien ihr die Bevölkerung in den deutschen Städten vor Hitlers Machtergreifung gründlicher durchmischt und nicht mehr je nach Herkunft derart extrem auf einzelne Viertel konzentriert. Bis in den letzten Jahren die braunen und schwarzen Uniformen der Nazis zunehmend das Straßenbild in Deutschland beherrscht hatten. Ebenso machte sich seither natürlich auch das brutale Vorgehen von Hitlers Trupps gegen angeblich »minderwertigere« Rassen stärker bemerkbar, was dazu führte, dass sich »fremdländisch« Aussehende in manchen Gegenden kaum mehr auf die Straßen wagten und wenn, dann möglichst nicht mehr allein. Ob Maurice sich dieser Entwicklungen bewusst war? Aus dem Augenwinkel sah sie zu ihm. Zu ihrem Erstaunen war er ganz auf sie fixiert, schien nicht im Geringsten daran interessiert, was außerhalb des Wagens geschah.

»Betrachte unsere Reise als wohlverdiente Belohnung, um etwas auszuspannen, bevor du dich wieder auf die Bühne stellst.« Schmunzelnd tätschelte er ihr das Knie, ließ die Hand darauf liegen. Sie fühlte sich warm und weich an. »Für mich ist es ein Geschenk, dich einige Tage ganz für mich zu haben. Und das will ich an einem besonders schönen Ort genießen. Ich bin sicher, es wird dir dort ebenso gut gefallen wie mir.«

Mehr war ihm nicht über das Ziel ihrer Reise zu entlocken.

Entgegen ihrer Absicht war der Besuch im *Bedford* am Vorabend länger ausgefallen als geplant. Maurices neuerlicher Rettungseinsatz für die *Pepper Mill* hatte die Auseinandersetzungen der letzten Tage jäh vergessen lassen. Die Aussicht auf einen Auftritt vor einem kabarett- und politikinteressierten Publikum schenkte dem Ensemble neue Hoffnung. Darüber verfielen sie alle in Feierlaune. Nicht einmal Thereses Vorwurf, Erika hätte mit ihrer Zusage wieder einmal über die Köpfe der anderen hinweg vorschnell eine einsame Entscheidung getroffen, hielt dem lange stand.

Nicht zum ersten Mal schrieb Anton Nägel daraufhin sämtliche Vorschriften des geordneten Hotelbetriebs in den Wind und setzte, um der Freundschaft zu den Emigranten willen, seine Konzession aufs Spiel. Den Argwohn der Behörden hatte er dank seiner bunt gemischten Gästeschar aus allen Ecken Europas ohnehin schon lange geweckt. Erika meinte, über Stunden ununterbrochen wild getanzt, noch wilder geraucht und natürlich auch ganz wild getrunken zu haben. Therese ließ sich zu ihrer Freude zu einigen ausgelassenen Foxtrotts und hemmungslosen Tangos mit ihr hinreißen. Ebenso stand auch Martin plötzlich wie aus dem Nichts vor ihr, um derart ausgelassen mit ihr zu tanzen, als befänden sie sich wieder in einem der schummrigen Jazzclubs in Harlem.

Kaum dachte sie an ihn, musste sie den Blick senken, die Hände zusammenballen. Sosehr sie sich bemühte, kam sie einfach nicht von ihm los. Und das ausgerechnet in Maurices Gegenwart! Sie biss die Lippen zusammen, versuchte angestrengt, an anderes zu denken.

Es gelang ihr nur mit Mühe. In jedem Fall war letzte Nacht für einige Stunden die gewohnte *Bedford*-Welt wieder im Lot, die Spannungen der letzten Woche waren komplett vergessen gewesen. Widerstrebend nur hatte sie sich davon gelöst, um an

diesem Morgen wie versprochen die Reise mit Maurice anzu-
treten.

»Auf ins Ungewisse!« Mit einem matten Lächeln lehnte sie
sich nun auf der Rückbank des Wagens zurück, fasste nach seiner Hand und schob sie sanft, aber bestimmt von ihrem Knie.

Zu ihrer Verwunderung bogen sie kurz darauf in die drei-
unddreißigste Straße ein und passierten die rosa Granitsäulen-
kolonnaden der Pennsylvania Station. Noch ehe sie sich an den
Gedanken einer Eisenbahnfahrt gewöhnen konnte, lenkte der
Cadillac in eine Auffahrt für besondere Reisende und brachte
sie direkt auf den Bahnsteig zu einem privaten Waggon, der ans
Ende des Luxusschnellzugs *Yankee Clipper* nach Boston ange-
hängt war.

Für einen Moment hielt Erika die Luft an. Natürlich hatte sie
gewusst, dass Maurice reich war. Aber für so reich, dass er ähnlich wie der frühere Kaiser über eigene Eisenbahnwagen verfügte, hätte sie ihn nicht gehalten.

Während der gut fünfstündigen Fahrt nach Boston entlang
der tief verschneiten Küste fehlte es ihnen an nichts. Zwar wären sie schon in einem normalen Abteil des *Yankee Clipper* mit
allem erdenklichen Komfort wie Salon-, Speise- und Aussichts-
wagen, Friseur, Maniküre, Telefon, Radio und dergleichen ver-
wöhnt worden. Dennoch übertraf Maurices Privatwaggon das
noch durch einen eigens für Erika abgestellten Kammerdiener,
der ihr jeden Wunsch von den Augen ablas und ihr ein vom
Privatkoch perfekt zubereitetes Frühstück servierte.

Während Maurice sich mit seiner Sekretärin in eine Art Arbeitszimmer am Ende des Waggons zurückzog, genoss Erika
die Reisebibliothek, in der sich ein Grammophon befand, dazu
eine beachtliche Auswahl an Platten, von klassischer Musik, Jazz

und Swing bis hin zu französischen Chansons. Träge ließ sie bei den Liedern von Charles Trenet die schneebedeckte Landschaft vor den Zugfenstern an sich vorbeiziehen.

Wahrscheinlich war es ein Fehler gewesen, ausgerechnet diese Musik aufzulegen. Die französischen Klänge weckten unermessliche Wehmut in ihr. Und stärkten ihr schlechtes Gewissen. Wie konnte sie sich nur angesichts der sich stetig zuspitzenden Lage in Europa derart unbekümmert dem eigenen Wohlergehen widmen? In Spanien gingen die Kämpfe weiter. Inzwischen verstärkten Truppen aus dem faschistischen Italien und Marokko Francos Kräfte, um das bislang noch republikanische Madrid einzunehmen. Zudem übte Hitler immer größeren Druck auf Österreich und die Tschechoslowakei aus. Musste sie deshalb nicht jetzt, da sich abzeichnete, wie wenig sie die Amerikaner wohl mit der *Pepper Mill* für die weltweit schwelende Kriegsgefahr sensibilisieren konnte, jede Sekunde an Alternativen für ihre Mission arbeiten? Die Uhr tickte erbarmungslos. Die ausweglose Situation der meisten ihrer Freunde und Verwandten im Exil sprach Bände, und es schien, dass es nur noch eine Frage der Zeit war, bis die Katastrophe endgültig ausbrach.

In Bosten angekommen, wartete wiederum direkt am Bahnsteig ein weiterer Cadillac auf sie, der sie in Windeseile aus der Stadt aufs Land brachte. In der heraufziehenden Dämmerung nahm Erika zunächst nur eine einsame schnurgerade, durch endlose Wälder verlaufende Straße wahr, von der nach stundenlanger Fahrt eine ebenso einsame, ebenso gerade Zufahrt auf ein von trutzigen Mauern umschlossenes Landgut abzweigte. Nach einer gefühlten Ewigkeit hielten sie vor einer Burg.

Als sie sah, wo sie gelandet waren, stockte ihr der Atem. Wäre sie nicht sicher gewesen, sich irgendwo in den Tiefen New Hampshires in den Vereinigten Staaten zu befinden, wo es gewiss keine mittelalterlichen Burgen nach europäischer Tradition gab, hätte sie gemeint, ins schottische Hochland, nach Ostpreußen oder irgendwo nach Frankreich versetzt worden zu sein, wo genau solche jahrhundertealte Anwesen tatsächlich existierten. So aber konnte es sich nur um eine Neuschöpfung nach altem Vorbild handeln. Allerdings um eine exzellente Neuschöpfung, wie sie nach Betreten des hallenartigen Entrees feststellte. Ein kunstvolles Kreuzrippengewölbe, das rund einem Dutzend roter Steinsäulen entsprang, spannte sich über den schwarz-weiß gefliesten Steinboden. Auf Hochglanz polierte Ritterrüstungen standen zwischen den Säulen Spalier, diese ganz sicherlich original im Mittelalter gefertigt, ebenso wie die kunstvoll geschnitzten Truhen in den Wandnischen oder das kostbare Zinn- und Steingutgeschirr in den offenen Regalen des sich hinter dem Foyer öffnenden Saales.

Zutiefst beeindruckt ließ sie sich von Maurice in den weitläufigen Räumlichkeiten herumführen, bewunderte Gemälde, Wandteppiche, Madonnen- und andere Heiligenfiguren, folgte ihm treppauf, treppab über schwere Teppiche, knirschende Holzdielen und glatte Marmorböden in unzählige weitere Säle und Gemächer.

In einem endlosen Flur fand sich gar eine beeindruckende Keramiksammlung. Erika meinte für einen Moment, ihr Herz setzte aus. Plötzlich stand ihr die berühmte Majolikasammlung ihres Pringsheim-Großvaters vor Augen, die er den Nazis weit unter Wert hatte überlassen müssen. Hierher hätte sie wenigstens besser gepasst als nach Carinhall oder wie auch immer die dicken Hitlerbonzen ihre neuen Weihestätten nannten, in die sie das von Juden geraubte Gut verschleppten. Sie kämpfte mit den aufsteigenden Tränen. Wie sehr ihr die Großeltern fehlten!

»Gefällt es dir?« Vor einer hüfthohen Bodenvase in einer Fensternische verharrte Maurice. Auf einmal wirkte er regelrecht verzagt, einem kleinen Jungen ähnlich, der ihr sein bestgehütetes Geheimnis anvertraute.

»Aber natürlich!«, versicherte sie eine Spur zu hastig.

Er strahlte übers ganze Gesicht. Ihr wurde warm ums Herz. Sie trat zu ihm und legte ihm die Hand an die glatt rasierte Wange, tauchte in den Blick seiner schwarzen Augen ein. Letztlich war er ein kleiner großer Junge, der sich mit diesem Anwesen einen Traum erfüllte. Und dass er sie hergebracht hatte, zeigte, dass es ihm wichtig war, ihr diese Seite von sich zu zeigen. Sie dankte ihm das mit einem langen Kuss und einer noch längeren Umarmung.

»Wenn du willst, lege ich dir das alles zu Füßen«, erklärte er später und gab ihr Feuer für die Zigarette.

»Danke.« Sie ließ sich in die dicken weichen Kissen am Kopfende des pompösen Himmelbetts zurücksinken.

Schulter an Schulter lagen sie nackt nebeneinander, rauchten, schwiegen, jeder in seine Gedanken versunken. Im Kamin an der Wand linker Hand knisterte ein behagliches Feuer, aus dem Grammophontrichter zu ihren Füßen wehten die Klänge von Schumanns *Träumerei* zu ihnen herüber, vor den altertümlich wirkenden Sprossenfenstern rechter Hand tobte ein heftiger Schneesturm. Auf dem Nachttisch stand eine Flasche Champagner im Eiskübel bereit, daneben zwei im Kerzenlicht funkelnde Kristallkelche. Noch hatte Maurice ihnen nicht eingeschenkt.

Erika richtete die Augen starr nach oben, studierte das verschlungene Brokatmuster des rubinroten Stoffs an der Decke. Es nahm keinen Anfang und kein Ende. Was nur tat sie an der Seite von Maurice in dieser Märchenfestung? Was nur erwiderte sie ihm? So genau sie wusste, was er hören wollte, so wenig brachte sie es über die Lippen.

»Du musst einfach nur Ja sagen, und alles gehört auch dir.«

Wenn es wirklich nur so einfach wäre! Fast lag ihr das erlösende kurze Wort schon auf der Zunge. Wie gern würde sie es einfach sagen und sich fortan ganz ihm und ihrer Liebe zu ihm hingeben! Gerade in den letzten Stunden war ihr wieder bewusst geworden, wie viel sie für ihn empfand, wie sehr es sie rührte, dass er sich ihr mit diesem Ausflug in sein mittelalterliches Reich vollends mit all seinen Sehnsüchten, Träumen und Wünschen ausgeliefert hatte. Dennoch brachte sie das Ja nicht über die Lippen. Dabei scheute sie sonst vor keiner Entscheidung zurück. Sie seufzte. Eine Träne löste sich aus ihrem Augenwinkel, blieb in den Wimpern hängen. Verzweifelt rauchte sie weiter.

»Ich will dich nicht drängen. Du weißt, ich kann warten.«

Er tupfte ihr mit dem Zeigefinger sanft die Träne weg, küsste sie auf die Nasenspitze und wandte sich zur Seite, um das Bett zu verlassen.

Noch immer unfähig, etwas zu sagen, sah sie zu, wie er in den bereitliegenden Morgenmantel schlüpfte und ihr Zimmer durch eine kaum sichtbare Tapetentür verließ.

Am nächsten Morgen schon war Erika, als hätten diese gemeinsame Nacht und das kurze Gespräch nie stattgefunden. Maurice bekam sie zwar öfter als in der Stadt, aber lange nicht so häufig wie erwartet zu sehen und wenn, dann erwähnte er mit keiner einzigen Silbe seine Frage. Als hätte er sie nie gestellt.

In den folgenden Tagen blieb Erika letztlich wie schon im *Elysée* nichts anderes zu tun, als das zuvorkommende Umsorgtwerden durch eine halbe Legion dienstbarer Geister zu genießen, die sich nahezu lautlos und unsichtbar in den Räumen bewegten. Die gemeinsame Erholung auf dem Land hatte sie sich anders vorgestellt, insbesondere angesichts dieser Abgeschiedenheit. In die Burg verirrte sich niemand aus Zufall, ebenso wenig konnte sie mit Stippvisiten in Bars oder Restaurants die Einsamkeit spontan für einige Stunden unterbrechen, und noch weniger schien Maurice darauf erpicht, Einladungen an Freunde aus der Stadt auszusprechen. Das hätte mindestens ein Übernachten, wenn nicht gar mehrtägige Aufenthalte zur Folge gehabt.

»Dazu ist mir die Zeit mit dir zu kostbar«, sagte er, als sie ihn darauf ansprach. »Wir haben ohnehin nur diese wenigen Tage. Da sollten wir ganz für uns bleiben.«

Am liebsten hätte Erika aufgelacht. Unter »ganz für uns« verstand sie nämlich doch etwas anderes, als schon morgens beim Aufschlagen der Augen der ersten Zofe ins Gesicht zu blicken, die nichts Besseres zu tun hatte, als ihr gleich das Bad einzulassen und die vorgewärmten Handtücher bereitzulegen, und bis abends stets von einem Kammerdiener oder Butler oder einem Zimmermädchen auf Schritt und Tritt begleitet zu werden, damit immer jemand zur Hand war, der ihr einen Tee bereitete, einen Drink anrührte, das Feuer in einem der hundert Kamine entfachte oder einen Imbiss aus der Küche brachte. Ebenso wenig war sie je mit Maurice wirklich allein. Selbst bei den Spaziergängen im Wald folgte ihnen – wenn auch mit gebühren-

297

dem Abstand – ein Diener, das schussbereite Gewehr über der Schulter, falls sich ihnen aus dem Dickicht ein Wolf, ein Bär oder gar ein Elch näherte.

Schon am dritten Tag wurde ihr das alles zu viel, und am vierten drängte sie zum Aufbruch. Bei aller Liebe zum gelegentlichen Luxus war es einfach nicht ihre Welt, ihn ständig zur Verfügung zu haben. Sie sehnte sich danach, wieder in der gewohnten Umgebung des *Bedford* zu arbeiten, selbst etwas zu tun, statt einfach nur abzuwarten, wie sich die Dinge entwickelten. Ihr waren noch einige Verbesserungen für das *Pepper Mill*-Programm eingefallen, die sie mit Therese und den anderen aus dem Ensemble diskutieren wollte. Die unverhoffte Chance in der *New School of Social Research* wollte sie bestmöglich nutzen.

»Deine Ungeduld zeigt nur, dass du immer noch nicht so recht zur Ruhe gekommen bist«, meinte er beim Abendessen in einem der viel zu dunklen leeren Säle an der für zwei Personen viel zu reichlich gedeckten Eichenholztafel und versuchte, sie zum längeren Bleiben zu überreden. »Warte nur noch etwas, und du begreifst die Vorzüge der Abgeschiedenheit ganz von allein.«

»Geduld ist ein Fremdwort für mich«, erwiderte sie lächelnd. »Die habe ich noch nie besessen. Wenn ich hier allerdings noch länger so viel Zeit für mich habe, erwachsen daraus nur noch mehr blöde Ideen. Du weißt, wie sehr ich es liebe, Alltagsbeobachtungen in meinen Texten zu verarbeiten. Allein die Erlebnisse auf der langen Fahrt hierher sind unerschöpflich. Zum Beispiel der übereifrige Schaffner auf dem Bahnsteig in Boston oder die Stenotypistin in deinem Privatwaggon – die beiden reichen schon für eine neue Nummer. Von all den sonstigen Eindrücken, die ich in den letzten Tagen noch gewonnen habe, gar nicht erst zu reden. Das Angebot, demnächst wie Klaus als *lecturer* durchs Land zu reisen, wird immer verlockender. Themen habe ich genug, ebenso Ideen, wie ich sie am besten umsetze. Meine Notizbücher quellen längst über. Ich garantiere für nichts, was sich daraus noch entwickeln wird.«

»Die Warnung ist bei mir angekommen«, bekannte er. »Allzu leichtsinnig habe ich mich wohl der völlig falschen Hoffnung hingegeben, eine Frau wie du könnte in dieser Umgebung, fernab von der Zivilisation, tatsächlich einmal auf ganz andere Gedanken kommen und sich am Ende hier gar dauerhaft mit mir niederlassen wollen.«

Resigniert hob er sein Glas, suchte ihren Blick. Sie stieß mit ihm an.

»Eine Frau wie ich wird wohl niemals völlig zur Ruhe finden, zumindest nicht bei der derzeitigen Weltlage.

KAPITEL 28

Die Auftritte der *Pepper Mill* in der *New School of Social Research* wurden ein sensationeller Erfolg. Erika konnte es kaum fassen. Alle drei Vorstellungen in dem riesigen Saal waren restlos ausverkauft. Auf dem Trottoir vor den Kassen bildeten sich jeden Abend trotz Schneeregens und empfindlich niedriger Temperaturen sogar lange Schlangen Hoffnungsvoller, die auf nicht abgeholte oder kurzfristig frei werdende Plätze schielten. Binnen kürzester Zeit sprach sich herum, was die *Pepper Mill* an Besonderem zu bieten hatte. Erika war es zwar ein Rätsel, warum das jetzt geschah und funktionierte und vor kaum drei Wochen im Chanin Theatre nicht, doch natürlich genoss sie es vor allen Dingen. Immerhin schweißte es sie und die anderen aus dem Ensemble noch einmal eng zusammen.

Schon nach den ersten Nummern tobten das Publikum wie auch die anwesenden Kritiker jeden Abend vor Begeisterung. Es war, als hätte es die vernichtenden Besprechungen in den großen Zeitungen zu den Aufführungen Anfang Januar nie gegeben. Wie von Maurice prophezeit, wurden auflockernde Showeinlagen auf einmal ebenso wenig vermisst wie glamouröse *girls*. Die zarten Anspielungen auf traditionelle Volkslieder, Märchen und derzeit in Deutschland agierende Mächtige wurden durch die Bank von den Zuschauern verstanden und entweder von zustimmendem

Beifall, resigniertem Kopfschütteln oder bitterem Lachen begleitet. Nach Ende des Programms verwickelte ein Großteil des Publikums die *Pfeffermühle*-Akteure in Gespräche, um Genaueres über die aktuelle Lage in Europa zu erfahren, um sich über Hitlers Expansionsdrang Richtung Österreich und Tschechoslowakei zu informieren, sich über seine unübersehbare Kriegslust und das verhängnisvolle Zögern der anderen Staatsmänner zu echauffieren oder einfach nur, um der Truppe aufmunternd auf die Schultern zu klopfen und sich mehr solch kritischer *shows* zu wünschen, die die Amerikaner mittels Unterhaltung über die wahren Zustände in der Welt aufklärten.

»Das positive Echo kommt leider zu spät. Ich habe mein Rückfahrtticket bereits in der Tasche. Mitte nächster Woche steige ich aufs Schiff«, verkündete Magnus nach der dritten und letzten Aufführung in der Künstlergarderobe. In seiner Stimme lag Bedauern. Schicht für Schicht hüllten sie sich in ihre warme Winterkleidung ein, wickelten Wollschals um die Hälse und zogen die Hüte tief ins Gesicht, um so wenig Haut wie möglich dem empfindlich kalten Frost auszusetzen.

»Das sollten wir nicht so einfach stehenlassen«, erwiderte Erika und klatschte unternehmungslustig in die Hände. »Kinder, ihr wisst, was das heißt?«

Es war Freitagabend. Trotz bitterkalten Winterwetters die beste Zeit zum Ausgehen. Außerdem standen keine weiteren Verpflichtungen an, die eine frühe Heimkehr ins *Bedford* und ein rechtzeitiges Aufstehen am nächsten Morgen erfordert hätten. Als spürten sie alle, dass sich eine der letzten Gelegenheiten bot, es noch einmal ordentlich zusammen krachen zu lassen, zog das Ensemble mit einer Handvoll treuer Weggefährten in eine schmucklose Bar einige Blocks weiter.

Auf Anhieb fühlte Erika sich dort wohl. Nach all dem Prunk und Glanz, den sie in der letzten Zeit an der Seite von Maurice genossen hatte und nach wie vor bei ihren Übernachtungen im noblen *Elysée* auskostete, stellte das Lokal einen zwar scharfen, aber eben deshalb umso besseren Kontrast dazu dar. Die schmucklose Einrichtung bestand aus ein paar Holztischen und einigen Dutzend Stühlen, dazu einem langen Tresen vor einem Regal an der unverputzten Wand. Das Publikum rekrutierte sich zwar wie so oft in Manhattan allein aus Weißen, Personal und Musiker dagegen waren dunkelhäutig. Elegante Roben suchte man jedoch vergebens. Dafür trugen Frauen wie Männer mit größtem Eifer zur Schau, was sie unter »ausgehfein« verstanden. Hauptsache, es glitzerte und funkelte und betonte die oftmals reichlich vorhandenen Kurven. So hoffnungslos übertrieben der Lippenstift auch war und so dick die Wimperntusche die Augen verklebte, rührte Erika das dahinterstehende Bemühen um den schönen Schein zutiefst. In ihren Augen verbreitete es eine faszinierend ansteckende Lust, sich mit simpelsten Mitteln vom tristen Alltag abzuwenden. Für einige Sekunden fühlte sie sich wieder einmal an das Berlin der zwanziger Jahre erinnert, wo es ebenfalls nur darum gegangen war, den Hunger auf Vergnügen zu stillen. Und darin waren sich auch hier Gäste wie Personal wunderbar einig.

Ganz selbstverständlich enterte Felix nach wenigen Minuten, in denen er fingerschnippend und kopfnickend der eingängigen Musik gelauscht hatte, den Hocker des Pianisten und begann mit ihm vierhändig zu spielen. Übermütig stieg John Latouche darauf ein, schnappte sich das Mikrophon der verblüfften Sängerin mit der kunstvoll auftoupierten feuerroten Mähne und animierte sie zu einem Duett. Beschwingt ließen sich auch der Bassist und der Klarinettist auf den schnelleren Rhythmus der Musik ein. Der graue John wie auch Greenhorn Wallace verwandelten im nächsten Moment mit zwei abenteuerlustigen Damen von den ersten Tischen die enge Fläche zwischen Tresen und Kapelle zum Tanzparkett. Bald schlossen sich ihnen Miro und Barbara an, dicht gefolgt von den nächsten Mutigen. Es swingte und jazzte in allen Ecken und Winkeln. Selbst der Barkeeper griff den Takt auf, ebenso zeigten sich die Kellner begeistert, heizte das wilde Tanzen doch das Trinken an.

»Die Auftritte in der New School waren eine gute Vorbereitung für dich auf die Rückkehr nach Europa«, knüpfte Erika an Magnus' Bemerkung von vorhin an.

Zusammen mit ihm, Therese, Lotte und Sybille beobachtete sie vom Tresen aus das Geschehen. In der Hoffnung, zu vergessen, wollte sie sich in dieser Nacht bis zum Umfallen hemmungslos amüsieren. Nicht nur, weil das Kapitel *Pepper Mill* an diesem Abend wohl endgültig sein Ende gefunden hatte. Auch, weil weder Maurice, der ihnen diese grandiose Gelegenheit zum Beweis ihres Könnens in New York verschafft hatte, noch Martin sich an einem der drei vorangegangenen Abende im Saal gezeigt hatte. Als hätten sie sich miteinander verschworen, ausgerechnet ihr Scheitern im Chanin Theatre zu bezeugen und ihren späten Triumph in der New School zu ignorieren.

Obwohl sie wusste, dass dem in Wahrheit nicht so war, weil Martin sich mit einem seiner vielen Dienste im Hospital und Maurice sich mit geschäftlichen Verpflichtungen entschuldigt hatte, gab sie sich der Vorstellung in einem seltenen Anflug von Selbstmitleid nur zu leichtfertig hin.

»Wie ging es euch eigentlich in der New School?«, wollte sie von den anderen wissen.

»Mir kam es vor, als wären wir gar nicht mehr richtig in New York oder Amerika«, sagte Magnus, und Lotte begeisterte sich: »Es kam mir vor wie ein Heimspiel! So wie früher in Bern oder Haag oder Amsterdam.«

»Kein Wunder, dass das Programm ohne Pannen wie am Schnürchen funktioniert hat«, stellte Erika zufrieden fest.

Die anderen stimmten ihr zu.

»Wir waren wohl auch deshalb so gut, weil wir jetzt nicht mehr unter Druck gestanden haben wie im Chanin«, ergänzte Lotte. »Wir mussten uns nicht mehr beweisen. Wir konnten einfach nur noch spielen.«

»Das sagt sich so leicht, wenn man beim Tanzen sein Englisch nicht zum Besten geben muss und außerdem schon den nächsten Vertrag für eine Show am Broadway in der Tasche hat«, brummte Therese und betrachtete misstrauisch die Eiswürfel in ihrem Glas.

»Du hast dich heute Abend auch kein einziges Mal mehr verhaspelt. Das lässt hoffen. Vielleicht solltest du doch noch in einem der hiesigen Theater vorsprechen.« Aufmunternd knuffte Erika sie in die Seite. »Du weißt doch: das Ende von dem einen ist immer auch der Anfang von etwas anderem, Neuem.«

»Du kennst meine Meinung dazu«, gab Therese zurück. »Dazu ist es zu spät.«

»Ich probiere es weiter«, meldete Sybille sich überraschend zu Wort. »Thomas und ich haben beschlossen, in den Staaten zu bleiben. Er hat Aussicht auf eine Stelle als Anwalt. Wir werden heiraten, sobald ich von meinem Schweizer geschieden bin.«

»Was?« – »Das ist ja großartig!« – »Gratuliere!«

Wild durcheinander fielen sie über die zierliche Sybille her.

Jeder wollte sie zärtlich an sich drücken, ihr auf die Schulter klopfen und ihr das Beste für die Zukunft wünschen. Dabei wussten sie alle, dass Sybilles Liebe zu Thomas Michaelis schwierig war, weil er offen homosexuell lebte.

»Wo steckt er überhaupt?«, erkundigte Magnus sich. »So selten, wie wir ihn seit seiner Ankunft zu Gesicht bekommen, könnte man glatt denken, er wäre gar nicht da.«

»Das hier ist einfach nicht seine Welt«, erwiderte Sybille und wies mit dem Arm in die schummrige Bar.

»Das kann ich gut verstehen«, stimmte Therese zu, kippte den letzten Rest ihres Whiskeys herunter und wandte sich ostentativ zum Gehen. »Meine Welt wird das wohl auch nie werden«, betonte sie trotzig. »Aber anders als dein braver Thomas gebe ich es endgültig auf, sie mir zu eigen zu machen. Er hat wenigstens einen bürgerlichen Beruf, mit dem man hier etwas anfangen kann. Für jemanden wie mich, der auf der Bühne steht und auf die europäischen Gepflogenheiten setzt, ist das hier einfach nichts. Pfüat's euch, meine Lieben, bleibt sauber und passt gut auf euch auf.«

Damit drehte sie sich um und ging.

»Erika!«, mahnte Magnus. »Willst du sie nicht aufhalten?«

»Lass sie«, riet Lotte und verzichtete offenkundig bewusst darauf, zu verdeutlichen, wen sie meinte: Erika oder Therese.

»Tut mir leid, das wollte ich nicht«, erklärte Sybille betroffen.

»Schon gut«, winkte Erika ab. »Es ist eh zu spät. Therese hat sich leider schon vor Langem entschieden. Ihr wisst, was das bei ihr heißt. Niemand bringt sie dann mehr von ihrem gewöhnlichen Weg ab.«

»Das kennen wir doch von jemand anderem auch, oder, Erika?«, fragte Magnus und prostete ihr zu.

»Wer in Zeiten wie diesen nicht weiß, was er will, und sich von seinem Weg abbringen lässt, kommt niemals mehr irgendwo an«, konterte sie und stieß reihum mit allen an, als wollte sie sich und den anderen damit erst recht Mut zusprechen.

»Ich hätte mir gleich denken können, dass ihr euch in einer Spelunke wie dieser vor dem Rest der Welt versteckt, um still und heimlich für euch allein zu feiern.«

Die Stimme kannte Erika. Ebenso überrascht wie die anderen fuhr sie herum und blickte in Martins dunkle Augen. An seiner Seite stand Sybilles Zukünftiger, Thomas Michaelis. Neben dem eher durchschnittlich großen Martin mit dem dunklen Teint und den schwarzen Haaren wirkte er selbst im schummrigen Barlicht noch hagerer, blonder und hellhäutiger als sonst.

»Liebster!« Beglückt aufjauchzend fiel Sybille ihm um den Hals. Sichtlich verlegen ließ er das vor Publikum geschehen.

»Wie um alles in der Welt habt ihr uns gefunden? New York ist beileibe kein Dorf mit einer einzigen Kneipe.« Belustigt schüttelte Magnus den Kopf, bot Martin eine Zigarette an und bedachte Sybille und Thomas mit einem schrägen Seitenblick.

»Heißt es nicht Greenwich *Village*?«, versuchte Martin sich in einem Scherz. »Allzu schwer war es nicht. Eure Spur verläuft ziemlich eindeutig von der New School bis hierher. Einer der Studenten war euch dicht auf den Fersen, hat dann allerdings an der Tür kehrtgemacht, weil die Bar zwischenzeitlich wegen Überfüllung geschlossen wurde. Mit Engelszungen mussten wir den Herrn am Eingang davon überzeugen, die fehlenden Background-Sänger eurer Kapelle zu sein. Zum Glück hat er auf eine Kostprobe verzichtet, sonst wären wir sofort aufgeflogen.«

Erika war verblüfft. Derart aufgekratzt hatte sie Martin seit

Langem nicht mehr erlebt. Er strahlte sie übers ganze Gesicht an, legte ihr den Arm um die Schultern und fragte sie, ob sie nicht mit ihm tanzen wolle.

Einen Moment versank sie ganz in seinem Blick. Sie ahnte, wie das enden würde, und sie ahnte auch, wie sehr sie sich nach den traumhaft elysischen Märchenschlössern der letzten Wochen danach sehnte, von ihm in die vertraute normale Welt zurückgeholt zu werden. Ihr blieb gar nichts anderes, als einfach nur Ja zu sagen und sich von ihm wegführen zu lassen. Erst einmal auf die provisorische Tanzfläche, danach aber ganz gewiss noch woandershin, wo sie ganz allein wären.

KAPITEL 29

Ihr Verhalten war indiskutabel, das wusste Erika selbst. Mehr, als sich immer wieder für die vergessene Verabredung zum Mitternachtsdinner zu entschuldigen, konnte sie jedoch nicht tun. Ohnehin ließ es sich dadurch nicht ungeschehen machen, so gern sie das auch wollte.

Allerdings bedauerte sie es streng genommen nicht einmal wirklich. Dafür war die Nacht mit Martin viel zu schön gewesen. Wie es überhaupt viel zu schön gewesen war, zu erleben, dass er wieder zu seiner faszinierenden Ruhe zurückgefunden hatte, die sie schlichtweg verzauberte und ihr neue Kraft schenkte. Weil auch sie damit wieder zurückgefunden hatte in das, was ihr wichtig war und wirklich am Herzen lag. Deshalb hatte sie alles andere um sich herum, insbesondere die Verabredung mit Maurice, völlig aus den Augen verloren. Das aber konnte sie ihm schlecht so unverblümt sagen. Das würde ihn nur noch mehr verletzen. Denn auch er meinte es gut mit ihr. Viel zu gut. Es war an der Zeit, für klare Verhältnisse zu sorgen. Nur wie, darüber grübelte sie noch nach.

Davon abgesehen konnte es einem durchaus immer einmal passieren, dass man eine Verabredung vergaß. Auch wenn es natürlich nicht passieren sollte. Aber das war kein Weltuntergang. Es gab Schlimmeres. Gerade in der jetzigen Zeit. Das wusste Maurice doch. Er war schließlich ein kluger Mann. Aber zugleich auch ein kleiner, törichter Junge, wie ihr jäh in den Sinn schoss, wenn sie ihn so vor sich sah. Trotz seiner bald einundfünfzig Jahre.

So liebenswert das war, machte es das in diesem Moment umso schwieriger. Aufgebracht lief er seit Minuten vor der geschlossenen Terrassentür seines Salons auf und ab, die Hände hinter dem Rücken verschränkt, den Blick gesenkt und den Kopf immer wieder verständnislos schüttelnd. Statt offen mit ihr zu streiten, ihr rundheraus die Meinung ins Gesicht zu sagen oder sie mit drastischen Schimpfworten zu überhäufen wie unlängst Therese oder ihr selbstmitleidige Vorwürfe entgegenzuschleudern wie Martin noch vor Kurzem, strafte Maurice sie mit Schweigen.

Wenigstens ein lauter Schrei täte gut. Der aber war wohl absolut unvorstellbar für ihn.

Mit übereinandergeschlagenen Beinen, die Zigarette in der einen, das Whiskeyglas in der anderen Hand saß sie auf dem Sofa und beobachtete ihn schweigend. Inzwischen zog vor den Fensterscheiben abendliche Dunkelheit auf. Das Schneetreiben ging in Regen über. Weit hinten am Horizont blitzte ein schmaler goldener Lichtstreif auf. Wie so oft Ende Januar, Anfang Februar legte der Winter eine kurze Pause ein, als wollte er einmal tief Luft holen und zu neuem Schwung finden. Das war hier in New York anscheinend kaum anders als in Europa.

Der Aschenbecher auf dem niedrigen Glastisch vor Erika quoll über, die Whiskeyflasche war halb leer, die Eiswürfel in der bereitstehenden Schale waren fast ganz geschmolzen. Sie sollte es aufgeben. Im gemauerten Kamin links an der Wand knisterte das brennende Holz.

Sie wandte den Kopf, sah in den gleißenden Feuerschein. Ein besonders dickes Scheit fiel krachend in die Flammen. Funken stoben auf. Das Feuer loderte für einige Sekunden hoch, dann beruhigte es sich wieder.

»Lass uns ins Kino gehen.« Jäh stoppte Maurice sein zielloses Gerenne, drehte sich zu ihr um und lächelte sie ähnlich zaghaft an wie letztens in seiner Burg, als er sie schüchtern um seine Meinung gebeten hatte. Ihr wurde blümerant.

»Ins Kino?« Überrascht hob sie die Augenbraue, stellte das Glas ab, griff blindlings nach dem Feuerzeug und begann damit zu spielen. »Du magst doch keine Filme und erst recht keine Filmtheater mit ihren schummrigen Sälen und den vielen, im Dunkeln dicht gedrängt nebeneinandersitzenden Menschen, die ihren Emotionen zum Leinwandgeschehen hemmungslos freien Lauf lassen.«

»Aber du«, überging er ihren Einwand. »Im Lichtspielhaus in der sechsundachtzigsten Straße läuft gewiss ein deutscher Film. Das wird dich aufmuntern, auf andere Gedanken bringen …«

»Aber du musst mich nicht aufmuntern …«, setzte sie an.

Sofort unterbrach er sie ungeduldig. »Bitte verzeih, Erika. Es tut mir so unendlich leid, dass ich vorhin aus einer Mücke einen Elefanten gemacht habe. Es ist wirklich lächerlich von mir, dir wegen des verpatzten Dinners letzte Nacht eine solche Szene … Nein, das ist schmählich daneben. Es ging lediglich um ein kleines Essen. Deswegen sollten wir uns nicht streiten.«

Ehe sie überhaupt Luft holen konnte, um noch etwas zu erwidern, hastete er bereits zum Telefon, bestellte den Fahrer und wies das Dienstmädchen an, ihnen die Mäntel zu bringen.

Wie so oft schien es Erika geradezu lächerlich, die wenigen Blocks bis zum Kino mit dem Wagen zu fahren. Zu Fuß zu gehen war für Maurice allerdings undenkbar, erst recht bei Regen, zumal sie auf dem Weg die Grenze von der Upper East Side zu Yorkville überschritten.

So eng die beiden Gegenden beieinanderlagen, handelte es sich um zwei völlig verschiedene Welten, wie sie längst mit eigenen Augen entdeckt hatte.

Yorkville war ein klassisches Einwandererviertel, bis zur Zeit des Großen Krieges vor allem von Deutschen geprägt, weshalb die sechsundachtzigste Straße mit ihren vielen Geschäften, kleinen Theatern, Kneipen und eben auch Kinos den Beinamen *German Broadway* trug. Optisch unterschied sich die Gegend bereits durch die weitaus niedrigeren, schmaleren Häuser und die auf eisernen Stelzen über die Third Avenue donnernde Hochbahn von der vornehmeren Upper East Side. Die Menschen, die dort über die Bürgersteige hasteten, wirkten ebenso wie die Autos, die die Straßen verstopften, zumeist so, als hätten sie schon bessere Tage gesehen. In den Auslagen der Läden fand sich kein überflüssiger Luxus, sondern zum täglichen Gebrauch bestimmte Ware.

Natürlich ahnte Erika schon, was sie dort an diesem Abend erwartete. In den letzten Monaten hatte sie mit einigen gesprochen, die Yorkville hinter sich gelassen hatten oder inzwischen gar bewusst mieden. Jedoch wollte sie Maurice nicht die Freude verderben. Es war zu rührend, wie sehr er sich wieder einmal ins Zeug legte, um ihr Gutes zu tun. Vielleicht hatten sie auch einfach Glück und erwischten es besser als befürchtet.

Eine Frau ohne Bedeutung prangte der deutsche Filmtitel als rote, große Leuchtschrift über dem Kinoeingang, vor dem der Cadillac hielt. In kleineren schwarzen Buchstaben wurden direkt darunter die Hauptdarsteller verkündet: Käthe Dorsch, Marianne Hoppe, Albert Lieven und – Gustaf Gründgens. Ausgerechnet! Erika schluckte.

»Was für ein Zufall!«, stellte Maurice fest, sobald er ebenfalls die Namen registrierte. »Bestimmt wird es dich freuen, zu sehen, wie sich dein erster Mann auf der Leinwand eines New Yorker Kinos macht.«

Von ihrer Reaktion schien er nichts mitbekommen zu haben. Oder er deutete sie völlig falsch. Ihr blieb nichts anderes, als sich zusammenzureißen, um ihm nicht gleich wieder die Laune zu verderben.

Wenigstens handelte es sich nicht um einen allzu offensichtlichen Propagandafilm, sondern um die Verfilmung eines Oscar-Wilde-Dramas, das im englischen Adel der Jahrhundertwende angesiedelt war, beruhigte sie sich, nachdem sie im Kino Platz genommen hatten und der Film begann. Das machte das Zuschauen einigermaßen erträglich, obwohl es ihr schwerfiel, Gründgens eineinhalb Stunden lang immer wieder in Großaufnahme vor sich zu sehen.

»Dein Ex-Mann ist wirklich ein exzellenter Schauspieler. Jetzt weiß ich, von wem du einiges gelernt hast«, stellte Maurice fest, als er sie nach der Vorstellung in ein nahe gelegenes Bierlokal führte.

Das kurze Stück legten sie ausnahmsweise tatsächlich einmal zu Fuß zurück. Den Fahrer hatte Maurice nach Hause geschickt, was Erika für den Heimweg auf einen längeren Spaziergang hoffen ließ.

In der Gaststätte schlug ihnen gleich beim Eintreten ein vertrauter Mix aus Zigaretten-, Bier- und Essensdunst mit viel zu trockener Heizungsluft entgegen. Auf Anhieb fühlte sie sich an

Münchner Bierkeller erinnert. Das trübe Licht wie auch die lauten Stimmen und die dicht an dicht hockenden Männerrücken passten ebenfalls ins Bild. Allerdings lag das Lokal ebenerdig und besaß nicht einmal eine falsche Gewölbedecke. Dennoch ließen die rot-weiß karierten Tischdecken, die Eichenholzmöbel, die Eichenholzpaneele an den Wänden sowie die Bedienung in Dirndl oder Lederhosen und die von Sauerkraut, Eisbein, Brat- und Leberwürsten dominierte Speisekarte keinen Zweifel daran, dass es sich um ein traditionsbewusstes, wahrscheinlich vor langer Zeit von deutschen Einwanderern gegründetes Etablissement handelte. Das ausgeschenkte Bier wurde ausschließlich nach deutschem Reinheitsgebot gebraut oder direkt aus Deutschland eingeführt, wie eine Tafel über dem Tresen auf Deutsch und Englisch stolz verhieß.

»Leider haben meine bescheidenen Sprachkenntnisse nicht ausgereicht, um viel von der Handlung zu verstehen«, knüpfte Maurice wieder an den Film an, sobald sie zwei freie Plätze nahe beim Fenster ergattert und das erste Bier serviert bekommen hatten. Gedankenverloren strich er über das grob gewebte Tischtuch, rückte den feuchten Bierfilz unter dem Krug zurecht. Er wirkte fremd in dieser Umgebung, zeigte sich aber eifrig bemüht, sich das so wenig wie möglich anmerken zu lassen. Zweifelsohne wollte er ihr zuliebe das Lokal wie auch den Abend genießen, dabei würde sie am liebsten sofort Reißaus nehmen. Warum tat sie das nicht? Es würde ihn und sie erlösen.

»Dennoch bin ich von dem Film begeistert«, setzte er allerdings schon nach, beugte sich vor, um seine Hand auf ihre zu legen, und machte damit ihre Fluchtpläne zunichte. Herzerweichend charmant lächelte er sie an. »Dass die Darsteller nahezu alle vom Theater kommen und eine solide Ausbildung haben, konnte man in jeder Einstellung erkennen. Vor allem diese Hoppe wird noch eine große Zukunft vor sich haben.«

»Das wird sie ganz sicher«, erwiderte Erika. Es fiel ihr schwer, die Contenance zu wahren. Innerlich kochte sie. Maurices Bemühen um eine faire Einordnung des Films wie der Schauspielerleistungen gaben ihr den Rest. Natürlich hatte er recht. Aber es war unmöglich für sie, das einzugestehen.

»Gründgens hat sie nicht von ungefähr geheiratet«, entschlüpfte ihr sarkastisch.

»Oh.« Maurice wurde verlegen. »Das tut mir leid. Offenbar geht dir das trotz allem sehr nahe.«

»Wir waren nur sehr kurz verheiratet. Das liegt Jahre zurück. Jugendsünden sozusagen. Mit Gründgens habe ich schon lange abgeschlossen«, beeilte sie sich klarzustellen. »Und das hat keineswegs etwas mit Klaus' Roman *Mephisto* zu tun.«

Zur Bekräftigung hob sie den Bierkrug und forderte Maurice zum Anstoßen auf, was er viel zu umständlich tat.

Trotz ihrer beider guten Willen schleppte sich die Unterhaltung weiter dahin. Vermutlich stand über dem ganzen Abend kein guter Stern. Die Pausen zwischen den Bemerkungen über den letzten Film von Mae West, die neueste Broadway-Inszenierung von Fannie Hursts aktuellem Stück *Great Laughter* oder Eleonore Roosevelts vorbildliches Engagement für frisch eingetroffene Emigranten aus Europa wurden immer länger. So lange schließlich, dass Erika immer öfter der Versuchung erlag, den einzelnen Satzfetzen, die sie von den Nachbartischen aufschnappte, Gehör zu schenken.

Fatalerweise handelte es sich um Unterhaltungen auf Deutsch. Und als noch verhängnisvoller erwies sich, dass sich dabei rasch offenbarte, in welches Umfeld sie ahnungslos hineingestolpert waren: nicht in irgendein harmloses, von deutschen Immigranten einst aus Heimweh gegründetes Lokal, sondern in einen Treffpunkt von Nazideutschland verehrenden Amerikanern und unbelehrbaren Deutschen.

Mit jedem Bier wurden die Stimmen lauter, die die vermeintlichen Errungenschaften des Dritten Reiches priesen, die rassistische, menschenverachtende Haltung von Hitler und seinen Schergen über den grünen Klee lobten und das neue Selbstbewusstsein des durch den »Schandvertrag von Versailles« angeblich zu Unrecht in die Knie gezwungenen Staates begrüßten.

Übelkeit stieg in ihr auf. Unauffällig äugte sie zu den anderen Tischen. Wenigstens trug keiner der Gäste ein Braunhemd oder gar eine rote Hakenkreuzbinde am Oberarm. Oder wäre das besser gewesen, weil sie gleich erkannt hätten, wohin es sie unglücklicherweise verschlagen hatte? Ihre Finger umklammerten den Bierkrug, die zweite Hand führte die Zigarette mechanisch zum Mund. Starr fixierte sie einen Punkt an der Wand gegenüber, dicht hinter Maurices Kopf, war gar nicht mehr in der Lage zu hören, was er zu ihr sagte. Dafür drangen die deutschen Stimmen immer unerbittlicher an ihr Ohr.

»Eine deutsche Frau raucht nicht!« – »Eine deutsche Frau scharwenzelt nicht mit einem Juden herum!« – »Eine deutsche Frau sitzt anständig zu Hause und nicht im Lokal!«

Unwillkürlich zuckte sie zusammen. Hatten die Männer sie etwa erkannt? Wussten sie am Ende gar, wer sie war und mit wem sie am Tisch saß? Absurd! Dennoch konnte sie nicht anders, als immerzu den deutschen Worten zu lauschen.

»In Deutschland geht es ordentlich zu. Das ist der Unterschied zu dem liederlichen Amerika und erst recht zu dem jüdisch versippten, gründlich verdorbenen New York.«

Zur Bekräftigung seiner Worte schlug ein hagerer Mann mit dicken Brillengläsern energisch auf den Tisch. Er hatte mehr Ähnlichkeit mit einem freundlichen Buchhalter als mit einem rüden Haudrauf. Wahrscheinlich machte genau das ihn so gefährlich. Seine Kumpane bekundeten ihre Zustimmung.

»Wird Zeit, dass sich das auch hier ändert!« – »Tun wir unser Bestes!« – »Zeigen wir den Amerikanern, wo es lang geht!«

Laut klirrten die Bierkrüge beim gemeinsamen Anstoßen.

»Solch fröhliche Gesichter sind immer ein gutes Zeichen.«

Maurice lachte und deutete mit dem Kopf zu besagtem Tisch. Offenbar hatte er bemerkt, dass dort Deutsch gesprochen wurde und dass das Erikas Aufmerksamkeit erregt hatte.

»Den Herren aus Deutschland geht es wohl gut in ihrer neuen Heimat«, fügte er anerkennend hinzu.

»Den Herren geht es leider viel zu gut in ihrer neuen Heimat, sonst würden sie sich hier nicht derart siegesgewiss benehmen«, brauste Erika auf.

Konnte es sein, dass er nicht kapieren wollte, um wen es sich handelte? Auch wenn er die Worte nicht verstand, entlarvte ihr Gehabe sie doch eindeutig als Nazisympathisanten.

»Ich muss hier raus.«

Sie sprang auf, schnappte sich den über der Stuhllehne hängenden Mantel sowie ihren Hut und eilte zur Tür.

»War es so schlimm, deinen früheren Landsleuten zu begegnen?«, erkundigte Maurice sich besorgt, als er sie vor der Tür einholte.

»Gegen Landsleute habe ich nichts, nur gegen solche wie die.«

Zitternd vor Empörung stand sie im viel zu warmen Januarregen, den Mantel flüchtig über die Schultern geworfen, den

Hut in der einen Hand, und zog hastig an der Zigarette in der zweiten.

»Tut mir leid.« Maurice wirkte betroffen. »Das habe ich völlig falsch eingeschätzt.«

»Eben!«, empörte sie sich. Im nächsten Moment bedauerte sie ihre unbeherrschte Reaktion.

Es war allerdings zu spät. Maurice war erblasst. Bevor er sich von Neuem für etwas entschuldigte, woran er nicht die geringste Schuld trug, bat sie hastig: »Bring mich zurück ins *Elysée*.«

Fast schon erleichtert winkte er einem Taxi, hielt ihr die Tür auf und rückte im Fond neben sie.

»Das war wohl kein gelungener Abend. Dabei wollte ich nur, dass du dich ein wenig wie zu Hause fühlst. Ich weiß doch, wie sehr du deine frühere Heimat eigentlich immer noch liebst.«

»Zu Hause gefühlt habe ich mich tatsächlich«, lachte Erika bitter auf. »In gewisser Weise war es auch wie im schönen alten München, allerdings so, wie es dort zugeht, seit es sich stolz ›Hitlers Lieblingsstadt‹ und ›Hauptstadt der Bewegung‹ nennt.«

Ihre Augen schwammen in Tränen. Plötzlich übermannte sie unfassbares Heimweh. Heimweh nicht einfach nur nach München, sondern nach München, Berlin und Deutschland zu einer völlig anderen Zeit, wie sie vermutlich für immer verloren war. Wie aber sollte sie Maurice das erklären? Er hatte ihr nur Gutes tun wollen, wie er ihr überhaupt immer nur Gutes tun wollte. Manchmal aber bewirkte er genau damit das glatte Gegenteil. Weil es einfach zu viel des Guten war. Und er völlig verkannte, was sie als gut empfand, weil er einer völlig anderen Welt entstammte.

Jäh überkam sie die Erkenntnis, was Therese letztens damit

gemeint hatte, auf immer und ewig von dem guten Willen eines anderen zugeschüttet, von seinem ewigen Nur-Gutes-tun-Wollen überfrachtet zu werden. Es schnürte ihr die Kehle zu. Angestrengt starrte sie in das taghell erleuchtete New Yorker Nachtleben, das vor der regennassen Fensterscheibe an ihnen vorbeizog. Sie biss die Lippen aufeinander, um ein Aufschluchzen zu unterdrücken.

»Bitte entschuldige, ich bin sehr müde«, brachte sie nach längerem Schweigen endlich heraus. Ihre Stimme klang heiser. Sie räusperte sich, bevor sie hinzufügte: »Das war heute Abend einfach alles zu viel für mich.«

KAPITEL 30

Du hast was?« Zum mindestens dritten Mal hakte Erika nach. Sie konnte es einfach nicht fassen. Sie wollte es einfach nicht fassen. Natürlich kannte sie Miro gut genug, um ihr viel zuzutrauen. Aber anscheinend wiederum doch nicht gut genug, denn das hätte sie ihr letztlich dann doch nicht zugetraut.

Ihr Körper bebte vor Empörung. Sie musste sich zusammennehmen, um nicht vom Sofa aufzuspringen, sich schreiend auf Miro zu stürzen und sie zu schütteln, bis sie zur Vernunft kam.

»Ich bin raus zu ihm in die Hamptons gefahren und habe es ihm klipp und klar gesagt«, wiederholte Miro seelenruhig und knöpfte provozierend langsam den Mantel auf, legte ihn, den Schal und schließlich die Mütze ordentlich auf einem Stuhl ab, bevor sie zum Sofa schlenderte und sich über Eck zu Erika setzte.

»Ein schönes Haus übrigens, das er dort hat. Direkt am Strand. Ein wahrer Märchenpalast! Würde der nicht zu dem kitschigen Roman von dieser Mitchell passen? Ach, egal. Irgendwer musste deinem Maurice jedenfalls endlich einmal reinen Wein einschenken. Sonst baut er sich nur Luftschlösser. Auf Dauer kann das so nicht mehr weitergehen. Er hängt sonst nur falschen Hoffnungen nach.«

»Es ist nicht deine Aufgabe, sie ihm zu zerstören«, stellte Erika mit scharfem Unterton klar.

Miro lehnte sich schwungvoll mit übereinandergeschlagenen Beinen auf dem Sofa zurück. Sie wirkte selbstzufrieden.

»Er wirkte geradezu erleichtert«, erklärte sie nach einer längeren Pause, in der sie ziellos zur Fensterfront geblickt hatte. »Wahrscheinlich hat er seit Längerem schon damit gerechnet. Schließlich hat er Augen im Kopf und oft genug mit angesehen, wie du und Martin ...«

»Das ist allein meine Sache!«

Empört sprang Erika auf, begann vor den bodentiefen Fenstern auf und ab zu laufen, strich sich das nackenkurze Haar zurück, schüttelte mehrere Male fassungslos den Kopf. Es war einfach nicht zu begreifen, wie Miro sich das hatte anmaßen können.

»Was bezweckst du eigentlich damit?«

Abrupt blieb sie vor Miro stehen, sah von oben auf sie hinunter.

»Ich wollte dir nur Gutes tun«, antwortete Miro knapp.

Wahrscheinlich meinte sie das sogar so. Erika hätte schreien mögen vor Empörung.

»Geh jetzt bitte«, forderte sie die Freundin brüsk auf, packte sie am Arm, zog sie mit einem kräftigen Ruck vom Sofa.

»Lass mich allein. Ich hab zu tun. Vorerst will ich dich nicht mehr sehen.«

Sie lief zum Stuhl, raffte Miros Mantel, Schal und Hut zusammen, drückte ihr alles gegen die Brust und schob Miro entschlossen zur Tür hinaus.

Erst als sie allein war, gestattete Erika sich einen wütenden Aufschrei. Wieder einmal fester als nötig drückte sie die Zigarette im nächstbesten Aschenbecher aus und lief ins Ankleidezimmer, wo sie mit dem Packen fortfuhr.

Es war einfach zu viel an guten Taten, die da in der letzten Zeit auf sie einprasselten. Nach Miros Eröffnung, Maurice in den Hamptons aufgesucht und ihm von ihrer neuerlichen Beziehung zu Martin erzählt zu haben, pressierte es Erika noch mehr, das *Elysée* zu verlassen.

Knapp drei Wochen hatte sie dort auf seine Kosten mehr als fürstlich residiert. Umso wichtiger war es ihr nun, einen endgültigen Schlussstrich zu ziehen und wieder auf eigenen Füßen zu stehen.

Während sie packte und dabei penibel darauf achtete, nur das in die Koffer zu werfen, was sie ins *Elysée* mitgebracht hatte, die von Maurice erhaltenen Kleidungs- und Schmuckstücke sowie die zauberhaften tausend Beiläufigkeiten dagegen gewissenhaft auszusortieren, wirbelten ihr die seltsamsten Gedanken durch den Kopf. Zu Maurice, Miro sowie Martin und natürlich immer wieder zu der Frage, wieso um alles in der Welt Miro sich überhaupt in ihre Angelegenheit hatte einmischen müssen. Ihr Einsatz war nicht nur peinlich, sondern auch völlig überflüssig. Längst hatte Erika alles selbst geregelt. Spätestens seit dem Abend in Yorkville war ihr klar, wie unüberwindbar die Kluft zwischen Maurice und ihr war und wie dringend sie sich von ihm trennen musste, um sich von dem lähmenden Gefühl der Abhängigkeit zu befreien.

Am Vortag schon hatte sie Maurice einen langen Brief geschrieben und von einem Boten persönlich aushändigen lassen. Darin hatte sie ihm in liebevollen Worten versichert, wie sehr sie seine Gegenwart schätze und wie sehr sie die Zeit an seiner Seite genossen habe. Wie dankbar sie ihm für seine beispiellose Großzügigkeit ihr und ihren Freunden gegenüber, seine phänomenale Geduld mit ihren Launen und seine selbstlose Unterstützung bei all ihren Unternehmungen sei und ebenso dafür, durch ihn für eine Weile in eine ihr bislang völlig unbekannte Welt eingetaucht zu sein. Dass sie inzwischen aber sicher sei, auf Dauer nicht in diese Welt zu gehören. Weil es einfach nicht ihre Welt sei. Sosehr sie es auch ihm und sich selbst gewünscht habe. Und sosehr vor allem er sich darum bemüht habe, sie ihr nahezubringen und ihr zu helfen, die Kluft zu überwinden.

So schonend wie möglich, in eindeutig selbstkritischen und natürlich selbstironischen Worten, wie sie nun einmal ihre Art waren, hatte sie ihm des Weiteren ausgeführt, warum er das Warten auf sie besser ein für alle Mal beenden und nicht länger auf ein Ja von ihr hoffen solle. Warum es wohl besser für ihn sei, seine märchenhafte Burg in New Hampshire wie auch sein reizvolles Landhaus in den Hamptons und sein hypermodernes Apartment in der Fifth Avenue ohne sie zu genießen oder vielleicht auch in näherer oder fernerer Zukunft einer dankbareren Frau als ihr zu Füßen zu legen. Die ihm obendrein nicht immerfort noch eine ganze Horde gieriger Künstlerkollegen anschleppe, die ganz unbescheiden eine Rente von ihm forderten und ihm sündhaft teure Theatermieten in Midtown und endlose Hotelrechnungen in Murray Hill einbrockten.

Beendet hatte sie den langen Brief mit der Bitte, er möge ihr nicht grollen und, falls das nicht zu viel verlangt sei nach allem, was er bereits für sie getan habe, ihr auch in Zukunft ein guter und verlässlicher Freund bleiben. Das wünsche sie sich aus tiefstem Herzen, weil sie ihn als solchen immer schätzen würde.

Und eigentlich auch viel zu sehr liebte, um ihn ganz verlieren zu wollen, wie sie sich hatte eingestehen müssen. Was sie aber nicht zu schreiben gewagt hatte.

Auf Dauer, das hatte sie dann stattdessen in einem viel zu langen Postskriptum hinzugefügt, könne nun einmal niemand aus seiner Haut. Erst recht nicht jemand wie sie, die trotz ihrer soliden Schauspielausbildung beim ehrwürdigen Max Reinhardt wohl immer unzulänglich im dramatischen Fach bliebe. Nicht einmal die frühe Ehe mit dem viel bewunderten Gustaf Gründgens habe sie nutzen können, um dazuzulernen. Wahrscheinlich mangele es ihr schlichtweg am nötigen Talent. Zwar habe sie sich bereits im Elternhaus darauf verstanden, jederzeit für jedermann die Suppe gut zu salzen, aber dennoch nie begriffen, für sich selbst etwas einfach nur dankbar anzunehmen und mit Genuss auszukosten, vor allem wenn es so gut gemeint sei wie seine Wohltaten. Deshalb stehe sie sich und ihrem Glück auch immer selbst am meisten im Weg. Und damit leider auch dem Glück unschuldiger anderer wie ihm. Die Zeiten aber seien gerade sowieso nicht so sehr nach privatem Glück, weil generell viel zu unruhig und unberechenbar.

So unruhig und unberechenbar wie die momentane Zeit sei sie leider auch selbst, setzte sie dann noch ein weiteres Postpostskriptum hinzu. Und deshalb absolut ungenießbar für einen so wundervollen Menschen wie ihn. Und letztlich wohl einfach auch keine Frau zum Heiraten.

In einem Postpostpostskriptum ergänzte sie schließlich noch, dass ihr Vater, der Zauberer und Literaturnobelpreisträger, übrigens trotz allem sehr darauf hoffe, ihn, Maurice, bei seinem demnächst anstehenden Besuch in New York persönlich kennenzulernen. Sie wiederum hoffe, wenigstens dieser ihrer vielen jetzt geäußerten unverschämten Bitten käme er unbedingt nach. Ihr Vater jedenfalls habe es nicht verdient, unter ihren Allüren zu leiden. Genauso wenig wie er, Maurice, der an Tugenden mindestens so unermesslich Reiche wie an sonstigem Kapital, das er so großzügig seinen Mitmenschen zugutekommen lasse und das ausgerechnet sie nicht dankbar anzunehmen imstande sei. Weil ihr dazu einfach, wie bereits erwähnt, das Talent fehle und sie nicht aus ihrer Haut könne.

Martin hatte sie in ihren langen Ausführungen mit keiner Silbe erwähnt. So sicher sie war, dass Maurice ihre Absage seit ihrem letzten Abend in New Hampshire und erst recht seit dem misslungenen Vergnügen in Yorkville schon erwartete, so überzeugt war sie zugleich, dass es besser war, seine Nachsicht nicht noch über Gebühr mit weiteren Geständnissen zu strapazieren. Genug war nun einmal genug, obwohl er vermutlich kaum so heftig wie letztens Therese oder Martin auf ihren Brief reagieren würde.

Bislang hatte er leider gar nicht darauf reagiert. Zumindest ihr gegenüber nicht.

Kein Wunder, spätestens nach dem Theater, das Miro ihm inzwischen zu dem Thema geboten hatte.

Erika nahm die nächsten drei Bügel mit Blusen von der Stange und packte sie in einen bereits gut gefüllten Koffer, versuchte, den Deckel zu schließen, fluchte, weil sie sich den Finger an der wieder aufschnappenden Schnalle einklemmte, probierte es ein zweites Mal. Dieses Mal mit Erfolg. Erleichtert wandte sie sich dem nächsten Gepäckstück zu, legte zwei Röcke, eine Hose und eine Handvoll Strümpfe hinein, breitete drei Pullover obenauf.

Den ganzen Vormittag hatte sie auf einen Anruf oder eine Nachricht von Maurice gewartet. Insgeheim sogar gehofft, er würde sie für eine Aussprache zum Lunch bitten. Nun wusste sie, warum er verhindert gewesen war. Und danach wohl nicht mehr in der Lage, mit ihr zu reden.

Wahllos griff sie sich den nächsten Bügel, erwischte ausgerechnet den mit dem roséfarbenen weichen Frotteebademantel, den ihr die *Pfeffermühle*-Crew zu Weihnachten geschenkt hatte. Magnus' Lachen hallte ihr plötzlich in den Ohren.

Baden gegangen waren sie leider tatsächlich mit ihrem Kabarettprogramm, daran hatte auch der späte Erfolg in der New School nichts mehr geändert. Und leider war dabei noch so viel mehr untergegangen an Träumen wie an Hoffnungen und vor allem an persönlichen Befindlichkeiten. Wie so oft in ihrem Leben aber hatte sie beschlossen, das Ende wiederum als Chance für Neues zu begreifen. Arbeit half immer, den Verlust zu verkraften. Energisch knüllte sie den Bademantel zusammen und stopfte ihn zu den anderen Sachen in den Koffer.

Ins *Bedford* würde sie wohl besser nicht wieder zurückkehren. Auch wenn Magnus inzwischen längst über den Atlantik schipperte und Therese ebenfalls schon ihre Schiffspassage zurück nach Europa gebucht hatte. Sie würde es nicht über sich bringen, bei Nägel um ein Zimmer zu bitten. Hastig gab sie die restlichen Jumper, Strickjacken und Schals in den Koffer, warf den Deckel zu. Den Rest würde sie später abholen lassen.

So schnell wie möglich wollte sie sich im *Hotel Astor* am Times Square einmieten, wo sie vor neuneinhalb Jahren schon einmal mit Klaus logiert hatte. Von dort aus konnte sie versuchen, Maurice zu erreichen, um ihn endlich persönlich zu sprechen. Miros Offenbarungen konnte und wollte sie nicht unkommentiert im Raum stehenlassen.

Und wenn sie dann den Kopf wieder frei hatte, musste sie sich überlegen, was sie als Nächstes tun sollte. Irgendwie musste es ja weitergehen mit ihr und Amerika und ihrer Idee, hier etwas zu bewirken im Kampf gegen Hitler und die zunehmende Kriegsgefahr. Das Ende des einen musste immer auch der Beginn von etwas anderem, Neuem sein. Und Arbeit tat ihr sowieso immer gut. Je mehr, desto besser.

KAPITEL 31

Havanna also. Oder vielmehr eine Insel bei Havanna. Vielleicht mit einer weiteren Burg ähnlich der in New Hampshire? Oder eher doch mit einem alabasterweißen Palast in der Art des säulenbewehrten Wochenendhauses in den Hamptons? Natürlich von Palmen statt von Kiefern umsäumt. Und in jedem Fall mit einem langen weißen Sandstrand in der Nähe, viel Sonne und Wärme und viel gutem Rum und exotisch süßen Früchten sowie einer Legion an dienstbaren guten Geistern, die das alles im Hintergrund unauffällig pflegten, damit es seinen unwiderstehlichen Zauber bewahrte. Oder welchen Traum auch immer man sich sonst als unermesslich Reicher auf einer kubanischen Insel erfüllte, um dort von dem hektischen Leben in New York auszuspannen.

Obwohl Erika sofort tausend Bilder in den Sinn schossen, konnte, nein, musste es ihr letztlich egal sein. Sie würde es nie mit eigenen Augen sehen und nie mehr darüber erfahren, denn Maurice sprach nicht mehr mit ihr. Saß jetzt unerreichbar für sie weit weg auf besagter Insel in der Nähe von Havanna, wie eine seiner vielen Sekretärinnen ihr endlich beliebte mitzuteilen, nachdem sie gefühlte hundert Mal in seinem Büro und seinem Apartment angerufen und mit Engelszungen und Schmeicheleien und zuletzt wütenden Drohungen um Auskunft gebeten hatte. Langsam legte sie den Telefonhörer zurück auf die Gabel, angelte nach der Zigarettendose und dem Feuerzeug auf dem Schreibtisch und stellte sich mit der brennenden Zigarette zwischen den Fingern ans Fenster. Ziellos starrte sie hinaus.

Dicke Schneeflocken tanzten durch die Luft. Auf der Höhe ihres schmalen Fensters im zweiten Stock gewährten sie noch die Illusion eines unschuldigen Weiß. Unten auf der Erde angekommen würden sie sich rasch in schmierigen, schmutzigen Matsch verwandeln.

Leider war das Trottoir direkt vor dem *Astor* am Times Square von den zigtausend Fußgängern, die von früh bis spät vorübereilten, zu stark frequentiert, um den Schnee lange unberührt zu lassen. Niemals bildete sich dort auch nur für Momente eine ähnlich unberührte Winterlandschaft wie in manchen Ecken des Central Park, die Erika von Maurices Apartment in der Fifth Avenue aus hatte sehen können. Niemals blieb vor ihrem neuen Quartier auch nur ansatzweise Platz und Luft genug, um sich in einem ähnlichen Winterzauber zu verlieren wie von den Fenstern ihrer Suite aus im obersten Stock des *Elysée* oder vom *Cloud Club* im Chrysler oder von der Aussichtsterrasse im Chanin Building oder wohin auch immer Maurice sie in den letzten Wochen »entführt« hatte, um ihr imposante Aussichten zu bieten. Damit war es nun also ein für alle Mal vorbei. Wie die Schneeflocken vor dem Fenster auf den schmuddeligen Pflastersteinen des Times Square war auch sie wieder auf dem glatten Boden der Tatsachen gelandet.

Seltsamerweise fühlte sie sich erstaunlich wohl dabei. Empfand es gar als echte Befreiung. Endlich war sie wieder Herrin ihrer selbst, musste keine noch so gut gemeinte Bevormundung um des lieben Friedens willen mehr ertragen, sondern konnte aus freiem Herzen tun und lassen, was sie wollte. Oder auch nicht. Genau deswegen war sie nach New York gekommen.

Das märchenhafte Vermögen war ihr auf Dauer unheimlich geworden. So bewundernswert Maurice sich auch dafür einsetzte, Gutes damit zu tun, Kunst, Kultur und Bildung zu fördern, blieb letztlich stets ein gewisses Unbehagen. Sein unermesslicher Reichtum schien ihr eben doch eine »Schattierung zu reich«, wie sie wenige Minuten später entschlossen in die Tasten ihrer praktischen Reiseschreibmaschine tippte.

Es wurde ein langer Brief, den sie an ihre Mutter, das geliebte Mielein, schrieb. Seit Ende November, genau genommen seit der Ankunft der *Pfeffermühle*-Crew in New York, hatte sie ihr keine Zeile mehr geschickt. Entsprechend ausführlich und in gewohnt witzig-sarkastischem Ton schilderte sie ihr die Geschehnisse, klammerte allerdings intime Details über ihr Verhältnis zu Maurice und Martin wohlweislich aus. Zum Schluss entwarf sie in wenigen Sätzen, was ihr der rührige Produzent Leonard Sillman unlängst angetragen hatte, nachdem er von ihren Auftritten in der New School offenbar mehr als hingerissen war: die Mitwirkung an seiner nach 1934 und 1936 nun bereits zum dritten Mal am Broadway stattfindenden Revue *New Faces of 1937*!

Auch Lotte sollte darin auftreten, Erika aber durfte zudem einige Moderationen und sogar Sketche selbst schreiben, somit also beinahe ähnlich agieren wie bei der *Pfeffermühle*. Sie am Broadway als Schauspielerin auf und als Autorin hinter der Bühne – ein echter Ritterschlag! Und außerdem wieder konkrete Aussichten, anpacken und etwas tun zu können. Das half immer.

»Chapeau! Das sind mal Aussichten.« Billy prostete ihr am Abend anerkennend zu, schob sich die runde Brille auf den Kopf und blinzelte sie aus kurzsichtigen Augen spitzbübisch an. »Vielleicht sollte ich mir überlegen, ob ich dir in mein erstes Drehbuch für Paramount einen kleinen Auftritt reinschreibe. Schon immer wollte ich einmal mit dir zusammenarbeiten. Das ist jetzt wahrscheinlich die erste und letzte Gelegenheit. Noch ist deine Gage annähernd bezahlbar, weil dich noch keines der großen Studios in Hollywood entdeckt und unter seine Fittiche geknechtet hat. Das kann sich jetzt schnell ändern.«

»Die Mühe kannst du dir sparen!« Lachend stieß sie mit ihm an. »*Metro Goldwyn Mayer* hat mir bereits eine kleinere Sache angeboten. Das verträgt sich wahrscheinlich schlecht mit Paramount. Und davon abgesehen hat Leonard Sillman schon einige weitere Offerten angekündigt.«

»Gratuliere! Mit dem attraktiven Sillman kann ich kleiner Frosch natürlich nicht mithalten.« Amüsiert schüttelte Billy den Kopf.

»Vielleicht sollte ich dich mal küssen, damit du dich endlich in den erhofften Prinzen verwandelst.«

Neckend blies sie ihm den Rauch ihrer Zigarette ins Gesicht, woraufhin er übertrieben mit der Hand durch die Luft wedelte.

»Das macht unseren Billy auch nicht schöner«, schaltete Curt sich ein. »Mit dir kann er sowieso nicht mithalten, liebste Eri, ganz einerlei, wie sehr er sich ins Zeug legt. Längst bist du schon wieder ganz in deinem Element. Ein interessanter Auftrag hier, eine nette Einladung dort, und zwischendrin entwischst du eben schnell noch zu einer kleinen Cocktailparty an der Upper East Side oder zu einem Empfang mit Eleonore Roosevelt, Blanche Knopf und all den anderen einflussreichen Damen der

Ostküste. Erst, wenn du dich einmal eine Sekunde nicht in Arbeit stürzen kannst, muss man sich ernsthaft Sorgen um dich machen. Bei all dem Herumwirbeln wirst du deine alten *Bedford*-Freunde wohl leider ganz schnell vergessen.«

»Sag so etwas nicht. Heute Abend bin ich ja hier bei euch«, erwiderte sie.

Dabei hatte er natürlich recht. Viel zu selten war sie in den letzten Wochen bei den alten Freunden gewesen. Zum ersten Mal seit den New-School-Tagen saßen sie überhaupt wieder in der Bar des *Bedford* zusammen.

Es fühlte sich wie Heimkommen an. Zum Glück hatten Billy und Curt die rührselige Situation gleich mit ihren Scherzen aufgelockert, sonst wäre es wohl kaum auszuhalten gewesen. Zwar erleichterte es Erika, dass Miro endlich wie schon länger geplant mit Barbara in die Kohleregionen West Virginias aufgebrochen war, um dort zur sozialen Misere der Minenarbeiter zu recherchieren. Allerdings befand sich die einst so vertraute Runde insgesamt in Auflösung. Klaus' Gesellschaft vermisste sie ohnehin schmerzlich, was ihr im *Bedford* noch ärger aufstieß als anderswo. Ebenso hatte auch Magnus bei seiner Abreise eine schmerzliche Lücke hinterlassen. Seither zog es weder Felix Günther noch John Latouche hierher, wie die beiden Unzertrennlichen Billy und Curt ihr vorhin ungefragt berichtet hatten. Und Sybille und Thomas hatten sich ohnehin ganz im Norden der Stadt in Washington Heights in einer winzigen Wohnung häuslich eingerichtet.

»Mit denen ist hier unten bestimmt nicht mehr zu rechnen«, hatte Lotte gemutmaßt. »Sicher ist es nur eine Frage der Zeit, bis Sybille sämtliche Ambitionen für die Schauspielerei an den Nagel hängt und sich ganz aufs biedere Dasein an der Seite ihres Patentanwalts konzentriert.«

»Gönn den beiden doch ihr kleines Glück«, rügte der unscheinbare Rolf sie mit einem verschmitzten Grinsen und rieb sich dabei die trocken knisternden Hände. »Wer heutzutage noch in den Genuss eines solchen kommt, kann sich wirklich glücklich schätzen.«

»Das kleine Glück, ach, das klingt gefährlich nach Hans Fallada«, merkte Erika an. »Wenn wir uns damit begnügen wollten, hätten wir wohl besser alle brav in Deutschland bleiben und uns mit den dortigen Verhältnissen arrangieren sollen.«

»Du vergisst die klitzekleine Kleinigkeit, dass uns die Herren Nazis dort gar nicht hätten haben wollen«, schaltete Rolf sich ein, und Therese ergänzte: »Das habe ich auch gleich gar nicht haben wollen, dass die mich hätten haben wollen. Von wegen ›wer Jude ist, bestimme immer noch ich‹. Da verzichte ich liebend gern drauf! Der ›Ehrenjude‹ dieser Herren zu werden, ist wirklich das Letzte, was sie einem antun können. Schließlich will ich mir morgens beim Zähneputzen im Spiegel noch in die Augen schauen können.«

»Ach, Therese! Genau dafür liebe ich dich.«

Zärtlich legte Erika ihr den Arm um die Schultern und schmiegte sich an sie, drückte ihr einen Kuss auf die Wange.

»Das sagst du jetzt«, knotterte Therese, doch Erika konnte sehen, dass auch ihre Augen verräterisch glänzten. Seit sie sich von Maurice getrennt hatte, war die Geliebte ihr zum Glück wieder gut.

»Hättest du das zwei Tage früher gesagt, hätte ich mir das mit der Schiffspassage vielleicht doch noch einmal überlegt. Das mit dem Englisch hätte ich sicher eines Tages auch noch hingekriegt«, hatte sie gemeint und sich eine erstaunlich lange Weile in Erikas Entsetzen gebadet, bevor sie ein Telegramm aus der Tasche gezogen und sie mit einem verschmitzten Lächeln von dem Schreck erlöst hatte.

»Keine Sorge, meine Entscheidung ist gefallen. Du wirst mich los. Zumindest hier in New York. Morgen geht's wieder über den Großen Teich retour. Und damit du sicher sein kannst, wie ernst es mir ist, zeige ich dir besser gleich das Angebot vom Schauspielhaus in Zürich. In einem Monat werde ich dort schon zum ersten Mal auf der Bühne stehen. Als Zelima in Marianne Riesers *Turandot dankt ab*.«

»Ihr feiert? Und wieder einmal stoße ich viel zu spät dazu.« Unverhofft stand Martin am Bartresen, blickte in die Runde. Nasser Hut wie Mantel und die lederne Arzttasche in seiner Hand verrieten, dass er wieder einmal direkt aus der Praxis oder dem Hospital kam. Wahrscheinlich hatte er von früh bis spät Patienten behandelt, vermutlich zusätzlich zur eigenen Schicht noch den Dienst eines Kollegen übernommen. Die Erschöpfung stand ihm ins Gesicht geschrieben. Zugleich zuckte es um seine Mundwinkel, als er Erika und Therese in lang vermisster Eintracht eng umschlungen beieinandersitzen sah. Natürlich hatte Miro ihn vor ihrer Abreise über die neuesten Entwicklungen in Sachen Erika und Maurice unterrichtet, trotzdem wollte er das offenbar erst glauben, als er sich jetzt mit eigenen Augen davon überzeugen konnte.

»Setz dich zu uns!«, forderte Erika ihn auf und klopfte mit der Hand auf den freien Hocker an ihrer anderen Seite. »Es ist Thereses letzter Abend in der Stadt. Das müssen wir angemessen begehen. Morgen steigt sie aufs Schiff.«

»Und es ist Erikas erster Abend zurück im Kreis der Werktätigen«, ergänzte Therese augenzwinkernd. »Ab sofort gehört sie wieder zu uns Normalsterblichen, die sich jeden Morgen aufs Neue fragen, woher sie bis zum Abend das Geld zum Leben auftreiben. Auch das sollten wir angemessen begießen. Zufällig hat sie gerade einige Dollar Vorschuss für ihren ersten Auftritt am Broadway in der Tasche. Es lohnt sich also, beim Barkeeper auf ihre Kosten zu bestellen.«

»Das klingt vielversprechend.« Flugs legte er Hut, Mantel und Tasche ab.

Es dauerte nicht lange, und die bewährte Feier- und Tanzlaune des *Bedford*-Kreises brach sich Bahn. Anton Nägels Hauspianist gab sein Bestes, Magnus und Felix am Klavier zu ersetzen. Dennoch schlug Martin irgendwann vor, noch in einen der Clubs am Times Square oder in Greenwich Village zu wechseln.

»Hier ist der Männerüberschuss zu groß«, spottete er. »Am Ende muss ich den nächsten Slowfox mit Billy, Curt oder gar Rolf tanzen. Ihr wisst, was das heißt. Ich garantiere für nichts.«

»Wenn du Hand an meinen Curt legst, fordere ich dich gleich zum Duell im Central Park«, witzelte Billy.

»Nenn mir deinen Sekundanten. Wir treffen uns im Morgengrauen an der Bow Bridge«, ging Martin amüsiert darauf ein. Die Drinks waren ihm rasch zu Kopf gestiegen, wie seine geröteten Wangen verrieten.

»Wunderbar! Dann seid ihr Herren also weit über diese Nacht hinaus anderweitig beschäftigt, und wir beide können uns aus eurer Schusslinie zurückziehen«, schaltete Erika sich ein und fasste Therese bei der Hand. »Ihr werdet verstehen, dass wir die letzte gemeinsame Nacht gern noch etwas zu zweit allein miteinander genießen.«

Am nächsten Morgen brachte sie Therese mit reichlich gemischten Gefühlen aufs Schiff gen Europa.

»Nimm's nicht so schwer«, tröstete die Geliebte sie. »Ich kann schon ganz gut auf mich selbst aufpassen. Und falls mir so ein elender brauner Nazilump zu nah kommt, schlage ich ihn mit meinen derbsten Schimpfworten ganz bestimmt in die Flucht. Wirst schon sehen, wie er freiwillig Reißaus nimmt, wenn ich erst einmal so richtig zu zetern loslege.«

Zur Bekräftigung zog sie eine verkniffene Grimasse und rollte bedrohlich mit den Augen.

Obwohl ihr zum Heulen zumute war, musste Erika nun doch lachen. Zum Dank für die Aufmunterung umarmte sie Therese noch einmal fest.

»Da gibt's noch was, was dir das Herz gleich leichter machen wird.«

Abrupt löste Therese sich aus ihren Armen und deutete schmunzelnd zum Pier.

Winkend kam Miro von dort auf sie zu und verkündete, sobald sie sie erreicht hatte, freudestrahlend, sie wolle ebenfalls zurück in die Schweiz.

Vorsichtshalber verzichtete Erika darauf, sie nach Barbara und ihren gemeinsamen Plänen für weitere sozialkritische Fotoreportagen aus dem Mittleren Westen zu fragen. Für Miro war es derzeit sicher die beste Lösung, auf direktem Weg nach Hause zurückzukehren.

»Du siehst, die meisten Probleme lösen sich mit der Zeit von ganz allein«, raunte Therese ihr zu und gab ihr einen letzten Abschiedskuss auf die Wange.

»Die meisten, aber leider nicht alle«, erwiderte sie, bevor sie das Schiff kurz vor der Abfahrt über die Gangway verließ.

Ohne es zu ahnen, offenbarten sich ihre Worte als eine Art unfreiwillige Prophezeiung in eigener Sache, wie sich wenig später bei ihrer Rückkehr vom Hafen in Hoboken ins Hotel in Manhattan zeigte. Dort erwartete sie ein Brief von Klaus, der in ihren Augen längst glücklich Erledigtes noch einmal völlig unnötig aufs Tapet brachte.

Natürlich hatte sie dem Bruder von ihrem Entschluss, sich von Maurice zu trennen, gleich geschrieben. Seine Antwort las sich nun wie die Standpauke eines neunmalklugen Oberlehrers. Zwar hatte sie damit gerechnet, dass er sie noch einmal an die Vorzüge, die eine Verbindung mit Maurice mit sich brächte, erinnerte, dennoch fühlte sie sich schon nach den ersten Zeilen wie vor den Kopf gestoßen.

Vorwurfsvoll nannte er es geradezu »gefährlichen Leichtsinn«, in ihrer jetzigen Situation einem Mann wie Maurice den Laufpass zu geben.

»Nicht nur, was das Materielle betrifft«, setzte er ihr schulmeisterlich auseinander. »Ein amerikanischer Pass hätte dich und vermutlich uns alle für alle Ewigkeit aus dem elendsten Schlamassel befreit. Häng dich jetzt nur nicht an den langweiligen buddhistisch gesinnten *doc*. So beruhigend seine tiefen Blicke auf dich wirken mögen, möchte ich dich künftig keinesfalls in der Rolle der braven Arztgattin an der Park Avenue versauern sehen. Damit hilfst du niemandem, am wenigsten dir selbst.«

Was fiel ihm nur ein? So gut sollte er sie doch kennen, dass sie sich weder von Geld und Einfluss beeindrucken noch von zu viel traulicher Fürsorglichkeit einlullen lassen würde. Sie war doch nicht in die Staaten gegangen, um zu heiraten und das stille Glück am heimischen Herd zu finden!

Nach wie vor rangierte für sie an erster Stelle die Mission, die sie überhaupt erst hierhergeführt hatte, sprich: die amerikanische Öffentlichkeit unermüdlich weiter über Hitlerdeutschland und seine Kriegspläne aufzuklären. Wenn nicht auf unterhaltsam-vergnügliche Art mit der *Pepper Mill*, dann auf einem anderen Weg, der sich noch ergeben würde.

Dem ordnete sie alles Weitere unter, auch ihre Beziehung zu Martin, selbst wenn sie einander noch so sehr liebten und begehrten. Die Sehnsucht nach dem anderen auszuleben, würde sich immer eine Gelegenheit bieten. Die zu ergreifen, war ihnen bislang schließlich auch stets gelungen.

Ohnehin war ihr gemeinsames Leben, wie es aussah, vorerst zeitlich eindeutig befristet. Spätestens wenn seine Tochter im Mai in New York eintraf, würde er im Interesse des Kindes seine provisorische Existenz im *Bedford* gegen ein bürgerliches Dasein mit ordentlich angemieteter Wohnung und geregelter Haushaltsführung eintauschen. Obwohl sie sich seit Jahren danach sehnte, endlich auch einmal irgendwo anzukommen und auf Dauer heimisch zu werden, bestand kein Zweifel daran, dass sie nicht die geeignete Frau für ein solches Dasein war.

Unmissverständlich machte sie das auch Martin bei jeder sich bietenden Gelegenheit klar, also vor allem in den Nächten, in denen er zum großen Amüsement von ihr und den anderen Gästen nach wie vor meinte, sich heimlich, still und leise in ihr Zimmer im *Bedford* schleichen zu müssen. Dort logierte sie nämlich längst wieder ebenso wie er, praktischerweise in ihrem vertrauten Zimmer im siebten Stock direkt neben seinem. Das *Astor* hatte sie nach einer Woche bereits verlassen, weil sie die dafür berechneten fünf Dollar am Tag weder aufbringen konnte noch wollte. Den Preis fand sie übertrieben. Derzeit gab es weitaus Wichtigeres als überflüssigen Herbergsluxus.

KAPITEL 32

Seit Thereses Abreise empfand Erika Amerika im Allgemeinen und New York im Speziellen wieder als das Land oder vielmehr die Stadt der tausend Möglichkeiten, so wie Klaus und sie das im Herbst bei ihrer Ankunft erlebt hatten. Alles war machbar, solange man neugierig und aufgeschlossen blieb und zugriff, wenn sich das Richtige bot.

Selbst das Scheitern der *Pepper Mill* entpuppte sich damit letztlich als glückliche Fügung. Bar jeder Verpflichtung für das Ensemble und insbesondere ohne auf Thereses auch berufliche Eifersüchteleien Rücksicht nehmen zu müssen, konnte sie sich ganz auf ihr neues Vorhaben stürzen. Und das hieß vor allem: Termine für Moderationen, Rezitationen und Vorträge anzunehmen, die sie interessierten. Wann hatte sie sich zuletzt derart frei und ungebunden gefühlt, um alles auszuprobieren, was sich ihr gerade an Offerten bot?

Ganz besonders die *lectures* reizten sie. Die hatte sie ja bereits dank Klaus' diverser Engagements kennengelernt. Es entsprach ganz ihrem Naturell, auf mitreißende, anschauliche Weise, gespickt mit zahlreichen Beispielen aus eigenem Erleben, frei über ein komplexes Thema wie etwa die aktuellen politischen Entwicklungen in Europa zu reden. Dadurch hoffte sie, die Menschen wirklich zu erreichen und derart zu berühren, dass sie einsahen, wie wichtig ein Eingreifen der USA gegen Hitler und die anderen Faschisten war.

Bevor sie sich damit allerdings versuchen durfte, hatte sie zunächst einige Abende vor in die Jahre gekommenen Heine-Liebhaberinnen oder pensionierten Lehrern in stickigen Gemeinde- oder Schulsälen zu absolvieren. Meist rezitierte sie Gedichte von Klassikern, ab und an gab sie auch eine der Nummern aus dem *Pepper Mill*-Programm wie etwa das umgedichtete *Loreley*-Lied oder ihr Paradestück Kälte zum Besten. Letztlich aber gierten die Zuhörer vor allem nach Anekdoten aus dem Privatleben des Literaturnobelpreisträgers Thomas Mann, die seine Lieblingstochter Erika ihnen freigiebig lieferte. Sei es, dass sie von seiner Enttäuschung, als erstes Kind nicht den erhofften Sohn »als Fortsetzung und Wiederbeginn« seiner selbst, sondern eine Tochter in Armen zu halten, berichtete oder zum hundertsten Mal davon, wie sie vor bald vier Jahren bei Nacht und Nebel sein *Joseph*-Manuskript aus Nazi-München gerettet hatte.

Diese Art von Vorträgen waren zwar noch nicht das, was ihr eigentlich vorschwebte, aber sie perfektionierte dabei ihre freie Rede, lernte, sich selbst den absurdesten Fragen der Zuhörer zu stellen und vor allem souverän mit dem typischen amerikanischen *lecture*-Publikum umzugehen. Außerdem begegnete sie vielen interessanten Menschen, schloss einige wichtige Bekanntschaften und schenkte denen, die mit Deutschland mehr als stiefelknallende Hetzer verbanden, die Hoffnung, dass die wahre Kultur fortlebte. Das brachte sie auf die Idee, demnächst einmal ausführlicher über die deutsche Kultur im Exil zu reden und zu zeigen, dass die im Vergleich zu der von den Nazis instrumentalisierten Tradition eine immense Vielseitigkeit umfasste. Zu-

gleich besserte sie mit den einigermaßen gut honorierten Auftritten ihre angespannten Finanzen auf und hatte letztlich genug
zu tun, um sich vom lästigen Grübeln über Thereses Zukunft in
der Schweiz und Klaus' hoffentlich bald wieder mögliche Rückkehr nach Amerika abzuhalten.

Als Meilenstein für ihre Karriere als Vortragsrednerin erwies
sich die Begegnung mit dem ebenso engagierten wie attraktiven Leonard Sillman. Das wurde ihr gleich bei ihrem ersten
ausführlichen Gespräch klar, um das er sie wenige Tage nach
Thereses Abreise Anfang Februar gebeten hatte.

»Schon bei Ihrem Auftritt in der New School ist mir aufgefallen, welches Potenzial in Ihnen steckt«, umgarnte er sie, als sie
sich auf seine Initiative hin im *Crillon*, einem französischen
Nobelrestaurant in der Park Avenue, zum Lunch trafen.

»Genau deswegen haben Sie mich ja bereits für Ihre Revue
engagiert«, erwiderte sie.

Aufreizend langsam steckte sie sich eine Zigarette in den
Mund, ließ sich von ihm Feuer geben. Sein jungenhaftes Ungestüm amüsierte sie. Dabei galt er trotz seiner nicht einmal dreißig Jahre schon als einer der erfolgreichsten Broadway-Produ-
zenten, der nicht nur bereits zwei der legendären *New Faces of
the year*-Revuen auf die Bühne, sondern auch die Verfilmung
der für das laufende Jahr geplanten Show unter Dach und Fach
gebracht hatte. Die Aufmerksamkeit von jemandem wie ihm gewonnen zu haben, war mehr als nur ein kleiner Erfolg. Gleich
derart offen von ihm umworben zu werden, erst recht.

Wie viel er sich selbst von ihrer Zusammenarbeit versprach,
bewies das Restaurant, in das er sie eingeladen hatte. Dort wurde
weder an Goldverzierungen noch an weißem Stuck, schweren

Samtvorhängen, barocken Wandspiegeln noch an bodenlanger Damasttischwäsche, Möbeln im Louis-seize-Stil und Ober mit gediegener Hochnäsigkeit gespart. Kühn beschloss Erika, alles auf eine Karte zu setzen, und entschied sich für das teuerste Menü sowie die dazugehörige Weinbegleitung.

Zu beobachten, wie verblüfft Sillman die Order weitergab und sich anscheinend gezwungen sah, dasselbe für sich zu wählen, um nicht als geizig dazustehen, ließ sie insgeheim triumphieren. Herausfordernd sah sie Sillman an.

»Trauen Sie sich einen Auftritt in der Radio City Music Hall zu?«, fragte er. »Das bedeutet sechstausend Zuhörer, die erwartungsvoll an ihren Lippen hängen. Zudem wird durch die Radioübertragung ein weitaus größeres Publikum im Land erreicht.«

»Anscheinend trauen Sie es mir zu, sonst hätten Sie mich wohl kaum hierher eingeladen.«

Sie tat selbstbewusster, als sie sich in diesem Moment fühlte, und wies in die Weite des Speisesaals, in dem selbst um die Mittagszeit erstaunlicherweise jeder Platz besetzt war.

»Sie begreifen schnell.«

»Genau das gefällt Ihnen vermutlich an mir.«

Sillman schmunzelte. Ihr Auftreten schien ihn zu beeindrucken.

»Es handelt sich um eine Benefizveranstaltung zugunsten des Roten Kreuzes. Natürlich erhalten Sie trotzdem eine Gage. Zuallererst aber müssen Sie das als Chance sehen, Ihr Gesicht bekannt zu machen, als Moderatorin und Rednerin vom breiten Publikum wahrgenommen zu werden. Nur so kann ich Sie langfristig erfolgreich aufbauen. Gesammelt wird übrigens für die Opfer und Hinterbliebenen der Flutkatastrophe am Ohio und Mississippi. Über hundert namhafte Künstler von Bühne, Film und Radio werden dort auftreten. Milton Berle, der sich hier am Broadway bereits an verschiedenen Theatern einen Namen gemacht hat, wird die amerikanischen, der Londoner Schauspieler Noël Coward die britischen und Sie, falls Sie zusagen, die Gäste vom Kontinent anmoderieren.«

»Ich fühle mich geehrt.«

»Dann sind Sie dabei?«

»Wie sonst sollte ich rechtfertigen, dieses exzellente Menü auf Ihre Kosten zu genießen?«

KAPITEL 33

Mitte März war eigentlich noch keine geeignete Zeit für Frei-
luftveranstaltungen. Es regnete bereits den ganzen Tag. Auch
schon die Tage zuvor hatte es nahezu ununterbrochen geschüt-
tet. Der schneereiche Winter war im Verlauf des Februars nahtlos in ein nasskaltes Frühjahr übergegangen. Das Grau, das
Erika schon beim Aufwachen am Himmel begrüßt hatte,
tauchte die kühnen Wolkenkratzer wie auch die engen Straßenschluchten New Yorks in eine deprimierend düstere Stimmung.
Fröstelnd betrachtete sie das eine Weile vom schmalen Fenster
ihres Hotelzimmers aus. Schwer zu sagen, wie spät es war. Kaum
unterschieden sich die Tageszeiten momentan wesentlich voneinander. Lediglich die Nächte hoben sich mittels der schreiend
bunten Leuchtreklamen an jeder Hausfassade und der ausgelassenen Stimmung der Nachtschwärmer eindeutig davon ab.

Wieder einmal stand Erika an einem einschneidenden Wendepunkt ihres Tuns. Was mit der *Pepper Mill* gescheitert war,
schien nun in greifbare Nähe gerückt: An diesem Abend sollte
sie vor mehr als 23 000 Zuhörern im Madison Square Garden
ausführlich über die derzeitige Lage in Europa und die daraus
auch für Amerika erwachsenden Kriegsgefahren sprechen.

Allein bei dem Gedanken an das gigantische Auditorium erfasste sie allerdings grässliches Lampenfieber. Unruhig lief sie

in dem engen Zimmer umher, ließ sich schließlich tonnenschwer aufs Bett fallen.

In zwei Stunden schon würde ein Wagen sie abholen, in gut zweieinhalb Stunden würde sie die Höhle des Löwen betreten, und dann gab es endgültig kein Zurück mehr. Dann war ihre große Chance da. Dann hätte sie endlich die Möglichkeit, zu beweisen, was als *lecturer* – Vortragsrednerin – in ihr steckte. Wie lange hatte sie darauf gewartet, in wie vielen Gesprächen hatte sie immer wieder betont, wie wichtig es ihr sei, aufzuklären, wachzurütteln. Egal auf welchem Wege. Nach dem Debakel mit der *Pfeffermühle* hatte sie sich wieder aufgerappelt und weitergemacht. Hatte Klinken geputzt, Gedichte rezitiert, Geschichten erzählt. Und zum Nachdenken animiert. Wenn auch zunächst in kleinem, bescheidenem Kreis. Doch sie wusste, was sie mit ihrer Hartnäckigkeit erreichen konnte. Und jetzt war der Tag gekommen. Heute Abend würde sich zeigen, ob es ihr tatsächlich gelingen würde, die Amerikaner gegen den Wahnsinn zu mobilisieren, der in Europa seit vier Jahren alltägliche Realität war. Und ihnen die Augen vor Hitler zu öffnen. Damit sie begriffen, was ihnen und der ganzen Welt von Deutschland aus über kurz oder lang drohte: Krieg!

Ihr Herz klopfte zum Zerspringen. Sie zwang sich, die Augen zu schließen. Zum gefühlt tausendsten Mal rekapitulierte sie, wie sie beginnen, was sie zunächst im Auftrag ihres Vaters den mehr als 23 000 Zuhörern ausrichten sollte. Und wie sie dann zu ihrem eigenen Anliegen überleiten würde. Zum mindestens ebenfalls tausendsten Mal hoffte sie, sich weder allzu häufig zu verhaspeln noch sich mit ihrem Englisch zu blamieren oder überhaupt gar einen Totalausfall zu erleiden. Dazu musste sie alle Sinne beieinanderhaben und sich ganz auf ihren Verstand konzentrieren. Nie war das wichtiger als an diesem Abend. Und nie hatte sie mehr darum gebangt, die Nerven zu behalten, als in diesem Moment.

Dabei half es auch nicht, zu wissen, dass sie nur die zweite Wahl für diesen Vortrag darstellte. Oder vielmehr »nur« der Ersatz für ihren Vater war. Im Gegenteil bestand genau darin die Herausforderung. Eigentlich hatte er in der überdimensionalen Sportarena auftreten sollen, dann aber leider absagen müssen und sie als seine Vertretung ins Spiel gebracht. Das war ihr Ehre und Bürde zugleich. Sie durfte weder ihn noch sich blamieren. Sollte sie versagen, würde das dank seiner ausdrücklichen Empfehlung auf ihn zurückfallen und ihn verständlicherweise sehr enttäuschen. Sie selbst aber wohl noch mehr. Weil sie ihm und vor allem sich selbst beweisen wollte, dass sie das konnte. Scheitern war von vorneherein ausgeschlossen.

So viel Routine sie im Showgeschäft in Europa und inzwischen auch in New York besaß, gehörte der heutige Event in eine ganz eigene Dimension. Dagegen wirkte die von Sillman organisierte Benefiz-Show in der Radio City Music Hall im Februar wie ein beschaulicher Sonntagnachmittagsspaziergang in den Hamptons oder am Strand von Coney Island. Damals hatte sie von der Bühne aus in die gebannten Gesichter von gerade einmal einem Viertel der Leute im Madison Square Garden geblickt, hatte eine klar umrissene Vorgabe an Texten und Witzen zur Verfügung gehabt. Zweifelsohne war das ein großer Spaß gewesen, der reichlich Geld für den guten Zweck eingespielt, aber keinerlei intellektuelle Herausforderung an sie gestellt hatte.

An diesem Abend sah das völlig anders aus. Es handelte sich um die größte Massenkundgebung gegen Hitler in Amerika.

Seit der Machtergreifung der Nazis vor vier Jahren wurde sie jährlich vom American Jewish Congress und dem Jewish Labor Commitee organisiert. Im Vorfeld hatte es bereits antisemitische Aktionen von New Yorker Nazis gegeben, darunter das Beschmieren einer Synagoge mit blutroten Hakenkreuzen. Doch davon ließen sich zum Glück weder die Veranstalter noch die Vortragenden oder gar das Publikum abschrecken. Im Gegenteil strömten seit dem Nachmittag die Massen zum Madison Square Garden, wie im Radio begeistert berichtet wurde.

Zum illustren Kreis der Redner zählten der New Yorker Oberbürgermeister Fiorello La Guardia, der schon knapp zwei Wochen zuvor mit seinem entschiedenen Eintreten gegen Nazideutschland den Unmut der Regierung in Washington auf sich gezogen hatte, sowie der Gewerkschaftsführer John L. Lewis und ein ehemaliger enger Mitarbeiter Roosevelts, Hugh Johnson. Daneben würden einige weitere Vertreter von Wirtschaft und Wissenschaft das Wort ergreifen, und außerdem sollten Grußbotschaften von Heinrich Mann und Lion Feuchtwanger verlesen werden.

Als einzige Frau würde Erika am Mikrophon stehen. Nach dem Verlesen der Grußbotschaft ihres Vaters wollte sie in ihrer knapp viertelstündigen Rede auf Hitler als »Gefahr für den Weltfrieden« eingehen und dabei im Speziellen die Rolle der Frau im Dritten Reich ansprechen. Dabei, davon war sie überzeugt, gab es einige wesentliche Vorurteile auszuräumen und bittere Wahrheiten und Einsichten zu verkünden, die den Menschen in New York und Amerika bislang noch nicht bewusst waren.

Kaum malte sie sich aus, was sie nachher erwartete, befiel sie von Neuem eine fürchterliche Unruhe. Unmöglich, noch länger still auf dem Bett zu liegen! Hastig erhob sie sich, trat vor den Schrank, durchwühlte die Bügel mit Kleidern, Blusen, Röcken, Jacken und Mänteln. Was nur zog sie am besten an, um einerseits als würdige Vertreterin ihres Vaters, des in Amerika sehr beliebten Literaturnobelpreisträgers, und andererseits als eigenständige Persönlichkeit, nämlich als junge, selbstbewusste Künstlerin, die ihre Heimat der Nazis wegen hatte verlassen müssen, empfunden zu werden? Noch dazu angesichts des grässlichen Wetters? Als wäre das das Stichwort, verdunkelte sich die Szenerie vor den Fenstern noch weiter, und plötzlich setzte ein heftiger Graupelschauer, begleitet von stürmischen Windböen, ein. Warum, um alles in der Welt, hatte sie zugesagt, Mitte März unter freiem Himmel vor die Massen zu treten?

»Toi, toi toi.«

Wenig später stand Martin in ihrem Zimmer und umarmte sie. Zum fünften und vorerst hoffentlich letzten Mal hatte sie sich gerade umgezogen und sich für ein schlichtes hellblaues Tweedkostüm und einen farblich darauf abgestimmten Schal mit einem dezenten Muster entschieden. Dazu würde sie flache Schuhe sowie einen kleinen Hut tragen, den sie schräg aufs kurze Haar setzte, was immer keck und seriös zugleich wirkte.

»Das wird dein Abend, Eri«, ermutigte er sie. »Die 23 000 im Madison Square Garden wie der gesamte American Jewish Congress und die Gewerkschaften werden dir zu Füßen liegen. Deine Worte über die Frau im Dritten Reich werden sie ins Grübeln bringen. Ganz gewiss wird damit endlich auch der Protestaufruf gegen Nazideutschland befolgt.«

»Hör auf, mir so genau vor Augen zu führen, was mich da erwartet! Sonst werden mir gleich die Knie schon wieder butterweich. Wie soll ich dann nur je den weiten Weg vom Auto zur Bühne schaffen?«

»Apropos Auto: Hätte der Wagen, der dich abholt, nicht längst da sein müssen? Halb acht ist längst vorbei.«

»Du meinst, sie haben mich vergessen?«

Was für ein Alptraum! Ausgerechnet jetzt kam sie zu spät. Hektisch riss sie den Mantel vom Haken, schnappte sich ihre Tasche, vergewisserte sich, das Redemanuskript wie auch das schmale Büchlein mit den Ausführungen zu den Nürnberger Gesetzen eingesteckt zu haben, und stürmte nach draußen.

Der Portier unten in der Lobby konnte sie nicht beruhigen. Bei ihm hatte sich kein Fahrer gemeldet, der sie abholen wollte. Nervös lief sie zur Tür, sah nach draußen, drehte sich um, fixierte die Uhr über der Rezeption. Zäh rückte der Zeiger gegen acht Uhr vor. Niemals würde sie pünktlich im Madison Square Garden eintreffen. Niemand würde dort auf sie warten. Niemand würde sie letztlich vermissen. Dazu war die Liste der Redner und Ehrengäste viel zu lang und beeindruckend. Wenn sie nicht rechtzeitig eintraf, würde einfach der Nächste ans Rednerpult treten und sprechen. Niemandem würde das auffallen. Das aber konnte sie ihrem Vater nicht antun. Immerhin stand sie an seiner Stelle auf der Liste. Ihn derart bloßzustellen, würde er ihr nie verzeihen. Zu Recht. Und sie sich auch nicht.

Martin hatte es wohl richtig eingeschätzt: Man hatte sie vergessen abzuholen! Oder beschlossen, so zu tun als ob, weil man ihren Auftritt als einzige Frau inmitten des Reigens renommierter Vertreter des öffentlichen amerikanischen Lebens inzwischen deplatziert fand. Die Zusage an sie, anstelle ihres Vaters zu reden, längst bereute. Der Peinlichkeit hätte sie selbst entgegentreten und dem Vater die Idee von vornherein ausreden sollen. Was sollte sie nur tun?

»Schnell, schnell!«, hörte sie Martin rufen. Von der Tür her winkte er sie nach draußen. Ohne dass sie es gemerkt hatte, musste er an ihr vorbei quer durch die Lobby gerannt sein und am Straßenrand ein Taxi angehalten haben.

»Wenn du Glück hast, schaffst du es gerade noch rechtzeitig ans Rednerpult.«

Zuversichtlich tätschelte er ihr die Schulter, steckte ihr die brennende Zigarette aus seinem Mund zwischen die Lippen. »Geh gleich zur Bühne. Der Fahrer weiß Bescheid, an welchem Eingang er dich am geschicktesten rauslässt.«

»Kommst du nicht mit?«

»Ich bleibe besser hier und verfolge alles am Radio. Anton Nägel und die anderen werden mit mir vor dem Lautsprecher sitzen. Wir treffen uns in der Bar. Wenn du mich hinter der Bühne weißt, macht dich das sowieso nur nervös.«

Sie nickte dankbar. Er küsste sie auf die Stirn, dann schob er sie energisch zur Beifahrertür des Taxis und verharrte im strömenden Regen, bis der Wagen angefahren war. Nicht einmal das von den Reifen gegen seine Hosenbeine aufspritzende Schmutzwasser störte ihn.

Sobald sie die riesigen Menschenmassen im Madison Square Garden erblickte, hätte sie am liebsten auf dem Absatz kehrtgemacht. Kaum hatte sie am Einlass ihre Rednerkarte gezeigt, packte sie jedoch einer der Ordner am Arm und schleppte sie Richtung Bühne. Gelegentlich musste er seine Ellbogen einsetzen, um ihr den Weg zu bahnen, so dicht gedrängt stand die Menge. Mehr als einmal hatte sie Angst, ihn aus den Augen zu verlieren und dann gar nicht mehr zu wissen, wohin sie sich wenden sollte.

Die gigantische Bühne beherrschte eine der Schmalseiten des Stadions. Eine beeindruckende Zahl Mitwirkender war bereits darauf versammelt, allesamt ernst dreinblickende Männer, keine einzige Frau. Sie fanden sich quasi im Schatten eines überdimensionalen Fotos im Hintergrund, auf dem jemand das Hakenkreuz mit einem Bolzenschneider zerteilte. Direkt darüber prangte in riesigen weißen Buchstaben der Aufruf »Boycott Nazi Germany« – das Motto der Veranstaltung. Unzählige amerikanische Flaggen, die über dem Mittelfeld des Stadions hingen, ließen keinen Zweifel, in wessen Namen das geschehen sollte. Erikas Herzschlag beschleunigte sich weiter. Als sie den Bühnenaufgang erreichte, beendete der Sekretär des *Jewish Congress* gerade seine Begrüßungsrede. Suchend wandte er den Blick zur Seite, erspähte sie am Rand des Podiums und kündigte sie im nächsten Atemzug in der vertrauten Formulierung als »Tochter des berühmten deutschen Schriftstellers Thomas Mann« an, setzte dann allerdings noch die Worte »eine begnadete Schauspielerin und Verfasserin exzellenter Texte« hinzu und winkte sie ans Mikrophon.

Wie in Trance trat sie nach vorn. Ihr blieb gar keine Zeit, länger aufgeregt zu sein. Schon stand sie im blendenden Licht der Scheinwerfer und sah auf einen Ozean an Menschen, den sie eben erst angespannt durchschritten hatte. Hie und da flackerte das Blitzlicht einer Reporterkamera auf, jemand rief ihren Namen, ein anderer brüllte einen Gruß auf Deutsch. Auf einen Wink des Sekretärs hin wurde es gespenstisch still.

Mit steifen Fingern faltete Erika das Telegramm auseinander, das ihr Vater als Gruß an die Veranstaltung gesandt hatte, las die wenigen Zeilen von ihm erst auf Deutsch, dann auf Englisch vor.

Exorbitanter Jubel brach los.

Bewegt hielt sie inne, senkte den tränenverschleierten Blick, presste die Lippen fest aufeinander. Wie sollte sie nun überhaupt noch weiterreden? Ihre Finger umklammerten das schmale Blatt, als wäre es die rettende Planke, die sie vor dem drohenden Untergang bewahrte.

Der Jubel ebbte ab. Es wurde unweigerlich Zeit für ihre eigenen Ausführungen. Sie holte tief Luft, hob das Gesicht und wollte loslegen, doch ihre Stimme versagte. Panisch schluckte sie einige Male, um den dicken Kloß im Hals zu beseitigen. Es musste ihr einfach gelingen! Sie hatte schon ganz anderes erfolgreich geschafft.

Für den Bruchteil einer Sekunde schloss sie die Augen, dachte an ihre Eltern, an Klaus, an die jüngeren Geschwister, die derzeit gemeinsam in der Schweiz ausharrten, und vor allem an die Pringsheim-Großeltern, die die Nazis noch immer in Deutschland festhielten wie so viele andere jüdische Mitbürger und Regimegegner. Es war, als wären sie jetzt alle hier im Stadion leibhaftig zugegen und würden sie erwartungsvoll ansehen. Voller Hoffnung auf ihre Worte. Das war ihre Chance, Amerika aufzurütteln und um Unterstützung zu bitten. Damit das Elend im Exil, in Europa und daheim in Deutschland endlich wieder aufhörte und Hitler nebst Konsorten erfolgreich in die Schranken verwiesen wurde.

Abermals holte sie tief Luft, spitzte den Mund. Dann begann sie zu sprechen.

Die ersten Sätze klangen hohl und blechern. Sie redete viel zu mechanisch. War das überhaupt sie selbst, die da am Mikrophon stand? Sie stoppte, senkte das Antlitz, sammelte sich noch einmal. Sie wollte doch etwas über die Frau im Dritten Reich sagen. Also sollte sie das auch einfach tun! Bei dem Gedanken spürte sie auf einmal die ganze Rage in sich aufsteigen, die sie antrieb. Die sie bis auf diese Bühne gebracht hatte.

»Es waren die Frauen, die Hitler gewählt haben«, rief sie in die beeindruckende Menge hinein und setzte in weitaus ruhigerem, aber bestimmtem Ton nach: »Alle Frauen liebten ihn; sie waren von Anfang an seine wahren und begeisterten Anhänger, aber sie sind weit bitterer als jede andere Gruppe enttäuscht worden.«

Erneut hielt sie inne, schöpfte einige Male tief Luft, räusperte sich. Dann ging es weiter.

»Die erste Forderung, die der nationalsozialistische Staat an die Frau stellte, war: Sie sollte aufhören, ein vernunftbegabtes Wesen zu sein, aufhören, zu studieren und außerhalb des Hauses zu arbeiten. Sie musste in den Schoß der Familie zurückkehren.«

Bestürzt vernahm das Publikum, wie sie die Geschichte einer jungen Harfenistin aus ihrem Bekanntenkreis erzählte, deren vielversprechende Musikerinnenkarriere durch den Arbeitseinsatz, den alle jungen Frauen im Dritten Reich leisten mussten, auf einem Bauernhof zerstört worden sei – durch die lange Unterbrechung, aber vor allem auch durch die harte Arbeit mit den Händen, die diese für immer ruiniert hätten.

»Alles Üben ist umsonst gewesen, die Arbeit vieler Jahre, die Opfer, die ihre Eltern auf sich genommen haben, um ihre Studien möglich zu machen«, schloss sie und musste daraufhin selbst erst einige Sekunden pausieren, bevor sie wieder fähig war, weiterzusprechen.

»Wie Hitler schon sagte, ist eine Karriere nichts für eine Frau; sie soll Mutter sein; sie muss um jeden Preis Mutter werden. Soldaten müssen her – oder zumindest potenzielle neue kleine Soldatenmütter. Die Frau im Dritten Reich ist eine Zuchtstute, und wie jeder und alles andere auch muss sie nur ihren Zweck erfüllen: die Vorbereitung und Ermöglichung des Krieges.«

Nach dem ersten entsetzten Schweigen, das auf diese Worte folgte, erhoben sich nach und nach wütende Zwischenrufe. Fäuste wurden zornig in die Luft gereckt. Bis Erika ein Zeichen mit der Hand gab, noch nicht fertig zu sein mit ihren Ausführungen.

»Sie alle wissen von diesen Dingen, aber es ist ein Unterschied, etwas zu wissen und es zu begreifen – zwischen dem Begreifen und der Fähigkeit, sich solche Dinge plastisch vorzustellen.«

Um den Zigtausend Menschen im Madison Square Garden das, was in Deutschland unter Hitler inzwischen vor sich ging, noch anschaulicher zu schildern, schnitt sie ein weiteres beklemmendes Thema an: die Nürnberger Gesetze. Mittels der dort formulierten Regelungen für Halb-, Viertel- und Achteljuden sowie derjenigen zur Beschäftigung von arischen Angestellten in jüdischen Haushalten führte sie die Absurdität der nationalsozialistischen Rassepolitik vor. Bis ins letzte ausgefallene Detail versuche die das Leben der Menschen zu bestimmen und zugleich alle denkbaren Eventualitäten zu erfassen.

»Ich gebe zu, dass all dies eher komisch als gefährlich klingt. In Wirklichkeit ist es weit gefährlicher als komisch!«

Die letzten Worte brüllte sie beinahe.

»Es ist von höchster Wichtigkeit, die ganze Welt darüber zu informieren, was der Nationalsozialismus wirklich ist«, setzte sie exakt nach den vorgegebenen fünfzehn Minuten zu ihren Schlussworten an. »Wir, die wir das Glück haben, die Wahrheit zu erkennen, *bevor* es zu spät ist – wir müssen alles, wirklich alles in unserer Macht Stehende tun, um der Menschheit beim Erkennen der Wahrheit zu helfen, so dass sie ihren Feind eindeutig sieht, den Erzfeind der Zivilisation, des Fortschritts und aller menschlichen Würde – Hitlers Faschismus!«

Als ihre Schlussworte verklungen waren, wanderte ihr Blick über die Menschenmasse.

Im Zuschauerraum war es absolut still.

Ihr wurde flau. War sie mit ihrer schonungslosen Offenheit und der bewusst lockeren Mischung aus persönlichen Eindrücken, Anekdoten und dem gezielten Bloßstellen von Fakten zu weit gegangen? Wollte niemand ihren Thesen folgen, ihren Appell zur Parteinahme gegen Hitler gutheißen? Unsicher betrachtete sie die imposante Menge in der Arena und auf den umlaufenden Rängen.

In der nächsten Sekunde brandete Applaus auf. Wie eine Welle schwappte er zu ihr aufs Podium herauf. Das Publikum auf den Sitzplätzen erhob sich und klatschte im Stehen weiter. Minutenlang hallte es durch den gesamten Madison Square Garden.

Erika biss sich von Neuem auf die Lippen, kämpfte ein weiteres Mal mühsam gegen die Tränen an.

Wie sie vom Mikrophon auf die Plätze der Mitwirkenden gelangt und wer was im weiteren Verlauf des Abends noch vorgetragen hatte, vermochte sie später nicht mehr zu sagen. Die restliche Veranstaltung wie den anschließenden Empfang auf der Dachterrasse des nahe gelegenen Hotel *Astor* erlebte sie wie durch einen Schleier. Von fern drangen Glückwünsche an ihr Ohr. Natürlich gehörten auch Blanche und Alfred Knopf, Fannie

Hurst, Theresa Helburn und noch so manch andere aus den einschlägigen gesellschaftlichen Kreisen New Yorks zu den Gratulanten. Ganz besonders freute Erika sich über Maurices Erscheinen. Er schüttelte ihr nicht nur aufrichtig begeistert die Hand, sondern riet ihr ausdrücklich, sich die Erfahrung des Abends zu Herzen zu nehmen und künftig noch mehr solcher aufrüttelnder Reden zu halten.

»*I do my very best*«, versprach sie ihm.

Als sie am nächsten Morgen die Augen aufschlug, saß Martin im Sessel neben ihrem Bett. Auf dem Schreibtisch stand ein Tablett mit Frühstück. Der Duft frischen Kaffees zog verführerisch durch das enge Zimmer. Damit kehrten allmählich die Erinnerungen an die vorangegangene Nacht zurück. Gleich bei ihrer Rückkehr ins *Bedford* hatte sie Martin unnötig harsch gebeten, sie allein in ihrem Zimmer schlafen zu lassen. Sie sei zu müde und ertrage niemanden mehr um sich, erst recht niemanden, der ihr aufmunternd wie einem braven Schulmädchen, das seine Hausaufgaben zur Zufriedenheit der Erwachsenen erledigt hatte, die Schultern tätscheln wolle.

Zu ihrer Freude stellte sie nun fest, dass er sich von ihren Launen nicht hatte beirren lassen. Wie lang er schon neben ihrem Bett auf ihr Erwachen wartete, konnte sie schwer feststellen. Sobald er jedoch merkte, dass sie die Augen geöffnet hatte, wedelte er stolz lächelnd mit einem dicken Packen Zeitungen durch die Luft.

»Herzlichen Glückwunsch! Du bist *cover girl* des Tages. Landauf, landab kennen die amerikanischen Zeitungen kein anderes Thema als den gelungenen Auftritt von Erika Mann, *daughter of famous German writer Thomas Mann.*«

»Die schreiben nur über ›die Tochter von‹?« Enttäuschung keimte in ihr auf. Für dieses Feedback hatte sie sich nicht vor die Massen gestellt.

»Auch deine Botschaft ist bestens angekommen«, beeilte er sich zu versichern. »Deinen Aufruf, in Amerika und überall sonst auf der Welt die Wahrheit hinter Hitlers widerlichem Süßholzraspeln zu erkennen und endlich der drohenden Kriegsgefahr entschlossen entgegenzutreten, machen sich sämtliche Blätter zu eigen. Und davon abgesehen loben sie deine reizende Art, wie du für deine Ziele eintrittst und die Menschen charmant, aber hartnäckig aufklärst.«

Er beugte sich vor und küsste sie. Spontan schlang sie ihm die Arme um den Hals und zog ihn zu sich aufs Bett, beschloss, ihm am besten gleich zu beweisen, welch reizende Art sie für ihren Liebsten in petto hatte.

»Du ahnst nicht, wie erleichtert ich bin«, erklärte sie später, als sie rauchend und Kaffee trinkend halb aufgerichtet in den Kissen am Kopfende des Bettes nebeneinandersaßen, eine Auswahl der wichtigsten Zeitungen auf der Bettdecke vor sich ausgebreitet. »Jetzt weiß ich endlich, wie ich es künftig weiter angehen muss.«

»Daran habe ich nie gezweifelt. Du bist klug, bestens informiert und hast den Leuten etwas zu sagen. Das tust du mit der dir eigenen Liebenswürdigkeit. Auf diese Weise erreichst du sowohl den Verstand wie auch die Herzen der Menschen. Das ist das Geheimnis deines Erfolges.«

KAPITEL 34

Der Auftritt im Madison Square Garden erwies sich als Meilenstein, sowohl für den offenen Protest gegen Hitlerdeutschland als auch für Erika persönlich. Danach stand das Telefon nicht mehr still. Unablässig trudelten Anfragen über Anfragen für weitere Auftritte in kleinerem und größerem Rahmen ein. Der Verleger von Modern Age Books, eine renommierte Adresse, fragte gar an, ob sie ein Buch über die Erziehung der Kinder und Jugendlichen im Nationalsozialismus verfassen wolle. Der »Familienfluch Schreiben«, wie sie das früher einmal scherzhaft genannt hatte, holte sie also ebenfalls wieder ein. Und dieses Mal war sie mehr als bereit, sich ihm zu beugen. Vielleicht wäre das eine gute Chance, nicht nur ständig vor den mit Hitler verbundenen Gefahren zu warnen, sondern langfristig auch einmal positiv von der immens reichen Kultur des Exils zu erzählen, die mit den vielen Emigranten von Deutschland nach Amerika schwappte? Um aufzuzeigen, dass deutsche Kultur etwas ganz anderes war als der dumpfe Nationalismus und die gefährliche Überheblichkeit, die die Nazis dadurch ausdrückten. Das war noch viel zu wenig ins Bewusstsein der Öffentlichkeit gerückt.

Unterdessen kündigte sich die dritte Amerikareise ihrer Eltern an. Mitte April wollten sie in New York eintreffen. Seit Langem hatte Erika sie dazu zu überreden versucht. Die von ihr anfangs vorgeschlagenen ein, zwei Monate, in denen die beiden das Leben in Amerika ausprobieren sollten, waren zu ihrem Bedauern jedoch inzwischen auf lächerliche elf Tage zusammengeschrumpft. Andererseits besser als nichts. Mehr als sieben Monate hatten sie sich nicht gesehen, lediglich über Briefe Kontakt gehalten und auch das vor allem anfangs nur sehr sporadisch und reichlich oberflächlich. Nie zuvor waren sie so lange voneinander getrennt gewesen. Noch dazu von einer so unendlichen Masse Wasser zwischen sich. Höchste Zeit, dass sie einander – wenn auch nur vorübergehend – in den Armen lagen.

Fast hatte ihr Vater den Besuch schon komplett gestrichen, weil er befürchtete, Ansprachen auf Englisch halten zu müssen. Die Diskussion darüber zog sich so lange hin, dass sie bereits davon ausging, ihr Visum liefe aus, ehe die Eltern je in New York einträfen. Beides hatte sich dann aber doch zur allgemeinen Zufriedenheit geregelt. Thomas Mann sollte lediglich fünf Vorträge auf Deutsch übernehmen, und ihr Visum wurde bis Ende Mai verlängert. So konnte sie die Eltern während des Besuchs wie geplant begleiten.

»Haben Sie in den oberen Etagen nicht so etwas Ähnliches wie eine Suite mit drei Zimmern?«, erkundigte sie sich Mitte März bei Anton Nägel im *Bedford*, sobald ihr die exakten Reisedaten ihrer Eltern vorlagen. »Mein Vater braucht absolute Ruhe, um zu arbeiten, und auch meine Mutter bevorzugt es, dem allgemeinen Hoteltrubel zu entrinnen. Eine solche Suite wäre also ideal.«

Und vielleicht ein erster Schritt, die Eltern endgültig für New York zu begeistern, dachte sie bei sich. Beflissen versprach Nägel, nur zu gern alles höchstpersönlich nach ihren Wünschen für den hohen Besuch herzurichten.

Das kam ihr sehr gelegen. Die knapp vier Wochen bis zum Eintreffen der Eltern hielt sie sich nämlich kaum in New York auf. In Windeseile hatte der Agent Sillman auf ihren Wunsch hin aus den vielen Anfragen an sie eine beeindruckende *lecture*-Tour zusammengestellt, die sie an kleinere und größere Colleges, an Universitäten, in Gemeinde- und Rathaussäle sowie zu unzähligen Frauen- und Wohltätigkeitsclubs hauptsächlich an der Ostküste führte.

Dort sprach sie wie schon im Madison Square Garden über »Die Frau im Dritten Reich«, außerdem über »Frauen und Kinder als erste Opfer Hitlers« und immer wieder über »Hitler als Gefahr für den Weltfrieden« sowie über den »Aufruf zum Boykott deutscher Waren«.

Sie war überrascht, welche Leidenschaft sie dabei trotz der nervenaufreibenden Themen jedes Mal aufs Neue erfasste. In jungen Jahren war sie einmal überzeugt gewesen, Politik wäre nur etwas für Politiker und nichts für sie, die vergnügungssüchtige, selbstbewusste junge Frau aus gutem Haus. Welch fataler Irrtum das gewesen war, hatte sie inzwischen aufs Erschütterndste verstehen gelernt. Wie sie hatten viel zu viele viel zu lange so gedacht. Und letztlich Hitler damit zur Macht verholfen.

Bei ihrer ersten öffentlichen Rede im Januar 1932 in München, zu der sie Constanze Hallgarten, die Mutter ihres früh aus dem Leben geschiedenen Jugendfreundes Ricki, auf ihre pazifistische Frauenversammlung eingeladen hatte, war ihr klar geworden, wie wichtig es war, dass sich jedermann politisch engagierte oder zumindest Interesse dafür aufbrachte. Nur so wurde dem randalierenden Nazipöbel nicht völlig widerstandslos das Feld überlassen. Gerade eine vom Schicksal derart mit Talenten und Möglichkeiten verwöhnte Frau wie sie musste sich einmischen und entschlossen für das hehre Ziel des friedlichen Miteinanders eintreten. Was jedoch das Allerschönste war: Rasch hatte sie erkannt, welch großen Spaß das auch machen konnte! Die Arbeit für die *Pfeffermühle* war immer ein Vergnügen gewesen, den bitterernsten Themen ihrer Texte zum Trotz.

Und nun also tourte sie als eine der meistgefragten *lecturer* durch Amerika. Endlich war sie da angekommen, wo sie schon immer hingewollt hatte: vor Tausende interessierter Zuhörer, die von ihr Genaueres über die Lage im faschistisch beherrschten Europa und die daraus resultierenden Gefahren für den Rest der Welt erfahren wollten. Die positiven Reaktionen aus dem Publikum waren ihr Bestätigung und Ansporn zugleich, unermüdlich weiterzumachen. Die hämischen Kommentare und Verleumdungen in der nationalsozialistischen Presse, die sie selbst in den USA erreichten, erfüllten sie dagegen mit Genugtuung. Mit ihrer Kritik traf sie also genau ins Schwarze.

Dachte sie jedoch an ihre Familie und Freunde in Europa, insbesondere an die Pringsheim-Großeltern in Nazideutschland, Onkel Heinrichs Frau und Tochter in Prag sowie an Therese in Zürich, die dort leider auch nicht so sicher vor Nazi-Übergriffen war wie erhofft, beschlich sie lähmende Angst. Hoffentlich mussten die am Ende nicht den Kopf für das hinhalten, was sie im fernen Amerika tat. Andererseits blieb ihr keine Wahl. Schweigen und sich in die verabscheuungswürdigen Verhältnisse fügen, wäre noch schlimmer. Das wäre weder in deren Sinn, noch wäre sonst irgendwem damit geholfen. Außer Hitler. Für ihn und sein Unrechtsregime wäre es erst recht eine Bestätigung, sich noch weiter in die Kriegstreiberei hineinzusteigern.

Dass sie ihre Mission langfristig fortsetzen konnte, dafür sorgte Leonard Sillman. Die immense Nachfrage ließ ihn bald schon eine weitere Tour mit ihr für den kommenden Winter organisieren. Zwar ärgerte es sie, dass er als Agent wie schon sein Kollege Coppicus die Hälfte des Honorars kassierte. Obendrein musste sie auf den Vortragsreisen Unterkunft, Verpflegung sowie Fahrtkosten selbst tragen. Das aber waren, wie sie lernte, die üblichen Konditionen. Und schließlich sicherten ihr die Rednerverträge dank eines gesicherten Einkommens die Wiedereinreise in die Vereinigten Staaten.

»So schnell wirst du mich nicht los«, verkündete sie Martin eines Abends Ende März zufrieden. Sie hatten einen der wenigen freien Nachmittage, die sie beide zeitgleich hatten, auf seinem Zimmer im *Bedford* verbracht, geredet, sich geliebt, Pläne geschmiedet. Und dabei lachend und weinend zugleich festgestellt, wie viel sie tun wollten und wie wenig Zeit ihnen dabei füreinander blieb. Letztlich waren sie beide viel zu sehr mit der Fürsorge für andere eingespannt, um Martins ewige Mahnung, zuerst an das eigene Wohl zu denken, ernsthaft zu beherzigen.

»Wenn ich Ende Juli aus Europa zurückkehre, wandere ich offiziell ein und stelle beim *immigration office* brav meinen Antrag auf Einbürgerung. Dann wird sicher alles anders.«

Sie wischte den beschlagenen Spiegel in seinem akribisch aufgeräumten Badezimmer frei, um sich die Lippen nachzuziehen. Noch trug sie lediglich Unterrock und Strümpfe. Gleich würde sie das neue violette Samtkleid überstreifen, das sie sich eigens für diesen Abend geleistet hatte. Natürlich war es viel zu teuer für ihre derzeitigen Verhältnisse, aber unverschämt elegant und vorteilhaft geschnitten. Martin würden die Augen ausfallen, wenn er sie darin erblickte. Allein das war es wert gewesen, eine halbe Monatsgage dafür zu investieren. Wann führte er sie schließlich schon einmal ganz allein, also ohne das lästige Rudel aus dem *Bedford,* in einen der derzeit angesagtesten Clubs in Greenwich Village aus? Noch dazu, wenn Ella Fitzgerald dort auftrat und sie zudem etwas zu feiern hatten? In großer Vorfreude nahm sie das Kleid vom Bügel und schlüpfte hinein, zupfte den Ausschnitt am Dekolleté zurecht und strich die letzten Falten an den Hüften glatt, bevor sie mit einem verschmitzten Lächeln zu ihm ins Zimmer zurückkehrte.

»Phantastisch!« Seine Stimme klang heiser. Während er eine Spur hektischer als zuvor weiterrauchte, begann er sie mit seinen großen, runden, dunklen Augen geradezu zu verschlingen.

»Bist du sicher, dass wir wirklich ausgehen wollen?«, fragte er und fasste sie bei der Hand, um zu tanzen. Leise begann er eine Melodie zu summen, schmiegte seine Hüften immer enger an ihre.

»Lass uns das Dinner aufs Zimmer bestellen und eine Flasche Champagner obendrein«, raunte er ihr ins Ohr. »Ich glaube, einen der wenigen Abende, an dem ich dich endlich wieder ganz für mich haben kann, will ich besser nutzen, als mit dir in einem dick verrauchten Club irgendwo in Harlem oder sonst wo mit Hunderten von anderen Leuten zu sitzen, die sich am Ende ebenso in dich verlieben wie ich.«

Tatsächlich blieben ihnen immer weniger gemeinsame Abende und erst recht immer weniger gemeinsame Abende ganz allein für sich. Erikas Terminkalender war prall gefüllt. In diesem, ihrem ersten, Frühjahr in Amerika hetzte sie von Stadt zu Stadt, von Saal zu Saal.

Obwohl ihr das gigantische Presseecho nach der Massenkundgebung in New York landesweit eine gewisse Berühmtheit beschert hatte und sie nur noch selten als »daughter of« vorgestellt wurde, entpuppte sich der gewöhnliche *lecturer*-Alltag allerdings als äußerst prosaisch. Zumindest verhalf er ihr dazu, ihre rudimentären Geographiekenntnisse von Amerika aufzufrischen und vor allem kleinere und mittlere Städte abseits der Metropolen kennenzulernen. Nach Stunden, wenn nicht gar Tagen und Nächten, in Zügen oder Greyhound-Bussen, in Ausnahmefällen im Flugzeug, ertappte sie sich gelegentlich jedoch dabei, der *Pepper Mill* und ihrer räumlichen Beschränkung auf die New Yorker Theaterszene nachzutrauern.

Bei Einladungen von Frauenclubs pflegte man sie am Bahnhof abzuholen und bei einem gemeinsamen Lunch oder einer Teestunde neugierig abzutasten. Angesichts des großen Interesses der *ladies* an ihren Themen erschien es ihr undenkbar, sich dem zu entziehen. Allerdings uferten die Fragen oft aus. Anfangs ging es um Harmloses wie etwa: »Welche europäische Gepflogenheiten vermissen Sie in Amerika am meisten?« oder »Stellen Sie einen Unterschied in der Kleidungs-, Schmink- oder Frisurenmode fest?«, bis es rasch privat wurde – »Warum leben Sie so lange getrennt von Ihrem britischen Ehemann?« – oder gar äußerst intim: »Wann wollen Sie eine eigene Familie gründen?«, bis hin zum direkten: »Werden Sie dazu nach Europa zurückkehren?«

Einen männlichen Kollegen, davon war sie bald überzeugt, würde man niemals derart ausfragen.

Auftritte in Gemeindesälen entbehrten dieser persönlichen Seite meist von vornherein. Weder wurde sie am Zug oder Bus in Empfang genommen noch zum Essen gebeten. Dort war sie in der Regel eine aus einer langen, austauschbaren Reihe Vortragender, die den Winter über das Publikum mit den verschiedensten Themen bei Laune hielten. Entsprechend teilnahmslos verliefen die Fragerunden. Oft war sie sicher, dass die meisten ihren Namen wie auch ihr Anliegen kaum eine halbe Stunde nach dem Ende ihres Auftritts bereits vergessen hatten.

Als interessanteste Herausforderung empfand sie dagegen die Reden vor Studenten an Colleges oder Universitäten. Dabei schienen die auf den ersten Blick ein sehr unruhiges, unaufmerksames und leicht abzulenkendes Publikum zu sein. Wie genau sie dennoch ihre Worte, etwa über Erziehung im Dritten Reich, mitbekamen und sich darüber hinaus eigene Gedanken zu den Themen machten, stellte sich in der anschließenden Diskussion heraus. Ganz genau wollten die jungen Amerikaner von ihr wissen, was es mit den »Pimpfen« und »Jungmädels« auf sich hatte, warum Erika schon die Bastelnachmittage für die Kleinsten für gefährlich hielt, die materielle Förderung für Familien als obsolet betrachtete und den hohen Stellenwert, den die Nazis dem Sport beimaßen, ebenfalls kritisch hinterfragte. Nur zu gern ließ sie sich auf die sich daraus entwickelnden Gespräche ein, weil sie dabei mindestens so viel über das Denken der jungen Amerikaner lernte wie diese von ihr über das der Machthaber im Dritten Reich.

»Solange es hier eine solch aufgeschlossene Jugend gibt, besteht Hoffnung«, fasste sie für Martin ihre jüngsten Eindrücke zusammen. Nach einer weiteren Woche gespickt mit Vortragsterminen auf dem Land, zuletzt am Vassar College in Poughkeepsie, kehrte sie an diesem Freitagnachmittag Mitte April erschöpft, aber zufrieden nach New York zurück. Wie schon einige Male zuvor hatte er sie am Grand Central Terminal erwartet, um sie das kurze Stück mit dem Taxi ins *Bedford* zu bringen.

»Solange es solch engagierte Frauen wie dich gibt, hat die Welt ohnehin nichts zu befürchten«, erwiderte er und küsste ihr gespielt ehrfürchtig die Hand.

Dann nahm er ihr das Gepäck ab, öffnete die Wagentür und regelte alles Weitere mit dem Fahrer. Sie musste nur einsteigen und sich zurücklehnen.

»Damit die Welt von deinem Engagement noch eine Weile profitieren kann, musst du dir endlich eine Pause gönnen«, fuhr er fort, sobald er neben ihr auf der Rückbank saß. »Gerade jetzt, kurz bevor deine Eltern am Montag hier eintreffen und du elf Tage von ihnen in Beschlag genommen wirst.«

»Eifersüchtig?«, neckte sie.

»Auf deine Eltern? Du weißt, wie sehr ich deinen Vater schätze.«

»Ebendrum. Am liebsten würdest du ihm wohl während seines ganzen Aufenthaltes nicht von der Seite weichen, um ihm allzeit nahe zu sein.«

»Ich denke, es ist wirklich an der Zeit, dass du dich ausruhst und von mir verwöhnen lässt«, überging er ihren Spott. »Ich habe mir einiges überlegt, um dich auf andere Gedanken zu bringen. Meine Praxis bleibt für die nächsten Tage geschlossen, mein Dienst im Bellevue übernimmt ein Kollege. Damit stehe ich dir voll und ganz zur Verfügung.«

»Ein gefährliches Angebot! Du lieferst dich mir also komplett aus. Da greife ich am besten gleich zu. Was hältst du von einem Wochenende in den Catskills? Nägel leiht mir bestimmt wieder seinen Ford. Sobald wir im *Bedford* sind, bitte ich ihn darum.«

Obwohl er sofort mit den gewohnten Einwänden von wegen »Du bist noch keine Viertelstunde wieder in der Stadt« oder »Autofahren ist bestimmt keine Erholung« begann, die in dem entscheidenden Argument »Nägel wird den Teufel tun und dir sein Auto leihen, damit du ausgerechnet mit mir übers Wochenende aufs Land gondelst. Dafür stehen wir beide viel zu hoch bei ihm in der Kreide« gipfelten, eilte sie, kaum im Hotel eingetroffen, ins Büro des Hotelmanagers und besprach sich mit ihm.

Natürlich vermied sie jeden genaueren Hinweis darauf, mit wem sie in die Catskills fahren wollte, und entspann eine abenteuerliche Geschichte über einen Vortrag im privaten Kreis nahe Albany, den sie nutzen wolle, um fernab der Hektik New Yorks ihre Gedanken zu sammeln. Das klang mehr als überzeugend. Kein Wunder. Flunkern war ihr schon als Kind leichtgefallen. Wie erhofft lieh Nägel ihr den Wagen und gab ihr zudem einen Tipp fürs Hotel. Erfreut reservierte sie gleich ein Zimmer.

»Wäre es nicht einfacher für dich gewesen, gleich in Poughkeepsie zu bleiben? Das hätte dir den halben Weg und vor allem die anstrengende Fahrt aus der Stadt raus erspart, noch dazu am Freitagnachmittag«, reagierte Martin immer noch verhalten auf ihren spontanen Trip in die Catskills, als sie eine knappe Stunde später im Wagen saßen, Erika am Steuer, er auf dem Beifahrersitz, und durch den dichten Verkehr im vierspurigen Hollandtunnel westwärts brausten.

»Du weißt, wie sehr ich das Autofahren liebe. Hier in New York komme ich viel zu wenig dazu. Dabei ist es pure Erholung für mich, insbesondere nach dem tagelangen Herumärgern in den schlecht ausgestatteten Vorortzügen oder den über die Landstraßen rumpelnden Greyhound-Bussen. Am Steuer habe ich wenigstens alles unter Kontrolle.«

»Alles unter Kontrolle zu haben ist wohl deine Lieblingsbeschäftigung!« Er lachte nun doch wieder. »Hast du früher beim Spielen mit deinen Geschwistern eigentlich auch schon immer das Ruder in die Hand genommen?«

»Natürlich!« Sie freute sich, nach Verlassen des Tunnels in Newport schon bald nordwärts auf eine immer leerer werdende breite Straße einzubiegen und den Wagen einmal voll ausfahren zu können. Wie hatte sie diese Freiheit vermisst! »Meist haben zu Hause alle auf mein Kommando gehört, sogar die Eltern. Dabei musste ich nicht einmal selbst am Ruder stehen. Den Part habe ich Klaus überlassen. Mir hat das Schalten und Walten aus dem Hintergrund genügt.«

Nach der anstrengenden Vortragstour waren die Tage in den Bergen Balsam für die Seele. Und tatsächlich die beste Gelegenheit, vor dem lang ersehnten Besuch der Eltern noch einmal gründlich durchzuatmen und neue Kräfte zu sammeln. Erika meinte im Nachhinein, seit Jahren nicht mehr so viel geschlafen, gegessen, gefaulenzt und sich an der frischen Luft bewegt zu haben. Selbst Martin räumte bereits am ersten Abend vor dem Schlafengehen ein, trotz der mehr als dreistündigen Autofahrt sei es in der Tat die richtige Entscheidung gewesen, aus der Stadt hinauszufahren.

Bei der Auswahl der Unterkunft hatte Nägel sie wirklich hervorragend beraten. Das familiengeführte Hotel an einem kleinen See mitten in den Wäldern war groß genug, um den von Erika erhofften Komfort in einem luxuriös ausgestatteten Zimmer sowie einem Restaurant mit ausgezeichneter Küche und exzellentem Weinkeller zu bieten, und zugleich intim genug, um dem Ausflug in die Abgeschiedenheit der Catskill Mountains einen Touch von Flitterwochen zu verleihen. Noch hatte die Saison nicht so richtig begonnen, und deshalb waren außer ihnen nur eine Handvoll weiterer Gäste dort abgestiegen.

Der Portier hielt sie tatsächlich für ein frisch verheiratetes Paar. Zu ihrem Amüsement wies er ihnen die »Honeymoon Suite« zu, die ganz romantisch in viel Weiß und Rosa gehalten war und sie mit einem Strauß tiefroter Rosen empfing. Übermütig sprang Erika dem verdutzten Martin auf die Arme und ließ sich von ihm unter dem Beifall des Pagen, der ihnen mit dem Gepäck dicht auf den Fersen folgte, über die Schwelle tragen. Für seine Mühe belohnte sie Martin mit einem dicken Kuss, was ihn in Gegenwart des Pagen sichtlich in Verlegenheit brachte.

»Was würdest du mir antworten, wenn ich dich jetzt wirklich um deine Hand bitten würde?«, fragte er, sobald er den Pagen mit einem üppigen Trinkgeld weggeschickt hatte.

»Zum Glück kenne ich dich inzwischen gut genug, um zu wissen, dass du uns das jetzt nicht antun wirst«, erwiderte sie betont ironisch, auch wenn ihr bang wurde. Das nervöse Flackern in seinen Augen war ihr nicht entgangen, ebenso wenig die aufgeregten roten Flecken auf seinen Wangen. Seit seiner heftigen Reaktion auf ihren Auszug ins *Elysée* vor wenigen Wochen traute sie ihm manches zu, auch die unerwartete Sehnsucht nach stabilen bürgerlichen Verhältnissen.

»Das Wochenende hat doch gerade erst begonnen. Du willst es uns doch nicht schon zu Anfang verderben«, setzte sie betont spöttisch nach und küsste ihn innig, um zu verhindern, dass er noch länger auf dem Thema herumritt.

Sie hatten Glück mit dem Wetter. Für Mitte April war es ungewöhnlich mild und sonnig, deshalb zog es sie am nächsten Morgen gleich nach dem gemütlichen Frühstück nach draußen. Im Wald begegnete ihnen über viele Stunden keine Menschenseele.

»Mir hat jemand geraten, man solle gelegentlich laut rufen, um die wilden Bären auf Abstand zu halten«, behauptete Erika übermütig und formte mit den Händen vor dem Mund einen Trichter, um den Tipp gleich in die Tat umzusetzen.

»Wenn wilde Bären auftauchen, werde ich dich selbstverständlich mit Haut und Haaren verteidigen.« Zur Bekräftigung hob Martin einen dicken Ast vom Boden auf, schwang ihn einige Male durch die Luft und trug ihn fortan mit sich.

Als sie sich immer wieder an derselben Lichtung wiederfanden, ganz einerlei, für welche Abzweigung sie sich zuvor an einer Weggabelung entschieden hatten, war er rasch davon überzeugt, sie hätten sich verlaufen.

»Hier finden wir nicht mehr raus«, sagte er resigniert. »Oder hast du zufällig einen Kompass dabei und weißt noch, in welche Himmelsrichtung wir gehen müssen?«

»Das ist lediglich eine Frage des Sonnenstands«, erwiderte sie und sah prüfend nach oben.

»Gib Bescheid, wenn du etwas Hilfreiches entdeckt hast.« Wenig überzeugt von ihren Pfadfindertugenden ließ er sich erschöpft auf einem Baumstumpf nieder.

»Willst du etwa schon aufgeben? Du bist ein richtiger Stadtmensch! Dabei fängt der Spaß doch jetzt erst richtig an. Oder hast du etwa vergessen, dass ich immer weiß, wo es langgeht?«

Amüsiert stieß sie ihn von dem kniehohen Sockel ins Gras, um ihm während der nächsten halben Stunde beim Durchstreifen des Dickichts beizubringen, welch großes Glück in der Waldeinsamkeit zu finden war, Hauptsache, man war zu zweit und frisch verliebt so wie sie beide und störte sich im Zweifels-

fall nicht an der stechenden oder juckenden Natur des Wald-
bodens.

»Die Küche war einfach hervorragend. Ich habe mindestens
sechs Pfund zugenommen. Das werde ich Nägel gleich bei unserer Rückkehr aufs Brot schmieren«, verkündete sie gut gelaunt, als sie am Montagmorgen wieder den Motor des Ford
startete, um zurück in die Stadt zu fahren. »Die Zeit ist viel zu
schnell vergangen.« Martin wirkte bedrückt. »Die nächsten
beiden Wochen gehören ganz deinen Eltern, dann bist du schon
wieder mit Vorträgen unterwegs, und dann fährst du zurück
nach Europa.«

Seine Bemerkung riss sie jäh in die raue Wirklichkeit zurück.
Tatsächlich war es ihr gelungen, das ganze Wochenende über
keinen einzigen Gedanken an das, was in der nächsten Zeit vor
ihr lag, zu verschwenden. Gerade ihre bald anstehende Abreise
aus den USA jagte ihr auf einmal einen kalten Schauer über den
Rücken. Was würde sie in Europa erwarten? Bei ihren *lectures*
hatte sie sich einmal mehr und dieses Mal vor einem ganz neuen,
auf die US-Politik mitunter sehr einflussreichen Publikum vehement für ein Eingreifen gegen Nazideutschland und den Faschismus in Italien und Spanien positioniert. Dass das in Europa
aufmerksam verfolgt und keinesfalls gutgeheißen wurde, bewiesen die vielen Presseberichte, die sie dazu erhielt. Ob das für sie
bei ihrer Rückkehr konkrete Konsequenzen haben würde? Zum
ersten Mal seit Langem fiel ihr wieder ein, wie oft Therese und
sie sich in der Schweiz davor gefürchtet hatten, bei Nacht und
Nebel von Hitlers Handlangern gekidnappt und in ein deutsches Konzentrationslager verschleppt zu werden.

»Das soll natürlich nicht heißen, dass ich mich nicht freue, deine Eltern zu treffen. Du weißt, wie sehr ich deinen Vater bewundere.«

Martin hatte ihr Schweigen offenbar missverstanden und bezog es ganz auf seine eigenen Worte.

»Wie?« Erneut schreckte sie auf.

»Natürlich«, erwiderte sie dann geistesabwesend und seufzte insgeheim. Er war nicht der Einzige, insbesondere aus dem *Bedford*-Kreis, der darauf brannte, den Zauberer in den nächsten Tagen zu sehen. Es würde anstrengend werden, allen Wünschen wie auch dem geplanten Programm gerecht zu werden, zumal ihre Eltern auch ausreichend Ruhepausen benötigten. Selbstverständlich bliebe es an ihr hängen, sich darum zu kümmern, dass alles nach ihren Vorstellungen verlief. Kaum dachte sie daran, was sie dafür noch alles zu erledigen hatte, drohte die Erholung der letzten beiden Tage schlagartig wieder dahinzuschmelzen.

»Trotz allem ist es schade, wie schnell die Zeit rast«, knüpfte Martin abermals an seine ursprüngliche Bemerkung an. »Bis zu deiner Abreise Ende Mai verbleibt uns wirklich kaum mehr Zeit nur für uns.«

»Ende Juli komme ich doch schon wieder zurück«, entgegnete sie, froh, damit wieder an anderes denken zu können. »Und dann wandere ich sogar offiziell ein, genau wie du.«

»Dann lebt auch meine Tochter schon bei mir.«

Von Neuem war sie irritiert.

»Frag mich jetzt bitte nicht, ob ich ihr auch eine gute Mutter sein will.«

Das kam zu schnell und klang zu brüsk, wie sie an seinem entsetzten Blick bemerkte. Kaum waren die Worte heraus, bedauerte sie sie auch schon. Dennoch spürte sie, dass sie nicht anders konnte. Warum musste er das schon wieder ansprechen? Zum Glück musste sie sich dank der kurvenreichen Strecke aus dem Wald heraus bis zur Hauptstraße ganz aufs Autofahren konzentrieren und konnte so eine mögliche Diskussion im Keim ersticken.

Nach einer Weile drehte er zu ihrer Erleichterung das Radio an, suchte nach einem Sender mit Jazzmusik und lauschte bald ganz versonnen den leicht verzerrten Klängen. Leise begann sie mitzusummen, worauf er mit einem Fingerschnippen einstieg und ihr begeistert zulächelte. Sie atmete auf. Damit fand das wunderschöne Wochenende doch noch ein für sie beide einvernehmliches Ende.

KAPITEL 35

Endlich die beiden vertrauten Gestalten in der Menge der Passagiere auf der Gangway zu entdecken, wühlte Erika weitaus mehr auf als erwartet. Völlig überrumpelt von maßloser Freude wischte sie sich die feuchten Augenwinkel. Mutter Katia, ihr Mielein, hielt sich wie meist einen halben Schritt hinter dem würdevoll daherschreitenden Vater Thomas, dem Zauberer. Beide in Hut und praktischem Reisemantel, an dessen Aufschlägen die kräftige Brise zerrte, die ungestüm den Hudson hinauffegte. Mit heftig klopfendem Herzen sah Erika ihnen vom Pier aus entgegen. Noch hatten die zwei sie nicht entdeckt. Sie war froh, diesen Moment für sich zu haben, auch wenn es ihr schwerfiel, ruhig an ihrem Platz hinter der Absperrung zu verharren und die Eltern vorerst nur aus der Entfernung zu beobachten.

Dank der Unterstützung von Blanche und Alfred Knopf war es ihr gelungen, die Presse davon abzuhalten, die beiden mit großem Tamtam bereits am Hafen willkommen zu heißen. Dafür würde ihr Vater am nächsten Tag in Alfreds Verlag für Gespräche und Interviews zur Verfügung stehen. An diesem Nachmittag und Abend aber hatte sie die Eltern fast ganz für sich allein.

Abermals wurden ihr die Augen feucht, wenn sie daran

dachte, dass sie sich gleich nach über einem halben Jahr der Trennung erstmals wieder von Angesicht zu Angesicht gegenüberstanden und ihre Stimmen hörten. Was würden sie als Erstes zueinander sagen? Seltsam, dass sie sich das überhaupt fragte. Andererseits kein Wunder. Nicht ein Mal hatten sie in den letzten Monaten miteinander telefoniert. Der Zauberer empfand Telefonate über den Großen Teich hinweg der meist schwierigen Verbindung wegen als würdeloses Brüllen in die Leitung, und ihre Mutter konnte dieser Art des Austauschs ebenfalls nicht viel abgewinnen. Dafür war Erika angesichts der tausend Dinge, die sie in New York ständig erlebt und zu erledigen hatte, äußerst schreibfaul gewesen. Erst auf Katias mütterliche Ermahnung hin, lieber kürzer, dafür öfter Briefe zu schicken, hatte sie sich in den letzten Wochen wieder regelmäßiger per Brief bei ihr gemeldet, dabei sogar die ein oder andere Andeutung über Maurices Leiden nach ihrer undankbaren Zurückweisung fallenlassen und der Mutter zudem ihr Herz über das ewige Hin und Her mit Therese ausgeschüttet.

So war sie inzwischen zumindest über Erikas persönliche Befindlichkeiten annähernd auf dem Laufenden. Nur über Martin hatte Erika sich bislang ausgeschwiegen. Über ihn und ihre Beziehung zueinander musste sie selbst noch mehr Klarheit gewinnen. Dennoch brauchte sie nicht zu befürchten, sich in den nächsten elf Tagen, die die Eltern in New York weilten, mit irgendwelchen unachtsamen Bemerkungen oder Begegnungen zu kompromittieren. Martin hatte mit Rücksicht auf seine Tochter ebenfalls kein Interesse daran, zu früh falsche Hoffnungen zu wecken. Sie waren sich einig gewesen, erst einmal abzuwarten, wie sich der Besuch »der beiden Greise«, wie Erika und Klaus die Eltern scherzhaft im Familienjargon zu bezeichnen pflegten, entwickeln würde. Das aber war es nicht allein, weshalb es Erika jetzt flau wurde.

Zum Verdruss ihres Agenten Sillman hatte sie für die nächste Zeit nur ganz wenige Auftrittsverpflichtungen angenommen. Sie wollte den Eltern bei ihren Unternehmungen möglichst uneingeschränkt zur Seite stehen. Kaum wusste sie sich mehr zu erinnern, wann sie die zwei zuletzt derart lange ganz für sich gehabt hatte.

Auf einmal keimten jedoch Zweifel in ihr, ob das wirklich so eine gute Idee war. Zum ersten Mal in ihrem Leben beschlich sie das Gefühl, ihr früher so eindeutiges Verhältnis zu den Eltern könnte sich durch die lange Trennung entscheidend verändert haben. Zu viel war geschehen, seit sie Ende September vorigen Jahres zusammen mit Klaus den ersten Fuß auf amerikanischen Boden gesetzt hatte. Nichts davon bedauerte sie, nichts davon würde sie anders machen. Aber es hatte sie entscheidend verändert und würde sie auch in Zukunft weiter prägen. Würden die Eltern das akzeptieren? Kaum dachte sie das, verspürte sie dennoch den unbändigen Wunsch, wie ein kleines Mädchen loszustürmen und den beiden einfach freudejauchzend um den Hals zu fallen.

Natürlich war sie dafür inzwischen zu alt. Außerdem war das in ihrer Familie nicht üblich. Der Zauberer lehnte zu heftige Gefühlsbekundungen ab, und auch ihre Mutter gab sich mit zunehmendem Alter reservierter. Also blieb sie inmitten der anderen Ungeduldigen schweren Herzens an Land stehen und wartete, bis die ersten Passagiere den Fuß auf den sicheren Boden Manhattans setzten.

Sofort kam Bewegung in die Menge. Ungeduldig drängten alle in Richtung der Ankommenden. Schon wurde Erika dem

Absperrgitter entgegengeschoben, das sie nur für eine kurze Weile noch von den Eltern trennte.

»Du siehst wunderbar erholt aus, mein Kind!«, rief Katia erleichtert, sobald sie einander gefunden hatten, und kniff sie zärtlich in die Wange. Ausgiebig glitt ihr prüfender Mutterblick an ihr herunter, bevor sie nachsetzte: »Hast wohl auch ein bisschen zugenommen, was? Steht dir bestens! Das Leben in Amerika bekommt dir anscheinend hervorragend.«

»Eine wahre Wohltat, endlich wieder festen Boden unter den Füßen zu spüren. Was für ein Empfang. Noch dazu bei diesem frühlingshaften Sonnenschein!« Thomas Mann begrüßte sie, wie es seine Art war, lediglich mit einem festen Händedruck und einem sanften Lächeln um den Mund.

»In unserem Alter steckt man den gelegentlich sehr heftigen Seegang nicht mehr so leicht weg«, fügte Katia hinzu und hakte sich bei ihr unter, während Thomas einem Gepäckträger Anweisungen für das Einladen des Handgepäcks ins Taxi gab. Wie stets behielt er seine Aktenmappe mit den Manuskripten und dem Tagebuch in der Hand.

»Bestimmt wollt ihr euch im Hotel erfrischen. Den heutigen Tag haben wir ganz für uns. Sämtliche Verpflichtungen beginnen erst morgen«, erklärte Erika.

»Wunderbar! Das hast du gut gemacht«, lobte der Vater, und die Mutter nickte von Neuem sichtlich erleichtert. »Du ahnst nicht, wie müde wir sind und wie sehr wir uns freuen, erst einmal allein mit dir zu sein und niemand anderen zu sprechen.«

Obwohl sich die Eltern auf den ersten Blick nicht verändert hatten, erschrak Erika insgeheim. Die beiden begannen tatsächlich alt zu werden. Früher hätten sie spätestens zum Dinner gleich wen treffen wollen. Ein Anflug von Bedauern streifte sie.

Bislang hatte sie es nicht wahrhaben wollen, aber leider war das schlichtweg der Lauf der Zeit.

Umsichtig half sie der Mutter in den Wagenfond, bevor sie den Chauffeur für die Fahrt zum *Bedford* instruierte. Ein kleiner Schlenker am Chanin Building vorbei sollte den Eltern einen ersten Eindruck von der Umgebung schenken, in der sie in den letzten Monaten gelebt hatte.

Mit gemischten Gefühlen, wie sich die nächsten Stunden entwickeln würden, nahm sie ebenfalls auf der Rückbank des Taxis Platz. Wieder einmal hatte die brave Eri-Maus, des Zauberers »Kind E.«, wie auf Knopfdruck funktioniert und die Suppe genau so gesalzen, wie die Eltern es am liebsten hatten. Matt lehnte sie sich zurück.

Um eines wenigstens musste sie sich bei den Eltern nicht mehr kümmern: Die Einreisemodalitäten hatten sie bereits eigenständig auf dem Schiff erledigt. Die Bekanntheit des Vaters hatte dafür gesorgt, dass sie dabei äußerst zuvorkommend behandelt worden waren.

Was für ein Unterschied zur Ankunft der *Pfeffermühle*-Ladys im letzten November! Bei der Erinnerung an Thereses Schimpfkanonaden glühten Erika sofort wieder die Ohren, ebenso bei dem Gedanken daran, wie selbstverständlich Maurice die Kaution von tausend Dollar für alle übernommen hatte. Ohne seine Fürsprache wären Therese, Lotte und Sybille mit dem nächsten Schiff nach Europa zurückgeschickt worden. Keinen einzigen Auftritt hätte die *Pepper Mill* dann je in New York erlebt. Wer weiß, schoss ihr als Nächstes durch den Kopf, was ihr dann erspart geblieben wäre? Nein, so durfte sie nicht denken! Ohne das Scheitern der *Pfeffermühle* wäre sie letztlich auch nicht da, wo sie jetzt war: eine der derzeit bestgebuchten *lecturer* der aktuellen Saison. Eine gute Erkenntnis, um sich eine kurze Pause zu gönnen und wieder ganz in die Rolle der Tochter zu schlüpfen. Damit bereitete sie den Eltern eine Freude und konnte sie zugleich behutsam auf die zweifellos anstehenden Neuigkeiten vorbereiten.

»In meinem Zimmer habe ich einen Nachmittagssnack für euch vorbereitet«, verkündete sie betont gut gelaunt im Taxi auf der Fahrt zum Hotel, während die Eltern fasziniert nach draußen sahen, um Wiedersehen mit Vertrautem von vorangegangenen Besuchen zu feiern oder auffällig anderes neu zu entdecken. »Auf einen guten Wermut zum Willkommen freut ihr euch sicherlich schon seit Tagen.«

»Du scheinst dich bereits ganz mit den hiesigen Gepflogenheiten arrangiert zu haben.«

Ihr Vater hatte vorn neben dem Fahrer Platz genommen, die Aktenmappe auf seinen Schoß gebettet und die Hände darüber gefaltet. Jetzt drehte er sich halb zu ihr in den Fond um und schmunzelte.

»Dann hätte ich selbstverständlich einen Whiskey besorgt, aber ich weiß ja, dass ihr Wermut bevorzugt«, erwiderte Erika ebenfalls lächelnd. »Jede Wette: Im Handumdrehen habt ihr euch ebenfalls hier eingewöhnt und greift nach Whiskey statt nach Wermut. New York empfängt euch jedenfalls mit offenen Armen. Bald werdet ihr begreifen, dass es auch für euch viel sinnvoller wäre, hierher zu ziehen statt nach England. Darüber haben wir uns ja in unseren Briefen schon ausgetauscht. Letztlich macht es kaum einen Unterschied, ob ihr von London umständlich erst mit dem Zug und dann mit der Kanalfähre und dann wieder mit dem Zug mehrere Stunden auf den Kontinent reist, um dort Termine wahrzunehmen, oder gleich mit dem

Dampfer von New York aus. Klaus und ich werden ab Herbst jedenfalls dauerhaft hier wohnen. Es wäre wundervoll, wenn ihr euch uns anschließt.«

»Noch ist nichts entschieden.« Thomas gab sich betont knapp. Umso ausführlicher setzte Katia nach: »Erst einmal muss geregelt sein, was aus den anderen wird. Medi tut sich zwar ähnlich leicht mit dem Gedanken an die Staaten wie Klaus und du, aber Golo, Monika und Michael müssen auch anständig versorgt sein. Von Oma und Opa Pringsheim gar nicht zu reden.«

»Es ist so furchtbar, den Urgreisen zwar schreiben, aber sonst nichts für sie tun zu können«, sagte Erika. Schon wieder spürte sie Tränen in sich aufsteigen. »Was für Unmenschen sind das, die die beiden mit fast neunzig ganz auf sich gestellt und von der Familie getrennt in ihrem entsetzlichen Unrechtsstaat festhalten? Sie haben ihnen doch schon alles genommen, die geliebte Kunstsammlung, das Haus, all ihre Freunde und Aufgaben. Warum lässt man sie nicht wenigstens in die Schweiz ausreisen? Wenn ich sie doch noch einmal sehen könnte!«

»Vielleicht gelingt das bald«, erwiderte Katia leise, drückte ihr die Hand. »Golo versucht derzeit von Prag aus alles Menschenmögliche, um die beiden herauszuholen. Demnächst siedelt er übrigens auch nach Zürich über. Das macht es wahrscheinlich leichter.«

Angesichts dieses nur vagen Hoffnungsschimmers war Erika erleichtert, im *Bedford* einzutreffen. Das kleine Empfangskomitee, das sie dort unter Führung des Hotelmanagers Anton Nägel erwartete, lenkte sie rasch von den Sorgen um die Großeltern ab.

»Was für eine Ehre für unser bescheidenes Haus!«, tönte Nägel strahlend, als er höchstpersönlich den Wagenschlag für den Zauberer öffnete.

Eine Spur zu nachlässig überließ er es in Erikas Augen dagegen Curt Riess, ihrer Mutter beim Aussteigen behilflich zu sein. Regelrecht froh war sie allerdings, Martin nicht in der langen Schlange derjenigen zu entdecken, die geduldig darauf warteten, den Neuankömmlingen die Hand zu schütteln. Wie versprochen würde er also tatsächlich erst zum Dinner in einem Restaurant unweit seiner Praxis zu ihnen stoßen. Der Zauberer würde sich gewiss freuen, ihn zu sehen. Martin wollte ihm einige Gedichte zeigen und um seine Meinung dazu bitten. Das verlieh der Begegnung einen beruflichen Touch und vermied den Eindruck, sie stünden einander näher.

Zu Erikas Entsetzen raste die Zeit mit ihren Eltern nur so dahin. Ehe sie sich versah, war bereits eine Woche vergangen, seit sie die beiden vom Schiff abgeholt und ins *Bedford* gebracht hatte. Wohlweislich hatte der Vater zwar von vornherein nur fünf Vorträge zugesagt, trotzdem blieb ihnen weniger Zeit als geplant für Privates. Täglich half Erika ihm bei der Vorbereitung seiner Reden, übte mit ihm die Aussprache schwieriger englischer Wörter und besprach mit ihm die obligatorischen Fragerunden im Anschluss an die *lectures*, bei denen sie als Übersetzerin fungierte. Darüber hinaus hatten sie allerdings wenig Gelegenheit, einmal ganz unter sich zu sein und in Ruhe miteinander zu reden, denn natürlich wurden sie ständig zum Lunch, auf einen Cocktail oder zu einer Dinnerparty eingeladen. Außerdem standen Interviews mit großen Zeitungen wie *Times* und *Herald Tribune* sowie Gespräche bei Alfred Knopf im Verlag und bei Leonard Sillman über eine lukrative *lecture tour* in der nächsten Saison an.

Bei sämtlichen Terminen wich Erika den Eltern höchstens von der Seite, um einige wenige eigene Auftritte zu absolvieren.

»Vergiss nicht, auch an dich zu denken«, mahnte Martin sie abermals angesichts ihres aufopferungsvollen Einsatzes. Wie so oft hatte er sich mitten in der Nacht wie ein Dieb in ihr Zimmer geschlichen, nachdem sie von einem Abendessen zu Ehren ihres Vaters im Kreis von Professoren und Vertretern der *Princeton University* im noblen Restaurant des *Waldorf-Astoria* zurückgekehrt war.

»Du bist schon lange nicht mehr nur ›die Tochter von‹. Gerade in den letzten Monaten hier in New York hast du dir ein ganz eigenes Renommee aufgebaut, auf das du stolz sein kannst. Du hast deine eigenen Pläne und Ziele. Die darfst du über die Fürsorge für deinen Vater nicht aus den Augen verlieren.«

»Aber das tue ich doch auch nicht«, protestierte sie und goss sich ein Glas Whiskey ein. »Seit ich direkt nach dem Abitur zu Max Reinhardt nach Berlin gegangen bin, um Schauspielerin zu werden, führe ich mein eigenes Leben und tue nur das, was mir am Herzen liegt.«

»Allerdings hast du ein Talent, dich für deine Eltern unentbehrlich zu machen. Und das mit Erfolg.« Er nahm ihr das Glas aus der Hand und trank daraus. »Ohne dich hätte sich dein Vater wohl nie derart klar und eindeutig für die Exilliteratur positioniert, wie er es auf dein Drängen hin letztlich zum Glück getan hat.«

»Das war eine sehr schmerzhafte Erfahrung für uns alle«, entgegnete sie leise, holte sich das Whiskeyglas zurück und leerte es in einem Zug. Gedankenverloren sah sie in die von Millionen Lichtern erleuchtete Nacht vor dem Fenster. »Niemals hätte der Zauberer derart lange zögern und sich vor allem zuvor noch derart offen gegen Klaus und seine mutige Exilzeitschrift stellen dürfen. Und warum? Nur weil er an der Idee festgehalten hat, solange Bermann im Fischer-Verlag in Deutschland seine Bücher verlegt, bestünde ein letzter Rest Hoffnung, es wäre noch etwas zu retten, seine deutschen Leser würden dank des *Joseph*-Romans womöglich doch eines Besseren belehrt und erkennen, welchem gefährlichen Trug sie mit Hitler aufgesessen sind.«

»Den *Joseph*-Roman konnte er überhaupt nur dank deiner kühnen Rettungsaktion gleich nach der Machtergreifung weiterschreiben. Ach, liebste Eri, du bist wirklich grandios! Und weitaus mehr als nur ›die Tochter von‹.«

Er kam zu ihr, nahm ihre Hand, küsste sie auf jeden einzelnen Knöchel. Die Zärtlichkeit der Geste verursachte ihr einen angenehmen Schauer. Eine große Sehnsucht erwachte in ihr.

»Aber auch dein Tag hat nur vierundzwanzig Stunden, und deine Kraft ist beschränkt«, fuhr er mit besorgter Miene fort. »So bewundernswert dein Einsatz für deinen Vater ist, solltest du stets im Hinterkopf behalten: Wenn du ihn zu seinen Vorträgen begleitest, kannst du keine eigenen halten, wenn du für ihn Aufsätze redigierst, kannst du keine eigenen schreiben, wenn du mit ihm englische Aussprache übst, kannst du nicht …«

»Ich glaube, mir dämmert da etwas«, unterbrach sie ihn plötzlich mit einem nachsichtigen Lächeln. Nah standen sie jetzt voreinander, hielten sich an den Händen und sahen sich eindringlich an. Um seinen kleinen Mund zuckte es nervös, dennoch hielt er ihrem Blick stand. Sie schürzte genüsslich die Lippen. Da stand er wieder vor ihr, der gute alte *doc*, der umsichtige Kamerad und ewige Kümmerer um das Wohl seiner Nächsten, für die er sich bedingungslos verantwortlich fühlte. Zugleich aber auch der Mann, der sie bei allem Großmut ganz für sich haben wollte und damit nicht nur ihr, sondern auch sein eigenes Wohl im Blick hatte. Was ihr durchaus schmeichelte, bewies es doch, wie sehr er sie begehrte. Und sie ihn.

»Das klingt, als wärst du eifersüchtig.«

»Ich? Eifersüchtig? Wie kommst du darauf?«

Verblüfft riss er die Augen auf. Sacht berührte sie seine Hand.

»Das ist der einzige Grund, der dich deine immense Verehrung für den Zauberer kurzzeitig hintanstellen lässt«, erwiderte sie. »Leider kann ich mich nicht zweiteilen. Die Zeit, die ich in den letzten Tagen mit meinen Eltern verbracht habe, fehlt mir natürlich für dich. Aber sei unbesorgt, in drei oder vier Tagen steigen sie schon aufs Schiff, und dann bin ich wieder ganz für dich da.«

»Dann bist du vor allem wieder ganz für deine Vortragstour da«, entschlüpfte ihm offenbar schneller, als ihm lieb war. Verschämt biss er sich auf die Lippen und senkte erneut das Antlitz.

»Hast du mir nicht eben erst geraten, mehr auf mich und meine eigenen Pläne zu achten?« Sie legte ihm die Hand an die Wange, spürte die angenehme Wärme, die von ihm ausging. Ihr Lächeln wurde breiter. »Keine Sorge, ich kriege das schon hin. Bislang ist mir das noch immer gelungen. Oder hast du den Eindruck, ich käme nicht dazu, das zu tun, was mir wichtig ist?«

Ehe er etwas erwidern konnte, verschloss sie ihm den Mund mit einem langen, leidenschaftlichen Kuss und setzte für den Rest der Nacht alles daran, ihn davon zu überzeugen, dass er in jedem Fall wichtig für sie war.

Fast hätten sie am nächsten Morgen verschlafen. Gerade noch rechtzeitig gelang es ihnen, unbemerkt von den anderen aus Erikas Zimmer zum Lift zu gelangen, mit dem sie in den siebzehnten Stock zum Frühstück bei Katia und Thomas hinauffuhren. Dass sie gemeinsam auftauchten, würde die beiden wenig wundern. Erika bereitete es größten Spaß, ihre Eltern derart im Unklaren über ihre Beziehung zu lassen, während Martin sichtlich mit sich rang, es gar als Unaufrichtigkeit empfand.

»Tu es mir zuliebe«, bat sie ihn im Lift auf dem Weg nach oben. »Du ahnst nicht, wie hartnäckig sie mich mit tausend Fragen und zweitausend Bitten bestürmen, sobald sie meinen, davon ausgehen zu können, wir wären ein Paar. Immerhin bin ich eine verheiratete Frau.«

»Was deinen britischen Gatten nicht sonderlich zu stören scheint.«

»Deshalb sollte es dich ebenfalls nicht stören.«

Erika war froh, im selben Moment mit dem Aufzug in der obersten Etage einzutreffen.

»Hat Nägel das nicht wunderbar hergerichtet?«, begrüßte Katia sie bestens gelaunt in ihrem zum Wohnzimmer umfunktionierten mittleren Hotelzimmer und wies auf den üppig gedeckten Tisch, auf dem sich tatsächlich von Butter über Marmelade, Honig, Käse, mehrere Sorten Wurst und vor allem gutem Brot sowie starkem Kaffee und Tee alles fand, was zu einem typischen deutschen Frühstück gehörte. »Er muss beste Beziehungen zu deutschen Metzgern und Bäckern haben. Wo sonst treibt man so etwas in Manhattan auf?«

»Kein Wunder, wenn er vor allem deutsche Gäste in seinem Hotel beherbergt«, pflichtete Thomas ihr bei, bevor er erst Erika und dann Martin die Hand reichte, um sie herzlich willkommen zu heißen.

»Hoffentlich wird man in Princeton ähnlich gut versorgt.« Nach dem letzten Bissen Brot und einem Schluck Kaffee tupfte er sich sorgfältig die Mundwinkel mit der steifen Damastserviette ab, faltete sie ordentlich zusammen, um sie neben dem Teller abzulegen, und lehnte sich dann bequem in seinem Armlehnstuhl zurück.

»Das heißt, du denkst ernsthaft über das gestrige Angebot nach?« Freudig überrascht sah Erika ihn an.

»Eine Gastprofessur hat doch etwas.« Er tippte die Fingerspitzen sanft gegeneinander, ließ den Blick über die reichlich geplünderten Platten und Schüsseln wandern.

»Die Verpflichtungen halten sich in Grenzen und richten sich ganz nach seinen persönlichen Bedürfnissen«, ergänzte Katia, bevor sie sich erklärend an Martin wandte. »Stellen Sie sich vor, lieber Doktor, beim gestrigen Dinner wurde mein Mann nicht nur zu einem Vortrag an die *Princeton University* eingeladen, sondern man sprach direkt die Möglichkeit an, ihn im nächsten Jahr fest als Gastprofessor zu engagieren, um uns den dauerhaften Aufenthalt in den Staaten zu ermöglichen. Sogar um entsprechende Visa für alle unsere Kinder würde man sich kümmern. Mein Mann besäße dank seines Honorars ohnehin ein ausreichendes Salär, womit er ihnen das erforderliche Affidavit ausstellen könnte. Ist das nicht phantastisch?«

»Und aus Hollywood sind auch einige vielversprechende Anfragen eingetroffen«, ergänzte Thomas mit sichtlichem Stolz.

»Gratuliere!«, erwiderte Martin. »Das klingt ja verheißungsvoll.«

»Nun ja, natürlich will das Für und Wider genauestens abgewogen werden.« Auf einmal gab sich Thomas doch wieder reservierter. »In der Schweiz haben wir uns in den letzten Jahren hervorragend eingewöhnt. Das Leben dort ähnelt aufs Angenehmste unserem früheren Dasein in Deutschland. Dieselbe

Sprache, vergleichbare Lebensumstände, von den vielen uns dort wohlgesonnenen Menschen ganz zu schweigen. Aber das wissen Sie alles aus eigener Erfahrung. Andererseits hat Erika uns schon signalisiert, im Sommer offiziell hier einwandern zu wollen, und auch Klaus denkt an diesen Schritt.«

»Allerdings muss auch die Zukunft unserer Kinder geregelt sein sowie natürlich vor allem auch das weitere Schicksal meiner Eltern, die leider immer noch in München ausharren«, gab Katia zu bedenken.

»Was ihr von hier aus womöglich weitaus besser in Angriff nehmen könntet als von der Schweiz aus, die sich Hitler und seinem verbrecherischen Regime gegenüber leider alles andere als eindeutig positioniert. Die Roosevelts sind euch dagegen sehr gewogen. Wer von den Emigranten kann schon behaupten, einen derart einflussreichen Fürsprecher wie den amerikanischen Präsidenten und seine Frau zur Seite zu haben?«, schaltete Erika sich ein. »Davon abgesehen wäre es wirklich ein wichtiges Signal für alle Exilanten hier in den Staaten. Ihr ahnt nicht, welch großen Dienst ihr damit für die Akzeptanz der deutschen und europäischen Kultur in Amerika leisten würdet.«

»Wir denken in jedem Fall darüber nach.« Damit war für ihren Vater das Thema beendet.

So zurückhaltend die Eltern sich gaben, ahnte Erika, wie ernst es ihnen auf einmal dennoch mit der Überlegung, nach Amerika überzusiedeln, wurde. Ihr war zum Jubeln. Seit Langem hatte sie versucht, ihnen das schmackhaft zu machen, nun schienen sie tatsächlich versucht, den Gedanken in die Tat umzusetzen. Noch aber war es zu früh, sie weiter zu bedrängen. Damit erreichte sie womöglich nur das Gegenteil, und am Ende überlegten sie es sich doch noch einmal anders.

Trotzdem musste sie unbedingt mit Klaus darüber reden. Und zwar sofort. Und natürlich persönlich.

Also rief sie ihn am selben Tag noch an. Zum Glück erreichte sie ihn auf Anhieb. Bei ihm musste es mitten in der Nacht sein. Auf Anraten ihres Züricher Familienarztes hielt er sich derzeit in Budapest auf, um dort demnächst in einer renommierten Klinik einen Entzug zu beginnen.

Auf ihren Bericht antwortete er ihr jedoch nur mit wirren Schilderungen einer Begegnung mit einem jungen, verwöhnten, aber sehr attraktiven New Yorker namens Thomas Quinn Curtiss. Alarmiert horchte sie auf. Im nächsten Atemzug folgten ausufernde Schwärmereien über Curtiss' Lachen, seine endlose Zärtlichkeit, die schier unglaubliche Sensibilität sowie seine plötzlich aufflammende Traurigkeit und seinen nervigen Hang zur Nörgelei. Noch ehe bei ihr der Groschen fiel, dass Klaus dieses Mal ernsthaft verliebt war, teilte er ihr lapidar mit, in wenigen Tagen seine Kur in der Klinik zu beginnen und den Sommer anschließend wie geplant mit ihr, Miro, Therese und eben vor allem besagtem Curtiss, den er ab sofort zärtlich Tomski nannte, in der Schweiz zu verbringen. Damit legte er ohne weiteren Kommentar zu ihrem Anliegen auf.

Was sollte sie davon halten? Sie fühlte sich hin- und hergerissen. Natürlich wünschte sie Klaus von Herzen endlich einmal das ganz große Glück. Zugleich bangte sie um ihn. Viel zu sehr neigte er zu Extremen. Die Euphorie, mit der er von diesem Tomski schwärmte, ließ sie gleich wieder befürchten, er steigerte sich da einmal mehr in etwas hinein, was ihn binnen kürzester Zeit erbarmungslos tief fallen und eine bitterböse Enttäuschung erleben ließ. Wie oft hatte sie das schon bei ihm erlebt! Doch sie war in New York, er in Budapest. Zwischen ihnen erstreckte sich zum ersten Mal in ihrem Leben der Große Teich und damit eine unüberwindbar riesige Wassermasse.

So schwer es ihr fiel, musste sie einsehen, vorerst nichts für ihn tun zu können. Außer zu hoffen, er hätte wirklich endlich die ganz große Liebe gefunden und dieser Thomas Quinn Curtiss verdiente seine Hingabe mit jeder einzelnen Faser.

KAPITEL 36

Willst du nicht wenigstens mich endlich über euer großes Geheimnis aufklären?«, fragte Katia Erika am nächsten Tag überraschend direkt.

Es war der erste und einzige Nachmittag, den sie zu zweit mit einem ausgiebigen Bummel durch die großen Warenhäuser *Altman, Saks* sowie *Lord & Taylor* in der Fifth Avenue verbrachten. Während ihr Vater zusammen mit Alfred Knopf und Maurice die *Frick Collection* besichtigte, suchte ihre Mutter nach geeigneten Mitbringseln für ihre jüngeren Schwestern Monika und Elisabeth sowie für einige Freunde in der Schweiz. Außerdem wollte sie sich selbst einen kleinen, außergewöhnlichen Luxus wie etwa einen neuen Duft gönnen. Amüsiert beobachtete Erika, wie sie den Kopf über die hohen Preise schüttelte, die in New York für bekannte Pariser Parfums wie Chanel N°5 oder Guerlain zu zahlen waren, und die Flakons enttäuscht wieder zurückstellte. Ohne auch nur ein Stück Seife zu kaufen, drängte sie Erika aus der Kosmetikabteilung von *Saks* auf die Straße.

Die milden Frühlingstemperaturen hatten sie dazu verlockt, die dicken Mäntel im *Bedford* zu lassen und zum Schutz gegen die Sonne breitkrempige Hüte aufzusetzen. Arm in Arm schlenderten sie das Trottoir ein Stück nordwärts.

Als Erika beharrlich weiter auf ihre Frage schwieg, drückte Katia ihr den Ellbogen energischer in die Seite.

»Ich habe Augen im Kopf, mein Kind. Auch wenn ich bald Mitte fünfzig bin und dein Vater die sechzig überschritten hat, kann ich mich noch gut an die Zeit mit den Schmetterlingen im Bauch und die verstohlenen Berührungen erinnern, damit die Eltern nichts merken. Doch pass bitte auf: Unter der stoischen Buddhamiene des Doktors schlummert ein Vulkan. Rücksichtslos wird der dich mitreißen. Als deine Mutter weiß ich, dass du nach außen zwar stets gern die starke, selbstbewusste Frau gibst, tief in dir drinnen aber eine sehr verletzliche Seele hast. Zu oft bist du gerade in Liebesdingen schon enttäuscht worden, mein liebes Erilein.«

Gerührt über diesen ungewohnten Beweis mütterlicher Fürsorge musste Erika schlucken. Es verlangte sie dringend nach einer Zigarette, am besten zusammen mit einem großen Schluck Whiskey. Sie wusste, wie unschicklich ihre Mutter Rauchen auf der Straße fand, insbesondere von einer Frau. Also verzichtete sie darauf. Mit dem Drink musste sie sich ohnehin noch etwas gedulden.

Ohne etwas zu sagen, änderte sie geschickt die Richtung und bog in die fünfzigste Straße ein, um den *Roof Garden* des *Waldorf-Astoria* anzusteuern.

Kaum hatten sie in der gediegenen Atmosphäre zwischen üppigen Palmen Platz genommen, bei einem der aufmerksamen Ober ihre Bestellung aufgegeben und eine Weile versonnen den Klängen des Pianisten gelauscht, kam Katia auf das vorhin begonnene Thema zurück.

»Dein Vater hält viel von Doktor Gumpert.«

»Bist du sicher?«, fragte Erika zweifelnd, während sie sich die ersehnte Zigarette ansteckte. »Nach dem Lunch letztens in der *Soho-Bar* hat er ihn als ›törichten Weinmann‹ bezeichnet. Das klingt nicht eben nach sonderlich respektvoller Anerkennung.«

»Das hast du völlig missverstanden«, beharrte Katia unbeirrt auf ihrer Einschätzung. »Der Zauberer hält ihn für einen sehr klugen Mann und einen überaus interessanten Kollegen. Seine Hahnemann-Biographie fand er ausgezeichnet, ebenso die Biographien der neun vergessenen Forscher. Und das neue Manuskript über den Gründer des Roten Kreuzes imponiert ihm. Wirklich beachtlich, was der Doktor da leistet, obwohl er zudem eine eigene Praxis hat und Patienten im Hospital betreut. Der Zauberer lobt ihn in den höchsten Tönen.«

»Und jenseits seiner Bücher und der Arbeit?« Erika lachte auf. »Zählt etwa nur, was einer geschrieben und geleistet hat, oder war da nicht doch noch etwas mehr, wenn es um die Wertschätzung für einen Menschen geht?«

»Ach, Eri, Liebes, du weißt doch, wie weltfremd er in solchen Dingen ist.«

Als ihr Wermut und Erikas Whiskey serviert wurden, unterbrach sie sich kurz, rückte dann auf die Sesselkante vor und suchte mit einem beschwörenden Ausdruck auf dem Gesicht ihren Blick. Erika schwante bereits dunkel, was jetzt kommen würde. Tatsächlich wurde sie nicht enttäuscht.

»Du wirst nicht jünger, mein Kind. Langsam wäre es an der Zeit, über eine eigene Familie nachzudenken. Die Voraussetzungen sind für dich gerade sehr ideal. Hier in New York kannst du endlich zur Ruhe kommen, insbesondere an der Seite eines so einfühlsamen Mannes wie Doktor Gumpert. Ich habe den Eindruck, dass er dich so nimmt, wie du bist. Und du bist eben eine ganz besondere Persönlichkeit, mein Kind. Wo immer ich kann, werde ich dich unterstützen. Vielleicht erleichtert dir das die Entscheidung.«

Das war überraschend deutlich. Erika seufzte. Statt zu antworten, zündete sie sich die nächste Zigarette an, rauchte, trank, schwieg und lauschte der leise perlenden spätnachmittäglichen Klaviermusik. Einmal mehr war sie verblüfft, was ihre Mutter beiläufig an Beobachtungen aufsaugte, während alle Welt überzeugt war, ihr ganzes Augenmerk gelte allein dem Wohlbefinden des Zauberers.

Die Eltern und sie hatten Martin abgesehen vom gestrigen Frühstück während der letzten Tage ausschließlich im Kreis der anderen *Bedford*-Gäste getroffen. Das wiederum hatte sie und ihn zu noch größerer Vorsicht gemahnt, niemanden etwas von ihrer Beziehung merken zu lassen. Wie vergebens das zumindest ihrer Mutter gegenüber gewesen war, verrieten nun ihre klaren Worte.

Erika war froh, dass sie in der verbleibenden gemeinsamen Zeit nicht mehr darauf zurückkam, offenkundig auch mit dem Zauberer nicht darüber sprach. Jedenfalls erwähnte er ihr gegenüber mit keiner Silbe etwas. Und das hätte er im Falle eines Falles sicherlich getan, nach all der Wertschätzung, die er Martin angeblich also entgegenbrachte.

Die letzten beiden Tage an der Seite ihrer Eltern gestalteten sich für Erika als unerwartet große Herausforderung. Zwar beschäftigten die Bemerkungen ihrer Mutter zu Martin und ihre ungewöhnliche Einmischung in ihre Liebesangelegenheiten sie sehr. Ebenso ging ihr der bevorstehende Abschied natürlich nahe. Das aber hätte sie in gewohnter Weise schon irgendwie bewältigt. Viel schlimmer war, dass sie ausgerechnet in dem Moment, in dem sie den Eltern noch einmal für einige Stunden tatkräftig zur Seite stehen wollte, eine furchtbare Übelkeit und seltsame Magenbeschwerden quälten. Kaum kam sie morgens nach dem Aufwachen ins Sitzen, musste sie gleich zur Toilette und sich übergeben. Den ganzen Tag über fühlte sie sich schwach auf den Beinen und unfähig, auch nur einen Bissen hinunterzubringen. Gelegentlich erfasste sie zudem wie aus dem Nichts ein heftiger Schwindel.

Zunächst machte sie den Fisch dafür verantwortlich, der ihnen beim Abschiedsabendessen im Restaurant des *Ritz-Carlton* serviert worden war. Davon aber hatten sie alle gegessen, ohne dass einer der anderen über ähnliche Symptome klagte. Also war es unwahrscheinlich, sich damit den Magen verdorben zu haben.

»Es ist wohl eher eine nervöse Verstimmung«, diagnostizierte Martin, nachdem er ihr behutsam den Leib abgetastet und sie ausführlich über die Beschwerden befragt hatte. »Die kann sehr schmerzhaft und unangenehm sein. Ich habe es ja schon öfter gesagt: Es ist einfach alles zu viel für dich. Du musst besser auf dich achten. Versuche unbedingt, eine Weile aufs Rauchen und Trinken zu verzichten, mehr zu schlafen und vor allen Dingen endlich wirklich einmal weniger zu arbeiten. Am besten, du sagst einige der Vorträge ab. Und dieses Buchprojekt, das dir angetragen wurde, über die Erziehung der Jugend im National-sozialismus ...«

»Nein!«, brauste sie auf, bevor sie ruhiger hinzufügte: »Unbe-dingt muss ich das schreiben. Da steckt alles drin, was entschei-dend ist, um den Menschen hier Hitlers Machtmechanismen zu erklären. Den Vertrag habe ich gestern Mittag übrigens schon unterzeichnet. Wenn ich im Sommer in Europa bin, kann ich dort noch besseres Material dafür zusammentragen. Das schaffe ich.« Entschlossen biss sie die Lippen zusammen. Wenn Martin wüsste! Längst nahm noch eine weitere interessante Idee immer konkretere Züge an, die ihr ebenfalls bei ihren Vorträgen gekommen war: den Amerikanern die deutsche Kultur der Exilanten in einem ausführlichen Buch vorzustellen, mit Porträts der wichtigsten Emigranten und ihrer Werke, einem reichhaltigen Überblick über das, was vor Hitler an wegweisenden Schöpfungen in Deutschland entstanden war und nun heimatlos einen neuen Platz vorzugsweise in den Staaten suchte, sowie einer weitreichenden Darstellung, was die Exilanten auch an ihren neuen Zufluchtsorten inzwischen alles leisteten und schufen. Bestimmt konnte sie den Verleger von Modern Age Books auch dafür begeistern. Das immense Interesse bei ihren *lectures* war der beste Beweis, dass ein solches Buch regelrecht einschlagen würde.

»Vergiss nicht«, sagte sie lächelnd zu Martin, »bislang habe ich alles geschafft, was ich mir vorgenommen habe.«

»Dein Hang, dich zu überfordern, ist Gift für deinen Körper. Damit machst du dich auf lange Sicht kaputt. Hör bitte auf damit!« Er verlegte sich geradezu aufs Flehen.

»Natürlich ist alles wieder einmal etwas viel, was ich derzeit zu tun habe«, räumte sie unwirsch ein und fiel wieder in die Kissen zurück, nachdem sie sich zu schnell in die Senkrechte aufgerichtet hatte, was sofort zu neuerlicher Übelkeit und kurzer Schwärze vor den Augen geführt hatte. »Letztlich ist alles immer etwas zu viel für mich. So geht es schon, seit ich als Kind auf Klaus aufpassen musste, weil unsere Mutter gerade Golo oder Monika entbunden hatte oder eine Fehlgeburt oder …«

»Deine Periode hast du?«, fiel Martin ihr plötzlich alarmiert ins Wort und maß sie mit einem schwer zu deutenden Blick, der zwischen Besorgnis, Überraschung und Freude schwankte.

Sie stutzte.

»Unregelmäßig, kein Grund zur Sorge. Das ist seit meiner Ankunft im letzten Herbst schon so. Das hiesige Klima, die Zeitverschiebung, die Aufregungen rund um die *Pepper Mill* ... Es ist und bleibt eben alles immer einen Tick zu viel, insbesondere für den zarten Leib einer so zarten Frau wie mich.«

Sie versuchte sich in einem ironischen Lächeln, was allerdings gründlich misslang. Schon biss sie wieder die Zähne zusammen, um mit aller Gewalt den Schwindel niederzuringen, der sie überfiel, sobald sie einen zweiten Versuch unternahm, sich aufzusetzen.

Kurz verharrte sie auf der Bettkante, stützte sich mit beiden Händen ab, schluckte die aufsteigende bittere Galle hinunter und wankte dann, mit einem triumphierenden Blick, weil es ihr gelungen war, ganz allein aufrecht zu gehen, an Martin vorbei ins Bad.

Während sie sich dort Wasser für ein morgendliches Bad einließ, großzügig von der wundervollen Rosenessenz hineingoss, obwohl ihr der Geruch ein neuerliches Würgen verursachte, rief sie ihm durch die offene Tür zu: »Zu meinen Eltern kein Wort, sonst sind wir ab sofort geschiedene Leute. Sobald wir sie nachher aufs Schiff gebracht haben, werde ich brav ins Hospital gehen und mich von einem deiner Kollegen untersuchen lassen. Das tue ich allerdings allein meinem Seelenfrieden zuliebe. Nicht, dass du auf die Idee kämst, es geschähe für dich!«

Letztlich war Martin nicht der Einzige, der sich ernsthafte Gedanken über ihre körperlichen Beschwerden machte. Auch ihren

Eltern waren sie verblüffenderweise nicht entgangen, wie sich beim Abschiednehmen am Hafenpier zeigte. Wahrscheinlich hatte ihre Mutter dem Zauberer zwar doch nicht unbedingt en détail von ihrem Gespräch im *Ritz* erzählt, ihm aber gewiss längst ihre Überlegungen zu Martin und ihr sowie zu ihrer möglichen gemeinsamen Zukunft mitgeteilt. In einem seltenen Anflug von väterlicher Besorgnis gepaart mit kaum verborgener Freude legte der Zauberer ihr die Hand an die Wange, blickte ihr tief in die Augen und sprach mit ungewöhnlich heiserer Stimme.

»Pass gut auf dich auf, mein Kind, besonders jetzt. Und denk daran: Wir sind stets für dich da. Auch von der Schweiz aus.«

Die Sonne brannte bereits ähnlich unerbittlich wie an manchen Sommertagen vom Himmel. Das grelle Licht machte sie alle trotz breitkrempiger Hüte blinzeln. Das erleichterte es Erika, die aufsteigenden Tränen zu kaschieren.

Wie gern hätte sie ihm Einhalt in seiner kaum verhohlenen Freude geboten. Die Hoffnung, die in seinem Blick mitschwang, berührte sie zutiefst. In derartiger Verfassung hatte sie ihn noch nie erlebt. Wie würde er reagieren, wenn sich seine Hoffnungen als absolut unbegründet herausstellten? Wäre er sehr enttäuscht, gar erschüttert?

Allerdings wusste sie genauso wenig, wie sie es selbst halten sollte. Was sie tun würde, sollte der Arztbesuch nachher die Vermutungen bestätigen. Gute Hoffnung war es jedenfalls nicht, die sie an erster Stelle empfand. Schiere Verzweiflung jedoch auch nicht.

Dennoch fiel es ihr schwer, ihrer Mutter einigermaßen unbefangen in die Augen zu blicken, als die ebenfalls mit einer weitaus innigeren Umarmung als gewöhnlich und einem zärtlichen Streicheln der Wange von ihr Abschied nahm.

»Einerlei wie, aber in jedem Fall sehen wir uns zum Geburtstag des Zauberers Anfang Juni«, sagte ihre Mutter leise, als wäre das eine Beschwörung. »Achte gut auf dich, Eri. Du trägst jetzt besondere Verantwortung.«

Martin, der sie zum Hafen begleitet hatte, schenkten die beiden jeweils einen festen Händedruck und versicherten ihm, wie beruhigend sie es fänden, dass er künftig ein Auge auf sie haben würde.

»Das heißt aber nicht, dass du ab sofort mein Kindermädchen bist«, stellte sie hastig klar, sobald die Gangway am Bug des Schiffes eingezogen war und sie sich wieder allein am Pier befanden. Martin schmunzelte.

»Jeder kümmert sich am besten weiterhin vor allem um seine eigenen Angelegenheiten«, fügte sie trotzig hinzu, konnte das heftige Pochen ihres Herzens dennoch kaum ignorieren. »Damit sind wir bislang gut gefahren. Das werden wir in Zukunft am besten beibehalten. Du kennst mich. Es wird mir sonst schnell zu eng.«

Trotz ihrer Worte hakte sie sich bei ihm ein und schmiegte sich eng an seine Seite. Sie liebte es, ihn so bei sich zu haben, auf seine Ruhe und seinen Beistand zu vertrauen. Und zugleich war sie auch ein wenig stolz darauf, wie sehr er ihre Eltern beeindruckt hatte, als Schriftsteller, Arzt und vor allem als Mensch, der ihre Tochter liebte. Glücklich strahlte sie ihn an und versank im geheimnisvollen Schwarz seiner wundervollen Augen.

KAPITEL 37

Es war alles so erschreckend anders. Seit Wochen hatte Erika sich auf Paris gefreut. Umso heftiger erfasste sie nun, als sie Mitte Juli endlich an der Seine eingetroffen war, die Enttäuschung. War das noch die Stadt, in der sie sich früher einmal so heimisch gefühlt hatte? War das überhaupt noch das Europa, in dem sie sich früher einmal zu Hause gewähnt hatte? Wahrscheinlich hatte sie sich von Beginn ihrer Reise an von allem falsche Vorstellungen gemacht.

Ein knappes Dreivierteljahr nur war sie weg gewesen, dennoch meinte sie, es lägen Jahrzehnte, wenn nicht gar Jahrhunderte, dazwischen. Alles und vor allem alle schienen ihr so grundlegend anders zu sein. Oder lag es an ihr selbst? Hatte sie sich – unwissentlich – in den letzten Monaten derart stark verändert, dass sie sich plötzlich dort so fremd fühlte, wo sie einst heimisch gewesen war?

Wenn sie an die ersten Tage im Juni zurückdachte, die sie bei den Eltern und den Geschwistern im schweizerischen Küsnacht verbracht hatte, bevor sie nach Salzburg zu einem von Bruno Walter dirigierten Konzert und einem Wiedersehen mit dessen Töchtern, ihren Jugendfreundinnen Lotte und Gretel, weitergereist war, war sie allerdings überzeugt, nach wie vor ganz die Alte zu sein. Die einschneidenden Veränderungen mussten sich wohl ausschließlich alle bei den anderen vollzogen haben.

Kaum war sie nach einer turbulenten Überfahrt mit dem Schiff und einer noch abenteuerlicheren nächtlichen Zugfahrt von Le Havre nach Zürich endlich wohlbehalten bei den Eltern eingetroffen, hatte sie sich gleich wieder zurück nach New York gesehnt. Am schlimmsten hatte sie Martin vermisst, sich unendlich nach seiner wohltuenden Ruhe wie auch nach seinen Zärtlichkeiten und den tiefschürfenden Gesprächen mit ihm über Gott und die Welt gesehnt. Mit wem konnte sie sich jetzt überhaupt ähnlich offen und unverblümt über ihre Eindrücke austauschen? Klaus war viel zu verliebt in seinen Tomski, als dass er ihr wirklich einmal länger zuhörte. Aber auch Vicki Baums unerschütterlicher Pragmatismus und die lustigen Frotzeleien der restlichen *Bedford*-Mitbewohner gingen ihr rasch ab.

»Du bist so unnahbar geworden«, stellte ihre Mutter vorwurfsvoll fest und maß sie mit forschendem Blick.

Dabei war Erika sich sicher, die Kluft zwischen ihnen täte sich nicht auf, weil sie von ihr abgerückt war, sondern weil ihre Mutter ihr zunehmend entrückte. Was erwartete sie von ihr? Doch nicht etwa tatsächlich den Rückzug auf das traute Mutterglück und die häusliche Zweisamkeit mit einem biederen Ehemann wie Martin? So gut musste sie ihre Tochter doch kennen, um zu wissen, dass ihr dafür sowohl das Talent wie auch die Geduld fehlte. Am liebsten hätte Erika ihr auf den Kopf zugesagt, dass sie durch ein Kind von Martin, das die Eltern sich offenkundig sehnlichst wünschten, auch nicht wieder näher an sie herankäme. Jedenfalls nicht, solange die Eltern weiter stur in der Schweiz ausharrten, statt endlich ihren Rat zu befolgen und in die Staaten überzusiedeln.

Auf ihre Erleichterung, dass sich die seltsame Übelkeit Ende April als rein körperliche Reaktion auf die Aufregungen rund um die *Pepper Mill*, die aufwühlende Affäre mit Maurice und die Gewöhnung an das Leben in Amerika herausgestellt hatte und eben nicht als die von den Eltern erhoffte Schwangerschaft, ging sie lieber gar nicht näher ein. Dafür brachte ihre Mutter erst recht kein Verständnis auf. Um offen miteinander über solche Befindlichkeiten zu reden, waren sie emotional immer schon zu weit voneinander entfernt gewesen, trotz des fleißigen und im Ton oft salopp-lockeren Briefwechsels zwischen ihnen. Das zumindest hatte sich nicht geändert.

»Du bist wieder einmal viel zu streng mit dir und uns allen«, warf ihr Vater ihr beim Nachmittagstee anlässlich seines zweiundsechzigsten Geburtstags verständnislos vor. Die gesamte Familie hatte sich aus diesem Anlass auf der überdachten Terrasse mit dem traumhaften Blick über den Zürichsee eingefunden und genoss den seltenen Moment, nach langer Zeit endlich einmal wieder vollzählig versammelt zu sein.

Sein wenig schmeichelhaftes Urteil verletzte Erika zutiefst. Sie versuchte, sich damit zu beschwichtigen, dass das wohl seine Art war, mit der herben Enttäuschung umzugehen, so schnell doch noch nicht Großvater zu werden. Bereits in seinen letzten Briefen war das zwischen den Zeilen herauszulesen. Dabei hatte sie ihm Anfang Mai so schonend wie möglich das Ergebnis ihres Arztbesuches mitgeteilt.

Allerdings enttäuschte sie wiederum seine Reaktion auch deshalb so sehr, weil sie ihr bewies, wie wenig auch er imstande war, sich wirklich in sie hineinzuversetzen. Dieses Unvermögen teilte er mit ihrer Mutter. Warum um alles in der Welt dachten die Eltern sie auf einmal nur noch in Zusammenhang mit dem von ihnen so geschätzten Doktor Gumpert? Existierte ihrer Meinung nach für sie allein an Martins Seite eine aussichtsreiche Zukunft? Respektierten sie ihre Eigenständigkeit ansonsten gar nicht mehr? Schon verfluchte sie den Moment kurz vor ihrer Abreise aus New York, in dem sie ihrer Mutter nach langem Zögern ihre Liebe zu Martin doch noch freimütig eingestanden hatte.

Neben dem Fremdeln mit den Eltern alarmierte sie die allgemeine Stimmung, die sie in diesem Sommer in Europa antraf. Sie bewies ihr, dass dringend Handlungsbedarf bestand. Unbedingt musste sie die Amerikaner von einem entschlosseneren Handeln gegen Hitler und die durch ihn drohende Kriegsgefahr überzeugen. Zugleich musste sie ihnen deutlich vor Augen führen, welch kultureller Schatz auf dem Spiel stand, wenn sie die bei ihnen gestrandeten Emigranten einfach ihrem Schicksal überließen und ihr bisheriges Wirken wie ihre Werke ignorierten. Letztlich würden beide Seiten davon profitieren, wenn sie sich miteinander solidarisierten, um einvernehmlich gegen die Nazis und den in Europa stärker werdenden Faschismus vorzugehen, und Frieden wie Kultur gemeinsam verteidigten.

»Du allein kannst die Welt auch nicht retten«, hatte Therese sie jedoch gewarnt.

An einem endlos heißen Juli-Nachmittag hatten sie träge auf der Wiese vor der Chesa Jäger in der Sonne geschmort. Das geräumige alte Bauernhaus in Sils Baseglia im Engadin gehörte seit Generationen der Familie Schwarzenbach. Wie schon in den Jahren zuvor hatte Miro Erika, Therese und Klaus über den Sommer dorthin eingeladen. Dieses Mal waren außerdem noch Klaus' neue Liebe Tomski sowie Miros Gefährtin Barbara Wright dabei. Während Tomski den bewegungsfaulen Klaus zu einer Wanderung in die Berge gescheucht hatte und Miro und Barbara mit ihren Kameras zum Fotografieren ins Dorf spaziert waren, hatten Erika und Therese die Liegestühle nebeneinander zurechtgerückt und bei einem spätnachmittäglichen Cognac nebst Zigarette über dies und das philosophiert, bis sie doch wieder bei der Politik gelandet waren.

»Vor allem müsste die Welt sich überhaupt erst einmal von dir retten lassen wollen«, fügte Therese weise hinzu, pustete den Zigarettenrauch flach zur Seite und richtete sich im Liegestuhl auf, um sie aus ihren leicht hervorquellenden Augen eindringlich anzusehen.

»Die Hölle kann sonst ausbrechen, ohne dass jemand aufbegehrt. Du hast es ja selbst erlebt, wie sie sich gerade in deinem viel bewunderten Amerika einen Dreck darum scheren, ob Europa bereits lichterloh brennt und die Flammen über den Großen Teich züngeln, um auch dort alles in Brand zu setzen, oder ob vielleicht doch noch nicht Hopfen und Malz verloren sind und Hitler noch die Stirn zu bieten ist. Das, was hier passiert, ist ihnen schlichtweg zu weit weg vom eigenen Alltag, als dass sie die Gefahr erkennen wollen, die auch für sie darin schlummert. Wahrscheinlich müssten die SA und die SS mit ihren schwarzen Schaftstiefeln schon laut brüllend über den Broadway marschieren oder vor dem Capitol in Washington die Hacken zusammenknallen, bevor die Gentlemen auf der Upper East Side erschreckt von ihrem Brandy aufschauen und die Ladys betroffen ihren Cocktail beiseitestellen.«

»Da irrst du dich aber gewaltig! Mit meinen *lectures* über die Situation in Deutschland und Europa gehöre ich schon jetzt zu den meistgebuchten Rednerinnen der kommenden Saison«, widersprach sie. »Es existiert in den USA inzwischen also durchaus ein reges Interesse, mehr über die Ereignisse zu hören und sich rechtzeitig über die Hintergründe von totalitären Regimes zu informieren. Wenn dann erst einmal mein Buch über die Erziehung im Nationalsozialismus erscheint, für das ich die letzten Wochen aufschlussreiches Material ...«

»Ach, Erilein«, stoppte Therese sie in ihrem Eifer und beugte sich zu ihr, um ihr nachsichtig die Hand auf den Arm zu legen. »Eigentlich bist du diejenige, die dringend gerettet werden muss, sonst verrennst du dich da völlig. Dabei hatte ich gehofft, deinem Martin würde gelingen, worum ich seit Jahren gerungen habe: dich endlich in deinem ewigen Herumwirbeln ein wenig zu bremsen, damit du zur Ruhe kommst und aufhörst, dich pausenlos für Gott und die Welt aufzureiben.«

»Was soll ich deiner Ansicht nach tun? Etwa die Klappe halten und tatenlos zusehen, was passiert? Das kann ich nicht. So gut solltest du mich kennen. Die Zeiten sind leider nicht danach. Du stehst doch auch weiter auf der Bühne und machst den Mund auf.«

»Aber inzwischen zum Glück wieder ausschließlich im Theater. Es gibt im Leben noch etwas anderes als nur den Einsatz für den politischen Kampf. Gerade wenn der so aussichtslos scheint wie derzeit, ist das wichtig zu wissen. Vergiss das nicht, Eri. Vor allem dir selbst zuliebe. Sonst gehst du am Ende zugrunde.«

»So leicht bestimmt nicht.«

Aufgewühlt drückte sie den Zigarettenstummel mal wieder viel zu heftig im Aschenbecher aus, hielt den Kopf dabei gesenkt. Therese sollte nicht sehen, wie verzweifelt sie gerade war. Natürlich war sie erschöpft von ihren zahlreichen Aktivitäten und den bescheidenen Ergebnissen, die sie bislang damit erzielt hatte. Aber was sollte sie stattdessen tun? Sie eignete sich einfach nicht dafür, sich ins Private zurückzuziehen und dem riskanten Lauf der Welt aus der Distanz abwartend zuzusehen.

»Du musst nicht immer gleich mit deinem schönen Kopf durch die Wand, Eri.«

Zärtlich tätschelte Therese ihr die Wange. Plötzlich spürte sie einen dicken Kloß im Hals.

»Wir lieben dich so, wie du bist.«

Das war zu viel. Gerührt schluchzte sie auf. Ohne zu Therese aufzusehen, sank sie an ihre weiche Brust, barg ihr Gesicht an ihrer Schulter und ließ den Tränen freien Lauf.

»Du änderst dich nie, Liebes«, raunte Therese ihr leise ins Ohr, »ganz einerlei, ob im fernen Amerika oder hier in Europa. Du bleibst immer dieselbe: sich leidenschaftlich und ohne Rücksicht auf dich dem hingegeben, was dir gerade als wichtigstes Projekt erscheint. Und genau deshalb lieben wir dich.«

Thereses Hand glitt über ihren Rücken. Ihre Berührungen wurden fordernder. »Nicht!«, bat sie eine Spur zu brüsk, um sofort versöhnlicher nachzusetzen: »Lass uns bitte unbedingt unsere Zuneigung füreinander bewahren. Sie ist zu kostbar, um sie der Lust willen aufs Spiel zu setzen.«

Sosehr ihre Bitte Therese im ersten Moment überraschte, so dankbar zeigte sie sich letztlich dafür.

Endlich war ihr Verhältnis zueinander geklärt.

Nach den erholsamen Tagen im Engadin hatte sich ihre Vorfreude auf Paris enorm gesteigert. Weil sie inständig hoffte, nach all den Abschieden von früheren Vertrauten und Vertrautheiten aus dem Wiedersehen mit der ebenfalls einst so vertrauten Stadt neue Kraft für die anschließende Rückreise in die Staaten zu schöpfen. Wie bitter, stattdessen nur wenige Tage später einmal mehr befremdende Veränderungen zu erleben.

Früher einmal war sie sicher gewesen, sich blind in dem Gewirr von Boulevards, Palais, Plätzen und Parks dies- und jenseits des Seine-Ufers auszukennen. Nun schien alles anders. Ihr Blick schweifte über die beiden neoklassizistischen Flügel des Palais de Chaillot und suchte ratlos nach Bekanntem, an dem sie Halt finden konnte. Lediglich die beiden Seitengebäude des Vorgängerbaus waren noch vorhanden. Ansonsten drohte das eigens für die derzeit stattfindende Weltausstellung am steilen Hang des Trocadéro neu errichtete Palais mit seinem bombastisch weit ausgreifenden Halbrund alles Vorherige, Behäbige zwischen sich zu zerdrücken.

Der Größenwahn schien Erika auf einmal typisch für die aktuelle Stimmung. Erschöpft sah sie über den imposanten Springbrunnen – das letzte Überbleibsel der alten Jardins du Trocadéro – und über die Pont d'Iéna zum Marsfeld auf der gegenüberliegenden Seine-Seite. Wenigstens der Eiffelturm ragte dort wie eh und je vertraut in die Höhe, am Fuß jedoch schon dicht bedrängt von den Pavillons der diesjährigen Weltausstellung.

Die Menschenmassen, die sich morgens, mittags und abends über das Gelände der Ausstellung schoben, fand Erika schlichtweg monströs. Nicht einmal nachts kehrte Ruhe ein. Sogar von der Höhe des Trocadéros aus waren die unzähligen Besucher noch als unruhig umherwuselnde schwarze Punkte zu erkennen. Klaus, Tomski sowie ihr eigens aus Amsterdam angereister Verlegerfreund Fritz Landshoff und Erika hatten es am Vortag nur schwer in der Menge ausgehalten. Hinzu kamen die beklemmenden Eindrücke beim Besichtigen der einzelnen Pavillons, die von den Stimmen der heftig miteinander diskutierenden Besucher nur so brummten.

Immer wieder musste Erika sich beherrschen, um das unablässige Gerede kommentarlos hinzunehmen. Mitten auf dem Ausstellungsgelände eine politische Diskussion mit einem Wildfremden vom Zaun zu brechen, wäre äußerst unklug. Statt sich andächtig im Anblick der gezeigten Leistungsschau der Nationen zu verlieren, fühlte sich nahezu jeder Besucher dazu bemüßigt, sich lauthals über die aktuelle Weltlage zu äußern. Dabei drangen die verschiedensten, mitunter weit auseinanderklaffenden, oftmals sich sogar heftig anfeindenden Meinungen an Erikas Ohr. Kein Zweifel: Europa präsentierte sich ähnlich tief gespalten zwischen den extremen Positionen wie die Massen zwischen den Ausstellungsmauern.

Bei der unübersichtlichen Lage im Bürgerkriegsland Spanien waren sich die meisten noch vergleichsweise einig, wie sie aus den Äußerungen heraushörte. Durch die Richtungskämpfe zwischen den Sozialisten und den Kommunisten drohten sich nach Ansicht der überwiegenden Mehrheit die republikanischen Kräfte hoffnungslos zu zerreiben, was wiederum dem nationalistischen General Franco gefährlichen Auftrieb beschere.

Ebenso zeigten sich zu ihrer Erleichterung noch erstaunlich viele von Hitlers immer offensichtlicher werdenden Expansionsgelüsten Richtung Österreich und Sudetenland beunruhigt. Kaum wollte sie sich darüber freuen, musste sie allerdings erschreckt feststellen, wie ungeniert andere gerade das mitten in Paris überschwänglich begrüßten. Alarmiert horchte sie auf. Doch im nächsten Moment zogen schon die aufgeregten Debatten über die von Stalin in der Sowjetunion mit immer größerer Härte durchgeführten Säuberungsaktionen wie auch die erhitzten Äußerungen über Mussolinis zunehmenden Einfluss im Mittelmeerraum ihre Aufmerksamkeit an. Zu jedem Ereignis gab es also mindestens so viele Meinungen wie Aussteller auf dem Gelände. Und offenkundig war es nur eine Frage der Zeit, bis sowohl das Pulverfass Europa wie auch so mancher Besucher der Pariser Weltausstellung explodierte.

Was Erika bei ihrem Besuch des Geländes jedoch am meisten irritierte, war: Die Konfrontation der verschiedenen Kräfte und Meinungen setzte sich bis in die Gestaltung der Pavillons hinein fort. Allein zwischen den beiden imposanten Gebäuden der rivalisierenden Großmächte Deutschland und Sowjetunion fürchtete sie, buchstäblich zerquetscht zu werden. Vom Dach des sowjetischen sah sie ein riesiges Menschenpaar über sich hinwegschreiten und sie wie ein lästiges Insekt achtlos am Boden unter sich zertreten. Vom Giebel des deutschen duckte sich unterdessen der überdimensionale Reichsadler im Sturzflug zum Angriff auf sie herunter, was ihr letztlich mindestens genauso bedrohlich erschien.

Angenehm zurückhaltend empfand sie dagegen die Präsentation Frankreichs, Großbritanniens und der Niederlande. Die drei Länder hatten betont schlichte Ausstellungsgebäude gewählt, die sie für eine Weile entspannt aufatmen ließen. Die Tschechoslowakei wie auch Österreich schienen ihr im Vergleich dazu jedoch bereits allzu offensichtlich verloren im Getümmel der anderen Mächte. Für sie ein erschreckend deutlicher Hinweis darauf, dass sie sich demnächst widerstandslos von den Interessen der anderen Länder schlucken ließen.

So beängstigend fremd ihr das im ersten Moment alles schien, so klar begriff sie auf einmal die Zusammenhänge. Und wusste plötzlich genau, wie sie das in einem ihrer Vorträge für die Wintersaison anschaulich darstellen würde: mittels der Schilderung eines vermeintlich harmlosen Rundgangs über die Weltausstellung, wie sie ihn tatsächlich unternommen hatte. Mit der Beschreibung der jeweiligen Länderpavillons ließ sich quasi wie von selbst zeigen, wo die eigentlichen Fronten in Europa verliefen: nicht zwischen den rivalisierenden Systemen Faschismus und Kommunismus, sondern in deren gemeinsamem Bündnis gegen die im Vergleich viel zu harmlos auftretende Demokratie.

Wie der Kampf dereinst aussehen werde, dafür liefere Spanien bereits die alarmierende Generalprobe, sprang Klaus begeistert auf ihre These an, sobald sie sie erstmals im kleinen Kreis vorbrachte. Die faschistischen Achsenmächte Deutschland und Italien unterstützten mittlerweile ganz im Sinn ihrer eigenen Machtinteressen offen General Franco, während sich die republikanischen Kräfte durch den zunehmenden Einfluss der Kommunisten immer weiter selbst zermürbten. Das zerstöre jegliche Hoffnung auf die weitere Zukunft einer spanischen Demokratie.

Dem konnte Erika nur traurig zustimmen. Überhaupt war sie ihm für seine offene Unterstützung sehr dankbar.

Sie hatten sich zum gemeinsamen Abendessen mit Onkel Heinrich, seiner Geliebten Nelly Kröger und einigen anderen Emigranten im Hotelrestaurant *Rond Point* an den Champs-Élysées eingefunden. Inmitten der eleganten Pariser, die sich von den Touristenmassen nicht im Geringsten irritieren ließen, saßen sie an einer bunt zusammengewürfelten Tafel. Allein schon aufgrund ihrer mehr oder weniger zerschlissenen Kleidung wie natürlich wegen ihrer weitgehend auf Deutsch geführten Unterhaltung stachen sie aus den übrigen Gästen heraus. Inzwischen quoll die französische Metropole zwar über von Emigranten. Man traf sie in jedem Café oder Bistro. Nur in gehobeneren Restaurants wie diesem waren sie eher selten.

»Meine oberkluge große Schwester! Du bringst es wieder einmal ausgezeichnet auf den Punkt«, lobte Klaus sie, kniff die Augen zusammen, schob sich die Zigarette in den Mundwinkel und klopfte ihr anerkennend auf die Schulter.

So rasch er sich ihrem direkten Blick auch wieder entzog, meinte sie in seinen Augen dennoch verräterische Spuren eines neuerlichen Genusses der verbotenen Drogen entdeckt zu haben. Entsetzt blickte sie zu Tomski. Der zuckte lediglich müde mit den Schultern. Erschüttert kämpfte sie mit den aufsteigenden Tränen. Nicht einmal er besaß anscheinend genügend Einfluss auf Klaus, um ihn vom klaffenden Abgrund wegzureißen.

Wie aus unendlich weiter Ferne drangen seine weiteren Worte an ihr Ohr.

»Du steckst uns lahme Exilliteraten mit deinen genialen Ideen alle in die Tasche. Und vor allem mit deinem phänomenalen Talent, sie für jedermann verständlich vorzubringen. Von dir können wir noch eine Menge lernen. Bleib bitte, wie du bist. Dann ist dir eine große Zukunft sicher. Und uns bleibt die Hoffnung auf Besserung.«

Übertrieben schwungvoll fiel er ihr um den Hals. Sie vergrub ihr tränennasses Gesicht in seiner Halsbeuge. Er bemerkte es nicht einmal. Sie aber wusste in diesem Moment, er würde sich nie ändern, genauso wenig wie sie.

Zum ersten Mal spürte sie plötzlich, dass sie sich auf den Abschied am nächsten Tag freute. Es würde ihr guttun, vorübergehend wieder mehr Distanz zu Klaus, den Eltern sowie vor allem zu Europa zu gewinnen. In den letzten Wochen hatte sie gespürt, wie fremd ihr alles und jeder inzwischen geworden war. Darin lag auch etwas Positives. Sie musste sich nicht mehr für alles und jeden verantwortlich fühlen. Therese hatte recht. Sie allein konnte weder die Welt noch ihre Liebsten retten, insbesondere, solange die sich gar nicht von ihr retten lassen wollten. Wie befreiend!

Das gab ihr auch die Chance, sich tatsächlich mehr auf sich sowie auf ihre eigenen Wünsche und Bedürfnisse zu konzentrieren. Bei dem Gedanken hatte sie gleich Martins Worte im Ohr. Endlich war sie bereit, sie aus ganzem Herzen zu befolgen. Zugleich verspürte sie eine unstillbare Sehnsucht nach ihm, nach seiner Wärme, seiner Zuversicht. Es würde wundervoll werden, wieder in seinen Armen zu liegen, seine Gegenwart zu genießen und mit ihm in New York zu leben. Er war ihr immer weniger fremd. Mit ihm würde sie in Zukunft immer vertrauter werden, ohne dass er von ihr Verantwortung für sich verlangte. Im Gegenteil würden sie sich in ihrer Eigenständigkeit gegenseitig unterstützen und einander trotzdem oder gerade deswegen immer mehr lieben.

KAPITEL 38

Jeden Tag aufs Neue meinte Erika die Hölle zu durchleben. Jeden Tag aufs Neue stand sie kurz davor, aufzugeben. Weil sie es einfach nicht mehr aushielt. Sich am Rand der völligen Verzweiflung befand. Und jede Hoffnung auf Besserung zu verlieren drohte.

War es wirklich erst wenige Wochen her, dass sie voller Zuversicht Ende Juli aus Europa nach New York zurückgekehrt war? Und mit besten Vorsätzen offiziell in die Vereinigten Staaten eingewandert war? Dass sie beschlossen hatte, sich fortan nicht mehr nur für andere, was in der Regel vor allem hieß: Klaus und die Eltern, verantwortlich zu fühlen, sondern ganz auf sich und das eigene Wohlergehen zu konzentrieren? Und jetzt war es wieder einmal Klaus, dessentwegen sie sich fast ruinierte. Und sämtliche persönlichen Bedürfnisse komplett hintanstellte.

Zumindest auf Martin und seine Liebe konnte sie dabei bedingungslos vertrauen. Und auf seine tatkräftige Unterstützung. Als Arzt wie als Freund. Und vor allem als Geliebter. Ein zarter, aber entscheidender Hoffnungsschimmer, der sie vor dem Abgrund rettete.

Natürlich hatte er sie in seiner bewundernswerten Gelassenheit eindringlich vor ihrem Vorhaben gewarnt. Und ihr seine Bedenken schonend, aber auch offen und ehrlich mitgeteilt. Hatte ihr detailliert erläutert, was auf sie zukommen würde, wenn sie es auf sich nähme, Klaus während seines Entzugs zu betreuen. Und ihr zugleich prophezeit, dass es sie an die Grenzen des Erträglichen führen würde, das bei ihrem geliebten Bruder mitzuerleben.

»Er muss *jetzt* von den Drogen wegkommen, oder er schafft es nie«, hatte sie erwidert und war aller düsteren Aussichten zum Trotz wild entschlossen gewesen, sämtliche Beschwerden auf sich zu nehmen, solange es Klaus nur helfen würde. Er war doch ihr Bruder. Ihr über alles geliebter Eissi, ohne den sie nicht sein konnte und wollte. Niemals.

»Ab Mitte Oktober soll er auf Vortragsreise gehen«, hatte sie nach einer Pause nachdenklich hinzugefügt. »Bis dahin muss er *clean* sein. Weil er dann viel allein und sehr gefordert sein wird, wodurch er erst recht Gefahr läuft, von dem verdammten Zeug zu nehmen. Mit unserer Hilfe kommt er vielleicht noch rechtzeitig vorher davon los. Wir müssen ihn ermutigen, dass er es schaffen kann. Dazu sind wir da. Nie hat er uns mehr gebraucht als in diesem Moment.«

»Du bist einfach unverbesserlich«, hatte Martin nur gemeint und sie liebevoll umarmt.

Insgesamt gab sie sich weitaus zuversichtlicher, als sie in Wahrheit war. Es hatte sie geschockt, bei Klaus' Ankunft in New York Ende September feststellen zu müssen, dass er rückfällig geworden war. Warum nur hatte er sich so kurz nach der erfolgreich absolvierten Kur im letzten Frühjahr schon wieder verführen lassen? Dabei war es ihm im Sommer so gut gegangen wie schon lange nicht mehr. Seine Arbeit hatte ihn ausgefüllt, die ewigen Geldsorgen schienen einigermaßen bereinigt, und ab Herbst erwartete ihn in Amerika mit der neuen *lecture tour* eine interessante Aufgabe.

Was jedoch das Entscheidenste war: Mit Tomski war ihm endlich die große Liebe, das lang ersehnte ganz große Glück begegnet! Vom ersten Augenblick an waren die beiden einander rettungslos verfallen. Eine solche Liebe brauchte er wie die Luft zum Atmen. Umso unbegreiflicher, dass er sie durch den Rückfall leichtsinnig aufs Spiel setzte.

Bei dem Gedanken musste Erika jedes Mal aufs Neue mit den Tränen ringen. Sie verstand Klaus nicht mehr. Das war ihr noch nie passiert. Und brachte sie deshalb erst recht aus der Fassung.

Tomski war ein Herzensmensch durch und durch. Auch für Martin und sie stellte der gerade einmal Dreiundzwanzigjährige ein unglaubliches Glück dar. Während Klaus' Entzug erwies er sich als unerlässliche Stütze für sie. Im Umgang mit Klaus legte er eine sagenhafte Reife an den Tag. Das war umso erstaunlicher, weil er auf den ersten Blick nichts anderes schien als ein schöner, heiß umschwärmter, verwöhnter New Yorker Upperclass-Sprössling.

Schon auf der gemeinsamen Überfahrt von Europa nach Amerika hatte er erbittert mit Klaus gestritten, sobald er die Drogen in dessen Gepäck entdeckt hatte, erzählte er ihr später. Um ihm zu beweisen, wie ernst es ihm war, hatte er ihm sogar mit dem Ende ihrer Beziehung gedroht, sollte Klaus damit weitermachen wie bisher. Zur Bekräftigung war er auf der Stelle aus der gemeinsamen Kabine ausgezogen. Dennoch hatte Klaus nicht von dem verhängnisvollen Zeug gelassen. Tomskis Liebe aber reichte zu Erikas Erstaunen aus, um im richtigen Maß damit umzugehen, ihn nicht gleich im Stich zu lassen und die Drohung noch nicht umzusetzen. Vorerst zumindest nicht. Weil er ihn trotz allem noch nicht aufgeben wollte. Immer noch hoffte, Klaus retten zu können.

So wie Erika. Sie schluchzte auf, wischte sich mit dem Handrücken über die nassen Wangen und betrachtete Klaus.

Er sah erbärmlich aus. Ihr wurde flau. Das schüttere Haar klebte ihm verschwitzt am Kopf. Abgemagert und leichenblass lag er in dem lausigen, viel zu stickigen Zimmer des *Bedford* in seinem Bett und war endlich eingeschlafen. Hin und wieder tupfte sie seine schweißnasse Stirn, befeuchtete ihm mit einem nassen Waschlappen die spröden Lippen. Ein echtes Wrack war er geworden. Martin hatte recht. Das mit anzusehen, brachte sie an die Grenzen dessen, was sie aushalten konnte. Abermals musste sie schluchzen.

Good old doc Martin Gumpert. Kaum dachte sie an ihn, wurde ihr angenehm warm ums Herz. Ohne seinen ärztlichen Beistand wäre sie verloren. Aber auch ohne seine zuverlässige Kameradschaft. Und vor allem ohne seine aufopferungsvolle Liebe. Wann hatte sie je einen Menschen so geliebt?

War sie je von einem Menschen so geliebt worden? Stets war er für sie da. Tags wie nachts. Wann immer sie ihn brauchte. Und das trotz seiner Praxis und seiner Tätigkeit im Krankenhaus. Und neben seiner Sorge für seine inzwischen ebenfalls in New York lebende zehnjährige Tochter Nina.

Zu ihrer Erleichterung war es ihm zwar gelungen, sie in einem Internat unterzubringen. Finanziell war das allerdings eine enorme Belastung, die zusätzliche Dienste im Hospital wie gesteigertes Engagement für seine Privatpatienten nach sich zog. Zum Schreiben kam er inzwischen fast gar nicht mehr. Dennoch beklagte er sich nicht. Und ließ sie nie spüren, unter welchem Druck er stand. Ganz selbstverständlich stand er ihr uneingeschränkt zur Seite.

Das erfüllte sie mit einer Zärtlichkeit, die ihr Herz zum Bersten bringen könnte. Gerührt biss sie die Lippen aufeinander. Bekam dieses Mal Freudentränen in die Augen. Was für ein Geschenk, jemandem wie Martin begegnet zu sein!

Wieder und wieder rief sie sich jenen Nachmittag vor ziemlich genau einem Jahr ins Gedächtnis, an dem sie sich direkt nach ihrem Eintreffen in New York in der Lobby des *Bedford* zum ersten Mal gegenübergesessen hatten. Schon damals hatte sie ihn für ein Juwel gehalten, nicht ahnend, was er ihr eines Tages einmal bedeuten würde.

Er war ihr guter Stern. Schenkte ihr die nötige Orientierung. Sowohl, um in Amerika Fuß zu fassen, als auch, um im Leben klarzukommen. Etwas Vergleichbares hatte sie nie zuvor erfahren. Erstmals schien der Himmel in greifbare Nähe gerückt.

In den raren Stunden, die ihnen für ihre Zweisamkeit vergönnt waren, liebten sie einander hingebungsvoller denn je. Nur so gelang es Erika, die enorme Belastung während Klaus' Entzug Anfang Oktober überhaupt durchzustehen und direkt im Anschluss daran wie geplant zu ihrer eigenen *lecture tour* zu starten.

Martin hatte sich zu ihrer Freude angewöhnt, sie nach ihren oft mehrtägigen Reisen, etwa entlang der Ostküste bis Boston oder ins Landesinnere durch verschiedene Städte in Maryland, in seinem Hotelzimmer mit einem kleinen Dinner zu empfangen, bevor er ihr in ihrem eigenen Zimmer ein Bad einließ und sie später mit behutsamer Zärtlichkeit liebte. Obwohl er selbst eine ähnlich umsichtige Fürsorge verdient hätte, legte er allergrößten Wert darauf, sie stets nach allen Regeln der Kunst zu verwöhnen.

Und ihr geduldig zuzuhören, wenn sie sich danach bei einer gemeinsamen Zigarette so manch Unerfreuliches von der Seele redete. Beispielsweise über das Verlegerehepaar Blanche und Alfred Knopf, das sie neuerdings offenkundig bewusst mied, sie weder wie noch im letzten Herbst zu seinen Partys in Manhattan noch zu den Wochenenden in sein Landhaus auf Long Beach einlud.

»Die Knopfs können mir gestohlen bleiben«, erklärte sie trotzig, obwohl sie sich insgeheim doch ein wenig über den versteckten Affront ärgerte. »Denen geht es in Wahrheit sowieso nur um meinen Vater, nicht um mich und meine Arbeit. Da weiß ich meine spärliche Freizeit besser zu nutzen, als mich mit ihnen zu beschäftigen.«

Martin hörte zu und schwieg, reichte ihr ein Glas Whiskey und lächelte sie aufmunternd an.

»Auf uns! Es gibt Wichtigeres im Leben, Eri.«

»Du hast recht.« Nur zu gern stieß sie mit ihm an. »Du bist einfach mein Lichtblick in diesem Herbst.«

Und das stimmte in vielerlei Hinsicht.

So, wie es aussah, konnte sie es sich inzwischen durchaus erlauben, nicht mehr jedem vermeintlichen Wohltäter in New York hinterherzulaufen. Bei ihrer Ankunft aus Europa Ende Juli war sie mit großem Presseecho empfangen worden. Die Nachricht von der offiziellen Einwanderung der ältesten Tochter von Thomas Mann hatte hohe Wellen geschlagen. Dafür hatte nicht nur ihr Agent Leonard Sillman, sondern auch Erika selbst gesorgt. In sämtlichen Zeitungen erschienen entsprechend ausführliche Berichte, Interviews und vor allem ein sehr sympathisches Foto von ihr, auf dem sie zur Begrüßung mit einem Strahlen im Gesicht den gigantischen Blumenstrauß des Bürgermeisters entgegennahm. Seither fehlte es ihr ebenso wenig an neuen Bekannt- und Freundschaften wie an wichtigen Kontakten zu einflussreichen Menschen und Medienvertretern.

Der Verleger von Modern Age Books zeigte sich hellauf begeistert von den ersten Kapiteln ihres Buchs über die Erziehung im Dritten Reich. Das gefiel ihr. Noch besser war, dass er das fertige Manuskript am liebsten schon im Herbst bekommen würde, um das Buch rechtzeitig zum Weihnachtsgeschäft zu veröffentlichen. Das zeigte, mit welcher Resonanz und welch großem finanziellen Erfolg er rechnete.

»Dann muss ich leider passen«, erklärte sie ihm jedoch zwischen Pasta und gegrilltem Tintenfisch mit einem bedauernden Augenaufschlag.

Um ihr seine besondere Wertschätzung zu zeigen, hatte er sie zum Lunch obendrein in ein teures italienisches Restaurant im Flat Iron District ausgeführt. Auch das genoss sie in vollen Zügen. Zugleich war sie sich der Verantwortung, ein entsprechend gutes Buch zu liefern, jedoch mindestens genauso bewusst. Auch ihr selbst lag das Thema viel zu sehr am Herzen, als dass sie einen leichtsinnigen Schnellschuss riskieren wollte. Deshalb benötigte sie mehr Zeit.

»Erstens habe ich eine Fülle an weiterem, äußerst brisantem Material aus Europa mitgebracht, das ich sorgfältig sichten und einarbeiten muss«, erläuterte sie ihm ihre Gründe. »Und zweitens habe ich mittlerweile sehr viele Verpflichtungen. Doch leider hat auch mein Tag nur vierundzwanzig Stunden. Und übers Knie brechen will ich das Projekt keinesfalls. Dazu ist es zu wichtig. Jeder Punkt muss stimmen, jede Argumentation schlüssig sein, sonst spielen wir am Ende nur unseren Gegnern unfreiwillig in die Hände.«

Das Lächeln, das sie ihm über den Rand des Rotweinglases hinweg schenkte, besänftigte ihn auf der Stelle. Ebenso überzeugte ihn wohl ihr Beharren auf einer gründlichen Arbeit. Er schmolz sichtlich dahin.

»Wer will einer so schönen und klugen Frau wie Ihnen ernsthaft etwas abschlagen? Vor allem, da Sie selbst so viel Wert auf

Qualität legen«, bekannte er seufzend, tupfte sich mit der Serviette sorgfältig die Mundwinkel ab und spitzte den Mund.

Sie ließ ihm keine Wahl. Das wusste er. Schweren Herzens rang er sich schließlich zu einem späteren Abgabetermin durch.

»Aber nur im Interesse eines noch besseren Textes. Und spätestens bis Anfang des Jahres. Allerhöchstens!«, schob er nach.

Das bescherte Erika allerdings nur in bescheidenem Umfang mehr Luft. Als Rednerin und Moderatorin war sie in diesem Herbst sehr gefragt. Zu ihren *lectures* kamen Auftritte bei großen Shows, prominenten Revuen und im Radio. Ein Erfolg zog gleich die nächste Verpflichtung nach sich. Letztlich erntete sie damit die Früchte ihrer Bemühungen aus dem Frühjahr. Was einerseits äußerst erfreulich, andererseits aber auch mit immensem Aufwand und Strapazen verbunden war. Dem Vertrag mit ihrem geschäftstüchtigen Agenten Sillman konnte sie sich jedoch nicht entziehen. Also musste sie immer weiter brav mitmachen, auch wenn es sie längst dringend nach einer Pause verlangte.

Plötzlich spielte ihr Körper bei all den Anstrengungen nicht mehr mit. Erschöpfung, Migräne, aber auch häufiges Unwohlsein bei gleichzeitig viel zu unberechenbarer Periode setzten sie immer häufiger außer Gefecht. Das beunruhigte sie mehr, als sie zugeben wollte.

»Du weißt, wozu ich dich jetzt wieder ermahnen werde«, sagte Martin nur dazu.

Sie saßen in ihrem Zimmer im *Bedford*, um einen ihrer wenigen freien Abende zu zweit zu verbringen. Zur Feier des Abends hatte er einen teuren Weißwein, sie einen leichten Imbiss von einem nahe gelegenen Diner besorgt. Auf dem Bett hatte sie eine karierte Decke wie zum Picknick ausgebreitet und sich angesichts der auch im Oktober noch viel zu großen Hitze und hohen Luftfeuchtigkeit in der Stadt provozierend verführerisch lediglich in Unterwäsche gleich daneben niedergelassen. Damit wollte sie sämtliche Unbill für eine Weile verdrängen und einfach so tun, als ob wieder alles in Ordnung mit ihr wäre. Vielleicht war das die beste Methode, sich tatsächlich wieder gut zu fühlen und die Erschöpfung zu überwinden.

Zumindest bei Martin ging ihr Plan auf. Bei ihrem aufreizenden Anblick schmunzelte er, lockerte sich die Krawatte und krempelte sich die Hemdsärmel auf. Sie fühlte sich zwar viel zu müde zu allem, schwankte zwischen einer enormen Heißhungerattacke und schauderhafter Übelkeit, riss sich vor ihm jedoch so weit wie möglich zusammen.

»Und du weißt, was ich dir darauf antworten werde«, erwiderte sie betont vergnügt, weil er immer noch viel zu lange brauchte, um sich einfach gehenzulassen. Ungeduldig sah sie ihm zu, wie er die Flasche entkorkte, und reichte ihm die Gläser zum Einschenken.

»Natürlich achte ich auf mich. Was soll ich sonst tun? Aber meine Auftritte müssen sein. Nach allem, was in Europa vor sich geht, jetzt mehr denn je.«

Sie hielt inne, zog ihn an der Hand nah zu sich herunter, bis sein Gesicht so nah vor dem ihren war, dass sich ihre Nasenspitzen sacht berührten und sie seinen warmen Atem in ihrem Mund schmeckte. Beglückt schloss sie die Augen, genoss den Moment, um ihm dann ungestüm die Arme um den Hals zu legen und ihn innigst zu küssen.

»Wessen ich jedoch sofort und eigentlich immerzu bedarf, das ist eine ordentliche Dosis von dir, mein lieber, großer, viel zu vernünftiger Helfer. Du tust mir weitaus besser als jede Medizin, lieber Doktor.«

KAPITEL 39

Du hast es wirklich geschafft, Erika. Beneidenswert, wie erfolgreich du inzwischen bist. Davon können wir alle nur träumen«, gratulierte Curt ihr Anfang November, als sich der übliche *Bedford*-Kreis abends zu einem Umtrunk in seinem Zimmer traf. Draußen regnete es in Strömen, der Wind peitschte die Tropfen gegen die Fensterscheibe. Sturzbächen gleich rann das Wasser daran herunter. Umso gemütlicher fand sie es, dicht zusammengedrängt mit den Freunden in dem kleinen Raum zu sitzen.

Angesichts der immer höher aufgelaufenen Rechnungen hatte Anton Nägel sie vor einiger Zeit darum gebeten, wenigstens schon einmal die Zeche in der Bar zu begleichen. Deshalb waren sie dazu übergegangen, sich die Getränke und kleinere Snacks in einem nahe gelegenen Drugstore zu kaufen und reihum auf einem der Zimmer im Hotel bei einem feuchtfröhlichen Gelage gemeinsam zu vernichten. Das kam auf Dauer billiger.

Kunterbunt durcheinandergewürfelt hockten sie jetzt also auf Curts zerwühltem Bett, im Sessel und auf dem Stuhl oder lungerten auf dem Boden, den Rücken gegen die Wand oder den Schrank gelehnt, rauchten, tranken, aßen und diskutierten lebhaft miteinander. Die passende Musik lieferte das Grammophon, das Erika überallhin mitschleppte und das Martin mit seinen heiß geliebten Jazzplatten bestückte.

»Demnächst stehst du als Hauptattraktion der legendären *New Faces of 1937*-Revue endlich auch hier am Broadway auf der Bühne«, fuhr Curt nach einem langen Zug an seiner Zigarre fort, bevor er die dicke Luft im Raum mit weiterem Qualm verunreinigte. »Außerdem quillt dein Kalender vor Engagements über. Von der Ostküste bis weit ins Hinterland ist kaum mehr ein Gemeindesaal oder College vor dir sicher. Und dein Verleger trommelt auch schon ungeduldig mit den Fingern auf den Tisch, weil er dein Buchmanuskript sehnsüchtig erwartet.«

»Vergiss nicht die Radiosendungen, für die Erika obendrein gebucht ist«, mischte sich Rolf ein und grinste ihn triumphierend an. »Millionen hören zu, wenn sie auf Sendung geht.«

Direkt an sie gewandt fuhr er mit seiner Lobeshymne fort: »Einfach großartig, wie lebendig du letztens von deinen Beobachtungen auf der Pariser Weltausstellung berichtet hast. Man hatte sich glatt einbilden können, mit dir rund um den Eiffelturm zu schlendern und das alles selbst zu erleben. Damit triffst du exakt den Nerv der Zeit. Die Amerikaner lieben genau diese Mischung von persönlich Erlebtem, bildhaften Vergleichen, straff zusammengefassten Fakten und kühnen Thesen über die weitere politische Entwicklung. Bald werden dich auch die großen Zeitungen um Beiträge bitten. Niemand anderer hier in New York kann derzeit besser und vor allem verständlicher die Lage in Europa schildern als du.«

»Hört auf, hört auf! Ihr seht doch, wie rot ich schon bin. So viel Lob habe ich nicht verdient«, wehrte sie lachend ab und hob ihr Glas, um in die Runde zu prosten. »Lasst uns lieber auf uns alle trinken. Wir sitzen alle in einem Boot und geben im Kampf gegen Hitler und den Faschismus unser Bestes. Jeder so, wie er kann. Hoffen wir, bald wirklich unser großes Ziel zu erreichen, dass sich die amerikanische Öffentlichkeit endlich auf die Seite von uns Emigranten stellt und mit uns gemeinsam gegen die braune Gefahr zu Felde zieht.«

»Auf uns!« – »Und auf unseren Kampf gegen die Nazis!« – »Auf dass man uns hört!«

Die anderen erwiderten ihren Toast und stießen miteinander an. Allgemeine Zustimmung erfüllte den kleinen Raum. Das ermutigte sie, sich noch etwas weiter vorzuwagen. Sie waren schließlich unter Freunden und zogen alle am selben Strang.

»Apropos auf uns. Ich habe da noch eine weitere Idee. Seit Längerem schon schwirrt mir die durch den Kopf. Ihr seid jetzt die Ersten, denen ich davon erzähle«, begann sie und stellte zufrieden fest, wie die anderen neugierig aufhorchten. Trotzdem wartete sie noch einige Sekunden, bis sie sich der vollen Aufmerksamkeit aller sicher war. Das Folgende war ihr zu wichtig, um es im allgemeinen Gemurmel untergehen zu lassen.

»Mir ist während meiner vielen Vorträge und Auftritte immer wieder etwas Entscheidendes aufgefallen: Europa und vor allem Deutschland liegt für die Mehrheit der Amerikaner unendlich weit weg. Eigentlich auf einem ganz anderen Stern. Sie wissen nahezu nichts darüber. Und hören jetzt fast nur noch, welch große Gefahr sich dort durch Hitler für sie und den Weltfrieden zusammenbraut. Kein Wunder, dass Deutschland für sie zum Dämon wird. Und sie mit dem Begriff ›deutsche Kultur‹ etwas Furchterregendes verbinden. Hitler und seine Schergen stellen die schließlich weit über alles andere in der Welt. Allerdings ausschließlich die Art von deutscher Kultur, die sie darunter verstehen. Und nicht die, für die auch wir Emigranten stehen.«

Sie musste kurz innehalten, räusperte sich. Merkte, wie sie sich mit jedem weiteren Satz in Rage redete.

Währenddessen war in dem engen Zimmer andächtige Stille eingekehrt. Gebannt sahen die anderen sie an, warteten sichtlich bewegt darauf, dass sie fortfuhr.

»Wie aber sollen die normalen Amerikaner den Unterschied erkennen?«, fragte sie, blickte einen nach dem anderen an, bevor sie ergänzte: »Insbesondere, wenn wir Emigranten nur als arme, verzweifelte Hungerleider wahrgenommen werden, die froh sind, hier überhaupt lebend gelandet zu sein? Und nichts von dem haben retten können, was sie früher einmal für die deutsche Kultur geleistet haben? Weil es in einer anderen Sprache entstanden ist, die hier kaum einer versteht. Und zu Hause vor Jahren schon von Hitler verboten und verbrannt, erbarmungslos vernichtet wurde. Weshalb die meisten hier inzwischen leider das dumpfe Brüllen der Nazis als deutsche Kultur missverstehen, weil es die vielschichtigere deutsche Kultur von uns Emigranten längst völlig übertönt hat.«

Von Neuem stoppte sie, nahm einige hastige Züge an der Zigarette. Unterdessen tätschelte Curt ihr zum Zeichen seiner Zustimmung die Schulter, Rolf nickte nachdenklich, und Martin lächelte ihr ermutigend zu. Sie holte tief Luft. Und gab ihr Vorhaben preis.

»Höchste Zeit also, den Amerikanern die wahre deutsche Kultur zu zeigen. Und ihnen deren Vertreter hier im Exil vorzustellen.«

»Wie willst du das tun? In einer weiteren Nummernrevue à la *Faces of ...*?«, hakte Rolf ein.

»In einem Buch«, widersprach sie knapp. »Das ist solider und passender. Darin kann ich einen kurzen Abriss über deutsche Kultur, ihre Geschichte und verschiedenen Ausrichtungen geben und dann vor allem die wichtigsten Emigranten mit ihrem

Beitrag dazu sowie ihren Werken porträtieren. Und natürlich ihren Weg von Deutschland ins Exil schildern. Meine Erfahrungen belegen ja, wie gern sich die Amerikaner gerade von solch anschaulichen Beispielen und Geschichten packen lassen. So sehen sie am besten, was wir Emigranten bereits geleistet haben, bevor sich Hitler und seinesgleichen die deutsche Kultur einverleibt haben. Und was wir hier im Land der tausend Möglichkeiten nach unserer Flucht ins Leben noch weiter dafür zu leisten bereit sind, um sie den Nazis nicht widerstandslos zu überlassen. Um auch in Zukunft dafür zu sorgen, dass Deutschland und die deutsche Kultur nicht automatisch mit Hitler und dem Nationalsozialismus gleichgesetzt werden. Was haltet ihr davon?«

Erschöpft beendete sie ihre lange Rede. Ihre Wangen glühten vor Eifer, ihr Herz raste. Sie hatte ihr Innerstes nach außen gekehrt. Hatte das, was ihr seit Wochen durch den Kopf ging, ihr nachts oftmals den Schlaf raubte und sie tagsüber bei jedem Auftritt, den sie vor amerikanischem Publikum hatte, beschäftigte, erstmals laut in Worte gefasst. Und damit zum ersten Mal der Kritik anderer ausgesetzt. Nicht einmal Martin hatte sie bislang etwas davon gesagt. Und auch Klaus gegenüber nicht die geringste Andeutung fallenlassen.

»*Escape to life – Flucht ins Leben* will ich es womöglich nennen«, fügte sie nach einer halben Ewigkeit, während der niemand einen Laut von sich gegeben hatte, leise und fast schon schüchtern hinzu.

Ungeduldig wartete sie weiter auf die Reaktion ihrer Freunde und Kollegen.

Die aber schwiegen immer noch. War das ein gutes oder ein schlechtes Zeichen? Ihre Augen wanderten über die Runde. Kaum einer erwiderte ihren Blick.

»Das ist genial!« Rolf erhob sich als Erster und begann zu applaudieren, die anderen fielen nach und nach ein, hoben ihre Gläser, riefen: »Phantastisch!«, »Eine hervorragende Idee!«, »Höchste Zeit, das einmal anzugehen«, und beglückwünschten sie schließlich mit Schulterklopfen und herzlichen Umarmungen. Zuletzt küsste Martin sie freudestrahlend auf den Mund.

»Wieder einmal hast du es uns allen gezeigt. Du bist wirklich einzigartig. Dafür liebe ich dich jeden Tag mehr.«

Den Rest des Abends verbrachten sie damit, Namen zu notieren, die unbedingt in das Buch aufgenommen werden sollten, und Ideen zu diskutieren, wie man den verschiedenen Facetten des Kulturbegriffs am ehesten gerecht werden konnte. Sie freute sich, wie begeistert alle auf ihren Vorschlag eingingen. Das schien ein vielversprechendes Projekt zu werden, von dem sie sicherlich auch ihren Verleger leicht überzeugen würde.

»Eri, du bist wohl derzeit die begehrteste Rednerin, Schauspielerin und Autorin unter uns Emigranten«, meldete sich weit nach Mitternacht Curt mit der Zigarette im Mund und dem letzten Glas Whiskey in der Hand erstaunlich nüchtern zu Wort. »Bei aller Bewunderung für dein Tun und deinen verdienten Erfolg sehe ich allerdings ein ernsthaftes Problem auf dich zukommen: Über kurz oder lang wirst du dich entscheiden müssen, was du wirklich sein willst: Schauspielerin oder Schriftstellerin. Nur wenn du dich mit Leib und Seele dem verschreibst, was du tust, kannst du auf Dauer wirklich Erfolg haben. Weil du all deine Kräfte darauf konzentrieren musst, dass dir das gelingt.«

Curts ungewohnt ernste Worte schwirrten ihr die nächsten Tage unablässig durch den Kopf. Natürlich hatte er recht. Ihre

Entscheidung zwischen den beiden Möglichkeiten Schauspielerin und Schriftstellerin war überfällig.

Je länger sie darüber nachdachte, desto deutlicher zeichnete sich ab, wozu sie letztlich am meisten tendierte: sich dem leidigen Familienfluch Schreiben zu widmen und künftig in Buchform für ihre Mission einzutreten. Dem durch ihre *lecture tours* quer durchs Land jedoch noch zusätzliche Aufmerksamkeit vor einem breiten Publikum zu verschaffen.

Vorerst aber hatte sie die vereinbarten Zusagen für ihre verschiedenen Auftritte bei Shows und Revuen einzuhalten. Auf die Honorare war sie dringend angewiesen. Bis zum Frühjahr nächsten Jahres würde sie deshalb erst einmal weiter alles annehmen, was sich an Verdienstmöglichkeiten bot. Erschien dann ihr erstes Buch über die Erziehung im Dritten Reich, konnte sie je nach Resonanz und vor allem Verkaufszahlen immer noch definitiv festlegen, in welche Richtung sie die Weichen stellen würde.

Sie lehnte sich in ihrem ausladenden Sessel zurück, bettete die Füße auf die Fußbank. Wieder einmal befand sie sich im Zug, dieses Mal mit Ziel Washington, wo sie auf Einladung von Eleanor Roosevelt vor mehreren Frauenclubs sprechen würde.

Die mehrstündige Fahrt im komfortablen Pullmanwagen setzte ihr mehr zu als sonst. Das Wetter spielte ein weiteres Mal verrückt, ähnelte mit den jähen Wechseln von heftigen Schnee- und Regenfällen sowie verführerisch sonnigen Abschnitten mehr dem April denn dem November. Außerdem machte sich wieder diese elende Übelkeit bemerkbar. Allein der Geruch frisch aufgebrühten Kaffees, der gleich nach Verlassen der Penn Station durch den Waggon gezogen war, verursachte ihr einen kaum zu bekämpfenden Brechreiz.

Erschöpft schlug sie das Buch in ihren Händen zu. Sie fühlte sich nicht in der Lage, zu lesen oder gar an ihren Vorträgen zu arbeiten. Das war ungewöhnlich. Aber offensichtlich ein untrügliches Zeichen dafür, dass sie sich mal wieder zu viel aufgebürdet hatte.

Sobald sie nächste Woche aus Washington zurück war, würde sie Martin zu einem neuerlichen Ausflug in die Catskills überreden. In dem verträumten Hotel, in dem sie im Frühjahr logiert hatten, konnten sie ihre Geburtstage nachfeiern und endlich einmal wieder Zeit zu zweit genießen. Die hatten sie sich verdient. Versonnen lehnte sie den Kopf zurück, schloss die Augen und träumte sich in seine Arme, malte sich aus, wie sie eng aneinandergeschmiegt zu leiser Musik tanzten und darüber Raum und Zeit und vor allem den lästigen Alltag vergaßen.

Martin würde bestimmt begeistert sein. Seine Tochter war im Internat ohnehin bestens versorgt. Vermutlich war sie froh, das Wochenende entweder dort oder bei einer ihrer gleichaltrigen Freundinnen in einer gemütlichen Wohnung oder einem schönen Haus verbringen zu dürfen statt bei ihrem Vater in einem schäbigen Hotelzimmer inmitten von gestrandeten Emigranten aus Europa.

»Sie sehen hervorragend aus, meine Liebe«, begrüßte Eleanor sie am frühen Nachmittag im Damensalon des Weißen Hauses. Sie hatte einige Ladys zu einem frühen Tee mit Gebäck und Sandwiches gebeten, bei denen Erika regelrecht ausgehungert zulangte.

»Wenn ich es nicht besser wüsste, würde ich Ihnen jetzt von ganzem Herzen gratulieren«, fügte Eleanor verschmitzt lächelnd hinzu, zog sie in eine ruhige Ecke und ergänzte, als Erika sie wohl gar zu begriffsstutzig ansah: »Verzeihen Sie, aber eine Frau wie ich, die selbst sechs Kinder zur Welt gebracht hat, weiß eigentlich sehr gut, wann sie eine andere zur guten Hoffnung beglückwünschen darf. Ich erkenne es am Gesicht und an dem Lächeln, mit dem man dann die restliche Welt betrachtet. Aber bei Ihnen liege ich vermutlich zum ersten Mal in meinem Leben falsch damit. Ihr angetrauter Gatte befindet sich fern von Ihnen in London und hat, soweit ich über ihn informiert bin, eher anderes als die Gründung einer kinderreichen Familie im Sinn. Ebenso werden auch Sie derzeit anderes für die Zukunft geplant haben. Wahrscheinlich sind Sie deshalb tatsächlich die Erste, bei der ich mich mit meinem vermeintlich untrüglichen Gespür täusche.«

Im selben Moment war Erika klar, dass genau das nicht der Fall war. Dass sie diejenige war, die sich seit Tagen täuschte. Weil sie sich täuschen wollte. Um es nicht wahrhaben zu müssen, schwanger zu sein.

Plötzlich prasselten tausend Gedanken auf sie ein. Wie war das möglich? Sie hatte doch immer aufgepasst. Ausgerechnet jetzt! Ein Kind war jetzt völlig undenkbar. Was würde Martin dazu sagen? Passte das zu ihrer Liebe? Hielt ihre Beziehung das aus? Wollte sie das wirklich? Was wollte sie überhaupt wirklich? Und was wollte Martin?

Jäh wurde ihr bewusst, wie wenig sie tatsächlich voneinander wussten. Bislang hatten sie nie über solche Fragen gesprochen. Nein, korrigierte sie sich sofort. Sie war dem stets ausgewichen, sobald er auch nur im Entferntesten den zaghaften Versuch gewagt hatte, über Ähnliches zu reden.

Ihr wurde schwindelig. Ihr Kopf begann zu dröhnen. Sie konnte es nicht fassen. Wollte es nicht fassen. Und nicht ausgerechnet jetzt über eine so elementare Frage nachdenken. Und sie vor allem nicht jetzt entscheiden. Wann aber dann?

Die Überlegung, ob sie als Vortragende oder letztlich doch als Schriftstellerin für ihre Sache kämpfen sollte, war mit einem Mal nebensächlich. Wenn Eleanor recht hatte, ging es jetzt darum, ob sie sich nicht besser ins Private zurückziehen sollte. Zumindest vorübergehend. Würde ihr das gelingen?

Wollte sie das? War das überhaupt der richtige Weg für sie? War das etwa die Ruhe, Geborgenheit und das Angekommensein, nach dem sie sich in ihrem bisherigen Leben gelegentlich gesehnt hatte, wenn sie das ständige Herumreisen, Koffer ein- und wieder auspacken, ins Hotel ein- und wieder auschecken gründlich sattgehabt und sich stattdessen wieder ein festes Zuhause gewünscht hatte, so wie früher in München die Poschi, die Familienvilla in der Poschingerstraße?

Aber war der Rückzug ins Private überhaupt akzeptabel in der jetzigen Situation, in der die Welt kurz vor Ausbruch der nächsten Katastrophe stand?

Natürlich liebte sie Martin wie bislang niemanden zuvor. Ebenso liebte er sie über alles. Und natürlich würde er ihr beistehen und sich um sie und das Kind rührend kümmern. Wo aber blieb sie selbst? Verzweifelt schüttelte sie den Kopf.

Warum nur kam in ihrem Leben immer alles von jetzt auf gleich völlig anders als erwartet? Plötzlich beschlich sie Panik. Panik, dass sie es nicht schaffen würde. Dieses Mal nicht. Weil es dieses Mal einfach viel zu groß für sie war. Und viel zu viel.

KAPITEL 40

So schlimm hatte Erika es sich nicht vorgestellt. Dabei war sie überzeugt gewesen, die Hölle dank Klaus' Entwöhnungskur vor einigen Wochen und auch Miros Zusammenbruch im letzten Herbst bereits zu kennen. Der entscheidende Unterschied war wohl, dass sie bei beiden lediglich Zuschauerin gewesen war. Und sie dieses Mal selbst durch die Hölle musste. Allein. Und das war ihre eigene Entscheidung. Was es überhaupt erst so richtig schlimm machte.

Doch sie wusste, dass sie das nur allein durchstehen konnte. Mit sich allein ausmachen musste. Weil es um sie allein ging. Genau das belastete sie so sehr.

Es war eine äußerst schmale, gefährliche Gratwanderung, die sie da angetreten hatte. So riskant war sie noch nie unterwegs gewesen. In vielerlei Hinsicht. Trotzdem musste sie den einmal eingeschlagenen Weg weitergehen. Sie hatte keine andere Wahl. Aus vielerlei Gründen. Jetzt, da es geschehen war, ohnehin nicht mehr.

Auf einmal fühlte sie sich entsetzlich leer. Zu wissen, dass das Kind endgültig nicht mehr da war, tat furchtbar weh. Warum hatte sie niemand davor gewarnt? Tränen schossen ihr in die Augen. Sie krampfte sich zusammen, igelte sich unter dem dicken Plumeau in ihrem Bett ein. Gab sich eine Weile ganz dem Weinen und der Verzweiflung hin.

Was gäbe sie darum, jetzt in Martins Armen zu liegen! Natürlich war sie ihm gegenüber nicht fair gewesen. Kein Wort hatte sie ihm bislang davon gesagt. Weder, als sie vom Arzt absolute Gewissheit über ihren Zustand bekommen hatte, noch, als sie ihren folgenschweren Entschluss gefasst hatte. Weil sie es für ihre persönliche Angelegenheit hielt. Es war ihr Körper, ihre Gesundheit und ihre Zukunft. Deshalb musste sie das mit sich ausmachen. Ohne dass er ihr dabei helfen konnte. Leider.

Von Neuem musste sie weinen. Schlang die Arme fest um ihren Leib, zitterte und bebte. Fror. Und fühlte sich schrecklich allein.

Ein gemeinsames Kind hätte sie enger aneinander gebunden, ihre Liebe zueinander in gewisser Hinsicht gestärkt. Oft genug hatte er in den letzten Wochen von einer gemeinsamen Wohnung geträumt, ihr in sämtlichen Facetten die Vorteile eines gemeinsamen Haushalts ausgemalt und ihr vorgeschwärmt, wie viel Stabilität ihr das schenken würde. Mit zweiunddreißig Jahren sei es an der Zeit, das ewig Provisorische ihrer Existenz, das ständige Umherziehen von Hotelzimmer zu Hotelzimmer zu beenden. Genau das wünsche sie sich doch. Bei ihrem neuerlichen Ausflug in die Catskills hatte er ihr sogar abermals eine Art Heiratsantrag gemacht.

Seine Hartnäckigkeit rührte sie. Und tat ihr gut. Wie auch seine Liebe ihr unendlich guttat. Weil sie so bedingungslos und selbstverständlich daherkam. Weil er sie einfach so nahm, wie sie tatsächlich war. Trotz alledem.

Doch es hatte nicht sollen sein. Es war einfach nicht der richtige Moment für solche Träume und Sehnsüchte. Eine solche Art, ihre Liebe zu leben. Und letztlich konnte sie auch nicht aus ihrer Haut. Konnte nicht alles, was sie sich in den letzten Monaten mühsam in den Staaten aufgebaut und wofür sie sich so vehement engagiert hatte, plötzlich aufgeben und sich ganz ins Private zurückziehen. Das wäre nicht sie. Sie war nun einmal keine private Person, die sich auf das stille Glück im Kleinen beschränkte, wenn das Leben im Großen Handeln von ihr verlangte. Das würde sie nicht ertragen. Angesichts der derzeitigen Situation in Deutschland, in Europa und der Welt nicht lange aushalten. Dafür fühlte sie sich zu sehr verantwortlich. Weil sie den Kampf gegen Hitler nun einmal aufgenommen hatte. Und nicht aufgeben konnte, bevor er beendet war. Erfolgreich beendet war. Hoffentlich.

Deshalb war sie Martin und seinem Antrag wieder einmal ausgewichen. Und hatte ein weiteres Mal auf sein Verständnis vertraut. Und auf seine Liebe. Auch wenn sie sich für diese Feigheit schämte.

Über diesem Gedankenkarussell musste sie eingeschlafen sein. Als sie die Augen wieder aufschlug, saß Klaus an ihrem Bett, hielt ihre Hand, betrachtete sie besorgt.

»Kann ich etwas für dich tun?«, fragte er leise und reichte ihr das Wasserglas.

Sie richtete sich vorsichtig im Bett auf, trank einige Schluck Wasser und spürte erleichtert, wie gut ihr das tat.

»Seit wann bist du hier?«

Sie versuchte, auf die Armbanduhr zu sehen, die sie auf den Nachttisch gelegt hatte, konnte die Zeiger jedoch kaum erkennen. Es musste bereits Abend sein. Die Vorhänge vor dem Fenster hatte sie zwar gleich bei ihrer Rückkehr aus dem Hospital zugezogen, aber tagsüber drang doch mehr Licht herein, selbst an so trüben dunkelgrauen Novemberregentagen wie heute. Auf dem Schreibtisch wie auf dem Nachtkasten brannten die Lampen. Klaus musste sie eingeschaltet haben. Matt lehnte sie sich wieder nach hinten gegen das Kopfende des Bettes.

»Soll ich mit Martin reden?« Aufmerksam betrachtete er sie. »Irgendetwas musst du ihm als Erklärung liefern, warum du die nächsten Tage das Bett hüten wirst. Außerdem hat er ein Recht darauf, zu erfahren, dass du von ihm …«

»Nein!«, fuhr sie ihm energisch über den Mund.

Zu ihrer eigenen Verwunderung gelang es ihr irgendwie, sich erneut in die Senkrechte aufzurichten.

»Du weißt, wie er reagieren würde«, sagte sie nach einer kurzen Pause. »Das will ich ihm ersparen. Und mir auch. Am Ende würde es uns nur auseinanderbringen. Das will ich nicht. Es bleibt allein meine Sache. Bei der mir niemand helfen kann. Am allerwenigsten er. Deshalb wird er nie davon erfahren. Auch von dir nicht. Das musst du mir versprechen. Ganz großes Indianerehrenwort, Klaus Heinrich!«

Sie hob die gespreizten Finger der rechten Hand und suchte seinen Blick.

»Aber …«, setzte er zum Widerspruch an, doch sie unterbrach ihn gleich wieder. »Versprich es mir. Sofort! Das bist du mir schuldig, nach allem, was ich die letzten Monate für dich getan habe.«

Mit beiden Händen klammerte sie sich an seine Oberarme, sah ihn eindringlich an, bis er den Blick senkte und ein leises Ja murmelte. Zufrieden ließ sie ihn wieder los und sank in die Kissen zurück.

»Kannst du dir ernsthaft vorstellen, dass ich jetzt ein Kind großziehe? In unserer aktuellen Situation? Wir jonglieren doch alle wie die Weltmeister, um irgendwie über die Runden zu kommen, in der Fremde unser täglich Brot zu verdienen, dabei die Selbstachtung nicht ganz aufzugeben und trotzdem auch das Ziel unserer Träume nicht komplett aus den Augen zu verlieren.«

Sie biss sich auf die Lippen, sah hoch zur Decke. Der Putz verfärbte sich dort oben gelblich vom vielen Zigarettenqualm. In der Glasschale der Lampe sammelten sich Fliegendreck und der Staub von Jahren. Wann die letzte Renovierung stattgefunden hatte, daran konnte sich wahrscheinlich keiner vom Personal und Anton Nägel sowieso nicht mehr erinnern. Es spielte keine Rolle. Emigranten wie Erika, Klaus und ihre Freunde legten wenig Wert auf frisch weiß getünchte Wände und funkelnagelneue Lampen. Sie waren schon froh über ein einigermaßen dichtes Dach über dem Kopf. Ansonsten beschäftigten sie völlig andere Sorgen.

»Nachdem Chamberlain Hitler vor Kurzem signalisiert hat, eine friedliche Verschiebung der Grenzen in Europa zu tolerieren, halte ich Vorträge wie die meinen für notwendiger denn je«, fuhr sie fort.

Der Gedanke an die ungeheure Leichtsinnigkeit des britischen Premiers wühlte sie plötzlich derart auf, dass sie spürte, wie ihre alte Entschlossenheit wieder in ihr aufflammte. Am liebsten wäre sie gleich aus dem Bett gesprungen, um loszulegen. Vorerst aber war Klaus ihr einziges Publikum.

»Wir müssen den Amerikanern die Augen öffnen. Das sind wir denen, die in Deutschland, Spanien, ja ganz Europa weiter ausharren müssen, schlichtweg schuldig. Denk daran, was die Nazis unseren Pringsheim-Großeltern angetan haben. Wie Onkel Heinrich und die Kröger in Nizza, aber auch Tante Mimi und Leonie in Prag als Flüchtlinge um ihre Existenz zittern. Von den vielen Tausend und Abertausend anderen Freunden und Kollegen ganz zu schweigen. Wir beide haben das unverschämte Glück, es ins sichere Amerika geschafft zu haben. Das verpflichtet uns, weiter für die anderen zu kämpfen. Auf der Pariser Weltausstellung hast du selbst gesehen, was uns bevorsteht. Wie kraftstrotzend Deutschland und die Sowjetunion, Hitlers Faschismus und Stalins Kommunismus, der restlichen Welt gegenübertreten. Was in Spanien passiert. Und demnächst uns allen dräut: Krieg! Wie soll ich in einer solchen Situation auch nur davon träumen, mit meinen Reden aufzuhören? Mich allein aufs Private zu konzentrieren? Die *lectures* sind das Einzige, was ich aktuell tun kann. Das Einzige, worauf ich mich wirklich verstehe. Der Auftritt im Madison Square Garden hat mir bewiesen, dass tatsächlich eine winzige Chance besteht, die Amerikaner wachzurütteln. Vielleicht kann ich mit Eleanor Roosevelts Hilfe und der Unterstützung von einigen anderen endlich auch den amerikanischen Präsidenten erreichen, um Amerika zur Stellungnahme gegen Hitler zu bewegen.«

»Du allein kannst die Welt nicht …«, setzte er an, doch sie unterbrach ihn sofort wieder.

»Ich allein natürlich nicht. Aber ich bin eine von den wenigen, die die anderen anstupsen können, es ebenfalls zu versuchen. Genau wie du. Deshalb kommt es eben doch auf jeden Einzelnen von uns an. Nur so werden wir langsam, aber sicher mehr. Bis wir eines Tages eine große Masse sind.«

»Falls Hitler uns so lange Zeit lässt und uns nicht schon vorher überrennt.«

»Dann wäre es umso fataler gewesen, ein Kind in diese Welt zu setzen«, erwiderte sie leise. »Nach den Nürnberger Gesetzen sind wir beide dank unserer Pringsheim-Sippe Halbjuden, wie die Nazis das nennen. Einerlei, ob getauft oder nicht. Martin ist nach ihrem Jargon sogar Volljude.«

Klaus fügte sich ihrem Wunsch und verlor Martin gegenüber kein einziges Wort über die Hintergründe ihres Zustands. Allerdings war Erika sich nie sicher, ob sie Martin als Arzt tatsächlich täuschen konnte. Saß er bei ihr am Bett, ließ er sich nichts anmerken, schien die Erklärung, sie leide wieder einmal am wechselhaften Klima, der vielen Arbeit und den lästigen weiblichen Hormonschwankungen, fraglos hinzunehmen. Oder zumindest hinnehmen zu wollen.

»So gut kennst du mich inzwischen, dass du weißt, welch Sensibelchen ich bin, einerlei, wie tough ich mich in der Öffentlichkeit gebe und wie selbstbewusst ich gern tue«, versuchte sie munterer zu klingen, als sie in Wahrheit war.

»Du hast Glück, dass ich dich nicht in die Ehegattenpflicht nehmen kann«, neckte sie ihn schließlich. »Sonst würde ich jetzt auf deine Kosten die Füße hochlegen und mir ein luxuriöses Upper-East-Side-Dasein gönnen, um in aller Ruhe meine verschiedenen Malaisen zu pflegen.«

Es kostete sie viel Kraft, seine stoische Ruhe zu ertragen, den verständnisvollen Blick seiner dunklen Augen auszuhalten, die nicht abreißende Bereitschaft, Himmel und Hölle für sie in Bewegung zu setzen, mit der gewohnten Nonchalance zu parieren. Mehr als einmal stand sie kurz davor, ihm laut aufschluchzend um den Hals zu fallen und alles zu gestehen.

Hatte sie wirklich die richtige Entscheidung getroffen? Hätte sie nicht doch ihre vermeintlich moralische Verpflichtung zu den Vorträgen für eine Weile unterbrechen, sich in einem heimeligen Zuhause dem Schreiben von Büchern und Zeitungsbeiträgen und vor allem dem Großziehen eines gemeinsamen Kindes widmen können? Im Vergleich zu den meisten anderen Exilanten befand sie sich als »daughter of«, als berühmte Tochter des noch berühmteren Literaturnobelpreisträgers Thomas Mann, in einer äußerst privilegierten Position. Hilfe und Unterstützung wären ihr gewiss von verschiedenster Seite zuteilgeworden.

Andererseits führte ausgerechnet Martin selbst ihr nahezu täglich vor, welche Verantwortung einem ein Kind abverlangte, egal, in welchem Alter. Auch sah sie ihre beiden jüngsten Geschwister, Elisabeth und Michael, vor sich. Die kosteten ihre Eltern nach wie vor unendlich viel Kraft.

Überhaupt sah sie plötzlich ihre Mutter vor sich. Sechs Kinder hatte sie großgezogen, dafür ihren früheren Plan, Mathematik zu studieren, aufgegeben und sich ganz für die Familie sowie ihren Vater, den Zauberer, und sein Werk aufgeopfert. Und das als Enkelin der Frauenrechtlerin Hedwig Dohm, die vor mehr als fünfzig Jahren schon für Gleichberechtigung, das Recht auf eine eigenständige Berufsausübung und ein unabhängiges Leben der Frauen gekämpft hatte.

Kein Zweifel: Sie hatte sich richtig entschieden. Sie war nicht nur verpflichtet, das einmal Begonnene in Amerika zielstrebig fortzuführen. Als Frau besaß sie auch das Recht, ihr Leben so zu leben, wie sie es wollte. Und sei es im Provisorischen, wie sie es seit frühester Jugend tat.

»Du musst tun, was du für richtig hältst«, streckte Martin überraschend schnell die Waffen.

Nach Tagen der Bettruhe hatte sie sich endlich wieder kräftig genug gefühlt, das Hotel für einige Stunden zu verlassen. Mit ihrem Vorschlag, nach dem Dinner bei einem der von ihm so geliebten Chinesen am East Broadway den restlichen Abend im Kino zu verbringen, war er ebenso rasch einverstanden gewesen. Hand in Hand schlenderten sie anschließend zur Subway am Seward Park.

Obwohl es schon Anfang Dezember war, herrschten wieder einmal überraschend warme Temperaturen. Der erste Schnee, der vor wenigen Tagen für eine romantische Weihnachtsstimmung gesorgt hatte, war längst wieder geschmolzen.

Kurz vor der U-Bahn-Haltestelle blieben sie stehen. Er bot ihr eine Zigarette an, gab ihr Feuer, bevor er sich selbst eine anzündete. Eine Weile standen sie rauchend in der nächtlichen Dunkelheit, die in der Stadt dank der unzähligen Leuchtreklamen kaum irgendwo wirklich existierte. Schwiegen.

»Miro kommt morgen von ihrer Recherchereise zurück«, durchbrach Erika schließlich die Stille. »Wir werden dann für einige Tage aufs Land fahren. Vicki Baum hat uns ein Haus in Pennsylvania besorgt. In einem ganz verschlafenen Ort. Ohne Möglichkeit, sich abzulenken oder gar auf dumme Gedanken zu kommen. Die beste Voraussetzung, sich ganz aufs Schreiben zu konzentrieren, Miro für einige Artikel für Schweizer Zeitungen und ich für mein Buchmanuskript über die Erziehung im Dritten Reich.«

»Dein Verleger wird sich freuen, wenn du pünktlich abgibst.« Amüsiert spitzte Martin den Mund.

»Die Abgeschiedenheit auf dem Land wird mir außerdem helfen, mehr Abstand vom allgemeinen Trubel zu gewinnen. Und endlich Ruhe zu finden. Für mich.«

»Das klingt, als würdest du allmählich dazulernen.«

»Bei einem so guten Lehrmeister wie dir wird es Zeit, dass ich endlich damit anfange.«

»Das lässt mich hoffen. Für die Zukunft. Und für uns.«

Halb wandte er sich ab, so dass sie sein Profil studieren konnte. Dabei einmal mehr die beneidenswerte Gelassenheit bewundern konnte, die er ausstrahlte.

Er rauchte weiter, als bemerkte er ihren Blick nicht. Blies den Rauch in die nächtliche Luft, sah versonnen der Dunstwolke nach, die sich einige Meter weiter im Schein einer Straßenlaterne auflöste. In der Ferne bellte ein Hund, ein anderer antwortete. Ansonsten war es erschreckend still und menschenleer in dieser Gegend.

»Weihnachten bin ich zurück«, setzte sie nach einer längeren Pause nach. »Klaus ist dann in Hollywood. Also könnten wir beide ...«

»Weihnachten sind Nina und ich bei meinem Praxiskollegen Harry und seiner Familie auf dem Land«, erwiderte er eine Spur zu hastig, wie sie fand. »Es ist Ninas und mein erstes gemeinsames Fest seit Jahren. Dort werden noch andere Kinder in ihrem Alter sein. Mir ist es wichtig, dass sie allmählich wieder ins normale Leben zurückfindet.«

»Eine gute Idee. Sie kommt jetzt in ein Alter, wo du besonders gut auf sie achtgeben musst.«

Sie senkte den Kopf, schluckte die aufsteigenden Tränen hinunter. Ein Weihnachten ohne ihn war wohl der Preis, den sie für ihre Entscheidung gegen Ehe und Familie zu zahlen hatte. Immerhin war sie diejenige von ihnen gewesen, die darauf bestanden hatte, dass er keinerlei Forderungen oder Erwartungen an sie stellte.

Dennoch fühlte es sich richtig an. Seine Entscheidung für ein Fest nach Ninas Wünschen bewies, dass er ihren Entschluss gegen das traute Familienglück verstanden hatte. Und respektierte. Weil sie ihren gemeinsamen Weg damit gefunden hatten. Er als Vater, Arzt und Schriftsteller, sie als politische Rednerin und Buchautorin. Dass sie den Lebensentwurf des anderen gegenseitig tolerierten und dennoch auch ihre Liebe miteinander lebten. Weil jeder nun einmal so war, wie er war.

Als sie den Blick wieder hob, entdeckte sie das verführerische Lächeln auf seinem Gesicht. Im nächsten Moment fielen sie sich in die Arme und küssten sich leidenschaftlich.

»Du bist eine wunderbare Frau, Eri! Ich freue mich, dass du jetzt besser auf dich und deine Bedürfnisse achtest. Das verleiht dir die nötige Kraft, um deine Pläne zu verwirklichen. Du wirst sie die nächsten Jahre gut gebrauchen können.«

»Und du bist ein wunderbarer Mann, Martin. Ich bin dir so dankbar für deine liebevolle Unterstützung. Ich glaube, ich habe jetzt tatsächlich meinen Weg gefunden. Ich weiß, was ich unbedingt tun und was ich besser lassen sollte. Dass ich meine Kräfte bündeln muss, um mein Ziel zu erreichen. Und dass ich unsere Liebe habe. Denn die brauche ich unbedingt, weil sie mir hilft, das alles zu schaffen.«

NACHWORT

Erika Manns Beziehung mit Martin Gumpert dauerte bis Anfang der vierziger Jahre. Als sie sich im Herbst 1938 erstmals von
ihm trennen wollte, drohte er, sich zu erschießen, wie Thomas
Mann in seinem Tagebuch festhielt. Viele Jahre blieben sie einander noch freundschaftlich verbunden, zumal er auch weiterhin ihren Eltern und ihrer Schwester Monika sehr nahe stand.
Zum endgültigen Bruch zwischen ihnen kam es kurz nach Klaus'
Selbstmord im Mai 1949. Martin Gumpert starb am 18. April
1955 in New York, ohne dass sie sich noch einmal gesehen oder
ausgesöhnt hätten.

»Die Tochter des Zauberers« – dieses Etikett haftet Erika
Mann wohl für alle Ewigkeit an, ebenso wie der Begriff »die
Tochter-Adjutantin«, der auf ihre Rolle für Werk und Nachlass
von Thomas Mann anspielt. Und wenn Erika nicht in Zusammenhang mit ihrem Vater erwähnt wird, dann meist in einem
Atemzug mit dem ein Jahr jüngeren Lieblingsbruder Klaus. Zeit
ihres Lebens empfanden sich die beiden als Zwillinge, traten bei
ihrer ersten Amerikareise gar als »literary Mann-twins« auf.

Zugegeben, auch ich bin über Klaus Mann auf Erika gekommen. Als sein Roman *Mephisto. Roman einer Karriere* Anfang
der 1980er Jahre endlich wieder in der Bundesrepublik Deutschland erscheinen durfte, habe ich ihn förmlich verschlungen und

im Anschluss daran voller Neugier auch seine frühen Erinnerungen *Kind dieser Zeit* gelesen. Dabei bin ich natürlich rasch auf seine Schwester Erika gestoßen, die mir in ihrem Selbstbewusstsein, ihrer faszinierenden Freude am Sein und mit dem Mut zum eigenen Weg wie die »neue Frau« der 1920er Jahre par excellence erschienen ist. Dieser Geist prägt auch ihre frühen, pointensicheren, dabei stets auf kluge Weise unterhaltsamen Texte, die sich in dem Band *Blitze überm Ozean* finden.

Völlig fasziniert habe ich mich gefragt: Wer ist diese Frau, die bei aller Lust aufs (amüsante) Leben so genau hinzusehen weiß, nebenbei Autorallyes gewinnt, Freunde vor dem Selbstmord rettet, um die halbe Welt reist, weder die achtköpfige Familie noch Lieblingsbruder Klaus je aus den Augen verliert und trotzdem – oder gerade deswegen – solche Artikel schreibt? Und die sich obendrein mit Ende zwanzig schon als eine der entschiedensten Kämpferinnen gegen Hitler und die Nazis an die Spitze der deutschen Exilanten stellt?

So präsent sie in Klaus' Leben ist und so umtriebig sie als die »Managerin« der Manns auftritt, die jederzeit gern für alle die Suppe salzt, wie es in der Familie immer hieß, so wenig ist sie erstaunlicherweise selbst tatsächlich greifbar. Bewusst hat sie sich zunächst dem »Familienfluch Schreiben« widersetzt und ist Schauspielerin geworden. Mehr als dreißig Jahre nach ihrem Tod hat ihre jüngste Schwester Elisabeth Mann Borgese noch geschwärmt: »Sie war eine geborene Schauspielerin, (…) hochintelligent, (…) hochbegabt, (…) bildhübsch und hatte eine wunderbare Gegenwart (…). Sie war einfach wahnsinnig leidenschaftlich, in allem, was sie tat.« Aber »sie hat sich selber nie so ganz ernst genommen; andere viel ernster«, wie ihr mittlerer Bruder Golo anlässlich ihres sechzigsten Geburtstags festgestellt hat. Immer hat sie es vermieden, die eigene Person zum Gegenstand ihrer Betrachtungen zu machen. Aussagen über sich selbst sucht man in ihrem Nachlass vergebens, Tagebücher hat sie – anders als die männlichen Familienmitglieder – keine geführt, und ihre 1943 begonnene Autobiographie mit dem bezeichnenden Titel *Ausgerechnet ich* ist Fragment geblieben.

Umso lebendiger wird sie in ihren vielen Tausend Briefen, die dank einem groß angelegten Digitalisierungsprojekt der Monacensia, des Literaturarchivs der Stadt München, komplett online einsehbar sind. Sie ermöglichen einen ungefilterten, unmittelbaren Einblick in ihr Leben, Denken und Empfinden und waren mir bei der Recherche zu diesem Roman die wichtigste Quelle. Sehr aufschlussreich erschien mir gerade für den im Roman gewählten Zeitabschnitt außerdem Beverley Driver Eddys umfangreiche und äußerst detaillierte Abhandlung *Erika and Klaus Mann. Living with America.*

In der Flut an Literatur über die Manns findet sich erstaunlicherweise bislang nur in Irmela von der Lühes 1993 erstmals veröffentlichter und 2009 in stark überarbeiteter und erweiterter Form wieder aufgelegter Biographie *Erika Mann* eine ausführliche, einzig auf sie ausgerichtete Betrachtung ihres Lebens und Werks.

Schon 1936 schrieb Klaus Mann geradezu prophetisch in sein Tagebuch: »Was für eine sonderbare FAMILIE sind wir! Man wird später Bücher über UNS – nicht nur über einzelne von uns – schreiben.« Dennoch habe ich es gewagt, einen Roman nur über Erika Mann zu schreiben. Die anderen Familienmitglieder und insbesondere Klaus haben darin durchaus ihren Platz, im Zentrum aber steht sie allein. Ihre Geschichte wird erzählt. Aus ihrer Sicht.

Es war eine große Herausforderung, in ihre Haut zu schlüpfen, mir auszumalen, was sie in dieser oder jener Situation gesagt, gedacht, getan und immer auch gefühlt haben *könnte*. Orientiert habe ich mich weitgehend an den Fakten ihrer Biographie und den Eckdaten der hier erzählten Zeitspanne. Das mir vorliegende Material habe ich natürlich mit Fiktivem ergänzt und erzähle somit in diesem Roman über Erika Mann allein meine Sicht der Dinge. Das aber mit bestem Wissen und Gewissen.

Schon die Beschränkung auf die Zeit September 1936 bis Dezember 1937 ist eine Interpretation. Jene rund fünfzehn Monate spiegeln für mich eine entscheidende Phase in Erikas Leben wider: Sie erzählen von ihrem hoffnungsvollen Aufbruch nach Amerika, dem Scheitern der *Pfeffermühle* und von Erikas Erkenntnis, dass sie auf andere Weise – nämlich mit *lectures* – ihre Mission, gegen Hitler und den Faschismus in Europa zu mobilisieren, erfüllen muss. Zugleich erlebt sie in jenen Monaten das Ende ihrer langjährigen Beziehung zu Therese Giehse, aber auch den Beginn ihrer großen Liebe zu Martin Gumpert, der sie ebenfalls viele Jahre durchs Leben begleitet hat.

Erika Mann liebte es, Geschichten zu erzählen, galt schon als Kind als äußerst phantasievoll und hat im späteren Leben bei jeder Gelegenheit mit ihrer Fabulierlust geglänzt. Wie etwa mit jener Anekdote von der mutig-abenteuerlichen Rettung des *Joseph*-Manuskripts ihres Vaters im März 1933 aus der von den Nazis okkupierten Münchner Familienvilla. Es schien mir legitim, mit dieser Geschichte zu beginnen, um Sie dann in einen Roman über das Leben von Erika Mann zu entführen, wie es sich zugetragen haben *könnte*.

LITERATURAUSWAHL

Aus der immensen Fülle an Literatur von und über die Manns hier
nur einige mir wesentliche Titel.

Von Erika Mann:

Mein Vater, der Zauberer, hg. von Irmela von der Lühe und Uwe
   Naumann, Reinbek bei Hamburg 1998

Zehn Millionen Kinder. Die Erziehung der Jugend im Dritten Reich,
   mit einem Geleitwort von Thomas Mann und einem Nachwort
   von Irmela von der Lühe, Reinbek bei Hamburg 1998

Blitze überm Ozean. Aufsätze, Reden, Reportagen, hg. von Irmela
   von der Lühe und Uwe Naumann, Reinbek bei Hamburg 2001

Von Erika und Klaus Mann:

Escape to life. Deutsche Kultur im Exil, hg. und mit einem Nachwort
   von Heribert Hoven, Reinbek bei Hamburg 1996

Rundherum. Abenteuer einer Weltreise, hg. und mit einem Nachwort
   von Uwe Naumann, Reinbek bei Hamburg 1999

Das Buch von der Riviera, Reinbek bei Hamburg 2002

Von Klaus Mann:

Mephisto. Roman einer Karriere, Reinbek bei Hamburg 1981

Der Wendepunkt. Ein Lebensbericht, München 1981

Kind dieser Zeit, Reinbek bei Hamburg 1982

WEITERFÜHRENDE LITERATUR

Heinrich Breloer: *Unterwegs zur Familie Mann. Begegnungen, Gespräche, Interviews*, Frankfurt/M. 2001

Beverley Driver Eddy: *Erika and Klaus Mann. Living with America*, New York 2018

Manfred Flügge: *Das Jahrhundert der Manns*, Berlin 2015

Jutta Ittner: *Augenzeuge im Dienst der Wahrheit. Leben und literarisches Werk Martin Gumperts (1897–1955)*, Bielefeld 1998

Helga Keiser-Hayne: *Erika Mann und ihr politisches Kabarett »Die Pfeffermühle« 1933–1937. Texte, Bilder, Hintergründe*, Reinbek bei Hamburg 1995

Tilmann Lahme: *Die Manns. Geschichte einer Familie*, Frankfurt/M. 2015

Irmela von der Lühe: *Erika Mann. Eine Lebensgeschichte*, Reinbek bei Hamburg 2009

Gunna Wendt: *Erika und Therese. Erika Mann und Therese Giehse – Eine Liebe zwischen Kunst und Krieg*, München 2018

ZITATE

Das Eingangszitat von Erika Mann ist entnommen aus:

Erika Mann, Brief an Edward J. Shaugnessy, 11. 12. 1950, Original in Englisch, hier zitiert in der deutschen Übersetzung nach: *Erika Mann. Briefe und Antworten*, hg. von Anna Zanco Prestel, Band I, München 1984, S. 275–280, hier S. 279

Die Zitate aus den Texten der *Pfeffermühle* stammen aus:

Helga Keiser-Hayne, »Kälte« S. 186, »Loreley« S. 188

Erikas Ansprache im Madison Square Garden am 15. März 1937 ist angelehnt und teilweise wörtlich zitiert aus ihrer Rede *Hitler: Eine Gefahr für den Weltfrieden*, in: Erika Mann: *Blitze überm Ozean*, S. 118–124

Zu den Zitaten im Nachwort:

Elisabeth Mann Borgese ist zitiert nach: *Reise mit Elisabeth Mann Borgese*, in: Heinrich Breloer, S. 19–200, hier S. 167 und 169

Golo Mann ist zitiert nach: Golo Mann: *Meine Schwester Erika* (Geschrieben zu ihrem sechzigsten Geburtstag am 9. November 1965), in: *Erika Mann. Briefe und Antworten 1951–1969*, hg. von Anna Zanco Prestel, München 1988, S. 240–245, hier S. 245

Klaus Mann ist zitiert aus dem Tagebuch vom 3. 7. 1936, Digitalisierungsprojekt Klaus und Erika Mann in der Monacensia München (www.monacensia-digital.de).